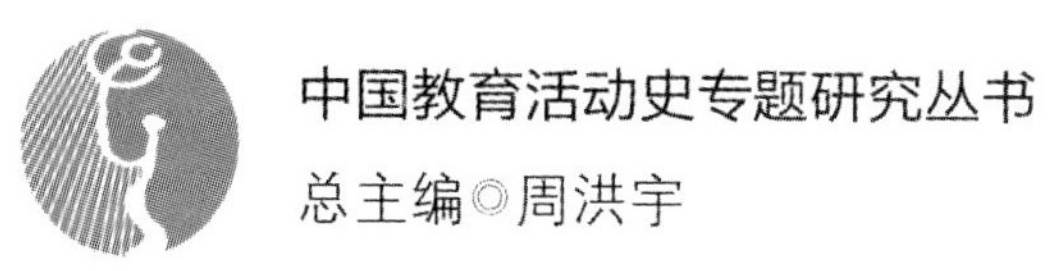

中国教育活动史专题研究丛书

总主编◎周洪宇

全国教育科学“十一五”规划教育部重点课题“中国教育活动史研究”（课题编号：DAA090143）研究成果

The Son of Boatman and an Educational Master

船工之子与教育大师

——牧口常三郎的教育活动

周洪宇 蔡幸福◎著

中国·武汉

图书在版编目(CIP)数据

船工之子与教育大师——牧口常三郎的教育活动/周洪宇　蔡幸福　著.—武汉：华中科技大学出版社，2011.10

ISBN 978-7-5609-7400-2

Ⅰ.船…　Ⅱ.①周…　②蔡…　Ⅲ.牧口常三郎-教育思想-研究　Ⅳ.G40-093.13

中国版本图书馆 CIP 数据核字(2011)第 204999 号

船工之子与教育大师——牧口常三郎的教育活动　　周洪宇　蔡幸福　著

策划编辑：周小方
责任编辑：刘　亭
封面设计：潘　群
责任校对：朱　玢
责任监印：周治超
出版发行：华中科技大学出版社(中国·武汉)
武昌喻家山　　邮编：430074　　电话：(027)87557437
录　　排：华中科技大学惠友文印中心
印　　刷：湖北恒泰印务有限公司
开　　本：710mm×1000mm　1/16
印　　张：20.75　插页：1
字　　数：402 千字
版　　次：2011 年 10 月第 1 版第 1 次印刷
定　　价：58.00 元

总 序

Introduction

问渠那得清如许 为有源头活水来

“半亩方塘一鉴开，天光云影共徘徊。问渠那得清如许，为有源头活水来。”这是南宋大诗人、大教育家朱熹所作的脍炙人口的七绝《观书有感》。全诗以方塘作比，生动形象地表达了一种十分微妙的读书感受。虽然这种感受仅是就读书而言的，却寓意深刻、含义丰富，可以作广泛的理解。尤其是“问渠那得清如许，为有源头活水来”两句，比喻人要心灵澄明、慧思泉涌，就得认真读书、补充新知。故而也常被人们用来比喻只有不断学习新知识，才能达到新境界。只有思想活跃、善纳新识、勇于创新、不断开拓，学术智慧与创造之源才能永远“清如许”，才会一直有“活水来”。

有鉴于此，笔者近年来重点对教育史学科建设问题作了若干探讨①，并多次在全国教育史年会上呼吁加强教育史学科建设，积极开展教育活动史研究。这些探讨试图立足于国际学术发展的宏观背景，思考国际教育史学与中国教育史学的发展趋势，提出以“活动”为基础与主轴，以“思想”与“制度”为派生与两翼的新的教育史研究对象理论。着眼于学科建设的长远目标，倡导在原有教育思想史、教育制度史研究的基础上，大力开展更为本源、更为基础

① 笔者先后单独或合作发表了《新世纪中国教育史学的发展趋势》(《华东师范大学学报》(教育科学版)2007年第3期)、《对教育史学若干基本问题的看法》(《河北师范大学学报》(教育科学版)2009年第1期)、《全球化视野下的教育史学新走向》(《教育研究》2009年第3期)、《教育活动史:视野下移的学术实践》(《教育研究》2010年第10期)、《教育活动史研究述论》(《湖北大学学报》(哲学社会科学版)2010年第4期)、《教育史学科建设的历史自觉意识》(《教育研究与实验》2011年第1期)、《视域融合与历史构境——实践活动取向的教育史研究》(《教育研究》2011年第2期)等文章，撰写并出版学术专著《学术新域与范式转换——教育活动史研究引论》(华中科技大学出版社，2011年版)、《文化与教育的双重历史变奏——周洪宇文化教育史论》(华中科技大学出版社，2011年版)，主编《教育活动史研究与教育史学科建设》(山东教育出版社，2011年版)和八卷本《中国教育活动通史》(2012年将由山东教育出版社出版)。

的教育活动史研究，拓展教育史学的研究对象与领域，转换研究范式，加强教育史学科建设。这套“中国教育活动史专题研究丛书”就是基于上述思考而编写出版的。

一

长期以来，各种权威教育史学论著都告诉人们，教育史学是研究教育历史及其规律的学科，其研究对象就是教育思想史和教育制度史。这样说对吗？当然不能说完全错误，但细究下来，是不准确、不科学的。

笔者认为，这种说法遗漏了教育史学研究的另外一个更为基础、更为重要的对象，那就是教育活动史。如同教育学不研究人们的教育活动，就无法进行一样，教育史学不研究人们的教育活动史，再怎么研究教育思想史和教育制度史，也缺乏前提和基础，只能是一门“见人不见行”、“见物不见事”的教育史学。

从教育学研究来看，最能充分体现教育本质的是人们的教育活动。这里的教育活动专指直接以促进人的有价值发展为目的的具体活动的总称，也是指教育者与受教育者以各种方式参与教育过程并进行互动的方式的总合。教育活动是教育现象得以存在的基本形式。正如原苏联学者休金娜所说：“人的活动是社会及其全部价值存在与发展的本原，是人的生命以及作为个性的发展与形成的源泉。教育学离开了活动问题就不可能解决任何一项教育、教学、发展的任务。”[①]同时，教育活动也是影响人的发展的决定性因素。人的发展是主、客体相互作用即活动的结果。个体的活动是个体发展的决定性因素。确定教育活动是影响人的发展的决定性因素，不仅不排斥教育在人的发展中所起的主导作用，而且为教育在人的发展中的主导作用的发挥指明了努力的方向。人们无法想象，教育学不研究教育活动，如何找到教育的规律？如何解决教育教学问题？如何促进人的有价值的发展？所以，任何国家的教育学研究，都把教育活动的研究放在极为重要的地位上。

同样道理，教育活动史也应该成为教育史学研究的一个极为重要的内容。教育活动史是教育者与受教育者以各种方式参与教育过程并进行互动的历史，是影响人们的教育思想和教育制度发展过程的关键性因素。它既是教育思想史和教育制度史的起源，又是教育思想史和教育制度史存在的前提和基础，还是连接教育思想史和教育制度史的中介和桥梁。教育活动史与教

---

① 瞿葆奎，吴慧珠，等. 教育学文集·课外校外活动[M]. 北京：人民教育出版社，1991.

育思想史、教育制度史构成一种倒三角关系，教育活动史是起源、前提和基础，教育思想史和教育制度史是派生物和结果。没有教育活动史，就没有教育思想史和教育制度史。三者相辅相成，三足鼎立，缺一不可。离开了教育活动史，教育思想史和教育制度史有如无源之水，难以维持，又如无桥之岸，无法沟通。因此，研究教育史，必须研究教育活动史。

其实，早在20世纪二三十年代，中国第一代教育史学者就在他们的著作里明确指出了研究教育活动史的必要和可能以及途径和重点，如王凤喈在其被列为教育部部定大学用书的《中国教育史》第一编"绪论"中明确指出"教育史为记载教育活动之历史"①，研究教育史，不能孤立地研究历史上的教育活动，而是应与政治制度、社会思想乃至社会之全部相联系、比照来进行，应将教育史放到广阔的社会背景中去研究。而陈青之在他那本列入商务印书馆大学丛书的《中国教育史》中也写道：教育史之内容，包括实际与理论两方面，教育制度、教育实施状况及教育者生活等属于实际方面，政府的教育宗旨、学者的教育学说及时代的教育思潮等属于理论方面。② 雷通群在其《西洋教育通史》中更强调，教育事实"包有两种要素，其一为教育理论方面，其二为教育实际方面。前者是关于教育理想或方案的一种思想学说，此乃构成教育事实之奥柢者，后者是根据上述的思想或学说而使其具体化者，如实地教学、教材、设备、制度等均是。……此等理论或实际，若为某教育家所倡导或实施时，须将其人的生活、人格、事迹等，与教育事实一并考究。"③十分清楚，陈青之、雷通群两位此处讲的"教育实际"，不仅包括教育制度，而且包括教育实施状况与教育者生活，以及人的生活、人格、事迹等，而这些正是典型的人的教育活动。对其作历史的研究，正是教育活动史研究。

颇堪玩味的是，或许是当年的教育史学者在具体研究和表述时，仍然习惯采用源于传统的"知与行"范畴的"教育理论与教育实际"两分法，而对"教育实际"的表述又多用于教育制度，而少用于教育实施状况与教育者生活，以及人的生活、人格、事迹等。因此，后继的教育史学者渐渐在无形中将"教育实际"的内涵逐步窄化，最后趋于混淆和消解。久而久之，沿袭下来，以至于习焉不察，司空见惯，使得学术界（包括迄今为止那些有代表性的各种教育史教材、通史和权威学者的专著）仍通常认为，教育史学就是研究教育思想史与

① 参见王凤喈《中国教育史》，1935年在1925年商务印书馆出版的《中国教育史大纲》基础上重新编写，1943年由国立编译馆出版，正中书局印行。

② 陈青之. 中国教育史[M]. 上海：商务印书馆，1936.

③ 雷通群. 西洋教育通史[M]. 上海：商务印书馆，1934.

教育制度史,而不包括教育活动史。教育活动史不是一个独立的研究对象,它就囊括在教育思想史与教育制度史之中。研究教育思想史和教育制度史,就是研究教育活动史。这种忽视教育活动史研究,只注重教育思想史和教育制度史研究的做法,将教育活动史混同于教育思想史和教育制度史之中,导致"只见物不见人","只见思不见行",无疑是过往教育史研究极大的缺陷和不足,也是长期以来教育思想史和教育制度史研究大多流于平面和肤浅,无法形成立体多层动态研究,难以真正深入并取得实质进展的根源所在。

如果进一步细究,除了上述学者"理论与实际"的思维两分法和对"教育实际"认识的逐步片面化、笼统化原因外,可能还与研究教育活动史需要的具体过程和细节史料极为缺乏或难寻有密切关系,毕竟绝大多数学者的心理都是"趋易避难"。常言道,"巧妇难为无米之炊",既然如此,为何不放弃研究相对困难的教育活动史而从事相对容易的教育思想史与教育制度史呢?

不过,这些都不构成教育活动史无须也不可能独立作为研究对象的充足理由。反过来,正好说明,教育活动史是一个被人们长期遗忘的角落,一个长期无人开垦的处女地,恰恰是我们今天的教育史学者应该格外关注和重视的一个学术领域,这个长期的学术空白完全应该也有可能成为今后教育史研究取得重点突破的领域。以往将教育活动史融化在教育思想史和教育制度史中的理解和做法,是不妥当的。那不是重视教育活动史,而是忽视教育活动史、消解教育活动史。

对于教育活动史的研究,在今后的研究中,应该作为一个相对独立的内容来予以重视和强调。可以预言,一旦如此,将会带来教育史研究的重大变化,甚至带来学科建设的根本性变革。

倘若我们不再将自己的眼光局限于国内教育史研究领域,而是开阔视野,转换角度,放眼国际学术界,就会发现从 20 世纪 70 年代末起,国际历史学界已发生了研究对象与研究方式的新变化,"新史学"得到进一步发展,即由注重研究精英的思想和国家的制度转向研究普通百姓的日常生活,由包罗万象的宏大叙事转向具体细微的微观叙事。作为新史学新发展具体体现的是以意大利史学家卡洛·金兹伯格等人为代表所倡导的微观史学的兴起,以及受其影响而兴起和发展的德国"日常史"、法国"日常生活史"和英国"个案史"研究热潮。这些史学新潮,尽管各自的研究方法并不一致,但是作为一种研究趋势,有其明显的特点,多是以研究人们的日常生活为重点,通过历史资料的重新挖掘和整理,运用大量的细节描述,深入分析并重建一个微观化的个人、家族或小区。他们的研究,虽然是具体的或者局部的,但是这种具体的结论有助于加深对整体结构的认识。

特别值得注意的是，近年来，欧美史学又出现了以美国历史学家施皮格尔(GabrielleM. Spiegel)等人为代表的“实践史学”的新动向。张弛指出，这种“实践史学”的出发点是“做事”，就是行动本身，是人如何有意识、有策略地利用各种资源，实现预定目标，这是它与“新文化史”的根本区别。“新文化史关心的是行动背后的意义，对它来说，行动不过是意义的表现，是过渡到意义的桥梁，本身缺乏独立分析的价值”，而实践史学的分析逻辑是比较复杂的，人是存在于一定的社会文化条件下的。对于行动主体而言，这些经济的以及文化的条件既是资源，也是限制。人是完全可能发挥他的创造性和能动性的，但是他必然是在现有条件下发挥，也只能利用现有的资源。换句话说，他不可能随心所欲。“实践史学”与“新文化史”的另一个区别是，它“强调文化是一个结构化的过程，而不是一种静态的统合的结构。实践依赖于文化结构，仅仅是因为后者提供了行动方案所依赖的资源，而不再具有某种决定性的力量。另一方面，文化结构也唯有依靠实践才得以延续”。俞金尧指出，“实践的历史”在当前已成为“受到社会理论与文化理论影响最大的历史写作的新领域之一”。根据英国社会史学家彼得·伯克的介绍，“实践的历史”涉及的新题材有语言史(尤其是言语史，即说话的历史)、宗教实践史、旅游史、收藏史、阅读史等。在社会史的传统题材如婚姻、家庭、亲族关系的研究中，“实践的历史”也有新的收获。在一定程度上，或许可以说，对实践理论和实践历史的探索代表了欧美史学家超越文化/语言转向所作的最新努力，它最终能否成为历史研究的新范式，还有待进一步跟踪观察。但是，这种探索表明，后现代主义主导史学的局面正在成为过去。[①] 笔者认为，我国历史学界包括教育史学界有必要密切关注“实践史学”的动向，作出适时反应，汇入到世界史学与教育史学的主流之中并走出自己的路子。

意大利“微观史学”、德国“日常史”、法国“日常生活史”、英国“个案史”以及近年欧美“实践史学”的出现，与西方学术发展趋势密切相关。20世纪以来，社会日常生活越来越多地进入西方哲学家的视野。胡塞尔、维特根斯坦、海德格尔和卢卡奇等哲学家都在其著述中从不同的角度对日常生活进行了探讨。福柯通过研究认为，现代史中的日常生活越来越受到“规训”的约束。德国社会学家安德烈亚斯·雷克维茨、史学家戈夫·埃利以及美国人类学家马歇尔·萨林斯等人则对“实践”问题及其理论给予高度重视，把实践看成既

① 俞金尧，张弛，加布里埃尔·M. 施皮格尔. 欧美史学新动向——实践史学[N]. 光明日报，2011-09-13.

是接受文化,也是改造文化的地方,强调社会秩序以及个体都不是话语塑造的结果,也不是顺从某种期待的产物,相反,社会秩序和个体都是在日常生活中人们用实践改变周遭世界的时候创造出来的。施皮格尔认为,实践是一种行为的例行化的模式,包括一套相互关联的因素:仪式化的身体表现、心态活动、情感,以及理解世界上的各种"事物",明白它们如何使用的习惯性的思路。马克思的理论对"实践"论述尤多,从某种意义上说,马克思主义就是实践唯物主义(又称辩证唯物主义、历史唯物主义,实践唯物主义、辩证唯物主义、历史唯物主义三者是一而三、三而一的关系)。马克思主义对"实践的历史"有着重要的指导价值。在俞金尧看来,马克思主义关于人民自己创造历史的观点,指出了人作为行动者、作为主体的能动作用,与"实践的理论"所关注的并无差别。马克思主义认为,人不能随心所欲地创造历史,人们是在既定的、制约着他们的现实社会环境(这当然也包括文化与传统)中创造历史的,这又指出了人的行动的约束性因素。此外,马克思主义对于作为个体的人和作为集体的人的作用作出了区分,在很多情况下,作为集体的行动显然能发挥更大的作用,历史是在许多单个意志的相互冲突的过程中被创造出来的。推动历史发展的力量是无数个力的"平行四边形",而无数人的行动最终可能出现谁都没有预想到的结果。可见,马克思主义理论不仅对于"实践的历史"具有指导意义,而且可以进一步发展实践理论。

国际学术界的发展趋势,给了人们一个重要的启示,那就是目前国内教育活动史的兴起,不仅是教育史研究的题中之意和内在需要,也顺应了社会发展和学术发展的大趋势,是时代的必然产物,而非少数人凭空臆造的结果。从这个角度来说,学者们更应具有一种学科建设的历史自觉意识。只有站在时代和世界的高度,才能看清学术的前沿所在,才能自觉地为学术的发展贡献个人的力量。

这里有个相关问题需要附带说明,"教育活动"不等于"教育实践","教育活动史"也不等于"教育实践史",这是两组既有联系又有区别的概念。首先,从教育实践概念的内涵来看,教育实践不等于教育活动。广义的教育实践,是指人类特有的能动地培养或塑造符合一定时代需要的现实人的实践活动,这种活动主要包括社会上一切影响人的思想品德、增进人的知识和技能的活动,包括教育思想、教育制度,也包括教育活动。而狭义的教育实践,主要以学校教育为主,具体体现为学校教育活动主体之间的相互关系及活动机制。其次,从教育活动与教育实践的关系上看,教育活动也不等同于教育实践。教育活动是介于教育行为和教育实践概念之间的中位概念。教育活动的概念大于具体的教育行为，但小于宏观的教育实践。由此也可知道，“教育活动史”不等于宏观的、涵盖了教育思想史、教育制度史、教育活动史的“教育实践史”，也不等于具体而微的各种教育行为史。但教育活动史与教育实践史、教育行为史有着密切的关系，研究教育活动史，也是在某种程度上研究教育实践史和教育行为史。

二

明确了教育活动史与教育思想史、教育制度史的关系，清楚了研究教育活动史、教育思想史、教育制度史的同等重要性，那么，三者各自包含的具体的研究内容又是什么呢？换句话说，教育活动史应该研究哪些具体内容呢？

依笔者之见，教育活动史主要以历史上感性的、实在的、具体的教育活动的发展及演变历史为研究对象，重点研究人类历史上各种直接以促进人的有价值发展为目的的具体活动以及教育者与受教育者参与教育过程，进行互动的各种方式的发展、演变的历史。具体包括：分析教育史上教师、学生、教育行政管理人员等在教育过程中的内外部活动及其表现形式和特征，探索这些活动发生、发展的规律及作用；分析研究家庭教育活动、社会教育活动的内容、形式的演变历史及其规律等。主要研究各类教育行为史、教育生活史、学校办学史、教学史、教师活动史、校长活动史、家庭教育活动史、社会教育活动史、民间教育活动史、教育社团活动史、科技教育活动史、宗教教育活动史、文化教育传播史、海外教育活动史，等等。教育制度史则主要研究有组织的教育和教学机构体系，包括学校教育制度和教育行政制度的历史发展与变迁，也包括对教育政策和法规产生、发展及演变历史的研究。具体包括学校教育制度史、教育行政制度史、教育管理史、教育宗旨史、教育政策史、教育法规史、教育立法史等。而教育思想史主要以教育历史上的教育理论思维为对象，研究教育思想形成、发展的历史过程及其主要内容，同时也兼及对教育历史人物评价以及对社会阶层、学术流派、社会团体的教育主张和思想进行研究，并在此基础上，把握教育思想、教育思潮、教育流派发展的特点和规律。主要研究教育概念史、教育范畴史、教育主张史、教育思潮史、教育流派史等。

教育活动史的研究重点在于人的微观、具体和日常活动。教育是培养人的活动，人是教育的出发点，也是教育最直接、最基本的着眼点。[①] 因此，要着重研究教育历史上学校教师和学生的日常活动，包括探究教师教学实况展

---

① 扈中平.人是教育的出发点[J].教育研究，1989(8).

示、教师生活状况、学生学习生活、校长治校活动等日常的、微观的教育情节；探究历史上的家庭家族教育活动，包括家庭发蒙活动、家庭品行教育、家法惩戒活动等家庭教育的一般场景；探究历史上的社会教化活动，如乡规民约教育活动、宗教礼仪教育活动、民风民俗传承活动等。

具体而言，教育活动史研究重点包括以下几个方面。一是研究学校教育教学活动。主要分析教育史上教师、学生、教育行政管理人员等在教育过程中的内外部活动及其表现形式和特征，探索这些活动发生、发展的轨迹及影响。重点研究教育政策制定活动、官方教育改革活动、学校经费筹集活动、学校日常教学活动、校长日常管理活动、教师日常生活状况、教师选聘考核活动、师生交往互动活动、学生日常学习生活、学生课余生活、学生应试活动、学生教学实习活动、学潮学运活动、学校后勤服务活动等，这些都是基层教育的日常活动，看起来平淡无奇，恰恰能够真实反映不同历史时期的教育教学活动实况。二是分析研究家庭教育活动。主要挖掘不同历史时期家庭教育活动的活动内容、活动形式的演变历史，从中总结出家庭教育活动的规律，从而为当今独生子女家庭提高教育效率提供历史借鉴与启示。重点研究家庭家族教育活动、宗族宗派教育活动、家庭启蒙教育活动、家族家法教育活动、家庭礼仪教育活动、家庭艺术教育活动、家庭婚姻教育活动等，力求展示真实生动的家庭教育历史情景。三是研究社会与民间教化活动。主要研究不同历史时期的社会教化活动、民间教育活动的演变历程，总结不同时期的表现形式与特征，探究社会教育活动的影响及规律。重点挖掘乡规民约教育活动、民风民俗教育活动、宗教礼仪教育活动、民间科技教育活动、民间文艺教育活动、民间武术教育活动、民间社团教育活动、社会各界助学活动、民间女子教育活动、民间教育交流活动等。四是研究历代文教政策的形成及其实施过程。主要研究先秦、秦汉、魏晋南北朝、隋唐、宋辽金元、明清、民国、新中国等不同历史时期，重大文教政策的酝酿、制定、出台、颁布过程，以及历代文教政策在学校教育、家庭教育及社会教育中的实施与落实情况。重点从活动的视角去审视历代文教政策的制定与实施，而不同于教育制度史只注重描述历代教育制度的内容与文本，重在研究制度生成之前教育家与民众的呼吁、官方的重视，制度制定过程，制度颁布后教育的反应以及对教育活动的影响等。以上这些就是教育活动史应该研究的基本内容。

三

那么，应该怎样研究教育活动史呢？

笔者认为，在研究取向上，应该以问题研究为导向。

“取”即选取，“向”即方向，“问题取向”研究就是选取问题作为研究方向的一种研究策略、研究思路或研究范式。其目的主要不是学科知识的积累或学科体系的完善，也不是建立新的学科，而是增进、更新、深化和拓展对特定问题的认识，从而有助于人们对该问题的了解、评价，并有助于该问题的解决。“问题取向”研究中的问题是指“反映到人们大脑中的、需要探明和解决的教育实际矛盾和理论疑难”，它包括通常所说的存在的不足、缺陷、困难，但更主要的是指引起认知主体疑惑、疑虑或感到疑难的种种现象。它既可以根据研究价值的有无分为“常识问题”和“未决问题”，也可以根据问题探讨的深度不同分为“表象问题”和“实质问题”，还可以根据问题涉及范围的宽窄分为“‘大’问题”和“‘小’问题”等。[①] 吴康宁根据是否符合教育理论发展或教育实践改善需要及研究者本人是否有研究欲望和热情两个维度将研究问题分为“互通的问题”、“炮制的问题”、“异己的问题”以及“私己的问题”四类，其中只有“互通的问题”也就是既符合教育理论发展或教育实践改善的需要且研究者本人有研究欲望和热情的问题才是“好”问题、“真”问题。[②]

以往的教育史学研究更多的是“体系建构”取向。张斌贤认为，“体系建构”取向是指在学科研究中更多地关注概念、范畴本身的确定性，更多地关注概念与概念、范畴与范畴之间的逻辑关系，更多地关注学科体系的严谨、完整和包容性，也就是总是以学科自身的需要、学科自身的建设等作为研究的出发点。这对于学科的创立、重建、发展与成熟无疑是必不可少的，但是这种意识一旦成为不自觉的集体“冲动”，当这种意识导致为体系而体系、把体系建构当做学科建设的全部目的，从而忽略了学科体系之外的世界、忽略了建设学科体系的最初动因和所要达到的最终目的时，这种意识就会成为一种经院习气，成为束缚学科本身不断更新和发展的力量，成为阻碍教育史学研究不断拓展和深入的不利因素。[③] “体系建构”取向的教育史学研究关注的焦点是上层人物、宏观制度，而微观的细节问题、日常问题乏人问津，成为当前教育史学研究的空白。

“问题取向”的教育活动史研究首先应当树立问题意识。问题意识是指

---

① 孙喜亭，等. 简明教育学[M]. 修订本. 北京：北京师范大学出版社，1988.

② 吴康宁. 教育研究应研究什么样的“问题”——兼谈“真”问题的判断标准[J]. 教育研究，2002(11).

③ 张斌贤. 从“学科体系时代”到“问题取向时代”——试论我国教育科学研究发展的趋势[J]. 教育科学，1997(1).

"人们在教育研究和实践活动中，以专门的教育知识和经验为基础，逐步形成的认识教育问题的实质和类型、发现并提出需要解决的教育问题的意识和能力"。[①] 问题意识对任何研究来说都是至关重要的。布洛克曾说："一件文字史料就是一个见证人，而且像大多数见证人一样，只有人们开始向它提出问题，它才会开口说话。"因此，"历史学研究若要顺利开展，第一个必要前提就是提出问题"。历史学工作的好坏同提出问题的质量高低有直接关系。[②] 教育史学研究也是这样。因此，教育活动史研究首先应当树立问题意识，尤其是应将研究的重心转向教育教学的具体问题、微观问题和日常问题。比如教学，它会涉及教材、课程、教学方法、教学组织形式，包括各种教规、要求等，对此都要描述出来、介绍出来，通过这些微观的、具体的描述，达到"以小见大"的目的，也即可以通过它们来说明一个时代的教育状况以及社会经济状况。法国教育史专家卡斯巴(Pierre Caspard)就主张研究教学过程中与教科书和学生的书写物相关的问题。就教科书而言，可以研究关于教科书的立法、教科书编者的身份、教科书的生产与销售、教科书的内容与科学研究的关系、教科书的使用及其对学生的影响等相关问题；就学生个人书写物而言，可以研究学生的作业簿的书体及质量、作文、日记与书信的内容、学生的图画及雕塑作品的主题等，通过分析这些最基本的、日常的、微观的教育史料，来探讨当时的教学实况。[③]

当然，问题的微观化并不等于结论的微小化，而恰好应该做到结论的重大化。要能够通过教育反映一个时代、一定时期的整个社会，甚至可以透过一定时期的教材，如教材的内容、价格、出版、体系等反映出一定时期的教育，进而反映出一定时代、一定时期社会的整体情况。因此，即使在历史发展的某些时段找不到完整史料，也可以专就发现的这部分史料进行重点研究，通过这些史料的深入研究也就能达到"看时代"的目的。所以，一方面要追求整个历史的系统性、完整性、全面性，另一方面在一些具体时段、具体专题的处理上要灵活变通，有时候可能是"以大见大"，有时候可能就是"小中见大"了。

在研究资料上，应秉持地上与地下、史学与文学、书面与口述相结合的大史料观。

史学研究通常运用实证研究方法，与主要运用规范研究方法的理论研究

---

① 黄甫全. 关于教育研究中的问题意识[J]. 华南师范大学学报：社会科学版，2003(4).

② (法)巴勒克拉夫. 当代史学主要趋势[M]. 杨豫，译. 北京：北京大学出版社，2006.

③ 周洪宇，申国昌. 新世纪中国教育史学的发展趋势[J]. 华东师范大学学报：教育科学版，2007(9).

不同，它强调以史料为依据，凭史料才能说话，而且是“一份证据说一份话”，不能无根据地胡说，不能主观臆测、草率论断。没有史料就没有历史，没有史料就像加工厂没有加工原料一样加工不出任何产品。

戴逸在谈到近代史料研究的重要性时也说：“马克思主义不赞成用史料学去代替历史科学，但历史研究必须以史料的收集、整理、排比、考证为基础。史料的突破常常会导致研究的突破，修正或改变人们对重大历史问题的看法。每个历史研究工作者必须勤奋、艰苦地做史料工作，在大量、丰富而准确、可靠的史料的基础上，才能有科学的历史研究。”①而且，没有合理的或者说科学的史料观，也不能收集到全面、系统、原始、科学以及真实的史料。既然教育史学研究的视域扩大了、视野下移了、史观调整了，那么史料观也必须作相应的调整，那就是必须树立大史料观。大史料观就是要突破以往教育史学研究中只重视地上史料、正史史料以及文字记录即文献史料的狭隘史料观，拓宽史料的来源，树立地上史料与地下史料并重、正史史料与笔记小说史料并行、文字记录或文献史料与口述史料并举的大史料观。

第一，地上史料与地下史料并重。在教育活动史研究过程中，一方面要充分重视地上史料的运用，另一方面要加强地下史料的挖掘、发现、整理与运用。孔子有言：“文献不足故也，足则吾能征之矣。”教育活动史研究当然也必须充分借鉴人类数千年流传下来的丰富史料。不管是已整理的还是未整理的、公家的还是私人的档案史料，不管是直接的还是间接的、中文的还是外文的各种文集、笔记、日记、家谱、族谱、年谱、方志、实录、纪事、报纸、杂志等书报记载史料，不管是回忆录、传说、歌谣等口碑史料还是各种文物、图片、绘画、教具、学具等实物史料，都是教育活动史研究者必须首先收集、鉴别、考证、分析、整理以及充分运用的史料。与此同时，还必须重视对地下史料的发现、挖掘、整理和运用，时刻掌握考古动态，善于将考古的最新发现准确、及时地运用到教育活动史的研究当中。因为“有孔子壁中书出，而后有汉以来古文家之学；有赵宋古器出，而后有宋以后古器物、古文学之学”。也即史料有新发现，史学研究便有新进展；史料有突破性的发现，史学研究必然有突破性的进展。而且，这种地下发掘的史料正如史学家王国维所言：“我辈固得据以补正纸上之材料，亦得证明古书之某部分全为实录，即百家不雅驯之言，亦不无表示一面之事实。”②因此，要扩大史学研究的范围、拓宽史料来源，不要局限在“整齐百家言”、从文献到文献的研究模式中，要使研究向更广、更深的方

---

① 戴逸．中国近现代史的研究如何深入[N]．人民日报，1987-07-17．

② 王国维．古史新证[M]．北京：清华大学出版社，1994．

向发展。通过"古史新证"、"纸上遗文"与"地下出土文献"互证，提高教育活动史研究的可靠性、可行性和科学性。

第二，正史史料与笔记小说史料并行。以往的教育史学研究只注重正史史料或官修史籍史料的运用。正史或官修史籍史料主要包括正史、编年史、纪事本末、别史、杂史、诏令奏议、传记、史抄、载记、时令、地理、职官、政书、目录、史评等十五类，这些无疑是史学研究包括教育史学研究最主要乃至最重要的史料来源，但是它们绝不应该是教育史学研究的唯一史料来源，尤其是对于视域极度扩大、视野大大下移的教育活动史研究来说更是如此。由于一方面官修史籍大都"事多隐讳"、"语焉不详"、人物传记"呆板枯滞"，甚至如鲁迅所说："涂饰太厚，废话太多，所以很不容易察出底细来。正如通过密叶投射在莓苔上面的月光，只看见点点的碎影。但如看野史和杂记，可更容易了然了，因为他们究竟不必太摆史官的架子。"①另一方面，官修史籍大都记载的是典章制度、政治沿革、帝王将相和官吏升沉的有关上层、精英的各类史实，而教育活动史的研究视野下移到了民间和大众，因此要把经部的易、书、诗、礼、春秋、孝经、五经总义、四书、乐、小学，子部的儒家、兵家、法家、农家、医家、天文算法、术数、艺术、谱录、杂家、类书、小说、释家、道家，以及集部的楚辞、别集、总集、诗文评、词曲等全部纳入教育活动史研究的史料来源范围，尤其要加强吸纳、运用以往史学研究中被当做"诬谩失真、妖妄荧听者"之类或属于"寓劝诫、广见闻、资考证者"之流的笔记小说中所蕴涵的丰富史料。在这方面，史学家陈寅恪就曾通过杜甫的诗论证过唐朝历史，给后人树立了典范。

第三，文字记录与口述史料并举。由于中国历朝历代都注重对历史的记载和整理，很早就设有专门掌管史籍整理、记载的史官，故流传下来了大量浩如烟海的历史文献，它们无疑是今人研究历史、了解历史的珍贵史料。但是如前所述，由于教育活动史研究视域的扩大以及视野的下移，因此面临的突出问题就是基层教育活动史史料收集的困难。因为留下的书面史料大都是官方或精英活动的记载，而有关民间的、下层的各种具体教育活动的记载则是非常有限的，这就需要人们在重视文献史料的同时，必须借助口述的方式来完成史料收集任务，以口述史料弥补文字记录的不足。

其实，借助口述的方式来完成史料收集任务，历史上早已有之，如太史公司马迁的《史记》在撰述曹沫（曹刿）持匕首劫持齐桓公迫使其退还侵鲁土地

---

① 鲁迅. 华盖集[M]. 北京：人民文学出版社，1973.

时就借助过口述史料。[①] 而现代意义上的口述史学则是指“通过有计划的访谈和录音技术，对某一个特定的问题获取第一手的口述证据，然后再经过筛选与比照，进行历史研究”的一种新学科和新方法。[②] 现代意义上的口述史学产生于20世纪40年代的美国，60—80年代在世界各国特别是发达国家中迅速发展，并形成了一定的学术规范。

新中国成立后，我国也有过一些口述历史研究的范例，如1961年原华中师范学院（现华中师范大学）历史系现代史组进行的有关辛亥革命中学会组织的调查，就借助了口述史料开展研究。不过，现代意义上的口述史学是从20世纪80年代中期开始才真正登上中国的历史舞台的。最早从事现代意义上的中国口述史学研究的是美籍华人唐德刚教授，他从1957年开始参加哥伦比亚大学口述历史研究室中国口述历史学部的工作，完成了多部口述史著作，特别是其《胡适口述自传》一书的影响很大。这本书运用口述史料真实地介绍了胡适先生的家世、求学、治学的主要经历与学术成就。[③] 中国本土教育口述史学研究从20世纪90年代起也陆续有不少成果问世，如杨立文的《创造平等：中国西北女童教育口述史》、赵仁珪的《启功口述历史》和齐红深的《日本侵华教育口述史——抹杀不了的罪证》等。尤其是随着近几年北京师范大学出版社“教育口述史系列”如《顾明远教育口述史》和《潘懋元教育口述史》等的出版，教育口述史学研究被推上了一个新的高度。

这些都启示人们，教育史学研究（包括教育活动史研究）必须树立大史料观，做到地上与地下、史学与文学、书面与口述相结合，为教育史学研究提供更为坚实、宽广的基础，为教育史学的新突破、新发展创造必备的条件。否则，教育史学的新突破、新发展就是一句空话。

在研究方法与理论上，应“视情而定”，善加选取。

古人云：“工欲善其事，必先利其器。”这说明了作为手段和工具的方法的重要性。方法正确，可使研究工作顺利达到目的，取得丰硕的成果；方法不正确，就会在研究中走弯路，事倍功半，甚至徒劳无功。在科学研究中取得过杰出成就的物理学家爱因斯坦，根据自己的科研实践经验曾总结出如下公式：成功＝艰苦的劳动＋正确的方法＋少说空话。对于教育史学研究特别是教育活动史研究来说也是如此，“具有系统且现代的研究理论与方法，是教育史学科永葆青春的重要保证，也是教育史学科真正成熟的标志之一”。如何在

---

① 王清．从口述史到文本传记——以“曹刿-曹沫”为考察对象［J］．史学史研究，2007(3)．

② 张广智．西方史学史［M］．上海：复旦大学出版社，2000．

③ 杨祥银．当代中国口述史学透视［J］．当代中国史研究，2000(3)．

教育活动史研究中合理运用理论与方法，教育史学研究者应该对此作出自觉的探讨。

笔者认为，教育活动史研究理论与方法是一个由研究方法的理论基础、一般研究方法和具体研究方法三个大的方面及其相关层次构成的研究系统。[①] 第一，研究方法的理论基础。它一方面是指马克思主义的唯物史观、五种社会形态理论等这类宏观历史理论和经济决定理论、阶级阶层理论、人民群众创造历史理论等这类中观史学理论；另一方面是指兰克、斯宾格勒、汤因比、布洛克、费弗尔、布罗代尔、勒高夫和勒韦尔等人史学理论中值得借鉴的合理因素。第二，一般研究方法。它是哲学思维方法在社会历史（包括教育历史）研究中的运用，主要包括历史分析法、阶级分析法、比较分析法、逻辑分析法、系统分析法、结构分析法等，其功能是分析社会历史（包括教育历史）现象的内在辩证关系和本质特点，在更深层次上更好地把握教育历史的规律。第三，具体研究方法。它是指带有较强技术性和专门性、用来处理和分析教育史料、进行基础研究的方法和技术，其功能为复原教育史实和基本线索，为深入研究打下坚实基础、创造有利条件。具体说来，又可细分为两个方面：一是历史学科一般使用的方法，主要包括历史考证法、文献分析法、口述历史法、历史模拟法等；二是跨学科方法，主要包括田野调查法、个案分析法、心理分析法、计量分析法等。

这三个方面属于三个不同的层次，它们各有自己的适用范围和领域，分别处理不同层次的问题。研究方法的理论基础是最高层次，解决的是研究的立场和指导思想问题。一般研究方法是中间层次，它解决的是对社会历史（包括教育历史）现象及其原因、本质的认识，以便更好地把握教育历史的规律。具体研究方法是最低层次，它所要解决的是教育史料的处理和分析，恢复教育史实和基本线索，为深入研究铺平道路。三个方面相辅相成，缺一不可。教育史学研究者从一开始就要清楚地知道自己要解决的问题是什么，要选择的理论是什么，要使用的具体方法是什么，需要运用的技术和手段是什么等问题。

需要指出的是，方法只是人们完成某项任务、达到某种目的的手段和工具，是达到目标的桥梁，也就是方法必须要为我们的研究任务、研究目的服务，不能为了方法而方法，更不能为了追求方法的新颖、独特而选择不适合于研究任务的方法。没有绝对正确、合理的方法，旧方法未必无能，新方法也未

① 周洪宇．对教育史学若干基本问题的看法[J]．河北师范大学学报：教育科学版，2009(1)．

必有效。在选择理论和方法时必须时刻注意理论、方法与问题的相容性、相适性，也就是必须做到“视情而定”。比如要研究中国清代与英国维多利亚时代教育活动史的异同，就可以选择比较史学的方法；要研究一个地区、一个民族或一个国家不同时期教育活动的规模与发展速度，就可以使用计量史学的方法；要鉴别所收集教育活动史料的真实性，就可以使用历史考证的方法；要研究某一少数民族教育活动史，就可以使用人类学田野调查的方法。

总之，教育活动史研究须“视情而定”来选取相应的理论与方法，切忌“以不变应万变”，只会机械地运用某种单一的理论与方法。

在叙述方式上，可采取“善序事理”的叙事形式。

中国史学家历来重视史学著作的叙事形式（习称“序事”），认为好的叙事形式有助于史学著作内容客观真实与生动形象的表达。他们对“善序事理”多有论述。① 例如，班彪就推崇司马迁的史文表述“善述序事理，辩而不华，质而不野，文质相称”，班固也赞扬司马迁“服其善序事理，质而不俚，其文直，其事核，不虚美，不隐恶”。《晋书》中则称陈寿“善叙事”为“奋鸿笔”和“骋直词”。

综观古代史学家、史学批评家对“善叙事”的理解，主要有以下几个方面。其一，真实。真实也即班固所言的“其文直，其事核”，离开了历史的真实，史学就失去了根本，失去了价值。其二，质朴。质朴就是史学家刘知幾所说的“体质素美”。其三，简洁。刘知幾认为史学家“叙事之工者，以简要为主”，而且“简要”要做到“文约而事丰”。其四，含蓄。刘知幾的“用晦”就是这个意思。而且“用晦”要做到“省字约文，事溢于句外”，要做到“言近而旨远，辞浅而义深，虽发语已殚，而含意未尽。使夫读者望表而知里，扪毛而辨骨，睹一事于句中，反三隅于字外”。其五，“闳中肆外”。此即史学家章学诚所言的“言以声其心之所得”。也即只有心有所得，方可言之于外。其六，“史笔飞动”。只有把历史写得“飞动”起来，才能感动人。如史学家梁启超认为，“事本飞动而文章呆板，人将不愿看，就看亦昏昏欲睡。事本呆板而文章生动，便字字活跃纸上，使看的人要哭便哭，要笑便笑”②。

从中国传统历史叙事的整体特点来看，王靖宇认为，整体来说，中国作者在涉及人物描写的时候倾向于依靠对话和行动，而其他方法相比之下不多见，直接的心理探究方式则更是鲜见。从中国传统历史叙事的结构方面来看，杨义认为，顺序性、联结性和对比性是中国叙事结构的三个要素，并且认为三者是“相互贯通、互动互补的，顺序以见结构的模样和层次感，联结使结

---

① 瞿林东. 中华文化通志·史学志[M]. 上海：上海人民出版社，1998.

② 梁启超. 中国历史研究法补编[M]. 上海：商务印书馆，1934.

构的各部分承接、转折、组合、贯穿，形成整体，而对比则使结构参差变化、波澜曲折、比例协调，使整体性中增加了生命感"①。其实，不仅在中国传统史学著作中是如此，《论语》也是这种思维方式的叙事作品。作为中国教育叙事的经典之作，《论语》通过孔子学生的回忆、口述，以故事的方式描述了孔子及其弟子在不同时期的教学与交往故事，从中折射出了孔子的生活和思想，从而构成了中国第一部教育意义丰富多彩的教育叙事作品。如在《颜渊第十二》中，通过孔子与颜渊、子贡、齐景公、季康子等之间以及司马牛与子夏、棘子与子贡、鲁哀公与有若等之间有关"仁"、"明"、"政"、"友"、"君子"以及"崇得"等问题的讨论、对话，就将已经逝去的春秋时期的一个个教育事件生动形象地展现在了人们的面前。遗憾的是，这种古代史学优秀传统相当长一段时间内在我们的史学著作包括教育史学著作中失传了，许多著作内容贫乏、叙事单调、文字呆板，令人不堪卒读。

中国教育活动史研究要避免回到"目中无人"、"见人不见行"、"见物不见事"的教育史学老路上去，就必须很好地继承和发扬中国传统历史叙事的优点，采取"善序事理"的叙事方式，发扬以各部分以及部分之间存在的联结性或对比性的关系形成结构张力、以视角的流动贯通形成整体性思维特点、依靠对话和行动并借助有意味的表象的选择、在暗示和联想中把意义蕴涵于其间等中国传统历史叙事的优点。注意使自己的研究方式叙事化或过程化，在叙事中注意写具体过程、写细节。虽然过去的教育制度史研究也写过程，但其过程大都写得粗略、简单。教育活动史研究不能一般性地写这个过程，而必须写得具体、深入、详细，最好能通过描写对话与行动，反映其心理活动与潜意识。不能走传统教育制度史写法的老路。而且，进一步来说，这不仅仅是叙事或写法上的不同，更多的是史观上的不同，是思维方式上的变化，是研究范式的转换。应该看到，教育历史叙事必须经过研究者对教育历史的感知而进行选择、修饰和重组，因此教育史研究者必须具备必要的体验能力和想象能力，这一点常常成为研究取得突破的重要因素。

在研究过程中，应注重运用叙事和口述等方法，尤其是研究现代教育活动史。叙事与口述研究可弥补教育活动史研究中第一手资料史料不足的问题，也是教育史研究视野下移的必然选择。视野下移所遇到的突出问题，是基层教育活动史料收集的困难，因为留下的书面史料大都是官方或精英活动记载，而下层活动的书面记载非常有限，这就需要借助叙事与口述研究法完

① 杨义. 中国叙事学[M]. 北京：人民教育出版社，1997.

善史料。而且叙事与口述研究具有其他表述所缺乏的优越性：一是叙事与口述史料的“在场性”、“生活性”、“精神性”特征，可以更好地发挥“存史”与“释史”功能；二是叙事与口述方法贴近生活，具有可读性，可以与官方史料形成互补，为教育政策的制定提供民间的声音，更好地服务于现实；三是叙事与口述史学可以将教育史学工作者从书斋中解放出来，更好地参与、服务并享受生活；四是叙事与口述作品以第一人称的视角讲述故事，融教育于生活之中，极富现实性和鲜活性，读来通俗易懂，具有大众教育的功能。

四

笔者主编的由华中科技大学出版社出版的这套“中国教育活动史专题研究丛书”的十本专著，与此前笔者主编的由山东教育出版社出版的“教育史学研究新视野丛书”的十本专著一样，都是笔者及团队关于教育史学特别是教育活动史研究认识、理念与追求的集中反映与体现，也是笔者所承担的全国教育科学规划“十一五”重点课题“中国教育活动史研究”的重要成果。本丛书由十个专题组成，既有教育活动史的基本理论研究，又有教育活动史的个案实证研究，其内容涉及教育史研究中的重要领域与主题。就基本理论研究而言，丛书从逻辑与历史的角度回答了什么是教育活动史、什么是教育史等学科基本问题，确认教育史学术实践的变革最终以范式转换为表现形式；就个案实证研究而言，丛书选取教师个体、教师群体、专门学校、大学制度、大学校训、外语教学、教育期刊等专题，力图用感性的文字表达理性的思考，用逻辑的思维解读历史的文本，用翔实的史料还原过往的教育活动，用叙事的语言构筑多彩的教育世界。

其中，笔者的《学术新域与范式转换——教育活动史研究引论》，是国内第一部关于教育活动史的研究专著，旨在介绍何为教育活动史以及如何从事教育活动史的研究与写作。该书明确指出，教育活动史与教育思想史、教育制度史不同，是后两者的基础与前提，以往忽略教育活动史及其研究是学术研究的重大缺陷。全书阐释了教育活动史研究的理论与方法，特别是对以人的活动与活动的人为中心的研究取向作了细致的论述，且在书中佐之以丰富的教育活动史研究实例，进而通过理论与实际的结合论述了教育活动史这一新的研究取向与叙述体系。该书力求理论与实际结合、人物与活动结合、宏观与微观结合、重点与一般结合、国内与国外结合、历史与现实结合，以引领新风、开启新域。华中师范大学教育学院刘来兵博士的《视域融合与历史构境——中国教育史学实践范式研究》，在对教育史学的基本概念与体系作出系统梳理的基础上，从研究取向与叙述体系两方面发掘不同时期的教育史学者从事教育史学实践的隐性逻辑与显性逻辑，进而对教育史学者关于“什么是教育史”问题的不同认识过程做了历史考察。通过对新中国成立前、新中国成立后至“文革”、改革开放以来三个时期的教育史学实践的研究，解构了不同时期教育史家的教育史观，建构了教育史家的学术实践范式，进而形成一切教育史学实践均是视域融合与历史构境的活动过程这一研究结论。笔者与蔡幸福博士的《船工之子与教育大师——牧口常三郎的教育活动》，叙述了一位日本近现代著名教育家牧口常三郎从船工之子走向教育大师的人生历程。作者以活动史为视角，着重描述牧口常三郎的教育活动演变历程与教育思想形成过程，分析了牧口常三郎教育活动的三大理论基石，并对其教育活动与思想之间的关系进行了评述。作者努力探讨教育家的教育活动是如何影响其教育思想的形成与发展，并成为其教育思想形成的前提与基础的。该书被纳入此套丛书，还显示了此套丛书的一个小小“野心”，那就是不仅要研究中国教育活动史，还要研究外国教育活动史，为外国教育活动史研究摇旗呐喊、鸣锣开道。张明武博士的《经济独立与生活变迁——民国时期武汉教师薪俸及其生活状况研究》，通过对民国时期武汉教师薪俸及其生活状况的细致研究，深度考察了民国时期武汉教师薪俸发展的进程、特点和影响，探寻了近代教师薪俸制度的近代化走向，并结合中国当前教师工资制度改革实际，提出了自己的政策建议。该书试图从生活史的视角、基层教师群体的立场来窥探社会发展链条中的经济、教育与教师生活之间的因变关系，既有助于从生活的视角审视制度变革，又有助于从社会的视角来观照人的生活变迁。赵永利博士的《教育变革与社会转型——近代一上海高等商科教育研究》，借助教育活动史的理论视角，对中国近代高等商科教育的“领头羊”——上海高等商科学校做了个案研究。作者从近代上海高等商科教育的办学、教学活动入手，着力描绘出近代商科院系师生群体的血肉轮廓，展现其多姿多彩的校园活动与成长过程，还原被历史湮灭的近代高等商科教育的真实图景，挖掘出特殊历史境遇下中国高等商科教育在办学、管理以及师生活动等方面的特征，总结了中国近代高等商科教育在专业人才培养等方面的贡献及其深远影响，对中国近代高等商科教育的办学成绩及经验教训予以客观评价，不仅有助于加深对近代高等商科教育的了解和重视，对当下中国高等商科教育的发展亦具有借鉴意义。樊艳艳博士的《双重起源与制度生成——中国现代大学制度起源研究》，对中国高等教育中的“李约瑟命题”——中国现代大学制度的起源问题做了深入研究，并试图作出自己的回答。作者通过对中国传统书院转制、新式大学对西方大学制度的引进等一系列具体活动的分析，明确提出，中国现代大学制度其实是双重起源，一条路径是从传统书院和学校向现代转型，另一条路径是直接从西方引进而成。作者剖析了在看似"外来移植"的发展轨迹下，中国传统的教育机构是如何被纳入现代学制系统，并在中西结合上尝试创造性转化，如何保持了中国自生性的传统高等教育的连续。该书结论的更大意义在于，提醒人们在积极向西方学习的同时，应始终保持和弘扬本民族的传统与特色，坚持民族的自主性、主体性与创造性。长江大学师范学院副教授陈竞蓉博士的《教育交流与社会变迁——哥伦比亚大学与现代中国教育》，立足于全球化的视野，对20世纪上半叶美国哥伦比亚大学与近现代中国的交往历程进行了详细考察，并通过对该校中国留学生的学习活动与他们归国后的教育改革活动、教育理论创新活动以及该校知名教育家来华活动的描述，深入分析了以美国文化为代表的西方文化在中国传播的内容、方式、途径与特点，揭示深深卷入全球化进程之后的中国教育界如何依据本国的文化传统、国情和自身的理解来更新教育理念、重构教育发展道路，进而对世界教育的发展作出贡献。该书不仅有助于人们认识教育交流与社会变迁的关系，对于当前在新的全球化形势下应如何正确处理中西教育文化关系以推进中国教育改革也提供了反思与借鉴。武汉城市职业学院副院长陈功江博士的《精神符号与个性彰显——民国时期知名大学校训研究》，从大学校训入手，探究大学精神符号与个性彰显之间的关系。大学校训既是大学精神的集中体现、大学声誉的招牌和大学师生的座右铭，又是大学发展的指针、大学传统的表露和校园文化的灵魂。作者从民国时期知名大学校训形成的生态环境，各类知名大学校训的确立及影响，以及对知名大学校训的评价等方面，对民国时期大学校训作了深入细致的挖掘与探析。该书开拓了中国近现代教育史研究的新领域，为当今大学校训的制定提供了一份有益的历史借鉴。武汉大学外语学院副教授朱红梅博士的《社会变革与语言教育——民国时期学校英语教育研究》，旨在叙述社会变革背景下英语教学在中国各级学校教育中普及的方法与过程。作者从英语的跨文化交际功能入手，把促进人的全面发展作为研究的出发点，以经济与社会发展需要英语人才、英语人才促进经济与社会发展为实践立场，分析了民国学校英语教育的发展历程、基本特点、主要成就和不足，总结了民国时期学校英语教育的经验与教训，为搞好如今的英语教育提供了重要参考。中南民族大学公共管理学院喻永庆博士的《大众传媒与时代变迁——〈中华教育界〉与民国时期教育改革》，从《中华教育界》这一民国时期影响最大的教育杂志入手，梳理了《中华教育界》发展的内在纹理，再现了中国近代办刊人的生存状况与教育活动场景，考察了《中华教育界》在近代教育思想、教育内容、教育方法等方面所扮演的重要角色，着重探讨了近代大众媒体与中国教育现代化的关系问题。

总之，该丛书力图做到在传统的教育思想史、教育制度史之外，以活动史的方式叙述教育历史活动中的人及人的教育活动，以微观的角度透视参与教育实践的人、学校、媒体、语言、校训等在经济生活、教育制度、社会变迁中的相应性变动，为宏观上理解处于社会中的人如何在经济、教育、文化的不同影响下践行教育活动提供参考，进而收到以小见大、见微知著、以史鉴今的效果。由于教育活动史研究在国内尚处于新兴阶段，没有任何前人的相关成果可供参考借鉴，只能自己边摸索、边总结、边提高。大家的初衷是良好的，但最终能否如愿，还有待读者评说。唯一可以自慰的是，笔者及其团队全体成员尽力了。

在本丛书的编写与出版过程中，得到了华中科技大学出版社领导及编辑的大力支持与帮助，使本丛书得以顺利、及时问世，在此向他们表示衷心的谢意和敬意！

周洪宇

2011年9月22日于武汉东湖之滨

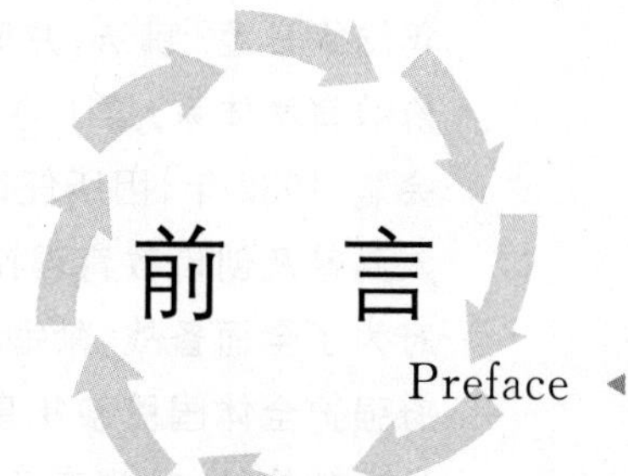

前　言

Preface

牧口常三郎(1871—1944 年)是日本近现代杰出的教育家、民主战士和宗教人士,也是日本近现代具有相当原创力、真正形成了自己的教育思想体系(创价教育思想)、富有世界影响的教育思想家。2007 年,美国知名学者、哥伦比亚大学教育学院哲学、教育学教授戴维德·汉森(David T. Hansen)在他主编出版的《教育的伦理视野——实践中的教育哲学》一书中,介绍了世界最具影响力的十大教育思想家。其中,唯一的一位日本教育思想家就是牧口常三郎,与美国的杜威、意大利的蒙台梭利、中国的陶行知等世界著名教育思想家并列,足见牧口常三郎教育思想在国际学术界的巨大影响,以及国际人士对他的高度认可。

牧口常三郎生于日本柏崎县查刈羽郡荒浜村(现新泻县柏崎市荒浜)的船工之家,因家境贫困 14 岁辍学,20 岁时有幸考入北海道寻常师范学校(北海道教育大学的前身)学习。1893 年毕业后开始了教师生涯。1896 年,顺利通过文部省举行的中等教员地理科鉴定考试,获得地理教师资格许可证。次年,任北海道寻常师范学校地理科教师。1901 年,辞去教职,专心于《人生地理学》的写作并于 1903 年出版了该书。1904 年,来到宏文学院担任地理课教师。1909 年,被调到东京富士见寻常小学任教。1913 年至 1932 年近 20 年的时间里,先后担任过东京下谷区(现台东区)的东盛寻常小学、新建的大正寻常小学、西町寻常小学、白金寻常小学和麻布新崛寻常小学等小学校长。1928

年结缘日莲[①]佛法，并成为其坚定的信徒。1930 年，在其教育理论代表作《创价教育学体系》第 1 卷正式出版前夕，他和户田城圣两人创立了“创价教育学会”。1932 年，因所任职的麻布新崛寻常小学宣告停校而退职。尔后，全力投入到普及创价教育理论和宗教革命实践之中。1941 年 3 月，日本军国主义政府为了全面备战，禁锢进步思想，颁布了新的《治安维持法》。为统一思想，政府强迫全体国民祭祀皇大神宫的大麻[②]，信仰其神道。牧口常三郎坚持自己的宗教信仰，对此表示公开对抗，被反动当局视为眼中钉、肉中刺。1943 年 7 月 6 日清晨，72 岁的牧口常三郎在伊豆下田被逮捕，原因是违反《治安维持法》，罪名是“大不敬”。在监狱中，他始终洋溢着乐观向上的情绪，铮铮铁骨，睥睨反动当局，坚持日莲佛法提倡的永远和平精神，为人类和平的美好愿景同当时的军国主义政府进行了不屈不挠的斗争，直至 1944 年 11 月 18 日因衰老和极度营养失调在狱中病逝，时年 73 岁。

牧口常三郎一生曲折坎坷，以反抗强权、热爱和平为特征。身为一名教育家，牧口常三郎的善良仁慈广为人知，其以“利、善、美”为核心的价值观至今为世人所推崇。为了他钟爱的教育事业，竭尽所能，把学生的幸福确立为教育的目的，使教育更人性化。他酷爱教育和孩子，对日本军国主义法西斯教育和对西方“食洋不化”所进行的简单照搬给予了大胆的抨击。他热爱自然、人类，牢记自己“地球市民”的身份，警示人们自然与人类生命是一体的，共荣共存。他以“价值”为切入口，告诉人们“人生的幸福就在于创造价值，教育的目的就是要增进人格的价值，教育就是要教人去创造价值”，通过自己毕生的实践和历练，创造性地提出了“创价教育思想”，被人们誉为“创价教育之父”。

牧口常三郎的创价教育思想，是在其亲身实践的基础上，科学借鉴西方和日本先进教育思想的产物。可以说，没有对康德、杜威、文德尔班、裴斯泰洛齐等欧美大师和内村鉴三、志贺重昂等日本学术权威思想的吸纳，也就没有牧口常三郎的创价教育思想。

牧口常三郎是一个坚定的佛教徒。自从结上佛缘之后，牧口常三郎的人生为之一变，整个精神面貌为之一新。佛教中“真诚、清静、平等、正觉、慈悲”

---

① 日莲(Nichiren,1222—1282 年)：俗姓贯名，幼名善日。日本佛教日莲宗创始人。幼年于清澄山寺从道善落发，名莲长，后改名日莲。1260 年，将所著《立正安国论》呈献给幕府，坚持以立正(信仰《法华经》)为因，安国为果。要求禁止净、禅诸宗，专奉法华信仰，大触北条时赖之怒，被以诳惑罪发配到伊豆(在今静冈)之东。两年后被赦回镰仓，仍骂诸宗如故。后被发配佐渡。2 年零 5 个月后被赦回镰仓。不久至甲斐(今山梨)身延山，建草庵弘扬《法华经》。圆寂后大正天皇追赠立正大师号。主要著作有《守护国家论》、《教机时国钞》等。

② 大麻：神符。

等理念成为他晚年创价教育实践尤其是为人类和平事业同日本军国主义所进行不屈不挠斗争的力量之源。他之所以能为世人所敬仰，一个非常重要的原因就是他有着巨大的人格魅力，而这一个人格魅力的形成显然离不开佛教信仰所起的作用。当然，必须看到，宗教信仰也给牧口常三郎带来了某些消极影响。在日本军国主义政府统治时期，牧口常三郎将实现和平的理想过多地寄托在“谏言”上，这实际上是政治上幼稚的表现。尽管如此，这丝毫无损于他的光辉形象。

牧口常三郎一直认为，和平是人类的至善。尤其让人敬佩的是，在日本宗教界大多都倒向作为发动战争精神支柱的“国家神道”之时，牧口常三郎和户田城圣率领他们创立的创价学会的会员同军国主义政府对思想及宗教自由的蹂躏奋起反抗直至去世。牧口常三郎对和平的拥护和执著追求，显示了他过人的勇气与睿智。值得告慰牧口常三郎在天之灵的是，他的遗志为后来创价学会的领导人继承至今。事实表明，牧口常三郎及他缔造的“创价精神”正以前所未有的力度走向世界。

牧口常三郎对中华文明充满敬意，善待中国留学生，期待中日两国人民世世代代和平相处。他就像一面光辉的和平大旗，永远昭示着中日两国人民着眼未来、携手并进！

本书分上、中、下三篇共七章，上篇重点介绍了牧口常三郎从船工之子走向教育大师的艰难人生历程和其后半生事业的新平台——创价教育学会，中篇着重研究了牧口常三郎教育活动的三大基石和思想结晶，下篇着力对牧口常三郎教育活动的影响和评价进行了分析。希望能为人们更全面、更深入地研究牧口常三郎提供参考。

需要说明的是，本书是国内第一本专门研究牧口常三郎的专著。此前国内学者对牧口常三郎所知甚少，缺乏研究，大多是在研究日本著名社会活动家、思想家池田大作时才偶尔提及这位日本创价学会的先驱（池田大作是牧口常三郎弟子户田诚圣的学生，可谓是牧口的再传弟子），因此，研究起来极为困难。好在我们的研究得到了中日两国不少机构和学者（特别是日本创价学会、创价大学国际部部长高桥强教授，中国著名史学家、华中师范大学前校长章开沅教授，华中师范大学现任校长马敏教授，湖北省新闻出版局副局长、武汉大学历史系陈锋教授，台湾知名学者刘焜辉教授等人，以及华中师范人学创价教育研究所）的大力帮助，为我们提供了许多重要资料，日本创价学会还资助了部分研究经费。我们在研究中，也重点参考和引用了《牧口常三郎》、《創価教育の源流牧口常三郎》等日文书籍，牧口常三郎日文著作《人生地理学》、《创价教育学体系》(第 1 卷)、《价值哲学》的中文版译作，以及《关爱人性　善待生命——池田大作思想研究》、《池田大作研究论文集》、《创价学会的理念与实践》等中文著作，在此我们谨对上述作品及其他研究成果的原(译)作者们表示诚挚的谢意！

在本书写作和出版过程中，华中科技大学出版社的相关领导和编辑为本书的出版给予了大力支持，湖北大学外国语学院赵霞教授提供了积极协助。特别要提到的是，井冈山大学外国语学院日语系温素美老师利用赴日学习考察的机会，牺牲自己的宝贵时间千方百计地搜集并帮助购买了许多日文书籍和资料，回国后又与刘来兵博士和蒋李莉、马燕、黄金娥、肖玫、胡林、郑倩等同学一起承担了翻译工作。在此一并向为此书付出了大量心血的老师、同学和朋友们表示衷心的感谢！

作　者

2010 年 10 月于武昌桂子山华中师范大学

目　录

Catalogue

上篇　牧口常三郎的人生经历与教育活动

中篇　牧口常三郎教育活动的理论基石与思想结晶

上篇 牧口常三郎的人生经历与教育活动

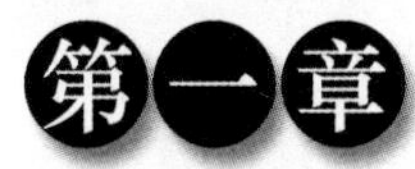

第一章 本土文化的孕育

实践表明，人类的生存和发展离不开环境，人的任何活动都与环境的影响密不可分。从哲学的角度来看，所谓环境，主要指人们所研究的主体周围的一切情况和条件。对于人来说，环境是指人生活于其中，并能影响人的一切外部条件的综合。其中，自然环境是人类生存和发展的基础，而由人生活于其中的各种社会条件、社会关系、社会意识形态，以及经过改造的自然等因素构成的社会环境则决定着人的社会化程度，决定着人身心发展的内容、方向和水平。

第一节 少年时代

明治维新使抛弃了黑暗封锁的封建割据的日本，一跃成为向世界开放的国家。已经认识到自己在世界中地位的日本人，为以前的狭隘视野感到苦涩，并试图努力引进西欧的先进文明。牧口常三郎就恰好诞生于那个脱胎换骨的时代。

牧口常三郎，当其于 1871 年农历六月初六出生时，接抱他的是一块饱受大和文化浸染的土地。

牧口常三郎诞生地日本柏崎县查刈羽郡荒浜村（现新泻县柏崎市荒浜），

日本柏崎县查刈羽郡荒浜海岸

位于柏崎市的北面，面对日本海，与佐渡岛遥遥相望。荒浜村面朝日本海，是刈羽郡的大约 200 个镇村中较大的村子之一。根据 1912 年编纂的《荒浜村志》记载，1873 年荒浜村共有 461 户，人口 2263 人。

当时的荒浜村虽然自然风光非常美丽，但是土地贫瘠，气候恶劣，庄稼难以成活，而且可耕的土地很少，生活在那里的居民日子过得非常艰难。就像牧口常三郎描述的那样：

"构成沙滩的细沙，伴随着暴风四处飞舞，由砂子堆积形成的小丘到处移动，而且妨碍植物生长，除了抗风害能力强大的松柏类之外，大部分有用植物都不耐成长。田地荒芜无法耕种，风沙危害生产，掩埋房屋，像恶作剧似的使居民陷入困窘。"①这样的土地，自然不适合农业。除了适合砂地种植的甘薯以外，其他农作物都难有收成。

尽管这里的人们不厌严寒酷暑之艰辛，勤劳耕作，但必须将所获中的三、四缴纳征税，一、二供为公费，二、三纳给地主。故终岁辛辛苦苦获得十石之谷物，仅剩余一二石而已。农户们一年到头衣食住一日之费平均止于二、三分钱至四、五分钱之间。幸运的是，新泻县的小樽港是一个向北通往北海道、向西连接大阪贸易航线上的港口，既安全又宽敞，装卸货物也很方便。尽管靠渔业谋生很艰难，但村民们大多靠海吃海，以从事渔业和海产品交易为生。另外，村民们还在日常生活中练就了一身编织渔网之术，他们编织的渔网，享誉整个北方渔场，畅销于往来的各地渔船。因得渔网之利，虽然荒浜村穷山恶水，仍是查刈羽郡 200 个村落中屈指可数的大村庄，在当时总户数达 400 多。

牧口常三郎是船工渡边长松的长子，父亲给他取名渡边长七。1877 年，

---

① 聖教新聞社編：《牧口常三郎》，聖教新聞社，1972 年版，第 18-19 页。（作者注，此为日文书）

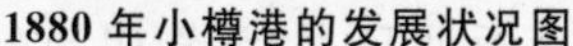
1880 年小樽港的发展状况图

北海道最大的港口小樽

由于生活拮据，长七的父亲长松抛妻别子，前往北海道打工挣钱。1877 年的小樽港对只能靠海谋生的穷苦荒浜人来说，外出打工绝不是什么稀奇事。然而，长松到北海道之后竟然音信全无，被撇在家的妻子伊莱和长七可以说是走投无路。

不久，母亲伊莱改嫁给本村的柴野右卫门，长七由姑姑托利抚养，成为牧口善太夫的养子，此时，长七年方 6 岁。牧口善太夫既是经营漕运的，又是村长。长七的父亲曾在他手底下干活。所谓的漕运，就是用船运输海产品，当时主要进行的是物物交换。

与孩子分开的伊莱心疼被带走的儿子，终日以泪洗面。村里人同情她，经常偷偷地把长七带出来，让她和孩子在一个叫上野堂的佛堂里见面。

母子不时秘密相聚，直至有一次哀怜长七将来的母亲试图抱着儿子以传统的自杀方式跳入日本海。虽然被村里人发现没成功，但自那以后，长七再也未见到他的母亲了。长七是一个听话、机灵、肯动脑筋而且很有孝心的孩子，不仅对善太夫夫妇非常孝顺，而且还经常照顾年迈的爷爷（爷爷住在原来的家里，离养父家很近）。现存的资料中虽然再也没有涉及此后他父母的信息，但我们可以推测懂事的长七念父思母之情。

由于生计艰难，这一带的村民最害怕的有两件事：一是政府征兵，二是义务教育。

众所周知，在明治维新所确立的“殖产兴业”、“文明开化”、“富国强兵”三大纲领性口号中，“富国强兵”被确定为建国总目标。其实，日本在明治维新前，是一个封建领主割据、闭关自守的国家。1854 年，日本闭关锁国的大门被美国以武力打开后，日本相继同美、俄、英、法等资本主义国家签订了不平等条约，使日本面临成为半殖民地的严重危机。当时的日本，经济基础薄弱，自然资源缺乏，而且，国内市场狭小，国外市场又受到英、美、法等国的控制。在国内外矛盾不断激化的情况下，日本人民反对外来侵略势力和国内封建统治的斗争日益高涨。

必须指出的是，日本走上军国主义道路，不仅迫于政治、经济形势的需要，更重要的是与封建武士出身的军阀掌握政府的实权分不开的。他们头脑里是封建武士的世界观，他们要实现征服世界的野心。

早在江户幕府垮台前夕，一部分有识之士在对来自"西洋的冲击"惊惧和羡慕心态交织下，就纷纷提出了要使"东洋的大日本同西洋的英吉利岛"并称"富强之国"的设想和方案。

富国强兵，实际上是强兵富国。其最终目标是跃登军事强国地位，成为东亚盟主乃至争霸世界的强大的军事帝国。

1870 年 8 月，山县有朋从欧美各国考察结束返回日本，掌管明治政府军队的大权。针对当时日本各地兵制极为混乱的现实，根据他亲身对英国、法国、德国、俄国、土耳其、荷兰、美国等国兵制的认真考察，正式决定日本陆军统一采取法国式体制，海军统一采取英国式体制，从而结束了军制紊乱的局面。鉴于旧的封建军制腐败、封建武士叛乱，以及从内战中体验到有民众参加的非正规军（"奇兵队"、"农兵队"等）战斗力强等原因，明治政府决定仿效西方资本主义国家的军制实行征兵制，建立新式军队。取兵于民，自然成为明治政府的一个信条。1872 年 11 月，明治政府发布征兵诏书。1873 年 1 月颁布《征兵令》，正式在民众中征兵，着手建立近代资产阶级国家的常备军。

在《征兵告谕》中宣称：国家如有灾患，人人皆须有份，是故各尽心力以防灾患，则为一己防患之基；苟有国……则人人须服其役……全国国民凡年满 20 岁者，皆应编入军籍，以备应急之用。

根据《征兵告谕》，凡全国男子符合条件的人，不论出身贵贱，均有义务服兵役。根据这种新式兵制的规定，日本国内年满 20 岁的男性公民入伍服兵役，充任陆海军。现役和预备役的期限分别为 3 年和 4 年。

虽说明治维新使日本走上了资本主义道路，但当时的社会生产力尚不发达，近代工业也刚刚起步，对一般民众来说，主要还是依赖传统的生产方式维持生活，而青壮年男子大都是家庭的支柱，一旦应征，整个家庭生活将更为困窘。

明治政府把教育改革作为"大振皇基"的主要施政纲领之一。"文明开化"既是整个国家的大政方针，同时又是教育改革的指南。在教育改革的一系列举措中，普及初等义务教育成为首选。

牧口常三郎出生的那一年，政府设置了全国的教育机关——文部省，由江藤新平任文部大辅(文部省次官)，专门负责全国的教育改革工作。在明治政府的各项法令中，有关教育方面的指示、规章、文件等占了相当大的部分。1872 年 8 月，教改的第一个法令——《学制》正式颁布。关于教育的重要性，政府在《关于奖励学事的被仰出书》中有了明确的阐述："学问是立身之根本"，"人之所以立其身，治其产，昌其业，以遂其生者，别无他，端赖修身、开智、长其才艺也。而修身开智，增长才艺，又非学不可"。正因为这样，"所以有学校之设"。布告指出，旧教育体制的弊病在于把学问看做是士人以上的事，将农工商以及妇女置之度外，而士人以上的少数学者又骛于词章记诵之末节，隐于空理虚谈之歧途，他们说得好听，但能身体力行者甚少。新教育体制的目标则大不一样，就是"邑无不学之户，家无不学之人"。

然而对于贫困的家长来说，期望的则是自己的孩子成为家内劳动的帮手或下地干活的劳动力，所以凡是家境贫寒的儿童，年及六七岁后，多半要帮助父母干力所能及之活，他们或在家照看弟妹、编织草鞋、搓捻绳索，或外出刈草牧牛喂马，有的甚至上山去田助以樵耕。另一方面，因国力所限，实施义务教育初期的教育费用仍多由人民负担。就学校兴建费而言，文部省只支付很少的扶助金，最多时只占全部费用的 12%，大部分经费要靠地方村民上缴的捐赠款及学区内募集金。捐赠款表面上要求地方有钱的旧藩主、士族、豪农、豪商自愿捐赠，但实际上他们把捐赠款以不同名义层层转嫁给了平民，他们常常以捐赠办学为诱饵，强制民众负担。再就学校维持费来说，与从前的寺子屋时代相比大不相同的是，民众负担的部分很多，主要是靠学生缴纳的学费来维持。《学制》规定，办学以征收学费为原则，全国一律征收学费，分为月额五角和二角五分两等，家庭贫困的和子女入学人数多的，可适当减免。从实际执行的情况来看，不征收学费的学校很少，征收学费的府县和学校很多。征收学费的府县多半按就学者家庭的贫富程度划分学费等级，最高的等级定为二角五分。各府县不尽相同。即便如此，当时地方的米价只是二元钱或者三元钱一石。可见，学费并不算低，再加上教科书费及其他学习用品费和学区内募集金等，负担就更为繁重。而文部省所给予的补助也少得可怜。在 1873 年至 1878 年间的公立学校经费收入中，文部省补助金所占比例最多的年份(1873 年)也不超过 12.6%，其余大部分为"学区内募集金"、"捐赠款"和"学生缴纳的学费"，而这些款项实际上是按人口分摊的。此外，"一刀切"式的脱离各地区、各学校实际，脱离学生的学习能力和水平的教学制度和教学计划，以及脱离现实生活的教学内容等也都是人民对义务教育产生反感的重要原因。

正因如此，小学的就学率也自然不高。据统计，1873 年学龄儿童就学率为28.13%。7年后,也就是牧口常三郎上小学的那一年,学龄儿童就学率也只为41.26%。即使这样,就学的儿童绝大多数只在学校读了一年或者一年半就中途退学了。自然,像后来长七入读的荒浜寻常小学(当时的名称是第七大学区第四中学区私立第四小学第一分校)这样的农渔村学校,劝人入学就显得尤为困难。1874年(明治七年),荒浜寻常小学的就学状况是入学者64人(男60人、女4人),未入学者308人(男126人、女182人)。入学率很低,仅为17%。同年,全国平均入学率为32%。可以看出,荒浜村在教育上也是相当落后的。

尽管如此,善良的善太夫夫妇视长七为己出,疼爱有加。加上二人智慧贤良,深知知识的重要性,所以在生活极为困难的情况下,还是咬紧牙关送长七读了四年初小。

1879年,《学制》被废止,取而代之的是教育改革的第二个法令——《自由教育令》。这是文部大辅田中不二麿参照美国自由主义教育制度制定的新的教育体系。1880年,文部省又进行第三次改革,出台了《改正教育令》,重新肯定了欧洲各国推行的国家干涉主义教育,强化了文部省、府知事、县令的监督权。

明治政府建立伊始便十分注重教育改革,积极向欧美各国吸取经验,这是非常难能可贵的。然而,改革必须经过一个尝试过程,免不了要走弯路,会出现动荡和不稳定的现象。牧口常三郎的小学基本上就是在这种不稳定的状态中度过的。他的家乡是荒村僻壤,教育上属于后进地区。荒浜小学在成立之初,是用民房做校舍的。这并没什么稀罕的,当时的小学校舍中约有百分之三十是民房。单从这一点,就能看出明治政府推行基于《学制》理念的教育改革的急迫心情。

1878年,也就是在长七入小学期间,荒浜寻常小学新建了占地140坪(462平方米)、约12坪(39.6平方米)大的6间教室。当时学生有80人,教师只有一人,教授的内容不外乎四书五经、唐诗以及各种文书的写作方法等。

学生们非常尊敬老师。这并不仅仅是因为老师知道很多学生们不知道的知识,还缘于私塾时代就一直被灌输的"与老师同行时距离三尺,不要踩上老师的影子"的教育理念。

长七听老师讲课时总是身体向前探着,眼睛闪闪发亮。老师每次进入教室,就会马上被他那求知的目光所吸引。生性聪明、懂事的长七对养父母的关爱很是感激和珍惜,时常手不释卷。一有时间就埋头学习,在校则如饥似渴地汲取新知识。

可是,长七的养父虽然从事漕运,也只是小买卖,因此,为补贴家计养父也必须让长七做些辅助家里的事务。事务繁忙时,长七一连几天都会在家里做事不去上课。但是，长七在不去学校的日子里，也绝对不会忘记向学友询问上课的内容。当学友也忙于家里的事情时，长七会用"你的事情我帮你做，你把上课的内容教给我吧"之类的话恳求对方。当长七把学友的那份活也做完后，他就在荒浜的海岸等着学友放学。就这样，两个人光着头沐着赤红的夕阳，以沙滩上的砂为黑板，长时间地讲着当天的上课内容，直至夕阳西沉，砂子黑板也看不清楚了，两个好朋友才不舍地站起来，拖着两条映在沙滩上的影子，踏上回家的路。所以尽管他要帮助家里做大量的家务事，但功课仍是名列前茅。由于学习勤奋刻苦，长七念完四年初小后，深谙读写之妙，被同学们称作"优等生牧口"、"秀才牧口"。

遗憾的是，虽然他有着强烈的求知欲，但因为家计所迫，也不得不在读完寻常小学四年级之后辍学，完全帮着家里维持家业。

也正是因为长七的向学之心甚笃，所以当他初级小学（当时学制为 4 年）毕业后为生活所迫辍学在家帮养父干活时，村里人都对长七的才能被埋没在荒浜的沙砾之中颇为惋惜。连善太夫都认为，若长期这样在家当帮手，长七的才华一定会被埋没掉。

值得一提的是，在长七读初小期间，正是日本开明政策和保守思想经过斗争渐渐走向妥协的时期，或说是传统大和文化观念经过朝廷中保守斗争而得到复活的时期。众所周知，中日两国一衣带水，交往历史极为久远，虽然古代中日之间的交往究竟从何时开始已不得而知，但据学者推断，早在中国的春秋战国时期，我国古代吴越一带先民，就可能有一些人从海上来到日本列岛，这大概是日本最早的中国移民。徐福东渡的传说，实际上是秦汉之际中国人渡海移民到日本的一个缩影。① 文献明确记载中日之间的友好往来，当在中国东汉时期。汉光武帝赐金印于倭王，则是一个典型的实物例证。到了中国的魏晋南北朝时期，日本先有邪马台王国女王卑弥呼与魏国的通使往来，继有大和奴隶制国家"倭五王"统治时期遣使于南朝的宋朝，双方的交往非常频繁。

特别值得注意的是，汉字的传入，在日本的文化、教育发展史上具有极其重要的划时代的意义。汉字的传入使日本结束了只有语言没有文字的时代。汉字的掌握和使用，为日本人广泛吸收中国的思想、制度、文学、工艺、绘画、音乐、医药等当时世界上最高水平的文化开了方便之门，同时以吸收中国等大陆文化为契机，古代日本人不断改变自己的思维方式和行为方式，促进自己思想文化的发展和社会的进步。事实上，日本宫廷教育的开端正是以汉字的传入为前提的。从某种程度上讲，汉字的传入使日本教育迈上了正规化轨

① 汪高鑫、程仁桃著：《东亚三国古代关系史》，北京工业大学出版社，2006 年版，第 2 页。

道。当然儒学也伴随着汉字传到了日本。正如日本学者加藤仁平等人在《新日本教育史》中指出的那样："大体上可以认为，从应神朝前后至继体朝五经博士渡来的两个半世纪间，伴随诸博士的来朝，儒教与《论语》、《千字文》及以下的诸经典一起被传播进来了。"①

自然，儒学的传入，对日本的政治思想、伦理道德和教育等各方面都产生了深远的影响。"儒学被经过消化、吸收和创新而成为日本统治者治国安民的重要指导思想和理论工具。"与此同时，"儒家思想的传入，使日本的道德观念发生了质的变化，即由原来朴素的道德情感（'清静心'道德）上升到理性的道德价值判断，确立起新的五伦道德，同时儒学还为日本神道思想的形成提供了理论依据，还是近现代公民道德的重要组成部分之一"②。

可见，在漫长的交往史中，对日本文化最具意义的当数儒家文化的植入。从原生性角度看，儒家文化理所当然属于域外来客，然因其引入的时间久远，儒家文化早已与日本固有的神道文化水乳交融并且与后来的武士道浑然一体，共同组成了日本大和文化的主干。从这个意义上看，儒家文化也就成了日本的本土文化的一部分。而且，儒家文化从它登上日本岛屿的那一刻起，就表现了其强大的生命力，支配着日本人的灵魂。当然，随着时间的推移，日本的儒学总体上已经同中国本土儒学产生了很大不同，在这里，儒学渐渐被改造为辅翼"皇运"的得力助手。长七上初小的4年，也正是儒教思想在明治之初受到短暂冲击而很快得到复活的时期。1878年10月，明治天皇到东山、北陆、东海等地视察学校，对各地的教育情况十分不满，认为应加强道德教育。1880年，天皇侍讲元田永孚根据天皇巡视中了解的一些情况，以天皇名义颁布了一个《教学圣旨》，强调在小学生中必须进行传统的"德育"训练，在学堂中悬挂古来的忠臣、义士、孝子、节妇的画像，以培养小学生对仁义忠孝产生"自脑髓而发的感觉"。同年，文部省发行《小学修身训》并将其作为其他修身教科书的样本。内容主要是从古典书籍里选录出来的格言警句，指导思想是以宣扬仁义忠孝为中心的儒教思想。1881年5月颁布的《小学校教则大纲》不仅对修身课做了进一步具体规定，而且加大了力度，所规定的授课时数比1873年制定的《小学教则》增加了约12倍。

儒学复活的最重要表现则是1882年颁发的《幼学纲要》。

《幼学纲要》是为了对幼年儿童进行道德教育而编纂的。其内容共计有20项德目：孝行、忠节、和顺、友爱、信义、勤学、立志、诚实、仁慈、礼让、俭朴、

① ［日］加藤仁平、工藤泰正、远藤泰助、加藤胜也编：《新日本教育史》，协同出版株式会社，1961年版，第20页。

② 梁忠义主编：《日本教育》，吉林教育出版社，2000年版，第24页。

忍耐、贞操、廉洁、敏智、刚勇、公平、度量、识断、勉职。每个德目都先简单地阐述其意义，然后列出经书的几条章句，再把日本和中国历史上的故事各收录五六篇。它充分地体现了儒家道德。它的宗旨，明确地表述在敕谕中，大意是："五伦道德是教育的根本，我朝(指日本)和中国一向崇尚。虽然欧美各国也有修身之学，但把它运用到我朝(指日本)还不得其要领。方今学科多端，而本末误置者亦不鲜。年少就学应当以忠孝为本，以仁义为先。因而命儒臣编纂此书，颁赐部下，由此得知明伦修德之要领。"[①]由此可见，当时朝廷对教育提出的要求是强调传统的道德，而且它以颁赐敕谕和圣旨的形式来表述这种要求。这不仅是对维新以来不断探索的教育改革加以否定，而且也给以后的"国民道德"教育定了基调。长七伴随着"五经四书"，并沐浴着以儒教思想为龙头的大和文化度过了4年初小。这4年对长七来说不仅是难忘而勤学的岁月，更富有意义的是他在这里培植了学习兴趣，懂得了明伦修身之道。

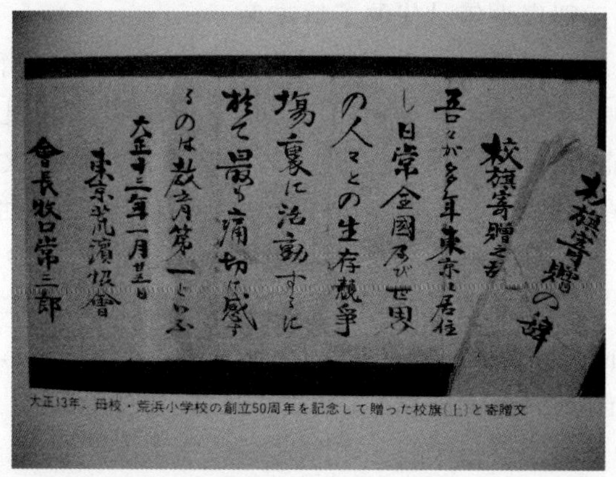

1924年牧口常三郎赠送给母校荒浜小学的校旗上的留言

第二节
北海道——梦与希望

辍学在家的长七虽说在一定的程度上缓解了家庭生活的压力，但面对当时外国经济的冲击显然是苍白无力。长期以来荒浜的渔网是用从长冈出产

① 王桂编著：《日本教育史》，吉林教育出版社出版，1987年版，第147页。

的麻编织而成的，但由于外国便宜耐用棉的大量涌入，网就由麻网变成棉网，村里的渔网生产濒临破产。不过，此前的荒浜村通过渔网交易，与北海道唯一的藩——松前藩来往密切，许多年轻人为了生计都去松前打工赚钱（这在村里叫做“闯松前”）。一天，长七决定去北海道。至于他要离开故乡荒浜村去北海道的动机，详情不知。促使他作出这个决定的，也许是再也压制不住的学习热情和想要逃离连吃饭都成问题的贫困。而且，像他的父亲长松那样去北海道打工的人，在这周围并不少。据认识牧口常三郎的人说，他直到晚年，也很少提起过去。有人曾问他数年前的事情，他的回答是“已经过去了的事情就没必要再去刨根问底了。我们要做的是思考以后的事情，继续生活”这样的话。

如果说老人是活在过去、青年人活在当下、少年人活在未来的话，那么，可以说，牧口常三郎这一生都是像青年人那样意气风发的。但是，这也增加了我们对牧口常三郎青少年时代的了解难度。

当时的北海道拥有著名的札幌农校和以培养下一代教育家为目标的北海道普通师范学校两所学校。关于北海道的这两所学校，长七在荒浜时应该有所耳闻，他可能也曾考虑过北海道是一个适合学习自己喜欢的知识的地方。

而且，在多为平原和原始森林覆盖的北海道，有一种东西使长七这位少年的梦无限扩大——那是一个离开荒浜定居北海道的人们的传闻。据说，北海道鱼的产量非荒浜海岸所能比，以至于有这样的说法：小樽港附近的鲱鱼场里，到了鲱鱼的产卵期，小鲱鱼多得使海的颜色变得全白，如果把船开出海，在船上用长枪刺的话，就能刺到成串的鲱鱼。

梦与希望的北海道自然也吸引着年幼的长七。

1885 年，为谋求出路，也是为了让成绩出众的长七的才华不至于被埋没，善太夫夫妇在村里的一些德高望重者的大力支持下，将年仅 14 岁的长七送到当时正进行大规模开发建设的北海道港口城市小樽，并拜托在北海道的叔父渡边四郎治给予照顾。依照当时的交通状况，去北海道也不是件容易的事情。走陆路是完全不可能的，因此除了海路以外别无他法。而且当时开往北海道的汽船一个月也只一两次，每次航行花费的时间大约要二十天。可以想象，当时长七的北海道之行，放到如今来说相当于是下了移居国外的决心。

可是，正处于开发期的北海道，工作很不好找。在叔父的关照下，长七最后总算是找到了份在警察署做勤杂工的活儿，来到小樽警察署当杂役，倒茶、跑腿、整理文件。

对于好学的长七来说，下班自然是最高兴的事了，因为可以无拘无束地学习。长七下班后争分夺秒地刻苦学习，晚上常常抽空至叔父家附近的寻常高等小学旁听。好学的长七，还把不多的薪水都用来买书，而且只要有空闲，

牧口常三郎当时工作过的小樽警察所

就抓紧时间埋头苦读，因此，警员们都不约而同地称呼他为“勤奋杂役”。

机灵而勤劳的长七很快得到了署员们的认可和呵护。更幸运的是，长七的勤奋和向学之志得到了由小樽郡长兼任的警察署长森长保的赏识。

1889年3月，森长保看重长七的才能，在其由小樽调往札幌的时候，也让长七作为署长家的寄食生①一同前往。工读的生活持续了大约两年后，长七向署长展示了超乎期待的成绩。他克服自己只有小学毕业的不利条件，荣幸地考取了北海道寻常师范学校，而且一进校就被编入三年级。

一个只是从乡间小学毕业的青年，闯过入学考试的难关，考取师范学校，并且一下子就被编入三年级，这在平常是难以想象的。可以说，进来了一个建校以来的高材生，而且这个高材生在此之前基本上都是自学的。学校的老师们在入学之初就很注意长七。尽管在知识的系统性方面有所欠缺，但他所掌握的学问深度和广度即使是与当时他的任课老师相比也没有大的差别。并且，他所具有的构思的独特性，也常常得到老师们的认可。

当时在北海道，致力于学问的学生们进一步深造的地方，只有北海道寻常师范学校和札幌农校两所学校。北海道的开拓重点在于农业，札幌农校就是作为相关人才的培养机关而设置的。②

当时，曾赶赴美国仔细考察过先进文化的开拓使长官黑田在开发北海道时，考虑采用美式拓殖法，于1872年(明治五年)在东京芝增上寺内创建了开拓使临时学校。1875年(明治八年)，迁至札幌，进而更名为农业专门学校。1876年(明治九年)，札幌农校诞生。校长由同为开拓使官员的调所广丈兼

① 寄食生：一边在别人家里帮着干家务事，一边学习的学生。

② 聖教新聞社编：《牧口常三郎》，聖教新聞社，1972年版，第28页。

任。实际的教育工作则由被聘为第一代的教务主任兼农场长的克拉克主持。之前克拉克为马萨诸塞州农科大学的校长。

虽然克拉克仅签订了一年的来日合同，在札幌也只停留了短短的8个月，但他的影响力很大。克拉克教育方针的重点是人格主义，他极力排斥偏重智育的教育方针，信奉基督教。在克拉克即将离开札幌之前，后来成为北海道大学总长的佐藤昌介等第一期学生(13人)全部成为基督教徒。之后，农校又出了和牧口常三郎关系密切的内村鉴三(1861—1930年)、新渡户稻造(1862—1933年)、志贺重昂(1863—1927年)等人。

北海道寻常师范学校的前身是札幌师范学校。

1885年(明治十八年)，北海道被分割成札幌县、函馆县和根室县3个县。就当时北海道内的公立私立小学数量来看，函馆县的数量最多，有153所，札幌县有103所，根室县只有16所。按照1880年(明治十三年)10月28日公布的《改正教育令》关于各府县设置师范学校的要求，札幌县和函馆县设立了师范学校，根室县由于小学很少，故没有设师范学校。①

1886年(明治十九年)1月26日，设立北海道厅，结束了三县分割的局面，不到一年时间县立师范学校(函馆、札幌)就停办了。同年9月17日，北海道师范学校诞生。学校的位置在札幌区，处于北海道厅和札幌农校之间。这所师范学校，在翌年即1887年(明治二十年)4月28日，根据《师范学校令》改名为北海道寻常师范学校。

对一直以来都是半工半读的长七来说，师范学校的生活像是另一个世界。学费全免，生活开支一律由官费供给。而且因为是全部寄宿制的，所以连吃住都是免费的。教科书和参考书都可以借用，学习用品和衣着服装，甚至连假期回家的旅费都由官方支付。另外，每周六还会发放零花钱十钱作为津贴。那时候一钱就可以买三四个馒头或是大福饼，因此十钱的零花钱也是一笔不小的数目。

当时，学校还规定，学生的学习用品和衬衫、衬裤、袜子等服装有多余时，学校将会收购。所以，学生们都很节约且很小心地使用被服等，以便由学校回购时获得一定的收入。据说，这之中也有学生将卖来的钱寄给贫穷的家人。优良的待遇对贫寒的长七来说，无疑是雪中送炭。

师范教育是明治政府教育体制中的重点。当时的教育部长是森有礼(1847—1889年)，他的目标在于造就富国强兵的日本国民。为此，他在教育制度中特别重视师范学校的作用。

师范学校的学习经历在长七的人生道路上占有极为重要的地位，这既是

---

① 聖教新聞社編：《牧口常三郎》，聖教新聞社，1972年版，第29页。

他终生从事教育的起点，也为他后来形成创价教育思想提供了重要契机。

如果说，4 年初小为长七打开了大和文化之门，那么，4 年的师范教育使长七的文化底蕴更为厚实。师范教育是明治政府教育体制中的重点。1880 年（明治十三年）制定的《改正教育令》，扩大了府县立的师范学校，从此师范学校的数目骤增。在长七就读北海道寻常师范学校的前一年，即 1890 年（明治二十三年）10 月 30 日政府颁布了《教育敕语》，以培养人们“尊王爱国的志气”。由此，天皇除已拥有的政治权力外，又增添了干涉和决定国民道德观和社会观的权力。因此，可以说这是“干涉国民的良心自由的”。正如远山茂树所指出的那样，《教育敕语》反映出“近代以前的家族主义和近代的社会有机结合起来的家族国家观，具有以家族主义和共同体的秩序思想从下而上地支持绝对主义统治的机能”。[①]

1891 年时的北海道寻常师范学校

1886 年，政府又制定了《师范学校令》，规定：师范学校旨在“培养教员应有的品德和学识”。在师范学校里，要培养学生具有顺良、信爱、威重的气质。这里的“顺良”是针对国家而言，即要做一个忠于国家的标兵；“威重”是针对学生而言，因为他们将来都要为人师表。当时，教育被看成是明治政府实现“富国强兵”的基础，而作为教育“母机”的师范教育，自然被视为“富国强兵”的先行部队。长七就学的北海道寻常师范学校是在函馆师范学校和札幌师范学校被废除后新建的学校。与日本其他师范学校一样，北海道寻常师范学校受着“什长”、“伍长”严格的管制。仅从师范生必学必知的《小学教员须知》和《小学教员任免规则》就可略知一二。《小学教员须知》明确指出：对于教师来说，道德教育比智育更为重要。而且强调要每所学校均将教育敕诏与天皇

---

① 何劲松著：《创价学会的理念与实践》，中国社会科学出版社，1995 年版，第 61 页。

像悬挂在一起，并于每日早课时大声朗读，同时要求把儒家伦理道德与爱国结合到一起，挂在尊天皇爱王室的旗帜下，要教育学生“忠皇室、爱国家、孝父母、敬长上、信朋友、爱卑幼……”。《小学教员任免规则》明文规定：“硕学老儒等有德望者”、“善于教授修身科者，不必经过考试则可授予该学科任用证书，录用为教师。”师范学校的另一个显著特征就是一切军事化，学生们受到严格监督，违反纪律者要遭到严厉制裁。为培养学生的“尊王爱国”思想，让学生具有为振兴国威而献身的体魄和精神，学校时常在夜里进行“紧急集合”一类的演习，早上在走廊整队点名，每天都要高唱军歌，有时还要持枪训练。可见，森有礼所希望的老师绝不会是变革既成的秩序和价值观的人。

但是，也有学生从森有礼的死板教育中挣脱出来。其中，就有位名为片冈隆起（后来成为东京市大日本麦酒公司专务董事）的高长七两个年级的学长。他在给《北海道札幌师范学校五十年史》一书（1936 年出版）的撰稿中有过这样的回忆：“文部大臣森有礼积极倡导军队式的管理方式。不管做什么，都要求做到顺良、信爱、威重。”①

长七也与这位前辈有同样的感觉，而且对那样的做法很反感。他认为，强制性命令性的教育是不会在孩子的心里扎根的。

当时，以片冈隆起为首，定期会召开居住在东京的北海道寻常师范学校毕业生同窗会。由于师范学校位于藻岩山山麓，同窗会被亲切地称为“藻岩会”。同窗会总会一年召开一次。和长七一同出席过同窗会的有高田富兴、原田兴作、中井喜代太等人。

值得敬佩的是，尽管在这种军队式的生活和国家主义的气氛中接受的师范学校教育无视人的个性，违反教育规律，但长七不仅没有成为法西斯军国主义教育的牺牲品，反而注意吸取大和文化中的有益成分，从正面发扬光大了早年所学的《幼学纲要》中提倡的孝行、忠节、和顺、友爱、信义、勤学、立志、诚实、仁慈，礼让、俭朴、忍耐、廉洁、敏智、刚勇、公平等做人处世的优良品格，走出了狭隘的岛国主义的阴霾，注意到家乡、国家和世界共存共荣的关系，孵化了崇高的国际主义情感。

特别要提到的是，在北海道寻常师范学校念书的长七发愤学习，不仅顺利地修完了所有课程，而且还对地理课情有独钟。在与欧美国家广泛接触的过程中，外国新文化涌入日本，地理学研究的重要性引起关注。地理课也被列为中小学的主要教学科目，就像一桥大学研究地理思想史的名誉教授竹内启一所说：“学校制度在明治成立，义务教育中最受重视的是国语、历史和地理三科。现在日语是日本的通用语言，但在此之前，首先必须使它成为普及

① 聖教新聞社編：《牧口常三郎》，聖教新聞社，1972 年版，第 31 页。

全国的标准语言，其次是历史。最后是地理科。这个课程关注学生在共同国土上生存的观念。这些科目起着促进民族意识扎根的作用。由于受到重视，地理这个词成了日常用语。”①

1893 年北海道寻常师范学校毕业照(第三排左数第二人为牧口常三郎)

师范毕业后，长七兢兢业业地教书，但他并不满足于教学任务的完成，而是在教学的同时，从自然科学、社会科学的角度扎扎实实对地理进行深入的研究。他越来越意识到，一个人从呱呱坠地开始，其人生就与世界发生了直接的关系，比如身上的衣服是南美产的羊毛制成的，眼镜是德国人发明的，蒸汽机与电力缩短了各国之间的距离，把世界变成命运共同体，生活在日本的人，实际上已是世界公民。如果将地理课和教育紧密地联系在一起，可以让学生认识到每个人、每个国家都不是单独个体，而是有着千丝万缕联系的。人只有放眼世界，关注世界，才能更好地成长与发展。面对当时盛行的死记硬背式教学，年轻的长七无时无刻不在考虑怎样才能让孩子用自己的头脑思考，用自己的双腿站立。

长七开始推出自己的教学观点。他数次投稿地方报纸，就如何让孩子对学习产生兴趣等题目发表对教育的看法。长七主张：教学的目的在于激发兴趣。孩子们的学习不是靠强制，而是靠兴趣。教育不应止于传授知识，启发学生对学习的喜爱与兴趣才是正途。知识不是让人来灌输，而是自己自立去探求的。

所有这些，不仅让他脱颖而出，很快成为北海道教育界的新秀，而且也为他的处女作《人生地理学》的问世打下了坚实的基础。

① 监修：斋藤正二；综合监修：纪田顺一郎；协力：创价大学创价教育研究中心；制作：株式会社、英映画社；翻译：李长声；岩波书店协同出版社，2006 年制作。

第三节

初为人师

1893年1月,长七改名为"常三郎"。6月,牧口常三郎在本校附属小学实习(4个月),并担任该校高小一年级女生班班主任。同年,成绩优异的牧口常三郎师范毕业,被分配到附小当训导。师范毕业后,牧口常三郎一边兢兢业业地教书,一边对教育理论和现实问题进行深刻的思考,与此同时也开启了他的教育职业生涯。初为人师的牧口常三郎显然在教学上还不成熟,就像1936年他所撰写的一篇题名为《四十五年前教生时代的追忆》的文章中写的那样:"……生来第一次上讲台,想必很狼狈……虽说如此,但孩子们还算认真听我讲,想起来现在还出冷汗。最为难的是给小学五年级女生班上作文课,无论叫她们写什么,多数只是舔铅笔。"

牧口常三郎负责的是高等科一年级的女生班。高等科的修业年限是4年,先修习4年的普通科后才能升入。也就是说,当时小学的修业年限是8年,牧口常三郎所负责班级的学生,相当于现在小学的五年级学生。年龄为10岁到11岁左右。刚刚21岁的牧口常三郎希望自己成为一个优秀的教育家,因此,就算有一点点不明白的地方,他也会虚心地请教指导老师。

教学中最难的科目是"作文"。其他的科目都有教科书,好歹都可以教。只有作文难以应对,连敷衍的办法都没有,只能挖空心思地设计,因此让老师们烦恼不已。传统的做法是,教师告诉学生"写个什么",学生写完之后再用红笔一修改就成了。由这种方法所习得的东西,与其说是从老师那里学习知识,还不如说只是学生在入学前就已具备了的。牧口常三郎想,除了这种用红笔修改作文的教法之外,应该还有更好的方法。为了尽快让学生们掌握写作方法,牧口常三郎费尽心思,不断摸索。因为当时没有作文教材,学生的水平参差不齐,差距很大。牧口常三郎认为,作文的基础就是了解文章构造,一定要从教基础开始,让学生模仿基本文章,教了基础后再进行应用。

为了提高成绩差的学生的写作兴趣,他先给他们看最简单的文章,再让他们模仿,然后再和其他学生一起写别的作文。按照这个思路,他将学生紧密联系身边的自然景观并以1871年开通的流经市内的人工灌溉渠新川为题写了一篇文章作为示范。接着他与孩子们一起以"创成川"为题来写作文。

创成川是19世纪初专为札幌村开通的饮用水渠道。最后以“丰平川”为题让孩子们作文。与前两条人工水渠不同，丰平川是自然河流。学会了写水，接下来就教学生写山。这样牧口常三郎由近及远逐步深入，让每个孩子思考人与自然的关系。就像他所说：“首先，以‘新川’为题写一篇文章给学生看，接着和学生们共同创作一篇‘创成川’，接下来就是让学生们自己实践写作‘丰平川’，之后再草拟‘手稻山’、‘惠庭岳’这样一系列的作文……”①这样的具体计划在实际教学中一加以运用，立刻就收到了良好效果。以前一到作文时间，大部分学生都只是咬铅笔，把和邻座的同学聊天、瞎画画儿作为消遣。采用新的写作方法后，已经熟悉文章基本模式的学生在应用写作的过程中，不知不觉间就能写出以前从未写过的很长的文章。意识到这些后，学生们都很感激。连之前认定自己不会写作文的学生，被教以这种方法后，也觉得写文章好像并没有那么困难了。

牧口常三郎在班上试行的这种独特的作文教育法，可以说已经形成了他后来提出的“文型实用主义”作文教学法的雏形，且也成了他的教育方法论的重要实践来源。

这种新颖的作文教学方法，有效地增强了学生写作的自信心，自然得到了附小师生的高度评价。自从牧口常三郎实行了这种教法后，没有一个学生在作文时间里再是一副百无聊赖的样子。非但如此，在作文时间已经结束后，大部分的学生还坐在那里继续写着。过去无论是哪个老师的作文课，都没有这么认真的气氛。看到这些效果后，附属小学的老师都纷纷前往观摩。

尽管明治政府十分重视基础教育，然而苦于当时经济还不发达、教育条件比较差的现实，许多地方不得不实行传统的单级教学（复式教学）。这里的单级学校指的是把寻常小学的一年级到四年级（现在一年级到六年级）的学龄儿童都编成一个年级的学校。北海道在当时为偏僻地区，因为人口稀少，连能够按年龄编成年级的学生数都不够。同时因为北海道在逐年向外开拓，对应村子规模设置学校是很有必要的。文部省也要求各地的师范学校附属小学一定要设置单级小学的示范班级。1891年（明治二十四年）11月的文部省令第二十号《寻常师范学校附属小学校规程》第三条中就写道，“……务必设立单级制班级”②。据此，北海道寻常师范学校在1892年（明治二十五年）新设了单级学校。

据《北海道教育史》记载：“不清楚单级教学最初的任课老师是谁。牧口常三郎于1893年（明治二十六年）就职本校（北海道寻常师范学校），开始担任

①② 聖教新聞社編：《牧口常三郎》，聖教新聞社，1972年版，第33、35页。

单级教学的老师。"[①]从这一点可以得知，牧口常三郎应该是北海道的僻地教育，甚至是日本僻地教育的先行者。

对于新上任的训导牧口常三郎来说，负责单级教学是件大难事。因为不想做偏僻地区的老师，当时教师们都很讨厌进行单级教学。学生们也有同样的想法。所以单级教学曾一度只是口头空喊，没有一点要开始的迹象。

1893 年(明治二十六年)后，北海道的单级编制小学越来越多，且占压倒性多数。根据 1898 年(明治三十一年)的统计，在北海道总数为 502 所的小学中，单级编制的有 309 所。[②] 在这样的竞争压力下，牧口常三郎只有立足于自己的实践，认真思考怎么做才能够提高单级小学的教育效果，也只有这样才有出路。随着实践的深入，他发现，"教学只是达成教育目标的权宜办法"、"学校的目的不在教学而在教育"。不过，他虽然主张德育比智育更重要，但对智育也并不轻视，同时尖锐地指出：作为教学的目标在于兴趣。要达到这一目标必须依据心理学方面的规则，而不是老师填鸭式的教学，让学生死记硬背。教学重点应该放在使学生对学科感兴趣、让学生自身产生学习欲望上。

牧口常三郎认为，单级教学的关键在于教师应该如何适当地分配自己的劳动，因为是由一个教师同时教授不同年级的学生，不仅教材研究很花时间，而且教课中老师的精神负担也很大。

牧口常三郎在将单级教学中的同时同科同程度、同时同科异程度、同时异科异程度三种教学模式进行比较后认为：第一种明显不合适，因为班级中有学习实力的差别、年龄的差别，不利于因材施教；第二种的优点是学生和老师都不会分散注意力，在某种程度上能够共同授课，而且时间易于分配，但也有缺点，在时间上有冲突，而且很难分配老师的劳动力；对于第三种方法，如果把需要发音的学科和不需要的学科编在一起的话，就能避开发音冲突，通过整合让老师费心的学科和不费心的学科，就可以合理分配老师的劳动力，但是也具有分散老师学生注意力、无法制定共同教案、难以拟订时间分配等缺点。权衡以上的优点和缺点后，牧口常三郎建议使用第二种和第三种教学模式。

牧口常三郎还认为，为了同时教授两种以上的不同年级的学生，无论如何是需要间接授课的。他用"自动"一词解释了间接授课方法。所谓"自动"，可以理解成自习或是自修的意思。"自动"可以分为预习式、应用式、复习式三种。只要在讲课中有效地利用这三种形式，不仅能够节省老师的劳动力，还可以养成学生自主学习的习惯。

在预习式自动中，老师直接让学生自己提前学习应该讲的内容。这时要

---

①② 聖教新聞社編：《牧口常三郎》，聖教新聞社，1972 年版，第 36、168 页。

注意通过使学生体验发明和成功的快乐来培养学生的学习兴趣。

在应用式自动中，老师要通过对已讲过的基本性、原理性的知识做些列举实例等训练，来加深学生的理解的程度。

在复习式自动中，要让学生对已经学过的内容进行反复操练，而且教师必须在各章结尾、整套书结束、学期结束和学年结束时帮助学生及时巩固知识。

单级学校在日本是受到德国的强烈影响普及开来的。高等师范学校的教授野尻精一和同一附属小学的训导黑田定治等，是日本当时有名的单级学校研究家。1895 年(明治二十八年)，文部省把野尻等人作为讲师，聚集全国府道县的代表，召开了单级教学法研讨会。由于牧口常三郎出色的教学和研究工作很快得到学校的认可，那一年，他被北海道文部厅派到东京参加这次由文部省举办的单级教学法研讨会。1895 年(明治二十八年)北海道每日新闻社发行的《北海道教育周报》8 月 11 日对此进行了报道：北海道寻常师范学校训导牧口常三郎这次前往东京，应该是出席文部省召开的小学单级教授法讲习会。

牧口常三郎详细地记录了研讨会的讲义，回来后，将笔记整理成文章在《北海道教育杂志》上以《单级教授讲习笔记大要》为题分 9 次进行了连载。这不仅显示了他的教学才华和科研才华，也有效地提高了他的知名度。

在教学的同时，牧口常三郎也非常重视科研。1893 年(明治二十六年)，他在做附属小学训导的同时，也成了北海道教育会的一员。北海道教育会，是北海道教育者之间的研究会组织，发行的机关杂志是《北海道教育会杂志》(第 16 期以后改名为《北海道教育杂志》)。杂志创刊于 1891 年(明治二十四年)3 月，因此一般认为教育会也是在同一时期成立的。会员人数在最盛期超过了两千人，札幌农校教授新渡户稻造和后来的北海道大学总长佐藤昌介当时也是会员之一。

加入了北海道教育会的牧口常三郎，在教育的实践和理论两方面都展开了积极的工作。教育会的工作人员由会长 1 人、副会长(有时也代行干事、干事长)1 人、评议员 30 人和 1 名理事长、4 名理事构成。根据记录，他在 1898 年(明治三十一年)3 月被委任为机关杂志的编辑委员。当时的编辑委员有 5 人。同年 5 月，他被选为北海道教育会的评议员。同年 12 月，在北海道教育会举办的“北海道地理”有奖征文活动中，担任了评委。第二年，即 1899 年(明治三十二年)5 月，接受了做小学校教员乙种检定委员的任命。他的实力被高度认可，很得信任，在 1900 年(明治三十三年)4 月的北海道教育会评议员总选举中，以最高票(105 票)当选。

1901 年(明治三十四年)，他既担任北海道教育会的干事和理事，同时又兼机关杂志的编辑主任。那个时期，牧口常三郎以《北海道教育杂志》为发表阵地不断进行着论文写作。这份杂志1895年(明治二十八年)之前的内容已经相当残缺，因此无法了解准确的情况。不过从现存的资料可以看出，1895—1901年(明治二十八年到三十四年)的6年间，他几乎以每三个月一次的频率发文，在《北海道教育杂志》上发表了《观念类化作用》、《开发教授的一弊》、《儿童观念界的一端》、《北海道读本应用作文教材一例》、《地理科教材本邦贸易港》、《关于作文教授法》、《读书科教案一例》、《使兴趣持久的游戏一种》、《从训练上看多级和单级》、《社会教育学的实际方面》等25篇论文。[①] 此后，牧口常三郎经常将自己的教学和科研体会形成论文，其成果不断见诸报端，内容不仅包括单级教学法，还涉及教育改革等敏感话题。他很快便成了北海道教育界冉冉升起的新星。

牧口常三郎在北海道教育杂志上发表的题为《观念类化作用》的第一篇论文

为提高教育效果，学校非常重视单级教学法研究，具体的研究工作由年轻的牧口常三郎负责。

在一间教室里，要同时给不同年级的学生上课，教师面对的是不同年龄、不同年级、不同知识层次的学生，在同一个课堂中进行不同的教学任务，其优点是具有教学任务的多端性、教学情境的复杂性、教学过程中“动静”交替性等。但这种教学模式也有许多不足之处，如：学生讨论时受人数少的限制，发表意见的内容范围较窄；一半时间用于学生自觉活动，教师讲课时间少，课文难点难以被学生理解；有时因受来自其他年级学生的干扰，学生在学习时注意力容易分散；复式班学生的知识范围比较狭窄，其思维方式比较单一；学生

① 聖教新聞社編:《牧口常三郎》,聖教新聞社,1972年版,第40页。

在复式教学组织形式中容易出现缺乏主动性、自主性和积极性的现象；直接教学和学生自学或做作业只好交替进行。

由于学科头绪多，讲课时间少，教学任务重，因而备课时对教学过程的组织、教学时间的分配和教学秩序的维持等有更复杂的要求。特别是组织教学的难度比较大，这些对牧口常三郎来说无疑都是很大的挑战。为解决这一矛盾，富有责任心和毅力的牧口常三郎在对孩子们的慈爱之心的支撑下一直孜孜不倦地工作着。他与孩子们在一起时，总是和蔼可亲。他坚信：老师是学生的依靠。从教育的眼光来看，不管是哪个孩子，同样都是学生，不应该有什么分别，都要给予无微不至的呵护和关怀。他认为，人不可貌相，海水不可斗量，应该从穿得破旧或衣服被尘埃弄脏的学生身上看到透射出来的、灿烂生命的光辉。

在他看来，在严酷的社会现实中，教师是学生的庇护神。牧口常三郎对学生们就像对自己孩子那样怜爱。

北海道的冬天，寒冷刺骨，常常积雪齐腰。每到这时，他就亲自迎送孩子们上学和放学，经常是背着小一点的，牵着大一些的，口中不停地大声提醒孩子们："注意脚下！"他还为小手冻得通红的孩子烧热水泡手。他经常一边给孩子的手打上肥皂使劲搓洗，一边说"人的手是用得最多的，也最脏，所以一定要经常洗手"。学生经常看着热水中自己被老师的大手握住的小手，一边感到很感动，一边侧耳倾听老师的教诲。

1900 年北海道寻常师范学校宿舍

遇上暴风雪的日子，他就顶着恶劣天气背着体弱的孩子跋涉十几里，送他们回家。很多人都说经常看到这充满人间爱的情景。

优秀的牧口常三郎自然也成了许多女孩爱慕的对象、心中的"白马王子"。故乡荒浜村中素有名望的牧口熊太郎的女儿胡马与他一见钟情，1895 年，两人终于结为秦晋之好。那年新郎 25 岁，新娘才 19 岁。

牧口常三郎的夫人胡马

婚后第二年，牧口常三郎通过了由文部省统一举行的中学教师资格地理专业考试。从1898年开始，他到北海道寻常师范学校当助教。也就是说，他在给附小上课的同时，又在母校教地理。1900年，他又参加了教育学专业的资格考试，让同事们深表敬佩的是通过一个专业考试都很难的资格考试中，牧口常三郎竟然通过了两个专业。

牧口常三郎讲授的地理课在学生中有极高的人气。他不是简单地打开地图指着山河名称而教，而是联系实际进行讲述。如讲解山时，会告诉学生这座山跟人们的生活有什么样的关系、人们的生活使自然发生了怎样的变化等。据说，当时还是学生的大阪认为，没有哪门学问像地理那样会让他如此感兴趣，被牧口常三郎的讲课魅力俘虏的大阪在成为四年级学生后，首先就选中了作为教生去附属小学实习的牧口常三郎的班级。

牧口常三郎对当时还是新学问之一的地理学很感兴趣。1894—1901年(明治二十七年到三十四年)的几年间，他边教学边积累，同时酝酿着撰写地理学书稿。就像他所说的那样："鄙人任职教育多年，这期间久感于必须处于重要位置的地理学很受轻视。但我常想，如果现在这门学科的教授法能稍加改良的话，存在于现今教育上的痼疾也能去除大半。自那以后，出于长期以来的兴趣，立志于研究这门学问，起草教学方案也好、翻阅各科的著作也好、浏览报纸杂志也好、倾听老练实业家的杂谈也好，又或是观察四周的自然和人事，都会对应一切必要事物，同时根据感想，通过手写、摘抄，不断积累，终于成了这一册书。"①

对地理有如此深厚造诣的牧口常三郎，总是感叹当时很长时间内地理教育的死记硬背和罗列式的模式，试图对之加以改善。

对他来说，地理的意义远非研究土地、气候、自然资源等，尽管他的地理研究也包括这些内容，但其主要还是注重于研究生活在一定地域的人，以及人与地域和地域与人之间的关系。他最初的努力还是将地理研究的成果用于教学中。当时，他认为，地理可作为整个小学课程的中心，如果这样，教育中存在的许多问题可得以克服。

这些信念促使他产生了写一本小学教师地理用书的想法。所以，从他开

① 聖教新聞社編：《牧口常三郎》，聖教新聞社，1972年版，第42页。

始担任小学地理课教师的那一天起，便坚持利用业余时间收集有关材料并做一些相关工作。据他的学生说，牧口常三郎总是在穿的和服内放一张纸片或用过了的信封以便随时记下这方面的想法。暑期，他就经常去东京收集有关书籍并和一些有助于他做这方面研究的学者和教育工作者联系。为便于研究和写作，牧口常三郎也一直希望长期住在东京。因为东京是国家的文化中心，便于同一些学者以及图书馆和出版社联系，而且他希望找一位出版商将来帮助他出版其著作。1901 年他终于找到了机会，但同时也发生了一些不愉快的事情。

为了解当时的具体情况，大家在此有必要知道北海道寻常师范学校的学生生活。师范学校是要求学生举止"顺良、信爱、威重"的地方。但是政府逼得越紧，反抗的力量好像就越强。师范学校的学生中就有人在教室里发表评论校方态度和政府政策一类的讲演。因这样的演讲而退学的学生也很多，退学者中也有像后来的知名社会学者田边寿利这样的人物。当时的学生生活可以用一个词来描述：呆板。政府的目的就是培养听话的教师，所以学校就像军营一样。

学生除了周六下午和周日外，不得离开学校和宿舍。如果离开，也必须下午 5 点返回。禁止学生看报。每天晚饭后有两个小时的学习，而且必须安静。据有的学生回忆，晚上学习时间不得开抽屉和打喷嚏。1901 年春，一件关键的事发生了。学校的所有男生（四年级的除外）进行年度野外军训旅行。一次训练演习中，给了学生一定的自由时间，但得晚上 9 点回营。可是这些学生公然一致对抗，直到次日返回。结果整个军训处于混乱和无序状态。虽然牧口常三郎没有参加这次旅行，但因为他当时是男生宿舍的管理员，被认为应对此事及其他一些学生破坏纪律的现象负责。另外，1900 年（明治三十三年）秋，北海道寻常师范学校学生罢课，学生中还出现了用刀伤人事件。时任舍监的牧口常三郎，首先被北海道厅追究责任。此事虽是不幸的变故，但也是他下定决心要去东京的一个原因。那时，北海道教育会以会长大漥实的名义在《北海道教育杂志》上发表了这样的消息。"本会干事牧口常三郎因上京留学之故提出辞职，已予批准。牧口君多年来作为本会的评议员理事，执行任务热心真诚，功绩显著。本会赠送其大日本史全部聊慰辛劳……""牧口担任本会的委员，多年来鞠躬尽瘁，特别是作为机关杂志的编辑主任所作出的贡献，更是让本会深感谢意！为表纪念，赠大日本史一部聊表谢意。"①

---

① 聖教新聞社编：《牧口常三郎》，聖教新聞社，1972 年版，第 43 页。

第四节
来到东京

1901 年夏，牧口常三郎带着妻子和两个孩子去了东京。①

牧口常三郎尽管离开了北海道寻常师范学校，但给学生们留下难忘的印象。

“想来，藻岩山顶已白雪消融，丰平川水流滔滔，恰是到了北海天地含笑的时候。在我们学校里，多年来以慈母对幼子般深厚情谊照顾我们的牧口先生，离开了学校。在此之际，悲伤不由得油然而生，不胜惜别之情难以自禁。”“呜呼，如今送别老师，对于本校毋庸多言，纵是为了我们北海道的教育，也不得不感到惋惜。如果老师是离开本校再往他校任职，那么，不仅为了本校，也为了全北海道，肯定也应该不得不逆转老师的意愿。老师从今开始数年间，为了研究专业学术，只好辞去教职去遥远的东京游学，这样，比起逆反老师的心意或是以悲伤的眼泪作别，倒不如用欢心笑颜愉快地送别老师。”②这是 1901 年（明治三十四年）牧口常三郎离开北海道之际，师范学校二年级学生佐佐木季喜次以《送牧口先生序》为题投给北海道寻常师范学校同窗会杂志《师友》的稿子中的感言。佐佐木是北海道寻常师范学校第十八届毕业生（26 人）中的一人。同级生桶谷兼一读了佐佐木的这篇文章后，也很怀念地讲道：“真是像佐佐木君说的这样，牧口先生是一位优秀的老师。当时学生中有的人行为恶劣，在课堂上喝倒彩、做恶作剧，让老师很头疼。但是，一到牧口先生上课时，没有一个人胡闹。这是因为牧口先生的讲课有魅力，而且牧口先生身上有一种‘力量’。虽然我只跟着牧口先生学了一年，但记忆中印象特别深刻……在学生时代，要说什么是最有趣最高兴的，我认为是在这所学校里跟随善良的老师、在其教导下孜孜不倦地勤奋学习的且让人感到无上快乐的那段时光。相反，感到最悲哀的是什么时候呢？我也思考了这个问题。那就是在学校中学业未有所成时，却失去了一位一直受到其陶冶的善良的老师。这让人感到莫大的悲哀。这虽是我个人关于学生时代的想法，但大家应该都有同感。”③

以上记载在圣教新闻社编写的《牧口常三郎》一书中的文章充分体现了

---

① Makiguchi：The Value Creator by Dayle M. Bethel，Published by Weather，Inc. of New York and Tokey，1973，P34-35。

②③ 聖教新聞社編：《牧口常三郎》，聖教新聞社，1972 年版，第 44-46、44 页。

与恩师离别之际学生百感交集的依依惜别之情。

尽管牧口常三郎对离开师范学校而感到很难过，不过，这也为他提供了完成其地理学手稿《人生地理学》的写作机会。

在去东京的前几个月，妻子曾突然被丈夫坦率告知上京的决定。那时，报纸上像是每天载有海上遇难的惨剧。而且家里还有两岁和三岁的两个小孩。对牧口常三郎一家来说，上京是一件了不得的大事。但是，贤惠的妻子面对一向言出必行的丈夫，还是默默地顺从了他。

"离开故土去北海道，
波涛为枕，数夜不眠，
朝夕之间所听到的，
是呼朋唤友的海鸥和海浪。"[①]

去东京的船上，牧口常三郎一边唱着，一边脑海中走马灯似地回想起故乡荒浜村的事情和在北海道的生活。他想起以前感到荒浜村的狭小，憧憬着充满梦想与希望的北海道的少年时代。现在，对于无比热爱学问的求道者青年牧口常三郎来说，北海道也显得狭小了。这个青年的心好像早已飞到了日本的文化中心——东京。

此时的牧口常三郎有了两个孩子。由于辞掉了教员的工作，在东京只好靠微薄的辞职补助租房子住。在与贫困作斗争的同时，他坚持不懈地进行着地理研究。好在妻子胡马全力支持，每天往返于家和当铺之间。

为了提升科研质量，牧口常三郎也没有忘记寻求高人的指点。

一到东京，他连介绍信也没有就突然拜访了文学博士坪井九马三。作为北海道寻常师范学校教谕和北海道教育会干事而活跃于北海道的牧口常三郎，在东京可以说是默默无闻。出乎意料的是，当时历史学界的泰斗人物坪井教授热烈欢迎了素昧平生的牧口常三郎。

坪井和这个无名青年站在玄关前稍做闲谈，马上就将他请到客厅。坪井像是被青年的热忱所打动，对牧口常三郎请教的许多问题一一作答。遇上难解的问题时，坪井就翻开书本，两人一起思考。当时，两人的学术交流，像是不会结束似的持续了很长时间。之后，牧口常三郎多次请教了坪井。

1902 年(明治三十五年)春，牧口常三郎也是没有介绍信就突然敲响了当时地理学界的权威——志贺重昂[②]的家门。幸运的是，他受到了心胸豁达的志贺的热情接待。而且，似乎很有缘分，志贺第一眼就喜欢上了牧口常三郎。

---

① 聖教新聞社編:《牧口常三郎》，聖教新聞社，1972 年版，第 47 页。

② 志贺毕业于札幌农校，在东京专业学校即现在的早稻田大学教授地理。他的名著《日本风景论》广为人知。

志贺重昂

"先生,无论如何请看看我的稿子!"

牧口常三郎边说边拿出有近两千张纸、厚度大约是6寸(约18厘米)的稿子。志贺略一过目就衷心赞叹不已。

"很了不起啊!……这个,你是怎样掌握到如此多学问的呢?"①

牧口常三郎讲述了自己自1893年(明治二十六年)以来一边执教一边持续研究地理学,为完成心愿在1901年(明治三十四年)辞去教职上京以及专心致力于研究的经历。得知这个无名学者耐住衣食贫乏勤勉研究后,志贺心中暗暗称赞他的远大志向,并决定尽可能地帮助他。

1903年(明治三十六年)春,牧口常三郎又一次拜访了因选举运动去了三河地方的志贺,请他帮助校对即将送去印刷的原稿。志贺不顾自己工作的繁忙很爽快地答应了。就像他在《人生地理学》(原版的序)中写的那样:"今年春,因为众议院选举的事情我在三河。你去了那里请我对这本书做评。我虽力不能达,但感动于你耐住衣食贫乏专心致志完成心愿,于是应承下来。回京后,对本书的校对和评论花了半年多时间,现在此书即将出版之际,我也和你一样心中快然。"②

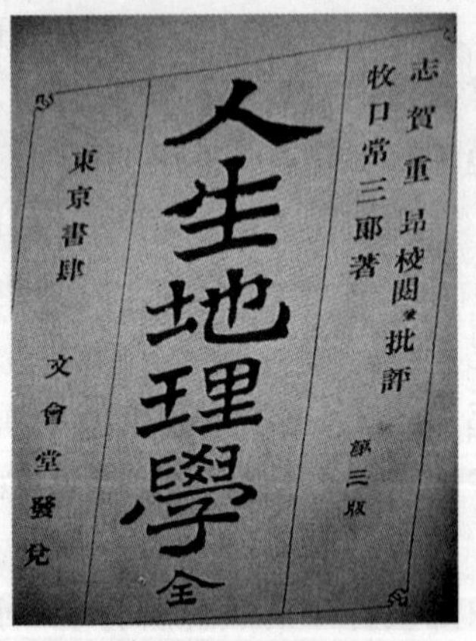

1903年文会堂(东京)发行的《人生地理学》

文会堂出版社的老板生沼大造和志贺一样,有感于牧口常三郎这个不为人知的好学之人的志向,答应出版《人生地理学》。也就是在这些好心人的帮忙下,1903年(明治三十六年)10月15日,牧口常三郎的第一本著作《人生地理学》终于出版了。

志贺的帮助让牧口常三郎深受感动且铭记于心。后来,当志贺因患白血病卧床不起时,牧口常三郎甚至向医生申请在当时还很少采用的输血疗法。③

据圣教新闻社编写的《牧口常三郎》一书记载:1927年(昭和二年)4月2

①② 聖教新聞社编:《牧口常三郎》,聖教新聞社,1972年版,第48、49页。
③ 冉毅、曾建平主编:《关爱人性 善待生命——池田大作思想研究》,湖南师范大学出版社,2003年版,第109页。

日，这一天是身患败血症的志贺重昂陷于病危的日子。牧口常三郎听闻这个消息后脸上突然变色，光着脚一只手里拿着木屐急急忙忙从家里来到志贺的病房。开口就问："先生的病情怎么样了。""负责这里的医生是哪位？我想把我的血给先生。我就是为这而来的。"[①]牧口常三郎光着脚静静地走到志贺旁边，握着志贺的手。大概过了一个小时左右，志贺微微张开眼，看到了眼前的牧口常三郎，好像是体会到了亲人般的温暖。

牧口常三郎抽泣着发不出别的声音。周围的人被眼前的一幕感动了。

第二天，牧口常三郎又来到病房。当被告知自己的血型不相配时，他伤心极了。

他知道，没有志贺的帮扶和推举，就很难说有今天的《人生地理学》。志贺对不知名的牧口常三郎如此厚爱，牧口常三郎的感激之情是可以想象的。《人生地理学》博得无上的称赞凝聚了志贺的大量心血。也正是因为这，牧口常三郎一直将志贺当做"学问的师父"来敬慕，也正是因为感恩，他想用自己的血去救心灵相通的志贺。

需要补充的是，在成长过程中，牧口常三郎非常注重对本国文化先贤和大家思想的兼收，而且深受《地理学考》与《日本风景论》两本地理学专著的影响。

志贺重昂的《日本风景论》

在附小当训导之时，长期以来地理学科在教育中受到冷落，教学方法一成不变，仍停留在对山川物产死记硬背上的现象让牧口常三郎颇为痛心。所幸的是，当时有些思想敏锐的学者已经结合日本大和本土文化着手对地理学进行研究。其中，地理学家内村鉴三和志贺重昂获得了突破性的研究成果，而这恰恰成了吸引牧口常三郎从事地理学研究的直接动因。当时的地理学著作主要有内村鉴三的《地理学考》（后改名《地人论》）和志贺重昂的《日本风景论》。《人生地理学》中对这两本书引用颇多。就如牧口常三郎所说："彼时

① 聖教新聞社編：《牧口常三郎》，聖教新聞社，1972年版，第85页。

可以说志贺先生与我是素未谋面，我对地理学的兴趣主要就是由他的著作所培养的，并且本书中也颇多直接引用的地方……”①

内村鉴三是日本著名的宗教思想家和学者，在近代日本思想史上产生过重大影响。他精通宗教学、生物学、历史学、英文等，同时对地理学有着很深的造诣。牧口常三郎从北海道寻常师范学校毕业后的第二年，即1894年（明治二十七年），内村鉴三发表了他的地理学专著《地理学考》。这本书主要是从世界和谐的角度来探讨日本的位置，主张日本应当成为东西方之间的桥梁，而且提出，应该透过地理学培养健全的世界观，不仅做日本人，也要做世界人。书中积极倡导和平主义与国际主义。这些对牧口常三郎都产生了很大的影响。

与《地理学考》相继问世的是志贺重昂的《日本风景论》。志贺重昂从地理学家的观点对自然地理环境给予日本人的心理影响进行了详尽的论述。他认为，日本山川秀美，植物种类繁多，自古至今对培养日本人的审美意识发挥了重要作用。特别是松柏科植物多，对培养日本国民的气质形象起到了很大的作用，所以又把日本称为松之国。该书还立足于日本对地理学进行了世界范围的思考，将地理学的视野拓展到日本以外的世界，这对牧口常三郎的人生观、自然观和世界观产生了巨大的影响。不过，在《日本风景论》中，志贺重昂只强调了自然地理环境对人的影响，没有注意到社会历史因素对国民性的影响。在取其精华的基础上，牧口常三郎对地理学科教学中存在的有关问题进行了富有成效的探索。与以往陈旧的教法不同，他不仅仅告诉学生哪里是山，哪里是河，哪里出产什么等，而且将地理知识生动化、生活化和生命化，进而着重探讨人与自然的关系、人生与地理的结合等。对学生来讲，这种教授法特具魅力。在受益于对地理教学的扎实研究的同时，牧口常三郎的创价教育思想也得以孕育。

第五节

处女作《人生地理学》

日俄战争的前一年——1903年（明治三十六年），适逢对俄开战的呼声达到顶点，《人生地理学》终于出版了，这不仅是牧口常三郎的处女作，也是他的

① 聖教新聞社編：《牧口常三郎》，聖教新聞社，1972年版，第43页。

成名作。

翻开陈莉和易凌峰翻译并由复旦大学出版社出版的最新《人生地理学》中文版，可以看到，《人生地理学》除绪论（共三章）外，主要内容由“地球，人类生活的基础”（第一编，共十一章）、“自然界——人生与地球的媒介”（第二编，共六章）和“第三编，地球上的人生现象”（共十章）组成。

绪论中，牧口常三郎主要阐述了地球和人生的关系、故乡对观察世界的重要性，以及人类与地球的相互作用。

书中指出：人类与地球的关系是非常复杂的，地球与人们的日常生活联系密切，更确切地说，这种关系渗入到人们所做的每一件事中，影响着人们人生经历的各个方面。在现代，人们由于忽略这种关系而产生了很大的问题。只有认可这种人类与地球关系的复杂性，人们才能理解自身与地球的关系，并使人们的意识更加清晰。他希望人们采取科学探究的合理方法，去观察人生与地球共存的最直接的事实。

牧口常三郎在《人生地理学》第一章中通过身上穿的绒衣鞋、书桌上的煤油灯、眼镜的镜片来源于世界各地的事实反复提醒人们：世界是普遍联系的，人们的生活依赖于世界，世界提供给人们生活的各种物品都很珍贵；相互依赖是大家需要经历和必然经历的过程；眼光不可只局限于自己的世界。

要做到这些，首先必须认识到，世界给予人们很多恩惠和好处，国家在人生中的位置十分重要，人们一定要对社会和人民作更多更大的回报。不能想当然地认为，国家给予人们的恩惠是理所应当的。必须警惕防范对外国的文化进行错误膜拜，甚至主张空想的世界大同主义，但也不可以赞同排他主义，更应该反对一些国家为了满足自己的野心，试图寻找机会去控制和制服邻国。帝国主义的侵略和暴行显然是错误的。

其次，应该从生来就是人、就是文化人的群体出发，真正认识到，人们的根和自己的身份来自于故乡。这是理解世界的第一步。

此外，地理学是一门研究地球自然现象和人类关系的学科，必须将这门科学作为理解人们和地球关系的一条道路。在研究地理学时，我们既要承认充满活力的地球大自然，同时也要充分考虑到人类及其文化差异。

在论述故乡对观察世界的重要性时，牧口常三郎指出，每个人都应该感激故乡，因为她给予了我们生命，并在人们无能为力的婴儿时期养育我们。故乡对人的一生具有神秘的力量，一个云游四海的人最大的思念莫过于对故乡的思念。

就故乡的范围而言，它随着人类观察事物的角度的变化而变化。婴儿时代，故乡仅局限于起居室和花园。小学时期，故乡也就可能只是某个县、某个地区或者某个旧的领地。来到国外后，故乡则指一个国家或一个民族。如果以宇宙为参照物,我们就可以把地球自身看做是故乡。所以,故乡是人们研究、理解整个世界或者说整个宇宙的出发点,因为故乡是人们居住、行走、视听和获得认知的地方,也是人们进行观察的地方。在这里也能观察到整个宇宙的方方面面。人们有可能通过发现足够的实例,哪怕是在最偏僻的部落或山村发现的实例,来解释充满极其复杂现象的整个自然界。

在生命的起初,人与人之间仅有极其细微的差异。每个人天生就赋有一定的才能和潜在的能力。"天才",通过对身边的世界和自然界中令人惊奇的事物进行直接观察,来磨炼他们的洞察力使之到达一个高度。而绝大多数人只看事物的表面,放弃与自然现象的直接密切联系,沦为书本的奴隶。即使在读过上千册的书后,依然无法理解那些自己所需要的、使生活充实而富有创造性的认识和见解。事实上,故乡的自然环境和社会环境,带给人们最直接的经验,使人们产生同情、亲善、友谊、仁慈、忠诚和质朴之心。如果人们胸怀故乡,并真正地认识故乡,就能从中得到很多教益。人们必须对周围无穷的财富敏感,并学会如何使观察富有效率。

地理学能培养孩子们自然的、较深层的发现世界和了解世界的方法。全世界和整个地球自身的任何方面,都能在孩子们身边的小世界里得到反映。尽管不可以否定书本知识和第二手材料在学习上的地位和重要性,但是人们应该懂得,孩子们只有通过直接、主动与自然界进行接触,才能发掘出全部潜能。这是在制订教育计划时永远不能忽略的一个基本原则,也是一把挖掘和培养孩子内在巨大潜能的钥匙。由自然环境、家庭环境和邻居或部落环境组成的、离孩子最近的地理群落,不但应该成为孩子们学习的环境,而且也应该成为孩子们学习的全部课程。

绪论的最后一章中,牧口常三郎指出了人生与地球的相互作用。他认为,人们主要通过肉体和精神两个途径与地球发生相互作用。虽然人们是通过身体与地球发生联系,然而,人是通过与地球在精神上的相互影响,才开始塑造人的特性的。他将人类与地球在精神上形成的众多的关系从经验与接受两个方面分为八类,即从经验方面分为知觉的关系、功利的关系、科学的关系、审美的关系和道德的关系,从接受方面分为同情的关系、公共的关系和宗教的关系。在此基础上,牧口常三郎重点就个人的成长与精神方面的关系进行了分析。他认为,与外界发生的什么样的联系,首先依赖于你是谁、干什么,其次,取决于这种联系何时发生、怎样发生。人与外界的联系存在不同的水平和深度,这取决于是谁、是什么与外界发生联系,联系的水平和深度取决于人的精神上的成长与发展。

外界,特别是自然界,确实是人们的教育者、启蒙者、领导者和安慰者。人们生活的快乐与自然界联系很多,并取决于与自然界亲密的程度。如果人

们毫无畏惧、永不退缩地走近自然，真诚、老实和富有同情地接近自然，同时与自然建立起亲密关系，她不但会欢迎你，而且会接近你、拥抱你、亲吻你，她会温柔地爱你、鼓励你和支持你，最后向你展现她的精神本质，并与你和谐相处。人类在与自然界的深入接触中，个性变得稳定，道德日趋成熟，同时也会创造健康开放的环境。

在《人生地理学》第三章，他发表了在当时还未被纳入地理学范围的论点，如今这是属于经济地理学与政治地理学的新理论。牧口常三郎讨论经济活动是否因地而异，也探讨经济活动是依循什么样的规则来进行的问题。当时的政治地理学里尽是一些讨论国界是以山还是以河来决定的内容。正如日本一桥大学名誉教授竹内启一所说："就这层意义而言，第三章开拓了新的领域。从现代的地理学角度来看，第三章的内容最富创意。"①

《人生地理学》的第一编"地球，人类生活的基础"共分为十一章(第四章至第十四章)。

在第四章"太空"中，主要介绍了"太阳与人生"、"日本人与太阳"、"月亮、星星和人生"的关系。

第五章"地球"中，介绍了有关地球的常识、人类对地球的影响、地球的组成部分及其与人生的关系。

第六章"岛屿"中，重点介绍了岛屿与气候的关系、岛屿的优点、岛民的心理、岛屿的种类及其成因、位置差异，以及岛屿在贸易和军事活动中的作用。

第七至十四章主要对半岛和海岬，地峡、山脉和山谷、平原，河流、湖泊和沼泽，海洋，内海和海峡，港湾，以及海岸的性质、特点进行一一介绍，特别对它们与人生的关系进行了述说，比如：

"岛国常有的那种保守、狭隘的眼界，在多山的地区也同样常见。山区一般与外界隔绝，发展缓慢，而且顽固守旧，山区人一般是小气的、排外的，容易动怒与人争执。"②

"与山区人的排外相反，平原地区的人一般都会相互合作，彼此依存。平原使人们聚在一起，增添了世界的拥挤和喧闹，使个人自由不可避免地受到一定程度的限制。"

"虽然高地地区的人们平时待客热情，但是他们经常侵犯那些富裕的且富有天然资源的低地平原国家，然后毫不犹豫地掠夺或残杀，这种横行就像陆地上的洪水泛滥一样。"③

---

① 监修：斋藤正二，综合监修：纪田顺一郎，协力：创价大学创价教育研究中心，制作：株式会社、英映画社，翻译：李长声，岩波书店协同出版社，2006年制作。

②③ 牧口常三郎著，陈莉等译：《人生地理学》，复旦大学出版社，2004年版，第46、48-49页。

"自古以来,诗人、画家和其他艺术家的无数艺术作品的灵感,都产生于美丽的山河。这证实了河流对于人类审美发展的巨大作用。""正如高山深深影响我们的思想和精神一样,河流也同样深深影响着我们。高山给予我们崇高峻伟和坚忍不拔的感受,而河流向我们展现的则是忍耐持久和宽宏大度的画面。"①

"湖泊不但是物质财富的源泉,也是精神财富的源泉。当看到被高山树林环绕,蓝天白云倒影在湖面上的景色,有谁会不感动、不振奋呢?这种美景的精神实质是它创造了产生我们文化最美丽动人的艺术形式的场所。"②

"海洋以各种方式影响人的健康。例如,很多休闲度假地建在海岸边,就是为了利用洁净的海洋空气。因为海洋温和的气候,所以海滨特别适合于呼吸病患者的康复。气温剧变对有呼吸病的人来说是最可怕的问题,因此,他们自然地被吸引到海洋上来。因为延长海洋旅行,无数的肺病患者痊愈。鉴于文明的进步使越来越多的人患肺病的事实,为了人类的健康,海洋值得被人们很好地利用。"③

尤其要说到的是,牧口常三郎在第十三章"海洋"中表明了他对像日本这样没有资源的国家要如何才能发展起来的问题的关心。他巧妙地将日本形容为一家店铺。"横亘北纬 21 度到 51 度,东经 120 度到 156 度的小国,宛如一间简陋的商店。国民守着店头的火炉,悠闲地抽着烟,等候顾客光临。举国四千万名店员,掌管着丝绸、茶铺、干粮杂货店。店门前都垂下樱花标志的门帘。"在如今,就是汽车店、照相机店、电子产品店。顾客都是外国人,使用的是美元、英镑。这里,牧口常三郎关注的是,让资源贫乏的日本成为幸福之地,实际上需要做些什么。任何一个发动战争的国家都难逃贫困之苦,应该停止战争。牧口常三郎这种主张和平的呼吁,贯穿全书,也是十分宝贵的。

《人生地理学》的第二编"自然界——人生与地球的媒介"共分为六章(第十五章至第二十章)。主要通过对建筑材料、瓷器和玻璃材料、岩石和矿物等无生命世界,对大气层、气候、地球植物、动物等内容的介绍,告诉了人们如何认识自然界、遵循自然规律并有效利用自然,以及人类必须与自然和谐相处等知识,对今天构建和谐社会、和谐世界不无重要的启迪。

《人生地理学》的第三编"地球上的人生现象"共分为十章(第二十一章至第三十章)。主要介绍了社会及其功能,产业的地点,国家,城市现象,风俗、性情和地理,生存竞争,文明与地球等。

特别值得提到的是,书中关于社会、国家和生存竞争的观点充分体现了牧口常三郎的政治主张。

---

①②③ 牧口常三郎著,陈莉等译:《人生地理学》,复旦大学出版社,2004 年版,第 62、74、82 页。

比如：社会“为一个具有共同的目的，个体之间存在一种永久的精神联结，并共同居住在一定地区的团体”，“社会如人一样，过着有智力、情感和意志的生活”[①]，“人体的每个部位总是服从于全身的新陈代谢。部位发生变化，但身体继续存在、生长和发展。社会也是如此。虽然个人和团体不断产生、消亡，但是社会本身，不仅在规模上而且在智力生活上，继续存在、发展。社会历史中某个特定时期取得的成就，没有随着人们的死亡而消亡，而是以口头的传说或记载的文献保存下来传给后代。随着一代又一代人将新发现的财富补充到社会发展的智力生活中，社会变得越来越丰富、越来越广博”。“作为一种生命体的社会，规模不断扩大，随内部组织的分化和增殖而发展。简言之，社会的进化就如其他有机体一样。部分不能脱离社会，社会也不能没有部分。”“社会是有机体”[②]，外界（自然界）对人类个体的影响，通过个体反映在社会里，也就是通过个体在与外界进行的生存活动的过程中赢得发展；同样，由个体集合而成的社会也通过每一个个体在同外界进行的生存活动中得到发展，即人作用于大自然时，并不是个体的行为，而是作为社会的一员，与自然界发生关系。

“国家是一个享有主权的社会。也就是说，国家具有完全管理自己事务的能力，是人类生活的公共体。”[③]国家应该履行的职能有四项：“保护自身不受内部干扰的活动，国家必须保护自身的存在，反对内部分裂的力量，同时，积极推动内部统一；保护自身不受外部干扰的活动，换言之，国家必须保持自身的独立，反对外来干涉和进攻；确保个人自由和保护人权的活动；促进国民幸福安康的活动。”[④]“国家不能脱离个体存在，个体构成国家，国家的目标包含了反映每个个体自我实现的共同愿望。这就解释了个体愿望的发展和国家目标发展过程中的一致性。”“帝国主义至多只能被认为是一定阶段暂时的客观特征”、“德国哲学家黑格尔（Hegel，1770—1831 年）说，国家目标本质是道德的。鲍桑葵（Bosanquet，1848—1923 年）曾经写过，国家、社会和个人的最终目标，只有一个而且是相同的，那就是实现人类最美好的生活。确实，这应该成为未来国家的主要目标。”[⑤]

“生存竞争是一切物种都共同具有的。优胜劣汰和进化是竞争的副产品。”“竞争的形式随着时间的推移而发生改变。”“回顾人类历史，可发现竞争单位随着时间的变化而变化。下面竞争的顺序就是随着自然和社会环境的变化而发生的变化：个人与个人的竞争和家庭与家庭的竞争；乡村与乡村的竞争（社区）；部落与部落的竞争（种族集团）；国家与国家的竞争（国家）。”“随

---

①②③④⑤　牧口常三郎著，陈莉等译：《人生地理学》，复旦大学出版社，2004 年版，第 155-157、159-160、211、211、218-219 页。

着竞争单位的变化，竞争形式也会随着时间的流逝而变化，如军事竞争、政治竞争、经济竞争或人道主义的竞争。”“最终的竞争将是道德品质领域的竞争。”“有一点将越来越清楚，这就是对道德品质的重视将逐渐取代早期的竞争形式。血迹斑斑的军事竞争偃旗息鼓，出现了更多的和平竞争形式，这是一个值得关注的显著转变。”①“虽然人道主义竞争在国际舞台上不是很引人注目，但是有识之士已开始意识到，生存竞争中的最后胜利者未必是经济竞争中的优胜者。预计下一个竞争形式是人道主义的竞争，可能是合理的。但是，人们可能会问，什么是人道主义竞争呢？我把这种竞争看做是通过无形的道德影响，而不是军事实力或者赤裸裸的经济实力，去实现个人和社会目标所作的努力。换言之，人道主义竞争取代了靠武力、恐吓和恐惧而强迫的降服，通过彼此尊重谋求人们的自愿合作和忠诚，而没有必要以自私的方式扩大领土和征服其他国家。如果国家领导人具有高尚的道德品质和美德，那么国家的生活、事务将带有人道和正义的特点。把这样一种方法应用于当今国际关系的真实世界中，似乎是不现实的。可是，这种方法的有效性已经在国际关系中得到证实。因此，我认为用人道主义的方法处理国际事务并不像我们预期的那样不现实，它将最终取得胜利。我们应该看到，‘人道主义方法’并不是一个定义明确的具体方法，而是指无论采取什么样的战略，政治的、军事的，还是经济的，都尽力采取人道主义方式办事。重要的是实现包括自身在内的所有人的人身安全和幸福的目标定位，而不仅仅只是个人利益的增加。换言之，目标是改善他人。通过这种方式，使人们的做法既利己也利人。因此，要创造一个更加和谐的共同生活，我们需要持续的努力，并花费相当多的时间。”②

显然，在20世纪初已被绑上侵略战车的日本，牧口常三郎的这些观点不仅是富有勇气的，而且是相当前卫的。这些见解不仅有助于人们丰富和深化对政治的认识，有助于建立良性的国与国、人与人之间的关系，同时激发了人们对人道主义竞争社会的美好憧憬。

牧口常三郎在《人生地理学》的著作中，留下了迈向“共生的世纪”、“人道的世纪”的警世格言。字面上看，此书完全是一本地理学专著。也许正因为这，牧口常三郎作为一名教育家的地位没有得到日本军国主义政府和社会应有的认可，也在一定程度上弱化了牧口常三郎在日本和世界教育史上的知名度。其实，《人生地理学》并非仅仅是一本地理著作，同时也是一本教育著作，而且至今仍然是一部不可多得的生态文明教材。当时人们尚未认真关注资

①② 牧口常三郎著，陈莉等译：《人生地理学》，复旦大学出版社，2004年版，第253-255、257-258页。

源与能源的有限性、水与大气污染等环境问题，而他独具慧眼，有先见之明，认为外在的自然界是人类的启蒙者、指导者和安慰者，强调人与自然环境的平等交往对提升人的生活和人格的重要作用。在书中，牧口常三郎列举了八项作为人与自然的关系：知觉的关系、功利的关系、科学的关系、审美的关系、道德的关系、同情的关系、公共的关系、宗教的关系。他认为，人通过上述八种关系与自然密切接触，有助于培养人的身心和人格。他告诉人们，人与地球知觉的关系是非常重要的，是人与地球开展更多精神和智力活动的基础，也是一切科学产生的前提。通过对自然的观察和体验，人类不仅会对自然产生好奇心，更具价值的是，大自然的美丽与和谐会激发人们的情感，净化人们的灵魂，善良的美德也会油然而生。

牧口常三郎指出，生活在同一自然环境中的人群所受的外界影响是因人而异的，这是由个体的心理或生理状况不同所造成的，但无论如何，任何一种状况都会对社会造成影响，这些影响有些是好的、正面的、肯定的，有些是不好的、负面的、否定的，无论是好是坏，个体所处的人文和地理环境都起重要作用。关于这一点，当时的学者们也从社会学的角度进行了研究，并取得一定成果。但从地理学的视角进行分析、研究的，却不多见。从人文地理学的角度揭示人类的生存活动，以地表为切入点，进行分类研究，这在当时的学术界还是非常新鲜和超前的观点。

更加难能可贵的是，牧口常三郎极力将这一观点引入教育、教学活动中去，把它当做教书育人的一项重要内容，教育学生认识到，国与国、人与人实际上并没有本质上的界限，而是存在千丝万缕的、紧密的联系，看起来属于个体的一些事物，如语言、思想、信念、工具、工作方式、饮食习惯、服饰文化等，其实并不是属于个体的，而是个体所在集体、个体所处社会的产物，是个体通过学习后掌握的，任何人都不能把它变成个体所有，而学校教育也只不过是为了将社会的这些知识传授给学生，使学生成为社会的一员而已。

“社会是通过个体体现出来的，每一个个体的思想汇总起来，形成比个体更为强大的思想联合体，这种强大的思想联合体反过来又影响个体的思想。牧口常三郎力图开拓学生的视野，培养和合的精神，要求学生具有世界公民的意识。这是一种非常超前的观点，在全球化迅猛发展的今天，也是值得世人学习的、具有时代意义的见地。”①

牧口常三郎认为：人类和地球的关系是非常复杂的，也正是人与自然的这种关联性使得自然界也蕴含着非常丰富的生命意义。人必须学会与自然

① 贾蕙萱、张可喜主编：《池田大作研究论文集》，香港社会科学出版社有限公司，2004 年版，第 277 页。

界“交往”,如果能从人与自然相互生存的角度来引导人们重新体验和认识自己所生活的自然界,人就会在与自然进行各方面的交往中得到全面发展,而且在人类与自然界的深入接触中,其个性和道德都会变得日趋成熟。相反,如果人与自然进行的是不健全的交往,那样,不仅会导致自然对人生命的伤害,甚至会损害完善人格中不可缺少的慈爱等美德。牧口常三郎在《人生地理学》中所提出的人类自身价值与自然界价值相统一、人类生存发展权利与自然界生存发展权利相统一的教育思想,对当今的生态文明教育具有多方面的启迪,它不仅可以让人们充分认识自然是人的生活世界的重要组成部分,而且可使人们学习大自然的宽宏、公平、真诚和富有同情心等品质。同时,也可以领悟生态文明教育的核心内容,超越自身物种的局限性,代表所有生命物种的利益,承担起地球生态环境的管理者、生物圈向宇宙太空进化的引导者和组织者的伟大使命。

牧口常三郎认为,人类从大自然摄取必要的生活资源,同时也在此过程中悟到真理,陶冶情操,学习道理,开启宗教心境,因此说大自然是无价之宝。这些观点无疑对过去西方国家那种普遍认为自然是无情的客观体和人类征服的对象的看法是一种大胆的突破。“牧口常三郎在明治时代已明确提出人与自然界的关系,并将它升华到理论高度,因而具有划时代的意义。《人生地理学》之所以能够轰动当时的学术界,就是由于这种崭新的观点,以及非常超前的思想带来了新的活力。人类在展开经济活动的同时,无视自然界与人类的有机关系,严重破坏自然生态环境,给人类自身带来惨痛后果。虽然我们已经认识到必须尊重自然界的规律,不能从自然界过多地摄取资源,但已难以弥补长期以来的破坏带来的严重损失。从这个意义上来说,牧口常三郎的人与自然共存的思想具有极大的现实和深远意义,值得我们进一步研究和探讨。”①

《人生地理学》蕴含着科学的发展观、生态文明观与和谐观,具有很强的前瞻性,其构思和内容可以说是独具匠心。在当时,这种思想可以说是绝无仅有的,甚至与主流思想背道而驰。可是,他靠自己的努力,多方探索,通过大量的论据和分析,合乎情理、符合逻辑、满足时代需要的精神,以及放眼世界的胸怀和眼光,将自己的看法提升到理论的高度,使之成为一个完整的体系,就这一点来说,是难能可贵的,也是值得后人称颂的。

① 贾蕙萱、张可喜主编:《池田大作研究论文集》,香港社会科学出版社有限公司,2004年版,第279页。

第六节
兼职的日子

从辞去教职来到东京直到1913年重新登上初等教育讲台的这段时间里，牧口常三郎生活穷困，过着俭朴的浪人生活。为了生计，也为了实现自己的教育理想，他从事着与教育相关的兼职。

《人生地理学》出版两个多星期后，牧口常三郎找到了一份工作，东京高等师范学校同学会——茗溪会当书记员，工作之余，他还帮助编辑同学会出版的《教育》杂志。有时还被邀请作地理方面的演讲。为便于教学，他亲自编辑了小册子《教材集录》。这本册子除体现了每天不断变化的生活现象实际外，还收集了每天的报纸杂志中可编进教材的内容。这不只是得到了由于繁忙而无时间学习的老师的好评，在学生中间也有不少人由于接触生动的教材而唤起了学习兴趣。

尽管此时的牧口常三郎只是个业余教育工作者，但他心系教育的情怀没有变，对教育的爱没有变，身上肩负的社会责任感没有减。就像他在《大家庭》的第三卷第一期中所写的那样："许多女性虽有强烈的向学之心，但因缺乏适当的学习方法而坐失良机。为了这些女性的未来，也为了整个社会的未来，我怎能袖手旁观？"[①]他越来越感到，教育对个人、对社会的重要性。他认为，教育能够发掘每个人的潜能，然后让受教育者自己用它来打开幸福之门，所以社会和学校及家庭一定要尽可能地多给孩子们受教育的机会。但是，当时的现实是严峻的，因为贫困和制度的不完善，很多学生被拒于校门之外。特别是女童，很少有人能念到初中。女孩子即使是上学，也无非是为

牧口常三郎为听女子教育通信讲座的学生编辑的杂志《大家庭》

① 冉毅、曾建平主编：《关爱人性　善待生命——池田大作思想研究》，湖南师范大学出版社，2003年版，第111页。

了将来做一个所谓的传统的“贤妻良母”。这一点与他所主张的创造价值是大有区别的。为了尽到自己的一点微薄之力，他参与创建一个专为小学毕业女童提供函授教育的组织——大日本高等女学会。为了专心于此，他辞去了茗溪会那份稳定的工作。

大日本高等女学会学制两年。每月讲两次主修课程——“高等女学讲义”、一次辅修课程——“大家庭”。讲座的内容不仅包括家政、女红、烹饪等实用的技能，还包括历史、地理和英语等，牧口常三郎不仅参与讲义的编纂，还亲自主讲世界地理。

为使女性的地位得到提高，同时转变女性自身的态度从而努力提高自己的教养，牧口常三郎还编纂了女子学校讲义录。当时基于1895年(明治二十八年)的《高等女学校规程》和1899年(明治三十二年)的《高等女学校令》等开办的女子教育，以贤妻良母为教育目的，与其说是掌握学问知识，倒不如说更重视裁剪、教养等。这本女子学校讲义录，反映了牧口常三郎从作为教育者的立场出发想要提高女子教育水平，同时，又希望通过自己辛苦自学中所得的经验，让更多的人稍减自学的辛苦。

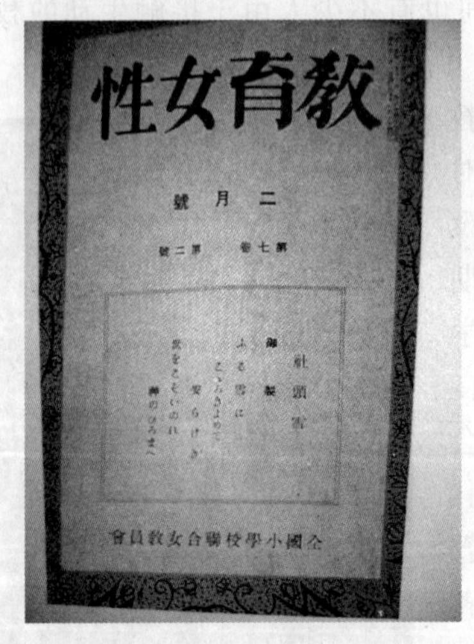

1931年2月发行的刊有牧口文章的《教育女性》杂志

牧口常三郎在东京目白的住宅

但这一尝试在大约两年后就陷入了资金困难，不得不中止。直接原因是牧口常三郎经济上的困窘。这时，他已有了百合(长女)、民城(长男)、善治(二男)、泉美(二女)、洋三(三男)5个孩子，没有固定职业的牧口常三郎维持着穷困的生活。间接原因是当时本身就严重的日俄战争后的萧条的经济状况。

此外，牧口常三郎担任了《日本少女》这本主要面向少女的杂志的主编。

为了使和歌、俳句、插图及读者来信等专栏的来稿水平得到提高，他每周都要出席在各地举行的读者见面会。

为了使因贫困而辍学的女童能掌握一两门实用技能，在经济上能自立，牧口常三郎创办了大日本高等女学会的附属学校——女艺教习所。他认为，真正的自立并不是单纯地给钱，也不是介绍工作，而是让她们拥有足以自立的技能。

1907 年牧口常三郎主编的少女杂志

为了使她们能学到一技之长，牧口常三郎让这些女童免费寄宿或走读，同时开设了家政、缝纫、女红、记账、接生等容易就业谋生的课程。日俄战争后经济的萧条，使大日本高等女学会自身资金严重匮乏，女艺教习所也就随之遇到了前所未有的挫折，不久就难以为继了。但在他心中，要让每个孩子都能接受教育的信念从来没有动摇过。这期间，作为教育实践者和记者，牧口常三郎进行了广泛的社会活动。①

1904 年 2 月至 1907 年 4 月，牧口常三郎来到专门对中国留学生进行教育的私立补习学校——宏文学院任讲师，讲授《人生地理学》。

宏文学院于 1902 年由创立了众所周知的讲道馆柔道的嘉纳治五郎(1860—1938 年)创办。当时，嘉纳治五郎担任东京高等师范学校校长，在日本教育界是一位很有权威的人。嘉纳治五郎深受政府的信赖，甲午战争刚结束后的 1896 年，当第一批 13 名中国公费留学生来到东京之际，外交部长兼教育部长西园寺公望把这批学生的教育任务委托给嘉纳治五郎。为方便对中国留学生上高等专门学校之前进行补习教育，嘉纳在水道桥南边神田三崎町租了房子，并让高师英文系教授本田增次郎照顾留学生的生活和学习。1899 年，为了接受湖广总督张之洞派遣来的留学生，嘉纳在南神保町另外开设了

① 冉毅、曾建平主编：《关爱人性　善待生命——池田大作思想研究》，湖南师范大学出版社，2003 年版，第 109-110 页。

1907年牧口常三郎和少女杂志编辑人员在一起
（前排左数第二位为牧口常三郎）

小规模的私塾性质的亦乐学院。1901年，北京警务学堂派来26名旗籍学生。留学生的日趋增加，使嘉纳决定在稍微偏僻的西五轩町租近一万平方米的宅地，正式开办私立学校——宏文学院。后因入学人数增多，1903年又增设大冢校舍，1904年在麴町区又增设麴町校舍，在下谷区增设真岛校舍，在神田区增设猿乐町校舍，在巢鸭区增设巢鸭校舍。学院设有普通科和速成师范科。普通科三年毕业，教授中学课程；速成师范科肄业半年、八个月、一年或一年半不等。

1903年，该院共有中国留学生604人，其中湖南籍110人。专业包括师范、警务、理化、音乐等，还有为日本人设立的汉语中文专业。师范专业学习的科目主要有日语、修身、教育学、数学、理化、史地、柔道等。当时，日本的生活水平不高，物价较低。宏文学院每年收学费、食宿费300日元。官费留学生每年可领官费四五百日元，另有实验费和旅行费，一般说来生活还算是宽裕的。

当时中国留日学生在东京创办了好几种杂志，如《湖北学生界》、《浙江潮》、《江苏》和湖南留学生出版的《游学译编》月刊等。此外，中国第一批留日学生戢翼翚等组织的“译书汇编”社及陈天华等所组织的“东新译社”，翻译了欧美资产阶级著名启蒙思想家卢梭、孟德斯鸠、斯宾塞，以及日本学者福泽谕吉等人关于政治、经济、社会、法律、哲学、历史等方面的著作，这些都是宏文学院中国留学生的课外读物。

当时留日学生由各省保送，多为集体入学，老乡观念比较深，学院也往往以地名为班名，如湖北普通班、湖南师范班等。由于湖南籍留日学生众多，当时在东京除设有湖南同乡会外，还设有西路（湘西）、南路（湘南）学会，且都设有会馆(又称“会场”、“事务所”),备有书报,以供同乡集会和阅览。学会除按期举行例会外,还举行报告会或演讲会,如请人演讲日俄战争、帝国主义瓜分中国等。遇有重大时事问题,各学友之间有时还展开讨论或辩论,如果在各路学会不能得到解决,有的还提到湖南同乡会进行讨论或公决。

宏文学院当时是一所有名的学校。当时东京已有中国留学生约3000人,其中湖南350人,湖北420多人,均属张之洞所派。到1906年,来日本学习的中国留学生上升到8000名左右。据说,在8000人中,每5人中就有1人在宏文学院上学。由此可以看出宏文学院的名气了。当时来这里就学的中国留学生尽管来源不一,背景阅历各异,研习科目多样,但其胸怀救国救民抱负,满怀爱国激情则是共同的。

这所学校为中国培育了很多人才。他们归国后大都在各界发挥着重要的作用,有人投身革命,有人跻身政界,还有人从事教育事业等。例如在中国教育界,有9所大学的校长是从这所学校毕业的,其中,有北京师范大学、上海交通大学、广州大学、湖南大学等。另外,它还为中国培养了32名大学教授。又如,和孙文等人先后一起推进中国革命的黄兴、宋教仁、林觉民、陈天华、杨毓麟、刘道一、姚宏业、仇亮、田桐、程潜、程子楷、覃振、白逾桓、吴嵬以及秋瑾等,都是宏文学院的毕业生。

陈独秀、鲁迅也曾在这所学校学习。还有李四光,中华人民共和国成立后,他担任了中国科学院副院长。如上所述,这里人才辈出。据实藤惠秀统计,“直到闭校为止,宏文学院获准入学者共7192人,毕业生3810人”[①]。

在宏文学院齐全的教授阵营中,有许多非常优秀的人物。其中有一人名叫松本龟次郎。周恩来总理在1917年到1919年到日本留学,上日语学校。这位松本龟次郎先生当时就担任那所日语学校(校名为“日华同仁共立东亚高等预备学校”)的校长。

在这样的环境之中,牧口常三郎通过讲授《人生地理学》和中国留学生进行交流。宏文学院至今还保留着牧口常三郎在这里教书的照片。照片是在叫做讲道馆柔道资料室里被发现的。在照片里,牧口常三郎站在从前排数第二列右边第三个位置上。牧口常三郎左侧第三位是嘉纳治五郎先生。照片上的文字说明,这是与毕业生合照的。看照片上的文字可以清楚地知道是从哪里来的毕业生。因为是以前的日语,所以要从右向左读,文字为“宏文学院蜀楚普通班毕业”。蜀是现今四川省的简称,楚是湖北省的简称。因此,这里所拍摄的留学生是从四川省和湖北省来的。在宏文学院,牧口常三郎出席了到日本视察日本教育情况的“清朝教育视察团”(黄绍箕任团长)举行的恳谈

---

① 实藤惠秀著,谭汝谦、林启彦译:《中国人留学日本百年史》,三联书店,1983年版,第47页。

会，与任职教育界的人士也进行了深入的交流。[①]

遗憾的是，宏文学院的历史并不长，才七年而已。1905 年，日本文部省发布的留学生取缔规则引起多数人的不满，竟导致 2000 名中国留学生同时回国。从此留日学生大幅度减少，加上中国政府也开了许多新式学堂，并停止派出速成留学生，1909 年 7 月 28 日，宏文学院终于完成了历史所赋予的使命，正式停办了。尽管如此，牧口常三郎与中国学生的这段师生情谊是永远不会被历史遗忘的。这一点从《人生地理学》在中国的影响足以得到证明。

1912 年 7 月 30 日，已经成为明治时代日本民族符号的明治天皇死去，人们被压抑日久的思想突然爆发，进入了“主义”盛行的大正时代。德谟克拉西是大正文化的基础，而自由主义又是大正德谟克拉西的精神支撑。顾名思义，对于个人来说，自由就是排除来自外部的压制，自己决定自己的信仰、言论等思想行为。在自由主义思想支撑下的社会民主运动，在明治时代的自由民权运动中已经显现出来，但那时只限于在政争中下野的政治家和极少数思想精英们的“演剧”，因而在从武士变身形成的“有司专政”的藩阀政府的强力利诱和镇压下偃旗息鼓。而大正时代，随着日本资本主义发展日渐成熟，资产阶级开始形成一股独立的社会政治力量，他们结成政党，并吸引着普通民众、中小资产阶级、知识分子及农民等，兴起了反对专制政治的社会民主运动。[②] 尽管为日本带来社会进步曙光的大正文化，尤其是民主主义思想和运动与自由民权运动一样，仅是昙花一现，且最终由法西斯主义选择了黑暗，但毕竟让压抑已久的日本国人轻松地呼吸到了一点难得的、新鲜的、自由的空气。向来富有开拓精神的牧口常三郎自然是感到非常的喜悦。

牧口常三郎在来东京之后到日俄战争的前后约十年的时间内，认识了对他的思想形成有很大影响的许多不同领域的学者。其间，与社会主义者的接触较多。此外，与以新渡户稻造和柳田国男为代表的乡土会成员交往密切。[③]

在东京，他经常和社会主义者讨论、交流。他后来回忆道：“当局那时认为我有社会主义倾向，说不定还上了他们的黑名单。”《人生地理学》出版发行时，正是日本社会主义运动兴起的前夜。牧口常三郎用社会学的观点来研究地理，探求社会和人的本来面目，和志在社会改革的社会主义者的目标不谋而合。

被称为日本最初左翼报纸的《平民新闻》在发刊后不久就刊载了其编辑

---

① 贾蕙萱、张可喜主编：《池田大作研究论文集》，香港社会科学出版社有限公司，2004 年版，第 265-266 页。

② 赵德宇：《日本大正时代政治思想述论》，载《南昌航空大学学报》，2010 年第 12 卷第 1 期，第 2 页。

③ 聖教新聞社编：《牧口常三郎》，聖教新聞社，1972 年版，第 53 页。

柳田国男

伊藤银月关于《人生地理学》的书评："作者解释人与地的关系、研究作为人类生活场所的地球，虽然说并不认为这能称作创见，但仅从众多的地理书中挖掘出沾满尘土的材料，将之一一细致清洗后排列妥善这一点上看，我们就值得向著者的这一劳动力和技术充分表示感谢。995 页的大作，简而明、明而透，使人对哪一页都不会觉得冗长重复。这是对此学问没有深厚素养的人所不能写出的。"

由此可见，牧口常三郎与《平民新闻》创刊有关的社会主义者的接触是很明显的。

另外，关于"人生地理学"这一标题本身，牧口常三郎曾经想过用"社会地理学"这一名称。但考虑到当时将社会学和社会主义混淆看待的风潮，为避免误解，吸取了他人的意见，最终采用了这个题名。由此可见，他对当时的社会主义动向也是十分关注的。[①] 不过，相对于社会主义者而言，他的思想较为保守。

当时社会主义者的数量，在《社会主义者沿革》中有如下记载：

"明治四十年 7 月末，社会主义者的总人数为 460 名。这个数字与明治三十六年末的人口的比例为 91200：1。……"

而且，当时的社会主义者大多来自东京、神奈川的一道三府三十八县。牧口常三郎究竟是否在这名单之列，详情不明。自 1908 年（明治四十一年）6 月的"红旗事件"以来，社会主义运动受到当局的强烈镇压，甚至连争取普选权这样的运动都不能利用演说和报纸等。在此种状态下，牧口常三郎也十分理解激进派想要毕其功于一役的心情。但是，他坚持自己反对伴随暴力的直接运动这一立场。在他看来，现在的社会构成确实有很多缺陷，确实有必要

① 聖教新聞社編：《牧口常三郎》，聖教新聞社，1972 年版，第 54 页。

进行改革。但是，如果仅仅因为这样就去破坏它，而没有一个代替的建设方案的话，这期间国民们将会像庆仁之乱后的战国时代那样遭受深重的苦难。

牧口常三郎的社会变革目标是彻底的，但他希望依靠建设性的稳健的手段和诉诸于资产阶级的理解来推进改革。他把所有人的幸福作为考虑的第一要义，认为，与打破体制相比，依靠体制内的教育实现社会变革是可能的。在这个意义上讲，他与最终触及国体问题的激进派社会主义者是不同的，牧口常三郎作为教育工作者，认为，在不涉及国体问题范围内的社会改良运动的手段和方法，才是最合适的革命道路。①

但对激进派而言，牧口常三郎这样的想法太过温顺，不能成事。不过，牧口常三郎始终没有改变自己的意见。就这样，他虽然期待社会变革，但又反对过激的破坏行动。但是，在争取普选权的运动中他与激进派是站在一起的。

日俄战争后，特别是1911年（明治四十四年）的"大逆事件"后，社会主义运动迎来了"寒冬时代"。

但在不久后的1916年（大正五年），再次掀起了大正民主主义运动，与此同时，社会主义运动也重新活跃起来。

特别是1918年（大正七年），日本发生了米骚动，其原因是战争以及战争所引起的通货膨胀带来的物价上涨和民众生活困难。这一时期大规模的民众行动给了统治阶级很大的打击。②

在这种状况下，争取普选权运动日渐高涨，终于在1925年（大正十四年）制定了男子普选法。由此，当时有选举权的人数从原来的334万人一下子增至1415万人。

当时，牧口常三郎与社会主义者在行动上的接触也只限于这次普选权的争取。此后，牧口常三郎踏上了他自己的社会变革道路，即所谓的"教育改造"之路。

统治阶级虽然认为劳动者、农民、小资产阶级登上政治舞台是时代趋势，但同时也制定了《治安维持法》，用来取缔那些以国体变革和否认私有财产制为目标的行动。这也成为后来逮捕牧口常三郎的法律依据。

也许是《人生地理学》的出版，牧口常三郎一时成了日本教育界的明星，同时也引起了政府有关部门的重视。1910年（明治四十三年）8月，牧口常三郎受文部省之托，来到教材课负责编辑地理教科书。其间，牧口常三郎通过《人生地理学》与新渡户稻造结为知己。同年12月，新渡户稻造创办了乡土会。牧口常三郎被吸纳为会员，并和柳田国男私交甚笃。自此，对于牧口常三郎来说，"乡土研究"好像已经成为难以分离的学问。或者说，牧口常三郎

①② 聖教新聞社編：《牧口常三郎》，聖教新聞社，1972年版，第55、56页。

乡土会记录(大正14年)

进一步深化了“乡土研究”。因为此前即在北海道寻常师范学校担任地理教师时,他就已对有关“乡土”和“乡土科”的研究非常关心了。①

就像该校第13届毕业生(明治三十二年)大坂金太郎所言:“牧口先生对我说,‘大坂君,乡土科很重要。你要好好调查乡土的事情,把各地的风土、习惯和感情等不夹杂你个人情感地记录下来。’”②

乡土会是一个聚集同仁,从各自立场出发,结合地域与社会的关系来对各地的乡土制度和习惯等,以及民间传承的现象加以研究调查的民间组织。当时的会员约20人。其中,包括伯爵田中阿歌磨,农林次官石黑忠笃,理学博士草野后助、中山太郎、前田多门,法学博士尾佐竹猛,农学博士小野武夫、同那须皓、正木助次郎等从事农政、经济、历史、地理、考古、土俗、宗教、教育研究的学者、官员和教育者。牧口常三郎自然也在其中。

乡土会每月召开一次,多以新渡户博士的府邸为会场。研讨的内容不仅限于会员的文章,也包括实际性的、独创性的调查研究报告。乡土会可以说是有内容、有趣味的聚会。

牧口常三郎对乡土研究会特别关心。柳田称其为“精励的会员”。牧口常三郎过去的乡土研究,在持续进行与乡土会会员的接触、地方土俗的研究,以及山间农村的实地勘察等活动后,得到了深化。

例如,1911年(明治四十四年),牧口常三郎接受农商务省的任命赶赴九州的山村,调查有着九州脊柱之称的位于山地深处的富后(大分县)津江村(前、中、下三村)以及肥后(熊本县)小国村(南北二村)的生活实态,向农商务大臣提出了具有重要参考价值的调查报告。③

另外,1915年(大正四年),他利用暑假走访了北海道濑棚郡的濑棚村,并在翌年一月的乡土会例会上做了报告。

乡土会不只是在新渡户博士家开例会,也会举行野外住宿的调研旅行。

例如,1912年(大正元年)3月底的例会就是前往埼玉县北足立郡大和田町大字宇野火止(埼玉县新座市)的一夜住宿旅行,另外,还有一次例会是去秦野地方(神奈川县)的研究旅行。

---

①②③　聖教新聞社编:《牧口常三郎》,聖教新聞社,1972年版,第57、58、59页。

其中,1918 年(大正七年)8 月的相州内乡村(神奈川县模湖町)调查,给调查的人员留下了特别深刻的印象。

参加此次调查的人员有柳田国男、石黑忠笃、田中阿歌磨、小田内通敏、佐藤功一、牧口常三郎、长谷川一郎、铃木重光等 12 人。每个人都根据自己的计划进行详细的资料收集、研究。牧口常三郎选择的题目是在阶地和山谷这样地形复杂的村落居住的人们的劳动力状况。

大家白天在村里考察,晚上回到寄宿的正觉寺,一边喝着啤酒,一边相互讨论当天的成果。

据圣教新闻社编写的《牧口常三郎》一书记载,当时参与调查的今和次郎(后来的早稻田大学名誉教授)这样讲述了当时的事情。

"牧口先生特别对沿着河流而建的部落这个问题非常感兴趣。为了探究这条河流是人工造成还是天然形成的问题,他每天都去那个部落,热心调查山地流孔和阶地部分的状况、河流中部附近的样子。结果,牧口成了这个问题的'肇事者',大家好像都被这个问题拖住了。

另外,这时的调查还有这样的插曲:一行人在寺院居室里住了十天,主持每天提供的饭菜尽是麦子、南瓜和咸菜,大家都受不了。离开寺院后,柳田国男甚至自编自唱'山寺和葱、南瓜的十天'。只有牧口完全不在意吃的东西,埋头研究,一行人都很钦佩他。"[①]

此后不久,牧口常三郎不得已离开了乡土会。对于做学问的人来说,没有比不能专心于自己想做的研究更痛苦的事了。尽管如此,他还是不忍割爱,一直对乡土研究很感兴趣。[②] 乡土会后来因为新渡户去日内瓦之后曾一度中断,之后,在 1927 年(昭和二年)新渡户回国后,才得以恢复。只要时间允许,牧口都会出席。[③]

尤其值得提到的是,牧口常三郎在其研究中所体现的主体意识。

牧口常三郎所处的时代正值日本文化与外来文化相互碰撞,被迫而又自觉地走上"文明开化"的道路的时期。当时,展现在日本人眼前的新的、未知的世界越来越大,研究、了解这个世界便成了这个时代的迫切需要。过去,日本主要通过荷兰为媒介接受欧洲文明,自 1853 年 6 月 3 日美国的培理舰队惊破了日本人的"太平之梦"始,锁国体制由此崩溃。随后被迫与美、英、俄、荷诸国缔结了所谓的"亲善条约"。在危机意识的驱使下,牧口常三郎等日本有识之士很快自醒并觉察到吸取洋学、研究地理学以达到富国强兵的必要性。可是,让他痛心的是,他那个时代中地理学的发展仍然不尽如人意,长期受到冷落。他特别对当时一成不变的、仍停留在对山川物产死记硬背的教学方法

---

①②③ 聖教新聞社編:《牧口常三郎》,聖教新聞社,1972 年版,第 60、61、62 页。

深表不满。可以说这些感触便是他最初锐意研究地理并撰写《人生地理学》的原因所在。

当然，吸引牧口常三郎从事地理学研究的直接动因是同时代的两位学者内村鉴三和志贺重昂以及他们的著作。内村鉴三在其《地理学考》中主张日本应当成为东西方之间的桥梁。与《地理学考》相继问世的是志贺重昂的《日本风景论》。书中，志贺积极地把目光投向日本以外的世界。同内村鉴三的国际主义相比，强烈的民族主义构成了志贺的鲜明特色。他认为，日本尚处在创业时期，确立立国的根本是当务之急，而首当其冲的是必须培养人们"热爱日本国土的观念"。不难看出，这种思想实际上是当时"日本主义"和"国家主义"意识在地理学界的体现。牧口常三郎对内村鉴三和志贺重昂向来极为敬重，对他们的新作更是敬佩有加。然而，他对二人思想并不是完全地"照单全收"，尤其是对志贺重昂那种将日本绝对化的民族主义作风进行了大胆的扬弃，对内村鉴三的国际主义精神进行了更多的吸纳。他强调日本人是整个人类中的一员，日本国只是整个世界当中的一个国家。在家乡、国家、世界三者的关系上，他认为，家乡好比就是一个人出生时的产床，日本国就像是自己住的家，世界上其他国家如同是邻居。[①] 这种批判性的学习精神充分体现了牧口常三郎人格中强烈的个性化特征，而且就当时"日本主义"势力日渐抬头、日俄战争激烈的状况来说，极为宝贵。

我们还可以从20世纪初牧口常三郎曾经对日本教育界长期存在的经验派与理论派互不关联的"两张皮"的现象进行的精辟分析和建言中看到其鲜明的主体意识。他指出，全国多数教育实践者大部分属于经验派，介绍欧美新学说为己任的学者及其共鸣者，则属于理论派。从事教育工作的全国教育实践者至少拥有自明治维新以来60多年的经验累积，在实际教育工作中有很大的势力，倘若能真正加以整合，应该可以成为厚实的教育宝库。可令人遗憾的是，它尚未达到以其经验成果所建立的原理去批判、指导教育事业和建立新经验的地步。因此，多数实践者虽然有宝贵的经验，却对于输入欧美学说的理论派无能为力而陷于焦虑、不安之中。在教育思想方面，理论派的新学说傲然地向经验实践者摆出领导者的独占权威姿态，然而理论派所着眼的根本往往是叙述欧美新学说或只停留在介绍而已。乍看之下，他们是用非常深邃的学理去解决实际问题，让只靠经验的实践者倍觉困难又崇高，引起其注意与困惑。因为只听到理论说明让人觉得很有兴趣，及至要实施其原理时，却脆弱不堪。虽然说崭新奇特，却与想要排斥的旧有思想并无二致，没有任何胜过传统教育学说的实践措施，反而有画虎类犬之嫌。他认为，"远水救

① 何劲松：《创价学会的理念与实践》，中国社会科学出版社，1995年版，第65页。

不了近火”一词，用来形容理论派研究影响当代教育界效果之脆弱最为恰当。也正是这种原因，尽管过去80多年来日本的教育学说不断改变，而且是转变迅速，然而这些理论并没有达到足以批判或修正多数经验产物的地步。在他看来，要彻底改变这种现状，必须促使研究着眼点与态度的大转变。换言之，教育实践者不要像过去那样太拘泥于遥远的学者理论，应该从自己每天的经验着手研究，根据经验的归纳所确立的原理去更新下一个经验，摆脱过去盲目焦虑的生活，迈向意识的、目的明确的教育生活领域。他呼吁教育实践者要改变过去望着天上星星前进的危险态度，放弃一直以来依赖海外的态度，而“先注意看脚下”，回到独创之路，去接近独特的境界。他相信，只要反省日常经验，确认成功或失败的迹象，分析其过程，就可能发现真理。总之，“不要只依赖学者们在书房中的研究，要综合宝贵的经验去确立原则，在日常工作中验证，把这些原理、原则留给下一代，这是现代教育实践者的重大使命……除非有这种态度，否则，真正的教育发展是无法期待的。”①

牧口常三郎并没有停留在对经验派与理论派的劝告和批评上，而是本着务实开拓的精神，在长期实践的基础上对教育理论进行了构建，进而提出了以“利”、“善”、“美”为价值观体系的创价教育理论。正如池田大作在《创价教育学体系》第1卷的序文所言，“创价教育学是牧口先生多年在学校教育实践中所构思，具有实证的教育方法。和以往观念哲学论所建构、缺乏实证性的教育学迥然不同，是独创性的教育学说。一言以蔽之，它是‘养成创造人生目的的价值之人才’的教育学说。”②不难发现，与以往的价值论相区别而且非常具有创意的是，“牧口的价值论的最大特点是将‘真’——‘真理’从他的价值体系中排除掉，用‘利’来取而代之，并严格地区别了真理和价值的界限。他认为，过去人们在研究价值问题时，之所以不能从根本上解决问题，其最主要的原因就是没有能够弄清楚价值和真理的关系问题，以致混淆了两者的性质界限”③。众所周知，哲学上的价值论一般是以“真”、“善”、“美”、“圣”为其基本的价值内容，而牧口常三郎则排除了其中的“真”，并代之以“利”这样一个独特的价值标准。他还将“利”看做是一切价值的基础，把“利”解释为“对个人整个生命的直接影响的关系力”，即作为评价主体的人的生命延长所依附的关系力。同时，又把“圣”纳入宗教的范畴，并认为，“圣”可以为“利”所包

① 牧口常三郎著，刘焜辉译：《创价教育学体系》(第1卷)，正因文化事业有限公司，2004年版，第38页。

② 牧口常三郎著，刘焜辉译：《创价教育学体系·序文》(第1卷)，正因文化事业有限公司，2004年版，第9页。

③ 孙穗平、孙耀珠：《价值与创造价值——牧口常三郎〈价值论〉的核心理论》，载《河北大学成人教育学院学报》，2002年第4卷第4期。

容。这本身就是他对“价值论”所作出的富有创造性的见解。在《创价教育体系》一书中，牧口常三郎提出了“从经验出发，以价值为目标，以经济为原理”建立新教育学的口号，反复论述了创价教育学的基本观点，即“人生就是价值的追求”。人生价值的获得和实现就是幸福。牧口常三郎认为：“教育学是以创价指导为对象，教师创造人格价值为目的之科学，与应用心理学或社会学的研究所得的原则去创造价值是迥然不同的，换言之，以教师的创价作用去研究对象，获得原则，让教育实务者从事创造价值的运作之知识系统。”①创价教育学是在教师所发挥的创价作用的指导下使教育者发挥“价值创造的作用”的知识系统。教育的作用就是对人生幸福进行指导，就在于“价值创造能力”的丰富。在他看来，教育意味着指导学习者如何使其行为创造更大的价值。教育的原点就是生活，教育所做的一切就在于指导把无意识的、没有价值的和非合理的生活变成有意识的、有价值的生活和合理的生活。在这个过程中，教育无论如何也必须引导那些实施教育者超越个体、超越时间和空间，去探求普遍性法则的认识。总之，牧口常三郎的价值论以“利”代替了“真”，其主要目的是强调价值的创造性，即通过人为的努力改善对象与主体的关系，从而密切对象与主体间的关系，达到价值创造的目的。显然，牧口常三郎的价值论已不仅仅停留在只做理论上的说明，而是积极地将人们引导进社会实践的领域。这个领域就是创价教育的实践领域。② 牧口常三郎的这些见地不仅在当时有着极强的独创性和前瞻性，而且至今仍具有鲜明的时代意义。

第七节
又一教育力作——《乡土科研究》

1912年(大正元年)11月，牧口常三郎推出了他的第二本教育著作——《作为教学统合中心的乡土科研究》(以下简称为《乡土科研究》)。

阅读此书，就知道这是牧口常三郎不满意当时的教育、怀着教育改良之心所著的。表面上看，好像讲的是乡土的地理研究和地理教育，其实不然。牧口常三郎在《乡土科研究》中主要讲述的是以小学儿童为对象的教学方法，

① 牧口常三郎著，刘焜辉译：《创价教育学体系·译者序》(第1卷)，正因文化事业有限公司，2004年版，第16页。

② 孙穗平、孙耀珠：《价值与创造价值——牧口常三郎〈价值论〉的核心理论》，载《河北大学成人教育学院学报》，2002年第4卷第4期。

目的是让儿童在生活的乡土中直接观察自然和社会现象，认识各自的关系，同时，通过这了解町和国的一些基本知识。

在使用乡土科的名称上，牧口常三郎经过了反复研究。比如，他认真比对了乡土地理科、乡土地志科、直观科、公民科、诸物指数科等，特别是比较对照了乡土科、直观科、国民科。① 他认为，国民科主要是被用在人文现象上的名称，直观科是从处理教学材料方面来命名的，显然不适合用来做本书书名。因为乡土现象包含了自然现象、人文界的政治经济等领域，从掌握乡土现象来看，乡土科的名称是最合适的。

后来，虽然在接受他人的宝贵意见中名称有改变，但仍然保持了“乡土科研究”的观点和重点。

牧口常三郎认为，从教育学系统来组建以儿童为对象的乡土教育是很有必要的，而且必须明确所有科目与乡土教育的关系，让学生直接观察的内容，以及如何分配各科目学习的时间等。基于此，1933 年（昭和八年），他在《人生地理学》改版第十版中追加订正了第三十章、第三十一章的结论及第十二章的内容。

《乡土科研究》第一编的内容主要由包括绪论在内的十章组成。这里，为使教师的教学力和学生的学习力都达到最优化，而且让所教的东西应用到儿童的生活中去，牧口常三郎强调了在规定时间内多多教给儿童社会要求的、生活必需的知识的教学方法。

他认为，首先要选择好教材，研究教材的排列方法，同时根据各学科的前后左右关联进行教学科目、教学课程的整理。乡土可说是世界的缩图，因为通过它可以让学生直接观察在乡土中的地与人生、自然与社会的复杂关系，能够使他们把握家庭、学校、市町村，同时也能够使他们广泛了解世界。总之，乡土科可使人直接观察乡土中的自然现象和社会现象。②

从这个意义上可以说，乡土科具有作为灌输各科教学基础内容的出发点的作用，是人类不可缺少的重要学习科目。儿童成人后，依靠由乡土科所得的知识会作出相应的判断并成为有应用力的人。为完成教育目标，牧口常三郎还强烈主张把乡土科放到各科的中心点上。他认为，这样才容易统合一切相关联的知识。

在《乡土科研究》第二编“乡土科的实际方案”中，牧口常三郎把第一编已讲过的理论当做教学生的实际方案。为了让学生在心中对前面所讲的基础知识进行联系综合，他首先呼吁教师自己结合实际列出以所教科目为中心的综合教学方案细目。

---

①② 聖教新聞社編：《牧口常三郎》，聖教新聞社，1972 年版，第 226、227-228 页。

为提供参考，牧口常三郎列举了与各科有联系的综合教材细目案例，具体设计了有关的教学方案。

牧口常三郎指出，教学中教师首要的任务是发挥学生特有的天性，培养学生的兴趣。教师不应该太絮叨地解释说明，而应该是旁观指导者。只需在障碍物横在学生面前时，给予必要的避开障碍的暗示。

《乡土科研究》第三编“乡土科教学的实际操作”（第十五章到第二十九章）中，详细叙述了乡土科教学的实际操作方法。

牧口常三郎强调，教师通过让学生收集石块、贝壳等各种各样的东西来直接观察、作比较的教学方法，不仅会让学生觉得有意思、有乐趣，而且学生学习起来也毫不费劲。

牧口常三郎认为，能够观察自己就读学校的政治、经济状况的学生，就能轻易观察村和町的政治和经济，然后在国家政治、经济上也能进行相应的研究。

其实，牧口常三郎从 1893 年（明治二十六年）当老师以来就将如何进行儿童教育作为研究的重点，而且将兴奋点锁在乡土科上。

在 1916 年（大正五年）撰写的《地理教学方法及内容的研究》一文中，牧口常三郎指出：“要能够让你膝下可爱儿童将来能度过最幸福的一生，就得从观察实际的教育入手，但是，因为学校教学科目过于程序化，与儿童的理解能力颇有距离。”[①]可以说，牧口常三郎关于乡土科的构想是他多年来持续思索的结果。

在他看来，近代日本的教育，表面看起来整顿得漂亮，但是对现实社会的生活没起什么作用，学校教育和社会生活之间存在巨大的隔阂。原因之一是，轻视基础观念或基础知识的教育，且灌输到儿童头脑中的知识是零乱的。虽然眼前能够一口气达到理解，但最终结果是逐渐地被遗忘掉。牧口常三郎指出，无秩序地积累起来的片断知识，如果不做任何的联系统合就像是有龙无睛。

另一个原因是，1872 年（明治五年）颁布学制以来，日本教育界多模仿外国的教育思想。比如，1877 年（明治十年）广泛采用裴斯泰洛齐的教育思想，到了 1887 年（明治二十年）形式化教学的弊害出现后，取代它的是赫尔巴特及其学派的教育学。从明治末期到大正年间，贝鲁格曼、奥伊肯、那托普的教育学轮番登场。这些欧美学说的译本，曾一时受到学者们的热烈欢迎，甚至达到以为只照搬欧美学说的译本就是做学问的程度。

第三个原因是，从事实际教育的教师对儿童教育不用功。

---

① 聖教新聞社編：《牧口常三郎》，聖教新聞社，1972 年版，第 229-230 页。

为此，他强烈呼吁研究、学习教学方法，而且特别推崇直观教学，把通过直接观察所得到的观念作为知识的基础。这也是贯穿其《乡土科研究》的中心思想。

《乡土科研究》出版20年后，乡土教育渐渐流行起来。

1932年（昭和七年）出版的海后宗臣、饭田晁三、伏见猛弥合著的《我国的乡土教育及其设施》在谈到牧口常三郎的《乡土科研究》时做了如下评论：

“这本书如从它的标题所能知道的那样，是对作为统合的中心教科的乡土科进行论述的。可以说是到当时为止的乡土教学诸论的集大成者。……

对学校生活怀有不满的青少年已升至76.2%，这是一令人吃惊的数字。……青少年‘厌恶学校’的原因是什么呢？

……就像《乡土科研究》所说，首先是考试主义的弊害。现在纸上测试的内容基本上不能体现真正的理解力，也几乎不能评价作为人的重要品质、技术。再者，为了考试所做的片段背诵，进入社会时大部分都忘掉了，不能成为具备的实力。……

近来，高中生常常责难老师，其理由是因为在上课中老师说‘考试科目以外的都扔掉’、‘想参加大学考试，就别去运动了’之类的话。而且从中学到小学，甚至到幼儿园，以通过考试的技巧为中心进行授课的倾向很是明显。

当然，考试并不全都是坏的。考试本来的目的是为了了解学生的学习效果。但现在的考试主义忘掉了考试的目的，只把重点放在区分人是优劣等上面，这就成了很大的问题。

第二，教师对教育的热情不足。很多教师放弃研究教材、教学方法，只是依仗教师用书敷衍讲课。……

但是，也不能只责怪教师，夺去教师热情的文部省的行政管理也有问题。

也就是说，第三个原因要归于管理体制。

教科、学习内容是为了形成教育所必需的且充满创造性的人，但是，教学科目、制订学习指导要领、检定教科书等都受到文部省的严厉管制，结果就是让最初尝试着想认真上课的老师也丧失了动力。

……考试主义绝不只是现在的问题，明治时代也出现了类似的倾向。明治时的俳人正冈子规就是对考试最感苦恼的一个。明治三十四年，他在《墨汁一滴》中说过‘因为有考试这种讨厌的东西，到最后学校这个词也变得引起一种不悦感’、‘在学校时死记硬背是愚蠢的’之类的话。

……(明治三十六年)成立国定教科书制度,翌年开始使用小学国定教科书。樋口勘次郎在明治四十一年批评教科书国定化时指出,'国民的研究心因此麻痹、发明发现的道路因此被阻碍'等。尽管遭到反对,但文部省不顾这些,甚至干涉到了教育内容,因此教师不关注学生,而是窥看校长和管理官员的脸色,教育研究热也减退了。

牧口常三郎出版《乡土科研究》也是为了能够消除这些弊害,让学生带着兴趣学习,让学过的知识牢固扎根在学生的头脑中。

牧口常三郎认为,当时乡土科既没有系统的理论,也没有实际案例,即使在其鼻祖德国,从教育体系上来看也是如此。且充满自信地写道,'希望得到任何人的反驳。如果幸运地出现否定我案例的高论,我宁可为了学界和乡土教育乐于降服'。他还指出,进行乡土教育必须注意的是:小学中的乡土教育不能只是为了乡土的乡土教育,必须是为了儿童教育全体目标的乡土教育。

观察从明治初期到现在的乡土教育的多次周期性流行,其中有的也具有不是为了儿童的教育而是被利用为国家政策道具的倾向。关于这一点,牧口常三郎在《改版第十版的序文》中写道,'省去根底的培养而谋求枝叶的繁茂是没有用的,结果是花呀果呀都得不到。现在的教育对现实生活没有用,其病根究竟是在这里'。

教育是具有预测儿童一生的、以健全人格为对象进行非常高远规划的事业。正因为如此,是人生中最应要求多多熟练的最困难的技术,是与以物质为对象的技术等不能比的。……"①

教育评论家池田谕也充分肯定了乡土科的重要性:"如果是用乡土科这本合适的教材作指导,不仅能让学生认识到与自己相关联的历史、政治和社会的存在,还能轻易掌握生存的必要知识"。②

研究当时日本教育的状况,可以发现,公办教育即小学教育中的乡土教育的变迁过程。

小学制度的创建依据是1872年(明治五年)8月文部省颁布的《学制》,同年9月制定的《小学教则》中明示了教科、教学内容、教课时间数等。

1875年(明治八年)左右,乡土教育开始被引入小学教育。1875—1877年(明治八年到十年),根据"从近处开始"的教学原则,同时也受到来自江户时代私塾教育的影响,小学用书除了使用《日本地志略》以外,还涉及其他20种乡土地志。

1881年(明治十四年)发布的《小学校教则纲领》规定:中等科授地理课

---

①② 聖教新聞社编:《牧口常三郎》,聖教新聞社,1972年版,第231-235、236页。

时，首先要从学校近旁的地形，即学生经常能见到的山谷河海等说起，使之渐渐想象地球的模样。接着教授日本地理及世界地理的总论、五畿八道的地理、外国地理大要。到高等科时，应当努力进行实地考察，以养成儿童的观察力。法规上的明文规定极大地促进了乡土地理教学，这一点，从1881年（明治十四年）一年就出版的约40种乡土地理书中能得以证实。

不过，乡土教育虽然逐渐扎根于小学教育中，但止于与地理科联系，其他教科中看不到与乡土的关系。而且即使是乡土地理教学，这个时代乡土教育的水平也只是作为导入《日本地志略》的开端。[①]

但是，从1881年（明治十四年）左右开始，裴斯泰洛齐主义的直观教授法逐渐普及，且革新了过去的乡土地理教学。也得益于此，乡土教育的问题扩大到小学教育整体。不久，小学教学必须基于乡土中的直观教材来进行——这种见解被认可。

这样，在以前只与地理密切联系的乡土教学，现在作为各教科的入门教学被看做是必需的，甚至在法规上进行了规定。

例如，1891年（明治二十四年）11月的《小学校教则大纲》中规定，“以乡土的地形方位等儿童日常亲眼看到的事物为开端”、“从与乡土有关的史话开始”。这样，过去与乡土没有任何关系的历史和地理，自然在法规上与乡土拥有密切的关系。被称为《府县地志略》、《府县史谈》、《县乡土志》等的书也接连出版，从1891年（明治二十四年）左右开始的大约10年内，此类的书籍达到了150余种。

但是，1900年（明治三十三年）8月，《小学校令施行规则》作出了全面免除此前明载于教则中的乡土地理、乡土历史、乡土理科的规定。因此，乡土教授不能正式实行。特别是在牧口常三郎写作《人生地理学》的1903年（明治三十六年），制定的国定教科书制度，倾向于根据教科书教学，乡土教学的实施可以说变得更为困难。[②] 而且，教育内容的统一化也变得更加严重。这些正是《乡土科研究》所诞生的背景。

在日本，究竟是由谁、在何时开始主张将乡土科列入小学教科，还有待于进一步考究。

1901年（明治三十四年）左右，日本一般的教育类书籍中开始能看见“乡土科论”这一译词。这时期多被译做“乡土科”、“乡土志”、“乡土识”等，其中，用得最多的是乡土科。

增泽长吉和桂信次郎共著的《乡土科教授指针》（1902年出版）是当时乡土科论中的代表作品之一。[③] 这本书被认为是关于乡土科的最老的单行本。

---

①②③　聖教新聞社編：《牧口常三郎》，聖教新聞社，1972年版，第237、238、240页。

书的内容涵盖了乡土的意义、乡土科的必要性、教授的时间数、教材分配、学校设备、校外教授等。

还有，佐佐木吉三郎在1906年(明治三十九年)出版的《地理教授提要》中从乡土地理的观点出发解释了乡土科教学。其中，乡土科是地理入门级的教学科目。这里主张的乡土教学以地理为主，以理科和历史为辅。

除此之外，寺内颖的著作《普通小学直观教授指针》也论及了直观事物教学和乡土科。

与以上提到的涉及乡土教学或乡土科的书籍相比，牧口常三郎在《乡土科研究》中初次主张把乡土科定位为教授所有学科的出发点和全教科统合的中心。

就像牧口常三郎所言："我们不是单单徒劳注入知识，而是与保存知识的橱柜一起放进来，这种方法强调自己掌握知识。""让乡土科成为核子、主干，其他一切教科全都成为从这个主干分出来的非常繁茂的枝叶，正好变得像呈现出完全长成的乔木的样子。"①这无疑是一种创新。

至于乡土，牧口常三郎认为，不应死板地定义这个范围，而是比较便利地根据情形使之自在伸缩，将之定位为儿童能达到的直接观察的范围内是妥当的。

在乡土科教学中，牧口常三郎重视的是依据实物的直观教学，而且推崇裴斯泰洛齐的实物教授法。

不过，在日本虽然裴斯泰洛齐的教授法也因被翻译、介绍而受到赞赏，但实物教学还不能说已扎根实际。牧口常三郎叹惋于这一点，认为，裴斯泰洛齐死后到现在几乎一百年，他所谓的以新教育理想进行新时期的实物教授的做法，实际上还没有达到普及的程度。

"……明明只要踏出学校一步，就满是生动的标本、活跃的教材，可以尽情地观察实物，但却特意把虫咬、生霉、褪色的标本敬为护身符不断推动教学，实在是不切实际之至。"②

牧口常三郎认为，很多老师认为用标本和模型讲课，儿童就明白，甚至很多到了连标本也不用而直接使用绘画代替实物和模型的地步，这是荒谬绝伦的。

如何选择教授材料、研究教材的整理分配、有效提高教师的教授力和儿童的学习力——这是从事教育的人们必须经常思考的问题，也是牧口常三郎想要特设乡土科的着力点。

当然，牧口常三郎在提倡乡土科以前也研究过教科统合式课程改造，特

---

①② 聖教新聞社编:《牧口常三郎》,聖教新聞社,1972年版,第241-242、244页。

别是对于如何统合做过种种思考。

牧口常三郎认为，有的统合法把同系统的教科整理成最重要最有原则的内容，有的统合法将所有学科最终都归结于宗教进行教学，有的是从开始就避开教科分割把所有学科杂乱联结，等等。其中，特别应注意的是从19世纪80年代—20世纪初（明治20年代到30年代）在日本各地大为采用赫尔巴特派的统合法。赫尔巴特派的统合法有四种法案：林德纳倡导的树状统合法案、齐勒等人的以宗教及历史为中心统合所有教科的统合法案、斯托伊等人主张的中心统合法案和莱因的统合法案。这些统合法案如果实施的话会很勉强，因为没有把知识的联络统合点放在直观的基础教科上。基于此，牧口常三郎主张，特设作为直观的基础性教科的乡土科，将之置于各教科的统合中心。就像他所说："有关乡土的知识是儿童自出生以来长时期内每天受到刺激但未必紧贴心意、却想忘也忘不掉的。如果将之进行整理成为一个系列，命名为乡土科，并作为诸教科联络统合的起终点或者中心点的话，一切知识、观念的统合联络自然会毫无勉强地顺利进行。"①

《乡土科教学》中，牧口常三郎始终主张联系生活教学的重要性，在他看来，如果满足于只是让学生观察花的构造等的理科教学，那只要在书桌上放一朵花就足够了。但要使学生了解所谓的从这花中提取香水、获得颜料这样的实用特征，那样做是不够的。虽然联系生活麻烦，但必须带着学生到田里去。就像要知道被虫子咬时为什么要涂氨、去污剂中为什么使用氨等道理，就须做中和酸性和碱性的实验一样。

进行社会科教学时，老师最好是带领学生拿着便条和笔等用品到商店街去。让学生分作两组排列，边行进在商店街内，边让学生在便条上写下鳞次栉比的商店的种类，一组是写左侧的内容，另一组写右侧的内容。之后向学生提出商店的数量和种类或是同种类的商店有多少等问题，同时通过"为什么同种类的店铺大多聚集一起"这个问题，使学生理解土地与商店、土地与人类生活的关联等。这样的教学不仅有兴趣、有深度，而且会顺利地向前推进。

牧口常三郎认为，即使是"一米"这个极其简单的概念，连中等成绩以上的学生也不一定明白，何况是劣等生，如果不在实际测量中反复教学，就很难使之理解。

牧口常三郎的思想不仅是切合当时日本教育实际的，也是超前的。就像立教大学的细谷俊夫教授所言，牧口常三郎主张的乡土科研究"既是全部课程的问题，也是教育方法的问题，具有矫正小学教育中的矛盾的意义，可以说走在了向合科教授过渡的前面"②。

①② 聖教新聞社編：《牧口常三郎》，聖教新聞社，1972年版，第247、246页。

《乡土科研究》中重点就如何拿出理想的教授细目方案进行了阐述。

牧口常三郎认为，各学科教授细目与各校教学的程序和模型、标本、教材选择等有关，在法令上是由小学校长制订，但在实际中多是各班班主任制订的。另外，按照教授细目如何推进每天的授课教案、计划也都是由老师制订的。因此，关于教科课程和教材（国定教科书）虽然文部省做了明确规定，但在实际教学中教师应该有钻研教授法的充分自主权。

牧口常三郎没有对每个统合教授细目都陈述自己的想法。只限于纠正教师的态度、学校应有的状态，但具体陈述了应与乡土科联络统合的各教科的教材细目。

牧口常三郎强调，乡土科教材内容的选择基准应该注意以下三点：乡土科作为各教科的准备教材是必要的，因此，要选择与各教科直接有关的内容；根据对人生的需要程度进行选择；选择适合儿童心理的内容。[①]

在谈到如何排列这些被选择整理的材料内容时，他指出，乡土中教材相互间的排列顺序是自然定下来的。学生通过自己的眼睛和耳朵每天凭直觉观察这些材料，因此对于乡土科的教材，只要听任学生顺其自然进行选择就行。如果确有必要确定顺序，那就按有形的自然现象在先、无形的人生现象在后，观念的直观在先、理法考察在后的顺序排列。但必须特别注意的是，对于儿童，不是让他一个一个孤立地观察各种材料，而是让他们能够不断地观察、比较、统合全体，尤其是要依靠材料进行不间断的观察和连续的思考。

至于实施乡土科授课要求的时间数，牧口常三郎认为，要根据材料来规定，而且最好在制订出具体计划、教材方案之后再研究。在必需的教学设备方面，乡土本身就是个广阔的舞台，只要作出用在合适季节、合适时间的准备细目，不错过合适的机会而予以利用就行。

《乡土科研究》中，牧口常三郎在充分考虑了诸教科必须直观的材料基础上，提出了自己的"乡土科理想的教授细目案"。方案大致罗列了自然现象、人生现象两部分 17 个部门、102 个题目。

他指出，虽说列出了乡土科的教授细目，但并不意味着是各地方或各学校一刀切。因为乡土科完全以"培养及整理各教科的基本观念"为目标，只网罗了适用的材料，而且可以扩大将其在更大的范围内进行完善。

从这个意义上来说，乡土科的教授细目在任何地方、任何学校都适用，反过来可以说，授课必须留神那片土地上特有的现象，必须关注各地方各学校特有的内容。

牧口常三郎还就对学生实施乡土科教授时应注意的问题提出了自己的

---

① 聖教新聞社編：《牧口常三郎》，聖教新聞社，1972 年版，第 255-256 页。

看法。

首先是要让学生明确观察自然现象及人生现象时的着眼点问题，即必须让其理解乡土的诸要素与人类生活到底是怎样的关系。牧口常三郎提倡以“利害”、“美丑”、“善恶”这些价值标准为切入点。

例如，让学生观察一座山，就应该让学生了解这座山与乡土中的人类生活有什么样的利害关系、这种利害是什么、如何利用它、如果它成为弊害将如何排除、怎样做更增添美等方面的知识。[①]

在实施时，应该提前制订扎实的细目，同时在给予时间内使学生有效地直观乡土的诸要素，进行校外授课也有必要事前就对领学生去的地方进行调查。进行实地调查时，要使学生留心地形与地图的关系，让学生掌握研究地图的方法，从而培养学生读地图和画地图的能力。实地调查之后一定要强调整理调查结果的重要性。此前一定要告诉学生整理调查结果的方法。

牧口常三郎指出，实行这样的乡土科教授时，老师的态度是非常重要的，乡土科教授决不能成为从老师口中诉诸学生耳中的没完没了的说明。教师虽不可替代，但应是旁观者，只要偶尔进行富有建设性指导就够了。在对目标点进行暗示或明示之前，首先任凭学生自由活动，老师只需加入其中。当然，教师必须有预见性，心中应该不断注意、防备意外状况，不能失去作为老师的监护之责。

可见，牧口常三郎重视完全基于儿童的趣味和欲求的教学方法，排斥教师单方面的注入式教学。这与后来大正时期提出的“儿童中心主义”的观点可以说是共通的。

《乡土科研究》的第三编“乡土科教授的实际操作”共十四章，主要论述了乡土中天文现象的观察和实验、乡土中陆界的观察和实验、乡土中水界的观察和实验、乡土中气界的观察和实验、乡土中博物的观察和实验、乡土中人类界的观察、乡土中人类团体的实验、乡土中学校的观察和运用、乡土中的家庭观察和村落观察、乡土中邻村及都会的观察、乡土中经济现象的观察和实验、乡土中政治现象的观察和实验，以及乡土中教化现象的观察等问题。

牧口常三郎认为，如果这种乡土科教育得以实现，就可能达到以下九个目标：使受教育者的观念世界中获得类化的基础；使学生获得直接观察自然界、人类现象的兴趣、能力和勇气，于是抛开书籍和其他人的指导或障碍物，获得直接接触的机会；使学生观念世界中的有机体系获得牢固的统合中心点；让学生形成比较、了解全国及世界的基础观念，从而具备了解这种基础观念的能力；在将来应用所学的知识，实现其理想；使学生了解日常生活的有关

---

① 聖教新聞社编：《牧口常三郎》，聖教新聞社，1972 年版，第 259 页。

事项，获得必要的处世知识；认识自己在乡土中的地位，了解故乡在国家中的位置、自己国家在世界中的位置，据此获得能够制定公平稳健的处世方针的基础；使学生认识到乡土各要素及整体给予每个学生多方面的影响，学会感恩和对乡土的热爱，以此培养爱乡心、爱国心；通过乡土的利害关系和其他多方面的观察，辨别外界，判断轻重，明确缓急，获得整理顺序、取舍选择事物的能力等。

牧口常三郎一贯以生为本，他对学生的将来寄予了厚望。他认为，教育的意义在于把劣等生变成优等生，不制造劣等生的教育是非常重要的。一般而言，教育可分基础教育和应用教育两种类型。可以说，这两类教育相协调才能培养出丰富的个性。《乡土科研究》的立意就在于通过乡土这一儿童最亲近的环境中的直观教学，更深入、更具体地实现基础教育和应用教育的平衡。牧口常三郎不把乡土科当做填鸭式教科，而是要让学生学会学习。当然，学习力、思考力和观察力等基础能力，决不是教授给学生就能自然掌握的东西，教师必须教给学生着眼点和整理的方法。《乡土科研究》强调尊重儿童的主动性，但反对忽视进行基础教育的有组织的、反复的训练。

牧口常三郎要求教师自省，呼吁为了儿童认真思索教育方法。他认为，为了儿童将来作为社会一员生活下去，基础观念不可欠缺，因此教材和知识都很重要，关键在于如何将这些内容传授给他们。当然，如果只是特别注意教育器械的利用而轻视“人教人”，那就是本末倒置了。

需要指出的是，牧口常三郎主张通过乡土中的自然现象、社会现象进行直观教学，目的在于告诉人们要理解、爱护这个养育了人们的亲爱的乡土，让受教育者高兴地报答乡土。乡土教育牵涉爱国心和爱乡心的培养。当然，也应该避开养成狭隘的爱乡心、狭隘的爱国心。正是依靠比这更正确的爱乡心和爱国心的培养，才能实现向更大社会开放的质的转换。就像东北大学教授西村嘉助高度评价《乡土科研究》时说的那样，“把乡土发展好、进行新的开拓，这种意义上的培养爱乡心即使在今天也很重要。虽然乡土是培养这种精神的基础，但也不能被乡土所束缚。从现代人的行动半径来考虑，爱乡心无论如何必须具有广阔的、国际性的视野”①。

从这个意义上讲，谋求以完全自然的形式培养爱乡心的《乡土科研究》即使在今天也是值得肯定的。尤其是在一个被指责社会中、人世中缺乏市民意识、共同体意识的时代，《乡土科研究》尤为必要，因为这种共同体意识是通过从孩童时期就开始正确地培养热爱乡土、热爱自己生活场所的感情而产生的。也只有这样，才可以从中产生能为乡土、为地域、为社会和人类作贡献的人。

---

① 聖教新聞社編：《牧口常三郎》，聖教新聞社，1972 年版，第 269-270 页。

第八节
重登初等教育讲台

牧口常三郎在去东京以后的43年间，有近20年的时间在担任小学校长。

具体讲，就是从1913年(大正二年)4月就任东盛寻常小学校长为开端，到1932年(昭和七年)7月从麻布的新崛寻常小学校长一职退休为止，历任六校校长，达19年之久。1909年(明治四十二年)2月到翌年4月，曾在富士见寻常小学当老师，不过那时不是校长而是作为训导任职的。这里将其历任校长的学校列举：东盛寻常小学(同时设有下谷第一夜校)、大正寻常小学(同时设有大正寻常夜校)、西町寻常小学、三笠寻常小学(同时设有三笠寻常夜校)、白金寻常小学、新崛寻常小学(同时设有新崛寻常夜校)。牧口常三郎在历任的6所学校中还兼任了4所夜校的校长。

1919年大正寻常小学运动会时学校教师的合影
(第二排左数第四位为牧口常三郎)

这6所学校中，除白金和大正两校外，另4所学校都在1923年(大正十二年)9月1日的关东大地震中遭受烧毁之灾。因为资料在当时多被烧掉，所以了解牧口常三郎在这4所学校的活动非常困难。

需要说明的是，当时的夜校主要是利用夜间对因家庭原因尚未结束义务教育，且白天无法就学的一般家庭的孩子按照小学程度施行教育的地方。[①]最初的修业期限是2年，1916年(大正五年)5月19日修改为3年，学校采取

---

① 聖教新聞社編:《牧口常三郎》，聖教新聞社，1972年版，第63页。

速成教学法。但由于是就地利用一般小学的设备，也减少了经费开支。

1913（大正二年）年4月，牧口常三郎就任东京下谷区（现台东区）的东盛寻常小学校长，重新登上了初等教育的讲台，此时的日本正大踏步迈向帝国主义。但随着欧美自由主义、社会主义思想的传播，日本迎来了一段短暂的弥漫着自由主义气息的时期。不久，日本形成了要求进行普选的各种政治团体，与此同时，工农运动和社会主义运动迅速兴起。在这种情况下，政府在加强社会治安的同时，强化进步思想压制，积极进行以"思想善导"为重点的国家主义的臣民教育。然而开放交流的车轮滚滚向前，西方文明特别是欧美国家进步教育思想很快被教育界一些思想引领者所吸纳、介绍并进行了小范围的实践。

具有代表性的欧美国家进步教育思想有如下几种。

瑞典女作家、教育家爱伦·凯等人的自由主义教育思想开始受到重视，1919年，原田实全文翻译了《儿童的世纪》。此外，蒙台梭利的《儿童之家》也被介绍到了日本。①

乙竹岩造等人介绍了德国的人格教育学说。中岛半次郎根据德国的人格教育学思想，试图建立自己的学说，他于1914年写了《人格教育学的思潮》，对该学派的思想作了介绍。1915年，中岛又写了《人格教育学和我国的教育》，阐述了人格教育学思想的特征。②

乙竹岩造除介绍德国的人格教育学说外，1913年还在《教育学术界》杂志上发表了《评论凯兴斯泰纳氏的教育学说》一文，对德国公民教育思想进行了介绍与评介。另外，槙山荣次、川本宇之介等人也对公民教育思想给予了不同程度的介绍。公民教育思想强调培养国家公民，重视道德修养、性格陶冶和劳动教育，与天皇制国家主义教育思想相吻合，所以受到日本军国主义政府，特别是临时教育会议的重视。

那托普的理想主义社会教育学说在大正时代后期重新受到重视，他的《社会教育学》、《哲学与教育学》和《一般教育学》等著作在1921年前后被人们广泛阅读。

主张把教育与文化联系起来，在教育的基本原理上重视历史文化价值的德国狄尔泰学派的文化教育学在大正后期被传入。传播这一学说的主要代表人物有长田新、乙竹岩造等。他们分别出版了《文化教育学诸研究》、《现代教育哲学的根本问题》和《狄尔泰学派文化教育学说》等著作。

民本主义教育学说在日本教育界也广泛得到介绍。美国哥伦比亚大学教授约翰·杜威的实用主义、经验主义教育学说介绍得比较多，他的著作《教

---

①② 梁忠义主编：《日本教育》，吉林教育出版社，2000年版，第394、394页。

育哲学概论》、《学校与社会》、《学校与儿童》、《民本主义与教育》等在日本比较普及。帆足理一郎、永野芳夫和田制佐重等在翻译和介绍杜威的教育著作方面贡献最大。

伴随欧美新教育思想、学说的传播，欧美实行的一些儿童中心主义的新教育方法也相继传入日本。主要有蒙台梭利教育法、德可乐利教学法、克伯屈的设计教学法、帕克赫斯特的道尔顿制、渥德的葛雷制等。

上述欧美新教育教学思想的传播给日本教育界带来了很大影响，即批判明治时代以教师为中心、采取注入式教学和一齐教学的方法，而主张以儿童为中心、采取自发学习和个别学习的方法。这一倾向在明治末年已萌芽，大正时代出现了一些标榜以儿童为中心、实行新教育的私立学校，如西山哲次开设的帝国小学校(1912 年)、中村春二开设的成蹊实务学校(1912 年)、泽柳政太郎开设的成城小学校(1917 年)、赤井米吉开设的明星学园(1924 年)和野口援太郎开设的儿童之村小学校(1924 年)等，另外原有的日本女子大学附属丰明小学校自 1914 年开始实行河野清丸倡导的自动教育论。到昭和初年，这类私立学校的数量又有所增加。而且，这种倡导以儿童为中心的新教育潮流也波及了公立学校。例如，1919 年木下竹次在奈良女子高等师范学校附属小学校进行了综合教学(综合学习)实验；北泽种一于 1925 年在东京女子高等师范学校附属小学校实施了劳作教育；手塚岸卫在千叶师范学校附属小学校进行了自由教育实践；富山、福井、冈山的师范学校也开展了各种形式的新教育。除这些学校之外，神奈川县田岛小学校、福井县三国小学校等公立学校也是实行新教育的典型。①

与此同时，民间教育运动的形式和内容较前更加多样化，它包括由部分教育理论研究者、教育实践家倡导并推行的新教育运动，以及教师工会、工人工会、农民工会倡导的教育劳动运动、工人学校运动、农民学校运动和学生运动等。一些教育理论研究者借助欧美的教育教学思想并结合教育实验提出了具有一定独创性的教育学说和主张。比较早的有樋口勘次郎的活动主义教育学说和谷本富的自学辅导主义教育学说。大正时代有代表性的教育主张有八大类，具体如下。

(1) 批判明治时代的教育是让学生"顺应国家制定或认可的课程"的"顺应主义"教育，"排斥以教师为本位的教授，主张以学生为本位的学习，否认大量教授知识，主张让儿童通过自己的力量充分发挥各种能力，否认教学万能主义，注重研究儿童的学习方法和引导学生自主地学习，反对赫尔巴特等人的主智主义心理学，提倡主意说"的樋口长市的自学教育论。

---

① 梁忠义主编:《日本教育》，吉林教育出版社，2000 年版，第 397-398 页。

（2）曾长年担任日本女子大学附属丰明小学的校长，并在该校进行了“自动主义”的教育实践的河野清丸所主张的从学生自身的立场出发，让学生自己制定教育（学习）的目的，以养成自觉地按照既定目标行事的习惯和心理倾向的自动教育论。

（3）曾长年担任千叶县师范学校附属小学的校长的手塚岸卫所主张的让儿童自己按照理性决定自己，让学生学会“自学、自治、自育”，获得并实现生活各方面的自由的自由教育论。

（4）早稻田大学教授稻毛金七（诅风）主张的“人生的目的在于价值的创造，教育要以创造卓越的每个人的人格为直接目的，以创造优秀的文化价值为终极目的，以受教育者的全部人格为对象，以其创造性为主要动力，以使其自律地活动为主要手段”的创造教育论。

（5）曾先后担任奈良女子高等师范学校附属小学校训导和广岛县师范学校附属小学校长等职务的千叶命吉从心理主义的立场出发，提出了“人只有在做喜欢的事情且认真坚持到底时才开始成为真正的善，提倡问题中心主义，主张资料收集、问题发现、问题解决、独创表现的四阶段教学”的一切冲动皆满足论。

（6）曾担任兵库县明石女子师范学校附属小学校长的及川平治所提倡的根据儿童的特性、学习动机和行为进行学习，注重让他们发现问题和解决问题并进行分团（组）式学习的活动教育论。

（7）曾担任成城小学校教头的小原国芳所主张的实行个别教育和个性教育，注重让学生在自由的气氛中学习，尤其重视艺术教育和科学教育的全人教育论。

（8）片上伸所主张的“在（让学生）欣赏和创作文艺作品的过程中，自然地体会和练习真正的文艺所具有的人生的综合性的体会方法和看法，同时用道理、规则和训诫等所无法给予的一种人间生活信爱感去感染人”的文艺教育论。

所有这些无疑给重操旧业的牧口常三郎的教育理论与实践造成了深远的影响。一方面，他作为一名教师，一名学校的行政负责人，必须认真执行国家的教育方针政策；另一方面，牧口常三郎向来富有开拓精神，在接受外来新教育观念洗礼的同时，结合自己的实际进行了大胆的实践。

东盛寻常小学的所在地是下谷区（现在的台东区）龙泉寺町，上学儿童主要来自金杉下町、三之轮町和龙泉寺町。①

当时住在东盛寻常小学附近的居民多从事的是临时工、短工这样的职

① 聖教新聞社編：《牧口常三郎》，聖教新聞社，1972年版，第64页。

业，每天早上都聚集在杂工市场寻找这一天的活计。遇到阴雨连天的时候，甚至马上就有可能窘迫得连饭都吃不饱。在贫寒的生活中，孩子首先被期待的是充当劳力。这里的居民大都衣衫褴褛，勉强度日。没有几个孩子能买得起笔记本和铅笔。这样家庭里的孩子没有书桌，也基本没有文具，自然也没有多少学习的欲望。遇上雨天，很多孩子因为没有伞就不来上课。教育应该为使孩子和他们的父母能够靠自己的力量获得幸福做些什么？这些现实问题经常萦绕在牧口常三郎心头。牧口常三郎一门心事想着如何能为这些贫困的孩子做点什么。为了让他们也能平等地接受教育，他屡屡自己掏钱改善教学环境，千方百计地把文具发放到所有学生手中。为了给学生买到廉价的文具，他同许多家文具店商量，以打折后的价格一次性大量购入，再分发给孩子们。

1914年（大正三年）进入东盛寻常小学的狩野政次郎说："我家很穷，想上学也上不成，迟了两年才入的学。因此，这些文具真是太难得了。"

东盛寻常小学的校舍是成コ字形的有12间教室的陈旧的平房。コ字的内侧有三尺走廊，人一走起路来就发出吱吱嘎嘎的声响。为了不影响上课，牧口常三郎每次都会在那破败不堪、只要一不小心就会发出嘎嘎声的走廊上踮着脚慢慢地走。上课时间里，常能看到牧口校长踮着脚尖不发出声响地走路的样子。正是他的慈爱和责任心赢得了家长和学生的信任和赞誉。

牧口常三郎一般不会在校长室的书桌前坐很长时间。他要亲眼确认孩子们需要的是什么，老师们上的是什么课，用什么样的教学方法。

其实，这样经常思索着为贫穷的孩子们做事、匀出家中的生活费充作教育费用的牧口常三郎，在经济上很不宽裕。他一年里多半穿的是同一件黑西服。

在东盛寻常小学当了3年校长之后，由于素闻牧口常三郎大名的学生家长的强烈要求，1916年（大正五年）5月，牧口常三郎来到了下谷区入谷町新建的大正寻常小学担任校长。

学校的校舍用地原是屠宰场，据说周围是贫民窟。这所学校的很多家长连自己的名字也不会写。牧口常三郎亲自一家一家地对学生进行访问，在了解学生家庭状况之后再进行生活指导。

要实践有成效的教育，就得聚集优秀的老师。出于这样的考虑，牧口常三郎首先着手录用优秀的教师。大正寻常小学一名被录用的老师说："牧口先生广泛聚集人才，但是如果不是怀有大希望的人，牧口先生是不会录用的。"[①]本着提高教学质量、不辜负家长们期望的宗旨，新任不久的牧口常三郎

---

① 聖教新聞社編：《牧口常三郎》，聖教新聞社，1972年版，第66页。

动用了所有的关系，依照认真负责、胸怀大志、有一技之长等三条录取标准面向全国招聘了一批德才兼备的优秀教师。

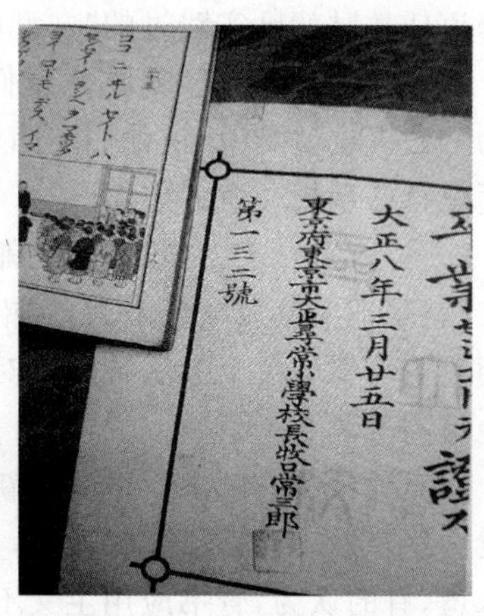

牧口常三郎任大正寻常小学校长时给学生颁发的毕业证书

牧口常三郎认为，对孩子倾注热情的教师与全面信赖教育者的家长融为一体，才是真正的教育。在牧口常三郎看来，近代日本的教育，无论看起来整顿得如何出色，实际对现实社会毫无用处，学校教育与社会生活之间有着很大的鸿沟。其原因就在于扔掉了基本的基础知识教育，进行的是细枝末节的填鸭式教学。显然，这与他所认为的教育的目的在于让可爱的孩子将来过上幸福的生活的思路是相反的。在这里，牧口常三郎决心实施自己老早就怀有的理想的儿童教育，同时努力为创造全国性的模范小学而奋斗。此时的牧口常三郎希望能在大正寻常小学稳定下来，让自己的理想在这里能开花结果。也正是因为这一点，他赢得了大正寻常小学家长的全面信赖，也吸引了不少优秀的教师。

必须提到的是，牧口常三郎对教师的要求非常严格。这一点从他制定的“校内不得饮酒；同僚间不得借钱。但是与第三者（职员以外的人）借款，若金额不致引起不满的话，不在此限”①之类的校规中可略知一二。当然，牧口常三郎对自己的要求和对他人的要求一样严格。

有一次，区政府的教育课长来大正寻常小学视察。牧口常三郎把教育课长请到校长室，稀里糊涂地就请他喝酒。这种情况对牧口常三郎来说是很少见的。但恰恰被一位教师撞见了。

在学校教师会议上，那位教师当众站起来责问牧口常三郎：“校长自己破坏了校规，是什么原因呢？”②牧口常三郎立刻进行了深刻反省，低头流着眼泪进行了道歉。这一举止自然加深了教师们对他的敬意。

在工作中，牧口常三郎也非常关心教师的前途。录用的老师中如果有想提升自己能力的，他就鼓励他们一边担任学校的教师，一边上大学的夜校。后来这些人中很多都成了法官、检察官和律师。

聚齐了老师后，接下来就是推行自己理想的教育。牧口常三郎带领老师们首先制订了一年的目标计划，特别是确定了由全体老师一年里共同进行研究的课题——作文中的“文型应用主义”。牧口常三郎希望通过将自己在北

①② 聖教新聞社编：《牧口常三郎》，聖教新聞社，1972年版，第71、71页。

海道任教时就已实践过的"文型应用主义"作为提高学生写作能力的途径。

"文型应用主义"就是儿童们模仿国语读本文章的基本构造来写作文章的方法。也就是说，让他们牢固掌握文章的基本构造，再在此基础之上，培养写出自己理想文章的能力。

另外，在习字上，牧口常三郎将"骨书应用主义"引入课题。"骨书应用主义"就是把字帖放在纸下面，用铅笔只描文字的中心部分构建骨架，再在纸上用毛笔写字。这个方法特别是对于书法差的老师很有帮助，他们因此能迅速地提高书法水平。

对牧口常三郎教学中的创新之举，老师们经常带着各自的研究成果在职员会议上发表议论。有的认为，文型应用主义抹去了文章所带的气氛和独特味道，有的认为，骨书应用主义不能包含写字人的精神，等等。有时争论也常常陷入意见分歧不可收拾的地步，其热烈程度，让人觉得像是要吵起来了似的。不过，牧口常三郎总是凝神静听，待争议都摆出来之后再作总结。

当时有位老师说："没有什么时候比此时更能感受到牧口先生富有说服力的讲话中所流露出的深厚学识，因为就连那样气冲冲的老师们事后也没什么纠纷……全体老师都很尊敬牧口先生。"①

牧口常三郎非常重视利用上公开课的机会使提高教学水平，同时扩大学校的影响。除自己上公开课外，他还亲点优秀的老师上公开研究课。

1918年(大正七年)秋，以沢柳政太郎文学博士为会长的教育教学研究会专门邀请牧口常三郎做了关于地理教学的研究报告。

这次听课者除了沢柳、当时的东京市教育课长守屋恒三郎、下谷区长户野周次郎、东京府立第一高等女学校校长市川源三、日本女子大学教授河野文学士、东京高师训导等人外，还有来自各区的老师们和数名杂志记者。

上课题目是"中国台湾地理"。牧口常三郎一边指着地图，一边讲解中国台湾的位置、地形、地质、气候和居民状况等。孩子们听课的兴趣很浓，一堂课下来，不知不觉就在头脑中记住了中国台湾的自然环境和产业、政治文化的关系等。

沢柳惊叹于这次精彩的授课，极力称赞："我十多年间参观过全国各个学校的实际授课，但从未见过像今天这样满意的讲课，不精通地理学的人是讲不出这样的课的。"②可以看出，沢柳为牧口常三郎地理学的深厚造诣所折服。不过，牧口常三郎则归因于方法。在他看来，任何教师只要掌握了正确的教学方法都可以有同样精彩的效果。对此，沢柳也表示赞同。

其实，关于地理教学方法，早在两年前的1916年(大正五年)9月目黑书

①② 聖教新聞社编:《牧口常三郎》,聖教新聞社,1972年版,第69、69页。

店出版的牧口常三郎撰写的《地理教学的方法及内容的研究》中就进行了具体阐述。

目黑书店的知名度很高，当时的书仅仅只要说是目黑书店出版的就已经是给予了很高的评价了，因此可以推测牧口常三郎的这本著作的认可度。牧口常三郎一直认为，学校教育与社会现实生活基本上没什么联系，加上各科教学的知识零散不统合，对儿童的教育效果自然很差。牧口常三郎对此很是担心，也正是基于此，他立志改良地理教学，写作了《地理教学的方法及内容的研究》一书。

此书由八编三十六章构成，大致分为地理教学通论和地理教学分论。书中特别强调了革新地理科教学方法、改造地理教科书、精选教师及提高其系统修养的必要性。论述了通过改良，除掉一直以来不重视与儿童实际生活的联系只是填鸭式地教学的弊害，将被孩子们认为是无趣学科而敬而远之的地理学科，试着改为能唤起孩子趣味和兴致的有内容之物的想法。

由此可见，牧口常三郎当时提倡的实地教学法开拓了在现实中实属可怜的地理教学的新领域，是富有见地的。

大正寻常小学的老师们对参观者的极力赞赏自然非常高兴。公开课结束后，举行了小规模的茶话会。虽然谁都认为牧口常三郎的表情很严肃，但让大家意外的是，他在茶话会上兴致勃勃地主动唱起了拿手的歌《江差追分》。

威武不屈，不肯对权势阿谀逢迎是牧口常三郎的一个鲜明的个性。也正是因为这，在大正寻常小学任职三年后，出现了排斥牧口常三郎的异动。祸根源于牧口常三郎拒绝东京市的高桥义信一派的实力人物希望对他们孩子特别照看的请求。

从山形县到东京成为大正寻常小学教师的重田千藏在1965年(昭和四十年)6月10日发行的《笔杆广场》上细致地描写了当时的情形：

“突然就有牧口校长转任的谣言传出来。职员大为吃惊，一同向市长提出辞呈，发起留任运动。先是去‘西町御殿’拜访了掌握东京市政的高桥义信并努力请愿，但被含糊不清地敷衍了事。……大家一夜未眠讨论善后政策，第二天一早就去岩田区长的私宅申诉，得到的回答只是说会充分考虑。”①

这里所说的高桥义信，作为当时政友会的老板把持着东京市政，被称为暗地里的东京市长，是个精于权谋术数的人物。他的住所因为豪华被称为“西町御殿”。牧口常三郎的刚直对高桥来说很是无趣。高桥希望把牧口常三郎撵走，找迎合自己的人来做校长，因此策划了排斥牧口常三郎的活动。

家长们决定举行持续三天的“同盟休校”。许多家长在街头发表支持牧

① 聖教新聞社編：《牧口常三郎》，聖教新聞社，1972年版，第72页。

口常三郎的演讲。看到事件扩大到好像无法收拾的地步，当时的东京府议会议长只好出面调停，找了个“已经发布了转任西町寻常小学的委任令，实在没有办法”①的理由，大家只好哭着勉强答应了。

大约1500人参加了牧口常三郎离开大正寻常小学的送别会。家长们、学生们、职员们都静静地注视着，牧口常三郎和从前一样弯着腰站上了讲台，然后用平稳的语气开始致辞：“今天就要离别与大家曾经游戏、学习的这所学校……”②话还没说完，坐在最前排的一年级的女学生就“哇”地哭了起来。在场的许多学生、家长、教师都抽泣起来，哭声一下子淹没了牧口常三郎后来的讲话。

1919年（大正八年），牧口常三郎被调任到西町寻常小学当校长。

西町寻常小学，这是创价学会第二代会长户田城圣③与牧口常三郎邂逅的地方。

西町寻常小学的校址位于高桥义信的老家。高桥义信为报复牧口常三郎暗中活动将他调到自己的辖区，以便进行控制。西町小学的历任校长在就任时都要拜访高桥，但对阿谀奉承深恶痛绝的牧口常三郎还是一如既往地不屈服于权力。厌恶迎合权力的牧口常三郎，像在大正小学时那样并没有去。高桥怒火中烧，决定通过策划调动将牧口常三郎逼到无法发挥他作为校长的能力的地方。牧口常三郎到任仅仅三个月后就出现了要转任三笠寻常小学的传言。④

听说牧口常三郎要转任三笠寻常小学的消息，十多名教师为他的留任彻夜奔走着。这次留任运动中，有崇拜牧口常三郎的人格、开始被他的教育理念所吸引的户田。户田在小说《人间革命》中，记述了当时的情形：“我自己虽然也只是个末席教员，但也被允许参加这次运动。在倾盆大雨中，为了这次运动去拜访先生的家而被淋得湿透。”⑤

尽管敬仰他的家长和教职员为他发起留任运动，甚至最后发生了联合罢课，但这些还是没有改变牧口常三郎被调任的结果。牧口常三郎在到任半年后就被调到了一所特殊小学三笠寻常小学。⑥

当时的特殊小学，是1901年（明治三十四年）出于教育机会均等的考虑而

---

①②④　聖教新聞社编：《牧口常三郎》，聖教新聞社，1972年版，第73、74、75页。

③　户田城圣（1900—1958年）：日本教育家和企业家。1945年7月3日前，名为户田城外，同年的7月3日后改名为户田城圣。20多岁时从北海道来到东京，在牧口常三郎担任校长的学校执教。他对牧口常三郎的教育理念深为敬佩、认同，决定成为牧口常三郎的门生。

⑤　《圣教新闻》，1952年（昭和二十七年）4月20日。

⑥　冉毅、曾建平主编：《关爱人性　善待生命——池田大作思想研究》，湖南师范大学出版社，2003年版，第113页。

为东京市贫困家庭很多的下谷、浅草、四谷、芝、本所、深川等地区的贫困孩子设立的。[①]

关于贫困家庭的生活状况，时为灵岸寻常小学校长的椎名龙德在其著作《病态社会》中有详细的描写。椎名自1909年（明治四十二年）从青山师范毕业后对贫民教育倾注了全部心血。《病态社会》一书就是椎名根据自己十多年参与贫民家庭教育的生动实践写成的。椎名曾对贫困人口的雨伞的持有数量进行了调查，结果表明，500人中没有雨伞的就有140人，因此下雨天就有很多学生缺课。

对于这些特殊小学的孩子，政府只好给予先免除学费、再供给一切学习用品等种种优惠。这些学校设有浴室，学生一周洗澡一次。老师兼职为学生理发，下雨时备有雨伞借给学生。草鞋不足时也由学校提供。

三笠寻常小学是一所专门面向赤贫家庭孩子的、学费全免的特殊小学之一。

牧口常三郎一家随着他的上任从目白搬到了三笠寻常小学内的宿舍。不久户田也调到了牧口所在的三笠寻常小学。

为了让白天不能上学的孩子们学到一点知识，政府设立了三笠寻常夜校，牧口常三郎兼任夜校校长。

走到哪里，牧口常三郎就将对孩子的关爱带到哪里。他不分校内校外，对讨厌上学的孩子用“免费（不要钱）的学校”的话和诚恳来吸引他们。他与孩子们在一起时，总是温情脉脉。在他看来，老师是学生的倚靠。不管是哪个孩子，教师都应该给予无微不至的呵护和关怀。正因如此，孩子们对他的信赖和尊敬之情一以贯之。

在三笠寻常小学，牧口常三郎潜心地实施着慧泽寒门的教育。为了让孩子们能坚持来上学，他经常挨家挨户去家访，详细了解家庭状况，不厌其烦地讲述教育的重要性，以争取家长的理解和支持。学校的上课时间分为上午和下午两个时间段，许多学生来校时忘记带便当，他就自己掏钱为他们购买豆饼和饭团。为了支助那些特别贫困的学生，他节衣缩食，为学生准备午后零食及供应三餐。

这比日本学校开始实施供应饮食制度的1932年还要早13年。牧口常三郎可谓日本学校供应饮食制度的先驱。[②]

牧口常三郎还经常备一些学习用品，甚至亲自为学生理发，有时还让孩

---

① 聖教新聞社編：《牧口常三郎》，聖教新聞社，1972年版，第76页。

② 冉毅、曾建平主编：《关爱人性　善待生命——池田大作思想研究》，湖南师范大学出版社，2003年版，第138页。

子们在学校的宿舍内洗澡。当然,理发或等他们洗澡时,他绝不会错过给学生谆谆教诲的机会。

不久,学生中的沙眼和皮肤病等疾病减少了许多,与提高就学率相伴的不当行为也变少了,牧口常三郎和老师们的努力逐渐有了成效。家长们对学校和老师的信任度也渐渐提高。

1931 年 1 月 12 日创价教育体系发刊纪念会时的合影
(前排左数第三位为牧口常三郎,户田城圣位于后排左数第一位)

随着时间的推移,牧口常三郎的威望越来越高,名气也越来越大,不仅在教育界和地理学界,在政界也有许多朋友。也正因如此,在大正、西町两所小学发生过的同样的排斥事件又在三笠发生了。时任东京市长第三助理的前田多门知道要对牧口常三郎发出免职令的消息后,及时对教育课长说:"牧口君是个很有前途的校长,请多关照他。他与我是二十多年的朋友,我很了解他,因此我可以以人格来担保。"①

因为不知道牧口常三郎居然是前田的朋友,教育课长听后,非常吃惊,于是慌忙想出了个升迁的办法。

前田多门和牧口常三郎同为以新渡户稻造为中心的"乡土会"成员,他们在过去进行实地调查、相互讨论研究成果时建立了友情。

可以假设,如果牧口常三郎拜托前田多门、民政党的太田政弘等有深交的权力者的话,就不会出现像在大正、西町两校那样被降职的事情了。这次三笠事件的突变,完全是前田在东京市的食堂里听到这件事自己马上采取措施的结果。仅凭这就足可以说明前田对牧口常三郎的人格和能力的信任。

在前田的帮助下,牧口常三郎被调到白金寻常小学担任校长。

牧口常三郎到白金寻常小学上任的同年年末,户田也离开了三笠寻常小

---

① 聖教新聞社編:《牧口常三郎》,聖教新聞社,1972 年版,第 79 页。

学。翌年,户田在目黑站附近开办了学习私塾"时习学馆"。

牧口常三郎和和白金小学的学生在一起
(前排中间为牧口常三郎)

牧口常三郎和户田在西町、三笠的共事过程中结下了深厚的情谊,从此以后,户田在学校教育方面上成了牧口常三郎的得力助手。

牧口常三郎到白金上任时已51岁,从那以后到61岁,他在这里度过了他十年的黄金教育生涯。他曾任职于东盛、西町、三笠等寻常小学,时间长的也只有两三年,相比之下,这十年对牧口常三郎来说是比以前更便于实践自己的教育信仰的时期。

牧口常三郎在自1893年(明治二十六年)做训导以来的《人生地理学》和《作为教学中心的乡土科研究》等著作中,就提出了生活和教育一体化的构想。

教育要以孩子一生幸福为目的,其根本意义就在于培养孩子们的直观力、感觉力和价值创造的能力,这些一直是牧口常三郎的教育理念。

白金寻常小学是在1876年(明治九年)1月15日借用荏原郡白金村(现在的三光町)的男爵大岛圭介的府邸创立的。[①] 最初叫做白金村小学,有学生30余名。1903年(明治三十六年)2月从荏原郡移交给芝区时改名称为白金寻常小学。随着学生的增加,1927年(昭和二年)5月1日得以扩建。当时的校舍是钢筋混凝土的三层建筑,装有蒸汽暖房、净化设置等最新设备,普通教室32间,还配备了游泳池、淋浴间、儿童图书室、家务实习室。在那个时代,作为小学来说设备是一流的。

牧口常三郎在白金寻常小学也像在大正寻常小学那样寻找教育热情高涨的有能力的人才。所录用的老师来自全国各地。

牧口常三郎处处严于律己,为人师表。他提倡"教师必须先学一步",而且通过自己的实践予以带动。例如,开设一门新课时,牧口常三郎一定会购

---

① 聖教新聞社編:《牧口常三郎》,聖教新聞社,1972年版,第80页。

买、阅读这门课的最新读物，而且书读完以后一定会放在任课老师们的书桌上，以期待他们读完后与自己共同探讨感想和意见。

牧口常三郎不仅喜欢学习，而且善于学习，乐于思考。

他曾对一位名叫滏田正隆的老师说："不要被书读了。读了书要好好思考。只有读后思考了才能成为自己的东西。"①

牧口常三郎经常剪报纸杂志，记下别人的话，对其他领域的新看法、新想法不管多细小的地方都不错过，而且尽可能使之成为自己的东西。

坐在桌前沉思也是牧口常三郎的习惯，有时会像突然想起了什么似的在用旧了的纸张背面飞快地将所思所想写下来。这些积累的财富，自然也成了专著《创价教育体系》的源泉。

1966年(昭和四十一年)3月发行的白金寻常小学校刊《白金》90周年纪念号中，引用了牧口常三郎的"苟日新，日日新，又日新"这几句来勉励当时的学生。② 这不仅表现了牧口常三郎决意经常自我反省的态度，也体现了他希望师生们也以这种日日新的决心向前进的心情。当时，很多老师都被这种研究学问的态度所感染。

在白金寻常小学，牧口常三郎充分实践着他的办学理念，与青年教师交流心得体会，一点一滴积累教育经验，不断深化自己的教育思想。也正是在这里，他的创价教育思想得以成熟并形成理论体系，凝结着他的教育智慧的《创价教育体系》得以问世。

牧口常三郎将教师素质的提高作为提高教育质量的突破口。他认为，教育水平的高低取决于教师素质的高低，教师只有不断地提高自身的能力和素质，才能给孩子们进行深入浅出、趣味盎然的教学。他经常告诫教师们做到所学无类、知识渊博，同时注意时刻总结教学中正反两方面的经验教训。每周一放学后，他会利用一到一个半小时的时间将所有的老师集中起来，开展以提高学问、开拓新领域、谋求老师相互进步为宗旨的被称为"周一演讲"的教学大练兵。主要是组织教师们系统地学习教育理论专著，并让大家就有关研究课题交流学习的心得体会，有时，还请一些专家学者来作报告或进行学术交流。当然，牧口常三郎自己也会发表有关演讲，寻求大家的批评和意见。

值得特别提到的是，牧口常三郎在一生的理论研究与实践探索中从来不崇洋媚外，不被他人的言行所束缚，用自己的"脑袋"指挥自己的言行，一切只讲"好不好"、"适不适"，始终着眼于实用，立足于实际，内化后实践，表现了极强的主体性。

来到白金寻常小学后，牧口常三郎对以往所探索的教育法进行了总结和

①② 聖教新聞社编：《牧口常三郎》，聖教新聞社，1972年版，第81、82页。

发展，自创了一套非常实用的“骨架临摹和语法实用主义”教学法并与老师们共同实践于课堂之上。

实践表明，采用“骨架临摹和语法实用主义”教学法的班级的学生作文水平和书法水平都提高得很快，这种教学法得到了师生们的认同和推广。

牧口常三郎在作文方面提倡的文型应用主义在白金寻常很快得到推广而且得到了师生的认同。当然，开始的时候难免也有些阻力，特别是在爱好文学的老师间讨论得很热烈。有位教师曾在《白金》创立 60 周年纪念号中以《十年一昔》为题写下了当时的回忆：“当时牧口校长的‘在作文中的文型主义’常常成为讨论对象，从变得昏暗的教室转移到有电灯的职员室再讨论几个小时。而且他还笑着说‘啊，已经到这个时间了，怎么样，还是明天再继续吧。’”①

对于持反对意见的老师，牧口常三郎也给予了尊重。虽然他提倡文型应用主义，但始终将最后是否在课堂上实行文型应用主义的主动权完全交给老师。事实表明，运用文型主义的班级里的学生作文水平大都得到了提高。

牧口常三郎经常强调：鱼不能离开水而独存，人不能脱离社会而独生。他认为培养学生的社会性，即重视集体生活和社会实践，是教育的根本目的之一。② 在办学中，牧口常三郎要求每一位学生不要为书本而书本，为学习而学习，而是要紧密关注国家和社会。1923 年 9 月 1 日上午，关东南部地区发生了里氏 7.9 级的大地震，死亡 10 万多人，烧毁房屋约 50 万间，近 340 万人沦为难民，其中一半以上的受害者来自人口稠密的东京。

幸运的是，白金寻常小学免于灾难。牧口常三郎得知自己曾历任过的学校中除了富士见、大正两校外余者全被烧毁，深感痛心。③

牧口常三郎对地震很快作出了积极响应，他呼吁白金寻常小学的六年级学生和毕业生奉献爱心、前去救灾，并组成了一个 250 名学生参加的取名叫“小善会”的救灾团。

小善会的同学们通过救灾，学到了书本中学不到的知识，学会了关心和奉献。

当时一名六年级的女生在为纪念白金寻常小学创立 90 周年所发行的作文集《孩子的眼睛》中留下了这样的记载：“去年 9 月 1 日的大地震，仅仅回想起来就让人毛骨悚然。给度过那场大火九死一生的确实很可怜的人们送去略表寸心的物品，这是校长先生宝贵的盛情。为此，白金寻常小学六年级全

①③　聖教新聞社编：《牧口常三郎》，聖教新聞社，1972 年版，第 83、82 页。

②　冉毅、曾建平主编：《关爱人性　善待生命——池田大作思想研究》，湖南师范大学出版社，2003 年版，第 116 页。

体学生在这里召开小善会。决定一一分组围绕各个地方转。我负责的是猿町，和星野君一起按顺序一家一家地边走边问‘我来自白金寻常小学，如果有什么不用的东西就请为了灾民捐出来吧’。刚开始总觉得有点不好意思，但一想到这也是为了可怜的人们就觉得没什么了。”①

在办学中，牧口常三郎始终注意取得家长的支持。为了提高家长们的积极性，他对家长联谊协会的人员进行了改组，使原来有权有势者一手遮天的联谊会变成了大家共同参与的组织。此外，为了加强学校和家长的联系，牧口常三郎创办了学校内部刊物——《白金》。师生、家长在这里畅所欲言，广泛互动。牧口常三郎的不懈努力、教师自身的钻研、独特教育方法的实践、教育环境的改善，这些使白金寻常小学成为了东京排名前五的名校。也得益于牧口常三郎自身的积累和不懈努力，教育专著《创价教育学》第一卷终于在1930年正式出版。这也可以说是牧口常三郎专业生涯走向巅峰的标志。

但同时随着白金寻常小学的名声高涨，想谋取这个校长职位的人也在增加。② 一些人似乎找到了排挤牧口常三郎的借口:因为监督不周导致该校一个女教师盗窃。

当然，牧口常三郎当时大力倡导“小学校长录用考试制度论”和“视学取消论”也惹怒了督学等人。

然而因为牧口常三郎的人格、业绩都很优秀，不怀好心的人很难找到解雇他的充分理由。不过，发急的阴谋势力最终还是通过转任令的方式把牧口常三郎撵到了已被决定一年后废止的麻布区(现在的港区)新崛寻常小学。

1931年，牧口常三郎被调到麻布区新崛寻常小学任校长。

新崛寻常小学一直到大正末期都被称为绝江小学，是以贫困儿童为对象的特殊小学。从昭和初期开始成为寻常小学。从女教师浅野静江的回忆中，也可以发现，牧口常三郎确实是一位优秀的值得人们敬仰的校长。“牧口校长对年轻教师一视同仁，任何问题都会仔细聆听，不断地让每个老师根据自己的设想进行教学。出了问题他会负全部责任。”③

在新崛寻常小学的一年时光也眨眼之间过去了。随着1932年(昭和七年)7月7日新崛小学废校，从不屈服权力、被置于什么样的立场都把为了孩子的教育实践到底的教育家牧口常三郎告别了他近20年的校长生活。也就是从这时起，牧口常三郎永远离开了他心爱的学校教育岗位。

---

①②③ 聖教新聞社編:《牧口常三郎》，聖教新聞社，1972年版，第83、87、88页。

第二章 西方文明的沐浴

牧口常三郎一生经历了明治、大正和昭和三个时代。他在明治时代生活了41年。这个时期,正是日本以前所未有的力度和深度走向世界的时期,也是日本文化教育进行首次除旧布新的时期。

富有划时代意义的明治维新,使日本结束了260余年的封建统治,走上了发展资本主义的道路。但是,在西洋文明的冲击之下,日本的最初反应还是很被动的,顽固的守旧派、排外主义的"攘夷论"、锁国论等阻碍着开国与文明的进程。然而以福泽谕吉和森有礼为首的改革派对攘夷主义非常反感,并且力主开国。福泽谕吉认为:排外主义的弊端在于把自己封锁起来,断绝外来的一切活力因素,社会只能处于一个封闭的大"笼子"里,如一潭死水。而且客观上讲,西洋文明优于日本文明。要使日本独立和富强,就应该坚决吸取西洋文化。因此,福泽谕吉把排外主义视为最大的灾难,并对西洋的技术表示高度的赞扬。在《民情一新》和《西洋事情》中,福泽谕吉集中分析了西方技术文明给社会带来的巨大的变动。他说:"19世纪的蒸汽船车、电信、印刷、邮政等四者的发明是出现'民情一新'的主要原因。自古以来发明创造是不少的,但像这四者一样,对人的肉体和其内部精神产生触动,并改变人的智德状态的还是没有的。"[①]与福泽谕吉一样,森有礼深知振兴科学与繁荣产业之间的关系,非常重视西方科学和技术的学习和实业教育。并且认为,对其他国家先进的东西只要发现其长处就要取之用之于日本。在他们看来,日本要赶上西方,除培养日本民族的独立精神外,一定要掌握数理方面的实学。由于

① 梁景松:《康有为与福泽谕吉的启蒙思想比较》,延边大学2003年硕士学位论文。

开放派的努力，日本统治者深深认识到自己的国家与欧美国家在政治、经济，特别是科技、军事、文化等方面的巨大差距，同时也使日本幕府末期就已在社会上盛行的“和魂洋才”思想得到了进一步的强化。所谓“和魂洋才”，就是主张日本的大和国魂不改，学习西洋的重点要放在西洋技艺方面，尤其是西洋文化中的人们衣食住行所需的器物和维持社会秩序的各种政令和法律等外在形式上。也正是在这种思想的主导下，明治政府围绕着解决民族危机和建设强大资本主义国家的两大课题制定了“富国强兵”、“殖产兴业”、“文明开化”三大政策，并把文化教育革新作为在政治、经济、社会等各个领域进行一系列资产阶级性质的改革的助推器和突破口。明治初期，传播欧化主义思想成为思想界的主流，与封建思想对立的自由主义思想、个人主义思想、功利主义思想、国家主义思想陆续被介绍到日本。其中中村正直、西村茂树、西周、津田真道、神田孝民、加藤弘之等明久社成员在传播西方近代思想方面发挥了重要的作用。自 1870 年陆续创刊的各种报纸、杂志也纷纷传播、宣传近代文明，成为介绍西方文明的重要窗口。

第一节 康德哲学的启迪

在文明开化的风潮中，明治政府对教育制度也进行了种种积极的改革尝试，采取了一系列得力举措。首先是不惜重金，聘请西方国家的技术专家和教师，以培养本国的科技人才和教师。据统计，明治初期从国外聘请的专家达 8000 人之多。其中，1868—1889 年，从国外聘请的教师就多达 2299 人。同时，明治政府为加快学习西方的科技和教育的步伐，还于 1869 年成立了翻译中心。其次是废除封建教育体制，建立资产阶级的新学制。从 1872 年开始，日本政府对旧教育进行了有计划的改造工作。时年，文部省颁布了日本近代教育史上第一个新学制。日本新式学校制度颁布之时，即是解放贱民、废除封建的等级身份制之日。这一举措消除了传统制度对新式教育发展的压抑机制，排除了新旧体制间的摩擦与内耗，为新式学制的发展开辟了广阔的前景。再次是加快普及初等义务教育步伐。由于政府的高度重视，日本仅用了 30 年的时间就在全国普及了初等义务教育，成为世界教育史上在全国范围内完全实现普及初等义务教育最早的国家之一，它比英国早 4 年，比法国早 10 年。同时就其普及速度而言，也远远超过经过七八十年才在全国范围内真正普及初等义务教育的工业化最早的英国和法国。对日本近代教育发展有着特别意义的是,政府在教师培养方面狠下工夫。除采取从国外聘请先进教师来日授课、实行导生制、招收已有相当文化基础的青年、通过短期速成并从经济上给予吸引等举措外,还派遣了相当数量的人员赴英、法、德、美等国留学,研究各派教育理论以解决教师数量不足的问题。这样整个明治时期就形成了一个相当完善、相当全面的师范教育体制,从而有力地促进了各级各类学校的发展和日本国民思想的解放。

牧口常三郎与其他日本国民一样,在其青少年时期的教育经历中,也充分享受着这种吸纳外来文明而形成的成果。从事教职后,他更是博览古今日外书籍,而且深受欧美哲学家、思想家和教育家的影响。特别值得注意的是,牧口常三郎的教育思想与大正时代外来的教育思想以及由此而引发的教育思潮也密不可分。第一次世界大战后,日本的国际交往日益频繁。与此同时,国内民主运动也不断高涨。在这种形势下,欧美各国教育思想陆续传入日本,其中,最盛行的有公民教育思想、实用主义教育思想、自由主义教育思想、人格主义教育思想等。外来的教育思潮,对日本教育界有较大影响。作为工作在一线的牧口常三郎,对这些外来的教育思想都进行了广泛的涉猎。这一点可以从他的作品中引用的人名得到证明。这些人名包括了从柏拉图时代到20世纪初在哲学、教育学和社会学领域具有一定影响的一些重要人物。其中,康德和杜威在牧口常三郎思想的形成和发展中,起到了举足轻重的作用。

牧口常三郎对康德情有独钟,他发表的第一篇论文《观念类化作用》[①]就与康德有缘。文中"观念类化"这一词由深受康德思想,尤其受到康德代表作《纯理性批判》影响的教育学家赫尔巴特率先使用。牧口常三郎在26岁时发表的论文中,"康德"的大名赫然在册。32岁时,也就是《人生地理学》出版后的1904年(明治三十七年),牧口常三郎担任"茗溪会"(东京高等师范学校校友会)办的杂志《教育》的发行负责人兼编辑。他非常注意推荐有关康德的文章。次年,哲学家朝永三十郎(诺贝尔物理学奖获得者朝永振一郎之父)在该杂志第59—61期上,发表了题为《康德以后唯心主义的发展》的论文。

此后,牧口常三郎对康德的著作一直进行潜心的研习。直至生命结束前夕,他还在反复体会康德哲学,而且受益至深。从牧口常三郎去世前(1944年10月13日)从狱中寄给家人的最后一张明信片上写着的"这几日一直在反复体会康德的哲学……"的词句中,可以看出,在寒冷狭窄的单人牢房里,牧口常三郎虽然孑然一身,但仍有伟大哲学家康德的著作陪伴他愉快地走完人生

① 此文刊于1896年(明治二十九年)《北海道教育》,第39、40期。

的最后一程。虽然我们现在很难找到有关牧口常三郎生前是如何关注、收集、研读、体会康德思想的，但从他的哲学、政治、教育、宗教的思想，甚至在他的为人处世中，我们可以发现其受到康德影响的痕迹。可以说，牧口常三郎所独创"利·善·美"的价值观是以康德的"真·善·美"为基础，在不断攀登哲学一个又一个高峰中产生的。[①] 不仅如此，康德的宇宙观、人生观、和平观、宗教观等，或多或少地在牧口常三郎身上打上了烙印。

康德非常关注探究宇宙的根源，而且从浩瀚宇宙的维度来审视人类，高举"地球永远和平"、"人的尊严"两面大旗。他给后人留下了发人深省的名言：有两样东西，这就是——我们越思考它们，它们就越让我们心中增添感叹和敬畏之情，一是我们头顶上闪耀的星空，二是我们内心的道德法则。他处世低调，为人谦和，就像他提醒人们那样："当一个人丧失了谦逊和努力时，他就背离了迈向幸福的生命轨道，利令智昏，追逐无止境的欲望，最终成为卑琐、可悲的人，在追寻幸福的道路上南辕北辙。"[②]

康德出生于贫民家庭，主要生活在正值启蒙思想成熟和法国大革命时期的18世纪后半叶，年轻时家境贫困，13岁时母亲亡故，22岁时做马具匠的父亲也离开人世，家里贫困到连父亲的丧葬费用都捉襟见肘。有时迫不得已，衣服鞋子都得向朋友借。困难重重的日子里，他一边当家庭教师，一边刻苦学习，并以大诗人维尔哥利斯"不向困难低头，勇敢直面不幸"的诗句来砥砺意志。他心中感恩父母，对父母的恩情念念不忘。直至晚年，仍反复谈到："父母在那么艰苦的环境下……我从来没有看到过他们做过有亏良心的事。""家里让我引以为豪的是（小生产者出生的）父母的正直品格和恪守礼仪，这种言传身教，以身作则，以及让我接受教育，对塑造我高尚的品德功不可没。我每次回想起来都充满了感激，特别是一想到母亲的点点滴滴，我的双眼总是噙满泪水。""我永世不忘我的母亲，她向我的内心深处播下了善良的种子，开启了我对自然的各种印象。母亲使我主动自觉，如饥似渴地汲取知识。这种教诲使我终生受益。"[③]更难得的是，他不仅贫不移志，困不失格，且对人生的价值进行深入的思考。他常说："我值得夸耀的，不是其他，仅仅在于我是一个人而已。人应当如何生活？享乐主义人生一文不名。所谓人的价值，并不是得到了什么，而是做了什么。"[④]对所有的虚伪加以犀利的批判，并引发"思想革命"的康德哲学——正是以"人正确的生活方式究竟是什么"为基点来反复讨论、深化而建立起来的学说。

在一定程度上讲，康德关于"所谓人的价值，'并不是得到了什么'，而是

①②③④　冉毅、曾建平主编：《关爱人性　善待生命——池田大作思想研究》，湖南师范大学出版社，2003年版，第173、175、176、176页。

‘做了什么’”的思想便是牧口常三郎创价教育思想的哲学源头。

康德一生主张人权至上和永久和平。他认为：人在区分人种、身份、国别前，首先存在的是独立“人格”，人不能物化成手段，这是无论如何都必须遵循的原则，也是人的尊严之所在。也就是说，人在任何情况下，都不能把自己或他人当成是一种手段，而只能当成是目的。

他反复强调，“人一落地是伴随着使命的”。同样，人也必须尊重“神圣的权利”，作为“世界公民”，人们应和睦相处。“真正的永久和平，并非虚无缥缈的坐而论道，夸夸其谈，而是我们的实际行动和辛勤汗水。”他清醒地认识到，“使人们陷入苦海的，正是人们之间的相互倾轧”。这其中最大的倾轧就是“战争”。以人为手段，莫甚于此。这也正是永久和平的障碍。

康德认为，人往往背离道德，陷入欲壑难填的“颠倒”境地，尤其是权力欲旺的政治家，这种以获取更高权力为目的，认为用道德去实现政治目的，犹如缘木求鱼，水中捞月。当他夸耀自己的政治才能时，其内心却私欲膨胀，阴谋满腹。这种人把人类社会当成“私物”，以攫取更大的权力、利益为目的，为了一己私欲，甚至可以牺牲整个世界。“这种以权力为中心的政治”是“伪政治”，“欺名盗世”，“空架子”，“自我背离”，[①]这些野心家，正是阻碍永久和平的罪魁祸首。

康德主张以人为本，他将“人权”置于政治之上。他主张：“人一生下来，就知道去追真求善，净化心灵。真正的宗教（道德的宗教）鼓励人向善，是进行人性革命的宗教。与此相对，有些宗教使人怠于求真，倦于向善，使人永远处于‘未成年状态’。”而僧侣们忽略了宗教的本质，注意力都集中在各式各样的“仪式”、“规则”上了。司职这些仪式、规则的僧侣们，得其所便，上下其手，把自己装扮成神与人的中介人，衣冠楚楚，道貌岸然，随意支配他人的心灵。本来是用来“服务”的，现在却成了“老爷”，颐指气使，发号施令。而本是被服务的，却成了下人、奴仆。本来是鸡鸣狗盗之徒，装模作样接受一些仪式，摇身一变，就成了高尚虔诚的信徒。流于形式使虚伪得以纵容和蔓延，败坏了社会风气。由这种虚伪的僧侣一手把持的伪宗教，已堕落成为“虚伪的恶性循环”。他认为，为了捍卫人权应建立“诸国家的联合体”，由此带来“永久和平”，这就是“政治的至善”。他始终认为，世界上不应该有为国家而存在的人，而应该只有为人而存在的国家，为人而存在的政治。康德对佛法是认同的，他以为，佛法的宇宙观是“宇宙即我”、“我即宇宙”，佛法着眼于“外在宇宙”和“内在宇宙”的一体性、关联性，认为宇宙是生（生成）—住（安定）—坏

① 冉毅、曾建平主编：《关爱人性　善待生命——池田大作思想研究》，湖南师范大学出版社，2003年版，第177页。

(毁灭)—空(不存在)这一循环的周而复始。佛法是慈悲与调和的法,是普照和平与幸福之光的源泉。也正是因为康德的犀利的言词得罪了当权者,因此自然受到了当局的迫害,其言论也受到了压制。但他从不屈服,就像他说的那样:"要否认、取消自己的信仰,对我来说是最大的耻辱。"康德对佛法的认同无疑给牧口常三郎坚定自己的信仰增添了力量。也正是因为此,牧口常三郎即使身陷囹圄,但为了人类共同的心愿——永久和平,能够不屈不挠,不惜粉身碎骨,在白色恐怖中固守一方净土。

康德认为,人类社会是一部善恶激烈交锋的历史,既有强奸民意的政客,又有道貌岸然的僧侣。当然,世上无所谓"恶",就无所谓"善"。重要的是我们要去恶为善,发掘人的善性。康德认为,要启蒙人性思想,使人聪明睿智,关键在于"教育革命"。在他看来,好的教育就是世上一切善产生的土壤和源泉,人如果不加强自身的道德修养,恶就会如影随形,滋生蔓延。只有使民众提高道德水平,才能将社会导入向善的轨道。为此,教育一定要面向世界,培养人的世界公民意识,培养出一批"世界公民"。也只有培养出超越狭隘国家、民族意识的世界公民,才能构筑"永久和平"的基石。而且只有把为"善的实现和弘扬"奋斗的人们团结起来,才能实现世界的"永久和平"。真正宗教的意义就在于此。康德认为,宗教最重要的在于"善的行动",若没有"善的行动",宗教就是纸上谈兵,毫无意义。

为获得"善的胜利,为了善的实现和弘扬,有必要建立一个'伦理共同体'。在勇气之旗下,人们结合在一起,与'恶'作卓绝的斗争"。正缘于此,康德严厉批判了那些穷兵黩武、野心勃勃的政客挪用教育经费去增加军费开支。若要"社会变革",则"教育变革"、"人的变革"是不可或缺的。康德的这种和平观正是牧口常三郎一生致力于创价教育和"大善政治"并为之牺牲生命的精神动力。

值得一提的是,在教学上,康德非常注意培养学生的独立思考能力。就像他在课堂上说过的一句名言:"各位同学,你们并不是从我这里学习哲学的东西,而是学习哲学性的东西,并不是学习什么思想,而是学习思想性的东西。"此外,针对当时很多学者抱残守缺,闭门造车,囿于象牙之塔,一有机会就夸耀自己的学问,把学问当成是一种"满足虚荣的工具",将"学问"当成自己存在的工具,不懂得学问的意义是什么的现象,康德明确指出:学问并不止于"知识",而是止于"智慧"。有了"智慧"才能活用"知识",才不会对"人必须要面对"的问题束手无策。学问的真正意义是为了他人。学问的终极目标是为了"人类的福祉"。从牧口常三郎的教育思想来看,康德的这些教育思想得到了他的认同,而且大都被他所吸收。

牧口常三郎之所以写了包含"价值论"的《创价教育学体系》,不仅因为他要理清困扰日本教育界那盘根错节的问题，想通过教育使孩子们获得幸福，更为重要的是，在他敏锐地洞察到社会危机的根本原因在于哲学、思想、教育的危机且受到康德的思想的启迪后，对于哲学中心课题之一的“价值”，对于“人生的目的是什么？为了实现它，什么是有价值的？这种价值又是如何创造出来的？”等这些根本性的问题进行了关注和思考，同时希望自己的所思所研能让日本及至整个社会的教育受到益处。这也正是牧口常三郎主张创造价值在自我身上最明显的体现。

第二节

对杜威教育思想的吸纳

如果说康德对牧口常三郎的影响主要是在哲学和政治方面，那么，杜威的现代教育思想，尤其是他提出的尊重儿童个性、重视教育与生活的沟通、注重学校与社会的联系等一系列主张，则是牧口常三郎教育思想形成和发展的重要来源。

在日本现代化的进程中，伴随着西方先进文化和教育思想的传入，杜威的教育思想也漂洋过海东进日本，并引起了日本学者的极大兴趣。

日本近代著名的启蒙思想家、教育家，日本近代文化的缔造者福泽谕吉便是其中的典型。他曾三次访问欧美各国，深受启发，且积极介绍和宣传西方的先进文明思想，特别是美国的教育观念和教育思想。提出了“崇实致用的学问观”、“和谐发展的教育理论”与“和洋折中的文明论”等观点，极大地影响了日本近代教育的进程，同时也在幼儿教育、特殊教育、义务教育、实业教育领域发挥了导向作用，促进了当时日本各级各类教育的发展。[①] 与此同时，受美国教育的影响，日本民间教育机构的活动也异常活跃，一些民间教育工作者不断地对杜威的教育思想进行介绍、引进、研究和实验工作，有力地推动了以儿童中心主义、注重儿童活动和生活密切相连为特征的新教育思想的流行。

在 19 世纪末 20 世纪初，在杜威作为美国的哲学家和教育家还只被美国人所了解而未被世界各国所熟悉的情况下，他的名字早已被日本人所记得。1888 年，研究美国的哲学的一位日本先驱者元良右二郎在《宇宙》学术刊物上

---

① 关松林：《杜威教育思想在日本》，2004 年南京师范大学博士学位论文，第 27-28 页。

发表了一篇有关杜威心理学的文章，使得杜威的名字第一次出现在日本的刊物上。① 此举带动了众多日本学者研究与介绍杜威教育学说。随后，杜威的《学校与社会》、《数的心理学及其在算术教学法上的应用》和《民主主义与教育》等教育著作陆续在日本被翻译出版。②

日本较早留学美国的学者元良右二郎是日本早期的研究杜威的学者中的领军人物，他不仅将杜威的名字介绍给日本，而且在早期宣传、介绍杜威的教育思想中立下了汗马功劳。在明治维新初期，元良右二郎曾在美国的波士顿大学学习，后来又到约翰斯·霍普金斯大学学习心理学，此时便对杜威有所了解。特别是杜威在心理学方面的成就更是给他以鼓舞与启发，并奠定了他在日本的杜威研究学者中的地位和基础。从美国回到日本后，他又选择了日本著名的东京帝国大学从事教学和研究工作。后来，受杜威教育思想的影响，元良右二郎还作为发起人，组织成立了“日本儿童研究协会”，继续宣传和倡导杜威的“以儿童为中心”的民主教育思想。他的行为也影响了后来一些杜威研究学者。

稍晚于元良右二郎的中岛力藏也曾留学于美国。回国后，在东京帝国大学及东京文理学院从事教学和研究工作，他经常利用教学时间，和学生们一起讨论杜威的初期作品。他先后译成日文出版的杜威的《伦理学理论批判纲要》和《伦理学》等著作，成为当时日本大学哲学系学生的必读书目。

相比之下，另一位日本杜威研究的早期学者成濑仁藏研究的领域就更为集中。在美留学期间，杜威的心理和教育学说对他产生了潜移默化的影响，致使他把研究和学习的兴奋点转到了杜威的心理和教育思想的研究和学习上。成濑仁藏非常注意收集杜威的著作和文章，并成为他教学的重要参考资料和素材。他还多次为政府的教育官员、教师和学生进行专题讲座，宣传和介绍杜威的教育思想。

曾赴美国著名的芝加哥大学留学的田中王堂则直接受到杜威的影响，因为杜威就在那里工作，并且是田中王堂的授课教师。回到日本后，他一直坚持杜威的哲学观点，不停地写文章批判新康德主义。即使在著名的早稻田大学任教授期间，他也没有放弃这个立场，仍然向周围的同事和学生介绍杜威实用主义的哲学观点。他的这些思想，影响了他的很多学生，当然也影响了日本教育界。③

曾在早稻田大学任教的帆足理一郎先生留学美国芝加哥大学时，有幸成

---

① 单中惠：《现代教育的探索——杜威与实用主义教育思想》，人民教育出版社，2002 年版，第 458 页。

②③ 关松林：《杜威教育思想在日本》，2004 年南京师范大学博士学位论文，第 28、29-30 页。

为杜威的学生穆尔(A. W. Moore)的亲传弟子，回国后，不仅翻译介绍、讲授杜威的著作，公开承认自己是杜威思想的门徒，而且他把杜威教育思想的研究和学习作为一生的奋斗目标，并且是日本第一位大胆宣布并承认杜威的思想就是自己的思想的人，引起当时日本学术界颇大震动。

不仅于此，帆足理一郎还把在国外学到的先进教育理论运用于指导国内的教育。1929年他发表了《论教育重构》一书，提出了自己对日本教育的看法。他指出，改革日本的教育体制势在必行。因为，当时的日本教育存在诸多弊端，学校的教育目标狭窄，并且都是以"为将来生活作准备为核心"的。学校的各项工作都是紧紧围绕考试的各种要求而进行的，受学历社会的恶性影响，学校根本不考虑学生的个性发展。为改变这种状态，他建议使用美国的"道尔顿计划"教学大纲，以此来重新确立日本的教育体制，倡导学校教育要注重学生的个性发展，以儿童为中心，特别要考虑儿童具有的经验和知识基础，反对使儿童成人化。

在杜威教育思想的早期传播中，思想理论方面的传播仅仅是一个方面。另外一个重要方面就是杜威教育思想在日本的早期实践，主要表现是按照其教育思想创办早期的实验学校。其中，最具代表性的是西山哲次创立的帝国小学和明石小学校、成蹊实务学校、成城小学校等。这些学校的共同特点是把杜威的教育思想在日本的实验学校中加以实践。这些实验基地，强调在学校教育中，广泛调动学生学习的积极性，倡导学生自我学习、自由发展，能做到"从做中学"，主张教师尊重学生的个性差异，只在学生学习中遇到困难时，提供有效的指导和帮助，为学生学习创造良好的环境。这些实验学校虽然建校时间不同、办学规模各异，但都受到杜威实用主义、民主主义教育思想的影响，成为当时日本进步主义教育和实用主义教育的实验中心。

当然，给日本教育最直接影响的莫过于杜威在日本的演讲活动了。1919年1月22日，杜威夫妇乘坐"春秋丸"号客轮离开美国赴日，于2月9日上午抵达日本著名的海港城市横滨，踏上了日本的国土。很快，便开始了紧锣密鼓的演讲。从内容上看，杜威在日本的演讲可分为两大部分。一部分是在东京帝国大学所进行的八大系列讲座，主要针对的是大学哲学系、师范学校的教师和学生，内容属于专业学术演讲，主要包括哲学的原理(理论)与实践，哲学的地位(影响)方面的内容。另一部分是在其他学校和中小学进行的演讲，主要针对的是中小学教师和一般学校的教师，演讲的内容主要是在哲学观点基础上对教育问题的一些看法。杜威还到过东京女子大学进行了题为《哲学、宗教和教育的新趋势》的演讲。演讲之余，他们夫妇还对附属小学和幼儿园进行了参观考察。据统计，杜威对东京500多所小学的教师和早稻田大学师生做过演讲。之后，杜威离开东京，去京都和大阪访问、演讲。他同样到大学和中小学进行访问、演讲，并受到政府官员们的欢迎。

杜威此次访日时间虽然很短，从2月9日正式踏入日本国土，到4月28日离开，不足3个月，却产生了很大的影响，成为杜威教育思想在日本传播、发展并产生更大影响的重要因素。

杜威关于哲学和教育问题的演讲，受到日本哲学界的广泛欢迎。在没有专职英文翻译的情况下，每次来听演讲的人都在500人左右。他们完全是冲着对杜威哲学和教育学科的兴趣而来的。杜威的演讲激励了一批年轻的信徒，他们在日本教育发展中起到了重要作用。[①] 他们是杜威在日本的追随者、拥护者、宣传者。

杜威在日本的演讲，还深深地影响到了日本当时的中小学教育，特别是教学改革工作。他在日本大学演讲之后，曾到过数百所中小学，进行考察、演讲。杜威对教育诸问题的看法新颖、独特，具有较强的针对性，对当时日本基础教育界产生了导向作用。

20世纪20年代后，杜威的教育思想在日本得到广泛传播，进入了一个前所未有的辉煌时期。这一时期与初期明显不同。那些早期的杜威研究的学者和一些追随者，由于长时期的锻炼，渐渐成熟起来。他们能够把外来的杜威教育思想与本国教育实际结合起来，清楚应该学习什么，介绍什么，进而去研究什么。

在20世纪30年代末期，杜威教育思想在日本的传播遇到了极大的阻力。由于日本一些一贯坚持杜威思想的进步主义或新教育的倡导者，如及川平治、河野清丸、野口援太郎、木下竹次等人退休，加上日本军国主义政府的干扰和破坏，一度使杜威教育思想在日本的发展步入低潮。但是，这个时期在总体上占的时间极其短暂，不碍大局。杜威访日期间所激励的一批年轻学者不但有热情，也特别努力工作，再加上国内的自由、民主运动的高涨，工人运动的兴起，以及新教育运动的发展，都从不同方面对杜威教育思想起到了积极的声援作用。

日本当时著名的批评家和研究家帆足理一郎为了宣传和介绍杜威的教育思想和哲学思想，还出版了《哲学导论》。该书的出版受到广泛欢迎，迅速成为当时日本的畅销书，并重印了18次，影响了很多人。一些人就是通过帆足理一郎这部著作，开始认识、理解杜威实用主义哲学的。为了更好地运用他的哲学观点来分析日本的教育问题，让国人了解日本教育的腐朽，他又出版了《论教育的改造》，反映了他受杜威教育思想影响的过程。随着对美国教育、进步学校的了解，日本人对杜威教育思想的认识也在逐渐加深，这使得杜

① 关松林：《杜威教育思想在日本》，2004年南京师范大学博士学位论文，第33页。

威教育思想的影响不断扩大。[①]

曾专门去美国芝加哥大学实验学校进行访问的日本教育家、新教育的倡导者谷木富曾利用大量时间和精力在教师中间进行演讲，后来结集为《新教育讲演集》出版，并同时撰写了《新教育的教育学系统纲要》。他不仅向国人介绍过英国的阿博茨霍尔姆学校、德国的乡村教育之家、法国的罗歇斯学校等，还指导和领导了日本的新教育和进步主义教育实践。在他的新教育思想的影响下，一些进步主义教育家的著作，如爱伦·凯的《儿童的世纪》、帕克的《关于教育学的谈话》等在日本先后出版。这些著作，作为新教育和进步教育的经典作品，受到了日本广大教师和教育学研究者的特别欢迎，它不仅适应了当时日本教育的改革，而且推进了新教育运动和进步教育运动在日本的发展。

在宣传进步教育理论过程中，教育方法受到特别重视。在他们看来，方法比理论更直接、更重要。当时，日本的一些新式的小学一边引进进步教育的方法，一边进行教育实践。受杜威的影响，"道尔顿制"、"设计教学法"先后受到广大日本教师和学者的追捧。当然，"道尔顿制"和"设计教学法"在日本的盛行，也为杜威教育思想在日本的发展起到推波助澜的作用。

日本教育家在吸收和引进外来的教育思想时，杜威教育思想的支持者、实践者、追随者和研究者先后提出了"自学教育论"、"自动教育论"、"自由教育论"、"一切冲动皆满足论"、"创造教育论"、"活动教育论"、"全人教育论"、"文艺教育论"等八大新的教育主张，创立了池袋儿童村小学校、明星学园等新的实验学校。其中，儿童村小学校是当时日本进步学校的典范，成为众多实验学校创立的楷模。这些学校的教学设计，一切都是按照进步教育的要求进行的，一切从儿童的需要出发，处处以儿童为中心，这些做法都是与杜威教育思想相吻合的，也推动了杜威教育思想在日本的发展。

当然，随着杜威教育思想的广泛传播，研究杜威教育学说的队伍也不断扩大，研究的水平迅速提升。杜威的著作广为流传，国人争相购买和传阅有关他的研究著作。虽然从20世纪40年代起到第二次世界大战结束期间，杜威教育思想的传播在日本受到了阻碍，达到了"谷底"，但在第二次世界大战结束后，杜威的教育思想在日本的影响与研究很快得以恢复，并且随着研究的不断深入影响逐渐加大，出现了日本学者所说的"杜威勃兴"。[②] 1962年，日本教育学者田村关治在他的题为《杜威教育思想的当代意义》一文中指出："没有一个人能否认杜威在过去18年里对日本教育思想的重要影响。其影响

---

①② 关松林：《杜威教育思想在日本》，2004年南京师范大学博士学位论文，第35、7页。

超过了任何其他教育思想家的影响。”①

众所周知，没有资料表明杜威在日本两个半月的讲学中遇到过牧口常三郎，也没有“如果能遇见，他们可能进行交流”的说法。相反，种种现象表明，牧口常三郎与杜威之间的个人联系很难。而且，语言障碍排除了牧口常三郎与杜威面对面进行双向有效交流的可能性。杜威可能到死都没听说过牧口常三郎。然而，杜威在日本的演讲很快被翻译。作为长期从事校长工作，而且善于学习、思想敏锐的牧口常三郎在杜威的思想登上日本岛后，不可能不与其他的日本学者一样对杜威这样的国际教育大师给予极大的关注并且深受影响。其实，牧口常三郎与杜威“结缘”已久。早在1896年26岁的牧口常三郎在《观念类化作用》这篇公开发表的论文中，第一次论及杜威。他在论述美国教育学家Charles De Garmo(1849—1934年)的《新式教授术》时，对其中的杜威《心理学》的一段话引起共鸣，进行了引用，并称杜威是费尔巴特主义心理学家。② 牧口常三郎对杜威的生活教育理论有着很高的认同度，他在《创价教育学体系》第1卷第2篇“教育目的论”第2章“作为教育目的的幸福”的开场白中就教育目的与生活的关系进行了透彻的阐述，并明确指出：“教育的目的在于圆满达成文化生活。能够适当表达此含义的语汇，除了‘幸福’之外无他。根据数十年的经验和思索，我深信‘幸福’是最切实、坦率地表达人们所渴望的人生目的之语汇。换言之，教育是要使受教者获得幸福的生活。教育不是教育人员或父母为了自己的生活欲望而把受教者当做手段，应以受教者本身的生活为教育活动的对象，谋求其幸福。也就是说，受教者的成长发展，必须始终都包含在幸福生活中。”他认为，杜威所说的“‘以生活为目的，在生活的情境里，透过生活去达成’这句话，的确是值得我们教育人员深省”③。对此，他自己直至晚年还初衷不改，在1942年举行的创价教育学会大会上的发言中依然认为，“生活法不去生活的话是很难理解的。美国实用主义哲学家杜威的生活法就是在生活中通过生活才能理解的。这是铁的真理，不容被怀疑的”④。

牧口常三郎对杜威的《学校与社会》和《民主主义与教育》等译著多有研读，而且体会颇深。他在《创价教育学体系》中对杜威所提出的教师要高度关注自身的教育方法和态度这一看法进行了充分的肯定：“‘改革教育方法更重要的是必须改革态度’……只把教育材料的知识传授，教育自然就能成功的

---

① ［日］《教育学术新闻》，1962年9月26日。

②④ 华中师范大学池田大作研究所、创价大学合编：《中外学者论池田大作：和谐社会与和谐世界》，华中师范大学出版社，2007年版，第439、444页。

③ 牧口常三郎著，刘焜辉译：《创价教育学体系》(第1卷)，正因文化事业有限公司，2004年版，第153页。

话，这样的时代已经过去了。而且从那样的教育中也承认教育的本质就是指导儿童们获取知识。……可是，我们可以进一步想一想，被委托去指导儿童们获取知识的教育工作者，在他教个别人方法之前，首先自己必须作为考虑教育方法的榜样人。因此，这种研究方法的关键就取决于教师的态度了。这就必须当做省察的问题来对待了。这也是美国教育家杜威在他的著作中所强调的一点。"[①]此外，牧口常三郎对社会、学校与家庭的关系以及民主等诸多方面的看法都可以看到他从杜威教育思想中所吸取的营养。

① 华中师范大学池田大作研究所、创价大学合编：《中外学者论池田大作：和谐社会与和谐世界》，华中师范大学出版社，2007年版，第443页。

第三章 精神支撑与新的平台

第一节 佛教情缘

日本以佛教为主流的宗教文化源远流长。佛教对研究日本国民有着重要的意义,在一定程度上,佛教可以视作走进日本国民心灵之门的一把钥匙。

三谷素启

牧口常三郎信仰的是佛教,且起步得晚(从57岁开始),不过,他为人执著,自从信教后,便全身心地投入到了宗教事业中。

1928年对牧口常三郎来说,是人生的一个转折点。像他所说的那样,自己真正意义上的“千锤百炼”,是在邂逅日莲正宗之后。

1928年6月,已是57岁高龄、担任白金寻常小学校长的牧口常三郎遇到了日莲正宗的在家信徒,住在白金小学附近、时任目白学校校长的三谷素启。三谷素启对《法华经》和日莲的思想很有研究,1929年(昭和四年)秋,曾出版过《立正安国论精释》。

一天下午，结束了当天课程的孩子们从刚建好的钢筋混凝土校舍里蜂拥而出。这时候，一位衣着华丽的男子手里提着东西径直走进了教师办公室，在牧口常三郎面前，恭敬地低下头，慢慢放下东西，一一摊开来。一看就知道，他是专门卖教材的推销员。[①] 一般情况下，大部分学校都会害怕这些像地痞一样品格恶劣的推销员的骚扰，即使没有需要也会买一点的，但毫不畏惧的牧口常三郎不然。从圣教新闻社编写的《牧口常三郎》一书中的一段文字中就可以看到这一点。

"'这些东西全都不合适，不需要的，请回吧。'牧口平静而又严厉地对他说。

'喂！校长先生，说这样的话好吗？'这名男子靠在校长的书桌上，找茬儿纠缠着。

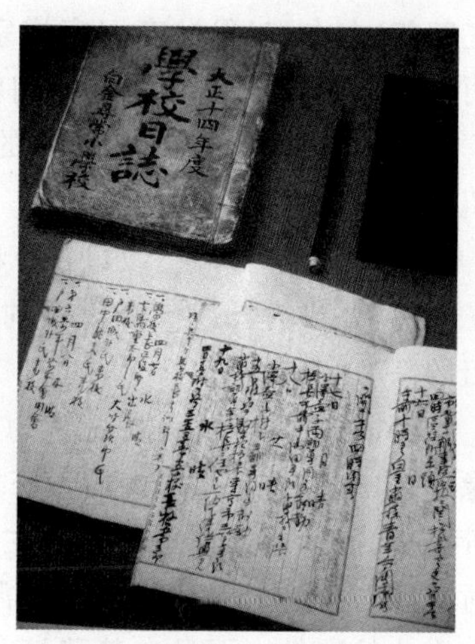

牧口常三郎任白金小学校长时设置的学校日志

'没什么好与不好的，不需要的话就不买，就这样。'牧口说话的同时，眼睛直视前方，像是要射入男子眼睛里似的。牧口的威严，不由得让人联想起古代武士那样的风格。他那冷静沉着的眼神炯炯发光，有着不允许一丝邪恶的严峻。男子被压倒了，不仅不自觉地垂下了双眼，连头也低了下来。然后不好意思地说：'我认输了。不愧是传闻中的校长先生。不过即使如此，我是常年做买卖的，已经是第二次遇到像您这样的人了。第一次遇到的是叫三谷素启的伟大学者，他是《法华经》的信徒。'"[②]

从此人的讲话中牧口常三郎得知，这位推销员认识三谷，也被三谷教过《法华经》教义。

牧口常三郎对男子的话一下子产生了兴趣。刚才还是持对峙态度的牧口常三郎，此时却探着身子热心地听那位男子讲话，周围的老师们看到校长这样都十分惊讶。

旁边的老师担心道："真为难啊，我们校长是个好好先生。眼看要被骗了。"[③]

牧口常三郎不顾老师们的担心，接二连三地就《法华经》提出问题。逼得那名男子叫苦起来。

"校长先生，我是个不用功的家伙，再回答不上来了。可以的话直接去见

①②③ 聖教新聞社编：《牧口常三郎》，聖教新聞社，1972年版，第90、91、92页。

三谷先生怎么样?”①

想到就立即行动,这是牧口常三郎的个性。特别是对于自己不知道的事物和未知领域,不管对方是怎么样的人,都会去真诚地请教,目的是为了提高自己。过去与坪井久马、志贺重昂、田边寿利等人的见面都是源自于牧口常三郎旺盛的上进心和探求心,即使是上了年纪,这种性格也没有改变。

也许是机缘,在商贩的荐引下,牧口常三郎慕名拜访了神交已久的三谷。三谷生于1878年(明治十一年)8月1日,比牧口常三郎小七岁。1915年(大正四年)左右,三谷抛弃旧宗禅宗,皈依日莲宗。此时的三谷,还是日莲宗末司——常在寺的干部,一有时间就四处奔走宣扬日莲佛法。

三谷则不失时机地以日莲的《立正安国论》为中心,向牧口常三郎全面介绍了日莲佛法。

通过三谷的讲解,牧口常三郎很快同心仪已久的宗教——日莲佛法产生了共鸣,并成为日莲佛法坚定的信徒。从此,牧口常三郎开始了充满艰难险阻的宗教实践。

目前,日本学术界普遍认为,538年,百济圣明王派使者到日本献金铜佛像等,自此佛教从中国经由百济正式传入日本。经过传入之初朝廷内部以主管军事、刑狱的大连物部氏和主管祭祀的中臣氏为首的豪族反对派,以及当时主管财政的大臣苏我氏信奉派之争得以立足后,很快便成为日本最大、最有影响的宗教。而且在其移植和发展过程中,由于受到日本社会政治、经济和文化习俗的制约和影响,形成了自己鲜明的民族特色。主要表现在以下几个方面。一是强烈的佛法护国的观念。自从佛教传入日本,以天皇、贵族为代表的统治阶级认为佛教可以“镇护国家”、“护持国土”,特别重视佛教的祈祷现实功德利益的功能,希望通过造寺、塑像、写经、育经等,向佛、菩萨祈祷皇室康宁、国泰民安和五谷丰登。经过奈良、平安时期,直到镰仓时期以后,各宗教主和广大僧俗佛教信徒,都认为佛教可以“镇护国家”、“积福灭灾”,主张佛教与国家密切结合,谓“佛法王法互守互助”。② 二是神佛同体和一致论。日本原始神道是对自然精灵、天神地祇和祖先神灵崇拜与祭祀的一种朴素的宗教信仰形态,在佛教传入前,还没有固定的神社、神像,也无成文教义。佛教传入后,因受佛教的影响,才在各地建立起神宫、神社,后来有了神像,神的观念也有了发展。总体上说,神道在古代是一直依附于佛教的。7世纪佛教流行以后,兴起“神佛会通”思想。开始是认为神愿意归依佛法,保护佛法,并在神社内或其附近建立神宫寺。此后把神奉为菩萨、大菩萨;再后是提出了

---

① 聖教新聞社編:《牧口常三郎》,聖教新聞社,1972年版,第92页。

② 杨曾文主编:《日本近现代佛教史》,浙江人民出版社,1996年版,第31-32页。

“本地垂迹”理论，即说佛、菩萨是本体、本地，神是佛、菩萨的化身，称之为“垂迹”。佛教通过这种理论把神道纳入佛教体系之中。在14世纪后虽形成一些主张神为主、佛为从的神道学派，但在进入近代以前，并未根本动摇神佛同体论的统治地位。三是鲜明的宗派意识。日本佛教各宗之间壁垒森严，宗派意识十分强烈。各宗不仅有自己的判教理论，而且都有严格的宗祖传承世系、传法中心和组织系统、土地财产。从平安后期到江户时期以前，一些大的宗派还拥有僧兵武装。江户时期以后，各宗形成严格的本末制度和寺檀制度，更强化了宗派意识。四是盛行念佛和唱题。在日本所有宗派中，净土宗、真宗、日莲宗发展迅速，影响也大。它们强调主观信仰，或提倡口称念佛，或提倡对他力奉愿的信心，或提倡口念“南无妙法莲华经”题目。因修行方法简单，容易得到广大农民和其他民众的信奉。五是世俗化倾向。从平安后期开始，随着中央集权的削弱和律令制的破坏，佛教界戒律松弛，律学已经失传。镰仓新佛教宗派都不强调固守传统戒律。净土宗宣称善人恶人皆可通过念佛而灭罪往生。真宗主张“信心为本”，僧侣过着非僧非俗的生活。莲如提出以“王法为先”、“仁义为本”的口号。日莲自称“无戒比丘”，说恶人通过诵念题目也能成佛。江户时期，很多寺僧从事世俗事务，并且有不少学僧主张吸收世俗儒家伦理道德，宣传三教一致论，更推进了佛教世俗化的进程。[①] 为挽救镰仓时期日本所面临的内忧外患，日莲不仅身体力行，而且写下了大量开启人们智慧、拯救人们心灵的著作，其中，最富有救世思想的是镰仓时期所著的《立正安国论》。

《立正安国论》是日莲在镰仓幕府时期，针对当时饥馑、疫病、地震等诸系列社会问题所导致的国疲民困、人心惶惶的社会现状向当时的最高统治者——北条时赖——上的一部关于治国安邦的奏章。在他看来，只有用真正的佛法——《法华经》，才能真正做到安国定民。

总之，在佛教传入的1400余年的历史长河中，虽然在各个时代有不同的盛衰变化，但在移植和演化过程中，形成了日本特色。而且正是这种特色导致其对日本国民内心的感化和国家的进步具有伟大的力量。正如日本佛教学者村上专精所言，佛教不仅“直接地影响到建筑、绘画、雕刻、医术、历算等方面，并且间接地影响到政治，从推古朝的制度设施直到‘大化革新’，无一不是佛教影响的结果”[②]。事实上，历史早已证明，佛教在日本的历史、文化和国民心理的形成和发展中有着举足轻重的地位。作为一名日本国民，牧口常三郎自然饱受佛教文化的陶冶，而且在对待佛教上，与其他日本人一样，也自然

① 杨曾文主编：《日本近现代佛教史》，浙江人民出版社1996年版，第32页。

② 村上专精著，杨曾文译：《日本佛教史纲·总论》，商务印书馆出版，1981年版，第3页。

有着更多的亲近感。

此外，牧口常三郎所处的时代及其个人遭遇也是他入信佛教的重要原因。

第一次世界大战后，日本社会动荡不安。1919 年朝鲜掀起了争取民族独立的“三一大起义”；1918 年至 1920 年日本出现两次经济危机，特别是第二次经济危机导致了日本经济历时十年的长期萧条；1921 年安田财阀的安田善次郎和首相原敬被暗杀；1922 年日本共产党成立；1923 年 9 月突然发生了以东京为中心的关东大地震；日本的工人运动和农民运动一潮高过一潮，罢工斗争此起彼伏；自 1920 年之后，鼓吹“国粹主义”、“大亚细亚主义”、“国家社会主义”，要求实行赤裸裸的军事专制的形形色色法西斯团体相继组成；1927 年 3 月，日本出现了大规模的金融危机（史称“昭和金融危机”），东京、横滨等地区的银行也纷纷被迫歇业，有的银行甚至因遭到挤兑而濒于破产，等等。为应付危机，日本统治者对内加强军事法西斯统治，对外扩大侵略，白色恐怖笼罩全国。在他看来，如此混乱反动的时代正是日莲描绘的“末法浊世”。

牧口常三郎监狱中常读的《立正安国论》

牧口常三郎心头不禁涌起了一种只争朝夕地改造国家教育体系的宏图大志。从此，佛法一扫牧口常三郎在黑暗中摸索的不安，澄清了他心中萦绕的种种疑惑，使心中志向日益远大，恐惧畏缩逐渐消失，成为一名日莲佛法坚定的信徒。

牧口常三郎与三谷相遇的那一年，劳动者罢工和租佃纠纷不断，无产阶级运动引人注目。政府为了极力压制大众日渐高涨的抗议、抵抗运动，在全国设置了特别高等警察（所谓的特高），而且根据破坏治安维持法逮捕共产党员、解散左翼学生组织等。①

此外，政府在对中国的外交上实行强硬政策。不仅如此，日本军部还制造了“皇姑屯事件”，在铁路上安装炸药炸死了手握满洲军队支配权的军阀巨

① 聖教新聞社編：《牧口常三郎》，聖教新聞社，1972 年版，第 93 页。

头张作霖。

面对民众的痛苦，牧口常三郎一直希望寻找到打破僵局、实现国家永久繁荣和人民幸福的出路。

牧口常三郎深信，唯有教育可以担此重任。

而三谷关于“佛教的蕴奥在于心和物的相互关系、在于明确被作为价值所体现出的因果具时的法则。我们应遵从这个因果法则来经营生活。可以说佛教是我们度过最有价值最有创造性的生活的根本教义”的话深深地印在了牧口常三郎心中。①

日莲所说的立正安国，即呼吁每个人都奉持正法来变革自己，从而实现社会自体的变革、国土的繁荣的这些想法也引起了牧口常三郎的强烈共鸣。

三谷所讲解的《立正安国论》，打动了牧口常三郎。《立正安国论》就如同一盏黑夜中的明灯，为他指明了方向，使他欣喜若狂，精神为之一振，生活方式也为之一变。

牧口常三郎连续十天去三谷家。两人都喜欢讨论学问。

此前，牧口常三郎也接触过宗教。牧口常三郎原本生于禅宗之家（生父渡边长松的家）、长于法华之家（养父牧口善太夫的家）。

牧口常三郎自己并没有去探求过这些，而且在开拓期的北海道度过了苦学力行的青年期，这期间或是因为很多亲近的师友都是基督教徒的关系，他接触基督教的机会自然很多。尽管如此，牧口常三郎不为所动。

来到东京后的牧口常三郎，学习儒教道德、参拜禅寺，或是听倡导无教会主义的内村鉴三等人宣讲基督教。

他还多次参加了1916年（大正五年）左右在东京莺谷国柱会馆举行的田中智学的演讲会。

尽管如此，这些怎么也不能让他潜心去信服。

就这样，牧口常三郎虽然与宗教多有接触，却全都没有深入到心里，直到57岁这一年纪才接受了日莲正宗。

当然，牧口常三郎成为一名坚定的佛教徒也与他的人生遭遇密切相关。牧口常三郎是一位刚直不阿、积极进取的教育工作者，在他历任校长的学校里，教学工作都有明显的成就。可是他的耿直以及对学生的一视同仁时常开罪于一些当地的权贵，以致经常被排挤和左迁。在家中牧口常三郎是8个孩子的父亲，一家生活十分拮据。而且，在1924到1928年短短的5年间，次子善治、四子长志和长子民城相继因病去世。长期以来工作中的种种波折和生活上的种种不幸无疑也是牧口常三郎寻求宗教寄托的又一原因。

---

① 聖教新聞社編：《牧口常三郎》，聖教新聞社，1972年版，第94页。

牧口常三郎与第三个儿子的女儿洋子一起合影

1925年(大正十四年),牧口常三郎在写给在北海道亲戚的信中,谈到女儿死亡之事时,表达了感叹人生短暂、生命脆弱以及面对死亡无计可施的人类的无力等痛苦的心境。

"我们都是多么不幸啊! 而且是在旧历善治逝去一个月后的11日收到电报,这种无法形容的悲痛真是难以忍受……"①

不管怎么说,与三谷相识以来,牧口常三郎燃起了对《法华经》的探求心。尤其抓住牧口常三郎的心的是,在《法华经》中宣讲的被日莲证实的释尊涅槃后佛法变迁的预言。

经文中把释迦涅槃后的佛法变迁分为五个500年。第一个500年是解脱坚固的持戒僧侣众多的时代,接着是禅定坚固的精心思索佛法的时代,然后是读诵多闻坚固的佛法研究非常盛行的时代,第四个是多造塔寺坚固的广建寺院的时代。

在第五个500年中,即所谓的末法时代,与谨守释尊教诲世间平稳无事的正法时代和释尊的教诲尚有效力的像法时代相比,释尊的教谕早已失去了其威力。这说明,在末法时代,思想混乱、无视正义和道理、斗争不断、罪恶横行、灾害相继、民众会受到烦恼折磨。

牧口常三郎对照从大正末到昭和三、四年时期的社会现象,一边为民众的苦难痛心,一边被释迦的预言应验的部分吸引。面对《法华经》,特别是面对日莲正宗的信仰问题和思想问题,他越钻研越感兴趣。

牧口常三郎认为:"如果日莲大圣人热心说法只是其一人独断的话,一定没有人真正理解、信服他。但是释尊不是有预言把《法华经》作为出世的本愿留给后世吗? 而且正如预言说的那样,在现实中日莲大圣人出现的镰仓时代,遭受了种种法难。这样看来,在末法时代,难道不是应该相信应当敬重作为末法佛陀的日莲大圣人吗?"②

其实,在三谷家向着御本尊唱题时,这样的想法在牧口常三郎心中就产生了。他很多次在中途停止唱题,目不转睛地凝视着御本尊踌躇,怀疑由此是否能产生使我们幸福的价值。将信将疑中,他坚定了"像教义讲的那样去

①② 聖教新聞社編:《牧口常三郎》,聖教新聞社,1972年版,第97、98页。

实践，除此之外没有别的办法。除了通过我们自身的体验证得教义是否真实外，没有别的道路的信念"[①]。

牧口常三郎决定"以身试教"。换句话说，在这一阶段牧口常三郎的信仰心得以确立，牧口常三郎的态度是如教义那样试着去实行。如果有了像经文所写的那样的结果，就真正地去相信它。万一没有出现所说的结果，就主动研究疑问重新思考。创价学会第二代会长户田城圣在其著作《人间革命》中，这样描写了牧口常三郎当时决意归信御本尊的情形："学说是学说、信仰是信仰、哲学是哲学，实在是都牵动我心。明天又要见三谷素启君，现在一去请教，我不懂的地方就立刻消除了。我在想要不明天也加入信仰吧。"

牧口常三郎写给户田的书信

牧口常三郎渐渐发现，日莲正宗的教义对应哲学原理没有丝毫矛盾，在生活中体验到的不可思议的现象全都与《法华经》的文证相吻合。牧口常三郎不仅对此很吃惊，且非常认同，甚至感到日莲的话已融入自己的生活，通过自己的体验达到了难以言喻的欢喜，将差不多60年的生活方式完全改变的地步。

信仰，首先使人的眼睛无法看见的精神世界的改革成为可能。由此也产生出对任何事物都不颓丧的顽强意志、旺盛的使命感，涌现出坚强的生命力和实践力。而且这对学者和艺术家来说，就像是给自身的思索和经验注入新的生命力，将之成形变为结晶，创造出学说和作品一样。牧口常三郎自己也感到，自身确信了这一信仰以后，暗中摸索的不安也被一扫而光，与生俱来的畏缩不前也消失了，比之前更拥有了远大的胸襟，而且产生了必须快点进行国家教育改革这个大胆的心愿。[②]

不仅如此，借着信解《法华经》，牧口常三郎发现，之前一直是信仰归信仰、教育归教育，没有意识到二者的关联性，其实，宗教和教育其实是在一个同心圆上的。《法华经》应该成为人们生活中总体性、根本性的东西。基于此，他反复修改了《创价教育学体系》，而且发觉在此之前的价值判定存在重大的缺陷。他断言，《创价教育学体系》的基础在于《法华经》，如果不依照本

①② 聖教新聞社編：《牧口常三郎》，聖教新聞社，1972年版，第100、100页。

法，就不可能进行真正的教育改革。

随着研究的深入，牧口常三郎对过去的教育学也越来越不满足。在他看来，过去的那些教育学以哲学、美学和理论学或伦理学等为基础，尚未被科学实证，也未系统化。另外，他从常年从事小学教育的经验出发，也亲身体会到没有一种教育学说能成为小学教师的依据。①

于是，牧口常三郎在改革因为入学难、考试地狱、就职难等使得孩子们痛苦不堪的教育现状的同时，在几乎没有人能在任职小学教育的同时发表教育学说的状况中，为了后来的教育工作者，倾注心血完成了《创价教育学体系》的创作。

显然，牧口常三郎的最后著作《创价教育学体系》就是为了教育改造而写。应该说，《创价教育学体系》这本书是自牧口常三郎在北海道踏入教育界以来 35 年的思索和实践的结晶。

"创价"一词，是牧口常三郎与户田创造的新词。在一次谈话中，牧口常三郎提到，教育的目的是培养具有"价值创造"能力的人，所以希望书名也用到"价值创造"四字，但户田感到有点冗长，因此建议用"创价"一词，牧口常三郎一听，认为"创价"一词简明扼要，二人一拍即合，当即决定采用它。

《创价教育学体系》第 1 卷一发表，《东京新闻》就很快登载了这样的消息：

"……无论同事中的鼠辈之流如何的着急跳脚，白金寻常小学校长牧口常三郎对此都是一副似知非知的表情，多年夙愿终于有了成果。如人所知，牧口校长是现代少见的人格高尚的人，像他那样学识深厚且富于人情的真正的教育学家，说是稀有也不为过。他的学说并不单纯是书桌上的空谈，既有在他的学校里不断实践的内容，也有今后在任何学校都可以直接应用的且能速见成效的理论。与以前《人生地理学》使世界的地理学说为之一变一样，本书的出版也为我国现在的教育指出了新的轨道，我们对此深信不疑。"②

牧口常三郎曾预定以总论四卷、分论八卷，共计十二卷出版这部著作，但由于种种原因只出版了前四卷。

这本《创价教育学体系》在部分有识之士中间受到非常高的评价。这些人为了对"牧口常三郎对教育的卓越见识和艰辛努力"表示敬意，给予精神上的鼓励，甚至在书出版的同时成立了"创价教育学支援会"。

作为支援会成员的政友会总裁犬养毅为祝贺《创价教育学体系》的出版寄来了书信并题词。此外，日本大学教授田边寿利、农法学博士新渡户稻造、东京《朝日新闻》顾问柳田国男均寄来了序文。

1930 年，即在牧口常三郎撰写的《创价教育学体系》第一卷正式出版前

---

①② 聖教新聞社編：《牧口常三郎》，聖教新聞社，1972 年版，第 101、103 页。

夕，为使创价教育学从教育改革的理论真正成为教育改革的实践，牧口常三郎和户田城圣组织了“创价教育学会”，牧口常三郎任学会会长，户田任理事长，学会的事务局设在户田城圣创办的时习学馆。

从早期学会的《纲领》来看，创价教育学会基本上是一个名副其实的“教育”方面的学会，提倡从教育制度、教育方法、教育者的选拔等角度改造日本的教育。随着时间的推移和牧口常三郎对日莲佛法信度的加深，牧口常三郎将教育和宗教融为一体，并将宗教定位为他践行创价教育的核心和灵魂。

1932年，牧口常三郎从小学校长的岗位退职后，便全力投入到普及创价教育学理论和创价教育学会的宗教革命实践之中。以牧口常三郎为首的所有会员包括教育学家、政治家、文部省的官员，以及哲学家三木清和谷川彻三等人，都积极地与教育相关的各界人士接触，和他们就思想、教育等问题展开对话，以求得他们对以教育改造为目的的创价教育学会的支持。为推动教育改革，牧口常三郎身先士卒，不辞劳苦地奔波于各地作巡回演讲，同时，还积极编辑、宣传学会的机关刊物。从牧口常三郎晚年推行的宗教教育的实践中可以看到，牧口常三郎是虔诚的信仰主义者。自他信仰日莲教义那天起，便自觉地利用日莲的佛教思想指导自己的生活和研究。他确信，教育的指导原理、方法，包括社会改革的方针都必须以佛法为基础。为了更好地以宗祖日莲的法华精神解救现实社会中的各种问题，牧口常三郎刻苦钻研日莲教义。为更好地弘扬佛法，他十分重视经验交流座谈会和个别指导。每周二、五，他分别在时习学馆和目白的自己家中进行个别指导。此外，牧口常三郎还要利用其中的间隙，去教育俱乐部和教育研究部给年青学员上课，讲解创价教育的精髓。只要是定了的活动，他都风雨无阻。任何座谈会，牧口常三郎总是第一个到场，即使只有一个听众，谈话也会准时开始。他会耐心倾听其苦恼，为其深入浅出地解答信仰上的疑惑。为了能把佛法讲得明白透彻，牧口常三郎经常是绞尽脑汁、费尽心机。有时在纸上写几十个字，画几幅画；有时信手拈来几个随机应变的比喻，穿插几个笑话，让整个座谈的气氛缓和、轻松。他认为，只有满腔热情地去做折伏，才能加深对佛法的理解，驱除杂念，净化心灵，达到佛法的最高境界。凡是折伏现场，只要有会员去，牧口常三郎尽量拨冗同行。实在分身乏术，他就问回来的会员事情的来龙去脉，并提出许多有价值的建议。

对牧口常三郎来说，只要有人忧郁烦恼、怏怏不乐，不论有多远，他都会义不容辞地前往帮助。

1939年春的一天，一位家住九州的青年非常希望自己母亲加入创价学会，可遭到老家母亲的强烈反对，无奈之余，他愁眉苦脸地对牧口常三郎说了句“我妈妈看来是没什么希望了”。牧口常三郎一听，便说：“这么难啊！那我去!”牧口常三郎很快买了一张远赴九州的火车票。68岁高龄的牧口常三郎带着那名青年画的路线图整整坐了24个小时的三等车厢来到了九州。到达车站后,牧口常三郎又不顾旅途劳顿,连电车也不坐,风尘仆仆徒步走向离车站还有1里半(6公里)的目的地。青年的父母被牧口常三郎的执著打动了,心悦诚服地入了会。

牧口常三郎这种“为了一个人”的精神,被创价学会原封不动地继承至今。

在学习与实践中,牧口常三郎注意将自己的学说同宗祖日莲的教义结合起来,使日莲正宗在新的时代、新的历史条件下重新找到了出路。伴随着折伏活动的步步深入,创价教育学会的性质逐渐从教育研究团体转变为宗教团体。会员除教员外,还有中小工商业者、工薪阶层。[①] 可以看出,随着时间的推移,学会的活动中心已由初期“教育改造”逐步转变为“宗教革命”。就是说,它的教育色彩在渐渐减少,而宗教色彩在与日俱增。特别值得一提而且感人肺腑的是,牧口常三郎晚年为了人类的和平与正义,殉身佛法。此举不仅折射了牧口常三郎感天动地的正气,也反映了他受宗教文化浸染的深度。

1939年10月,在军人会馆举行创价学会第二次全体大会后,牧口常三郎应30名政府官员的联合请求,作了一场演讲。讲话中,他直指当时泛滥的军国主义思想。当讲到“灭私奉公是毫无根据的,就不可能做到,也不应该做到。单方面地牺牲自己是不可取的,必须要兼顾公私两个方面……”时,会场内就炸开了锅,到处回荡着歇斯底里的咆哮:“混蛋! 现在最重要的是灭私奉公!”但牧口常三郎泰然自若,用平静而威严的声音继续阐述自己的信念:“善和利是一致的,人应当去追求属于自己的幸福。”[②]

1941年3月,日本军国主义政府为了全面备战,禁锢进步思想,颁布了新的《治安维持法》,规定:政府可以以大不敬罪取缔合法的宗教团体、组织。同年12月,日本偷袭珍珠港,向美国宣战。为统一思想,政府强迫全体国民祭祀皇大神宫的大麻(神符),信仰其神道。牧口常三郎坚持自己的宗教信仰,对此表示公开的反对,并组织大家烧掉了皇大神宫的大麻(神符),也禁止创价教育学会会员去参拜神社。日本军国主义政府为了占领意识形态领域,强行对整个宗教界的各门各派进行整顿,影响最大的日莲宗自然首当其冲。当时软弱的宗教联合会因为害怕政府的镇压而同反动当局同流合污、沆瀣一气,向全体檀林信徒颁布了“原地遥拜皇宫,遥拜伊势神宫”的通告。与日本军国主义政府格格不入的是,牧口常三郎将“大善”(和平)作为学会前进的目标。

---

① 何劲松:《创价学会的理念与实践》,中国社会科学出版社,1995年版,第79页。

② 冉毅、曾建平主编:《关爱人性 善待生命——池田大作思想研究》,湖南师范大学出版社,2003年版,第122页。

在1941年11月2日召开的创价教育学会第三次大会上作了题为“大善生活的实践”的演讲。他呼吁人们，特别是学者和知识分子应当深入到社会实践中去，注意学问和生活的结合，避免那种生活与宗教相隔绝、学问与实践相脱节的现象。由于对军国主义做法的激烈反对，牧口常三郎及创价教育学会被反动当局视为眼中钉、肉中刺。1942年5月创价学会刊物《创造价值》在创办十个月后被迫停刊。1943年，宗教联合会召集牧口常三郎和户田，向创价教育学会下达“接受神符令”，遭到牧口常三郎斩钉截铁的拒绝。从那时起，只要牧口常三郎参加的座谈会，就有特高警察的影子。只要讲话一涉及神符和国家体制，就会被粗暴地叫停。出现这种情况时，牧口常三郎总是先兜一个圈子，再回到原话题上去，但仍会被再次粗暴叫停。虽然言论被压制住了，但牧口常三郎对国家崇拜、邪教崇拜的深恶痛绝却是压制不住的。他想，即使将来自己因排斥神符、以大不敬的罪名被非法逮捕的话，也要在法庭上痛快淋漓地诤谏国家，一吐为快。牧口常三郎意识到这一天迟早会来临，所以，从1943年的春天开始，他就整天在学会总部的二楼给学生们讲《立正安国论》。这期间，他被警察厅讯问过两次。5月又被中业警署拘留了一周，接受了关于对神符、神社不敬之类的问话。

尽管如此，牧口常三郎仍不顾一切地进行佛法的宣传。1943年7月4日，牧口常三郎明知一个星期前，原定参加伊豆莲台寺内的座谈会的几名学会干部被淀桥警署逮捕，仍然不顾特高警察的严密监视，远赴伊豆，在莲台寺的一家旅馆里参加了座谈会。并于5日来到下田召开了一场座谈会，而且在那天晚上去了一位朋友家做折伏，还在那里住了一宿。不幸的是，6日清晨，72岁的牧口常三郎在伊豆下田朋友家被逮捕了，原因是违反《治安维持法》，拟订罪名是“大不敬”。当晚，牧口常三郎被留在了下田警署，第二天被转移到了东京警视厅。

牧口常三郎被关押的下田警察署

牧口常三郎被捕后，创价教育学会的会员们大多畏惧镇压而退转信仰，学会基本上陷于毁灭状态。

另外，也有很多人作为对牧口常三郎情况的知情人被警视厅传唤，且被严厉追问“日莲正宗贬低其他宗教是为什么”、“这一节（御书）的意思是什么”、“创价学会组织是什么样的”、“座谈会上都讲些什么事情”、“日莲正宗和创价教育学怎么结合在一起的”一类的问题。

牧口常三郎在入狱后的一个半月中，几乎每天都要在警视厅五楼十分阴森恐怖、面积约为1坪（合3.3平方米）的审讯室里接受严厉的提审；但不管特高二科的科长怎么审问，他都是一副悠然自得的样子，始终洋溢着乐观向上的情绪，铮铮铁骨，雄睨反动当局，只是反复地阐述自己对日莲佛法的信仰，坚持了一脉相承的“立正安国”那种永远和平的精神。

东京拘留所

牧口常三郎被关押的地方是东京拘留所第四舍二楼的一个单人房间，房间采光很差，一天到晚，阴沉沉的。一到冬天，外面寒风呼啸，里面也冰冷彻骨。遇上这样的天气，他肘关节炎的老毛病就发作，以致彻夜难眠。1943年冬天，他的手指也被冻得伤痕累累，惨不忍睹。

至于吃饭，拘留所的饮食刚开始还可以，有咸菜、酱汤、米饭等，但随着战局的恶化，饮食也逐渐地变差，米饭换成大豆、小米饭、玉米饭，酱汤也换成了盐水，咸菜换成了茶渍。牧口常三郎生活很简朴，本来自己掏点钱，叫狱卒出去买一份盒饭也是允许的，但他总是说：“老年人嘛，也吃不了什么好的。”

在这样的状况下，牧口常三郎除了早晚修行以外，就阅读日莲的遗文等。一天中只有十分钟的运动时间，而且在被高高的板壁隔开的运动场中被人监视着。碰到同样被捕的会员，连一句话也不允许说。

但牧口常三郎从不将自己的痛苦告诉别人，为不让家里人担心，每封书信都洋溢着乐观向上的情绪，在十天一封的家信中经常安慰家人：“独处便于思考问题，我很喜欢。”

关押牧口常三郎的东京拘留所室内

从牧口常三郎写给妻子和第三个儿子的妻子牧口贞子的书信中，可以得知他的乐观、坚强和对信仰的坚定：

“从个人来看的话是灾难，但从国家来看的话必定是如经文所讲的‘由毒药变做欢乐’，我相信这点，也专心于信仰。请你们两人看家要同心协力，不要松懈了早晚的经文功课。我与负责调查的山口检察官也颇为融洽，对我的价值论给予理解。……”“要是与佐渡大圣人的困难相比，我所经历的就算不得什么了。出现过去的业就像经文和御书讲的那样。只要努力相信本尊，这里所出现的各种故障全都可以改正好。……现在是寒冷的顶点，病已痊愈安然。请勿担心。最期待的是书，请速送进来。……我现在没有任何不安。每天以诵经和读书度日。书和杂志是我的朋友……”①

牧口常三郎在监狱中写给家人的书信

“十一日，看到了与外褂、夹衣、布袜、干菜一起送进来的儿子洋三战死后的御文，大吃一惊，也很颓丧。与这个相比，我是多么挂念你们两个啊，但看到你们共同的出色觉悟，我也就放心了。……精读哲学。写下了百年前及其后的学者们共同盼望的没有触及过的《价值论》，而且自己立下了对《法华经》的信仰，也使数千人能体验实证。对此，我自己也很惊讶，因此三障四魔纷起

① 聖教新聞社編：《牧口常三郎》，聖教新聞社，1972年版，第156页。

也是当然的，就如经文所讲……”①

当然，牧口常三郎的信件都免不了遭到检审，当局认为不妥的词句都会被删掉。

1944 年 4 月，一审在东京刑事裁判所正式开庭。牧口常三郎和其他 15 个被关押者一起戴着手铐，头顶草帽，手握念珠，乘坐一辆巴士，从东京拘置所被法警押送到了裁判所。在最后的审讯中，牧口常三郎仍向审讯员滔滔不绝地讲解佛法的本义，为人类和平的美好愿景同当时的军国主义政府进行了无畏不屈的斗争。之前，牧口常三郎在拘置所的单人牢房里，整整写了一个月的自辩状。他的自辩状厚得像一本书，可惜再也没有第二个人知道其中的内容了，因为战败，初审法官为了以后免祸，偷偷地把自辩状销毁了。②

严酷的单身牢房生活无情地攻击着高龄的牧口常三郎的身体。他逐渐衰老，营养失调也很严重。1944 年 11 月 17 日，也就是他去世前一天的早上，他提出了转入病监的想法。可能是预感自己的寿命将要终结，他把贴身衣服全都换下，穿上外褂和夹衣。11 月 18 日零点，牧口常三郎因衰老和极度营养失调永远离开了人世。

当天，牧口常三郎的遗体被蒙着毯子送到了他离开了一年零四个月的目白的家。跟随左右的有三女津名的丈夫渡边力。11 月 20 日，十多人肃穆地为牧口常三郎举行了葬礼……

第二节

新的平台——创价学会

一、创价学会的宗祖——日莲

创价学会在日本可以说是家喻户晓，人尽皆知。研究创价学会不能不了解它的宗祖——日莲(Nichiren)。

日莲俗姓贯名，幼名善日，诞生在急剧动荡的镰仓时期。源氏武士集团的首领源赖朝在关东的镰仓建立了代表武士阶层利益的政治机构——幕府，

① 聖教新聞社编：《牧口常三郎》，聖教新聞社，1972 年版，第 157 页。

② 冉毅、曾建平主编：《关爱人性　善待生命——池田大作思想研究》，湖南师范大学出版社，2003 年版，第 130 页。

之后出现了幕府和天皇两个政权并存的特殊的双轨制政治，这就是日莲称之为“两日并现”的特殊现象。[①]

伴随着新的政权的繁荣，新宗派也适应新政治、新时代的需要而蓬勃兴盛起来。特别是双轨制政治使得新旧佛教各为其主，比权量力，竞相传教。日莲的家乡除佛教信仰外，还普遍流行着神道信仰，是天照大神垂迹的地方。所以日莲认为，他的家乡虽然很偏僻，但是日本国的中心。

日莲正是在这种特殊的历史背景下展开了自己一生的传教活动。

1222 年(贞应元年)2 月 16 日，日莲出生在今天千叶县安房郡天津小凑町的一个渔民家庭。1233 年(天福元年)，日莲拜别父母，去家乡以北约 8 公里处的清澄山清澄寺求学，4 年后正式出家。从 18 岁起，日莲开始游学当时的政治中心同时也是佛教中心的镰仓，4 年后他又到自平安以来一直被视为日本佛教的真理殿堂的睿山继续深造。

1253 年(建长五年)，32 岁的日莲结束了长时间的求学生涯，回到自己的故乡房州。据说当年 4 月 28 日这天早晨，日莲登上清澄山山顶，面对太平洋冉冉升起的旭日，高唱“南无妙法莲华经”题目达十遍。日莲的信奉者们把这一天当做立教开宗日。当天中午，日莲在清澄寺向旧日的师友们首次发表了“念佛无间、禅天魔、真言亡国、律国贼”等四条折伏他宗的格言。此举遭到净土宗信徒——当地地头蛇东条景信的反对，结果日莲不得不离开自己的故乡，再次来到镰仓传教。当时的日本正值内忧外患。面对天灾人祸连年发生，五谷不收，瘟疫流行，生灵涂炭，以及当时不可一世的元帝国觊觎日本的现实危机，作为佛教徒的日莲开展了对佛教的再研究。且两三年时间里，先后写下了《守护国家论》、《唱法华题目抄》、《立正安国论》等一系列文章。

在基本确立了自己的思想体系的同时，日莲迫不及待地将自己的研究心血《立正安国论》呈献给幕府统治者，希望能为他们出谋划策，告诉他们一切不幸的原因在于错误宗教的流行。日莲的言论触痛了镰仓既成宗教界的要人们，同时也开罪于既成宗教赖以生存的幕府当局，他不仅遭到敌对宗派的反对，而且幕府也以“狂言惑众罪”将他发配伊豆。[②] 流放伊豆成为日莲人生旅程中的一个重要转折点。他一直以来认为通过确立正确的理念便可以建立理想的社会的梦想终于破灭，此后，宗教迫害和政治迫害驱使他走上了同现实相抗争的道路。流放期间，他写下了《四恩抄》、《教机时国抄》等重要著作，形成了自己独特的宗教批判原理和变革现实的理论。两年后，日莲获赦返回镰仓，但他的斗争锋芒丝毫未减，再次遭到地头蛇东条景信的迫害。

1268 年(文永五年)，元朝致书日本，要求日本称臣通好，否则将以兵戎相

①② 何劲松著:《创价学会的理念与实践》，中国社会科学出版社，1995 年版，第 2、4 页。

见。元朝来书在日莲看来是他在《立正安国论》中所说的“他国侵逼难”预言的证实，于是又向幕府进言，并警告统治者，如不及早禁止各宗的祈祷，用《法华经》所说的“一乘妙法”统一各宗，就会招致神、佛之怒，国家也将难免于破灭。日莲的进言如石沉大海，愤怒和心焦之余，他给以执权北条时宗为首的政界代表，以及佛教界的代表人物送去了言辞十分激烈的 11 封对抗状，通称《十一通御书》。此外，为得到世人的注目，1271 年（文永八年）春夏之交，他还利用祈雨法会同极乐寺长者良观忍性进行斗法。日莲的挑战使他成为镰仓佛教的众矢之的。更糟的是，当年的 9 月 10 日，日莲被幕府流放佐渡。

在佐渡，日莲不仅要对付酷劣的自然环境，还要同各种法敌作斗争。起初，他被安置在冢原山野里的一个当地人扔死尸的叫三昧原的地方，之后又移居一谷。

佐渡虽然很偏僻，但日莲的法敌们却很有势力，他们甚至断绝日莲的粮食供给并限制其出行，还有一些激进的念佛宗信徒想把日莲诱到僻静的地方杀死。在这种危机四伏的艰苦环境中，日莲幸亏得到后来成为日莲弟子的阿佛房夫妇等岛上居民的热心帮助才渡过难关。不过，流放佐渡给日莲提供了一个深刻内省的机会，他集中精力探究了自己长期以来一再受难的原因，进而对社会、人生进行认真深入的思考，从而真正确立了自己建立在宗教基础上的真理观、世界观和人生观，写下了《开目钞》（1272 年 2 月）和《观心本尊抄》（1273 年 4 月）等著作，形成了自己独特的宗教教义。

1272 年（文永九年）2 月 11 日，为夺取执权职位，六波罗南方时辅（执权北条时宗的哥哥）反叛，震惊了整个日本。1273 年（文永十年），蒙古人又送来第五封战书。国难当头，首要任务自然是团结一致。1274 年（文永十一年）2 月 14 日北条时宗下令赦免了日莲。3 月 26 日，日莲终于回到镰仓，结束了长达两年零五个月的佐渡流放生活。

回到镰仓后，日莲仍不死心，同平左卫门尉赖纲作了最后一次进言。由于未被采纳，日莲对现实社会和国家感到彻底绝望，而且感到不可能通过现政权来实现自己的宗教理想，于是将精力转向培育弟子，并建立了三大秘法之本尊。1274 年（文永十一年）5 月，应信徒波木井氏的邀请，日莲离开镰仓，走进身延山，并以此为弘扬《法华经》的道场。直到去世为止，在此度过了八年零四个月的隐退生活。

来到身延山不久，日莲写下了著名的《法华取要抄》一文，阐述了《法华经》的价值，以及日莲在末世出现的理由、使命和任务，同时对佛教的各宗都进行了批评，并就三灾七难的兴起和自身屡遭迫害的原因从教义上予以解释。该文不仅展示了日莲从前事业的要领，也指出了将来奋斗的方针。①

1274 年 12 月，他制作了一幅大曼荼罗②，以示自己作为上行菩萨再生的信念。1275 年(建治元年)，日莲写下了《选时抄》这部重要著作，进一步充实和完善了他的理论体系。他认为，末法时期，各种谤法充斥宇内，正法隐没。真言、净土的流行导致日本濒于亡国。然而，只有在这样的末法浊世，才是弘扬作为释迦牟尼出世本怀的《法华经》的大好时机。这就是他的"末法正机"思想。他觉得，目前权大乘念佛宗的流行，实际上只是实大乘题目广宣流布的序幕。担任流布实大乘题目的导师便是"日本第一位法华行者"，此人非日莲莫属。因此，日莲不仅是"本化上行"，同时也是"末世的救世主"、"日本国的主师亲"，唯有日莲一人才是日本的"眼目"、"大船"、"国柱"。在这篇文章中，他把建设佛国的希望寄托给自己的门下，并致力于对未来的展望。他把未来宗教的精髓提炼成几个要素，即"本门的题目"、"本门的本尊"、"本门的戒坛"等所谓的"三大秘法"。1279 年(弘安二年)10 月 12 日，日莲将自己的"三大秘法"用曼荼罗的方式显示出来，这便是创价学会遵奉的本门戒坛的"大御本尊"。③

1281 年(弘安四年)4 月，日莲撰写了《三大秘法抄》，明确指出"题目"是《妙法莲华经》。1282 年(弘安五年)，日莲身患重病。同年 9 月，在弟子们的护送下，离开身延山。途经池上宗仲家(现池上本门寺)时离开人世，享年 61 岁。

二、日莲的基本教义 ▸▸▸

(一) 判教方法

流放伊豆之后，日莲开始注意研究同法敌斗争的理论，写下了《教机时国抄》、《显谤法抄》等重要著作，形成了比较系统的宗教批判原理，从而使自己的斗争更加理性化。这些理论至今仍为创价学会对敌斗争的法宝。

日莲的判教方法有两种，"五纲"、"三证"是其中之一。

1. "五纲"、"三证"

"五纲"又称"五义"、"五知"，分"教"、"机"、"时"、"国"、"序"五个部分。

"教"为五纲的中心。日莲认为，佛教经籍浩繁，有小乘、大乘、权经、实

①③　何劲松著：《创价学会的理念与实践》，中国社会科学出版社，1995 年版，第 8、8-9 页。

②　"曼荼罗"是梵文佛教名词，原指印度密教修"秘法"时为了防止"众魔"侵入而在修法处划一圆圈或建一土坛，上画有佛和菩萨像，以示佛与菩萨聚集此处，故称之为"聚集"或"轮圆具足"。后来中国、日本将佛和菩萨像画在纸帛之上，亦称曼荼罗。

经、显经、密经等种种区别，但唯有《法华经》才是“一切经之中第一经王”，懂得这一点才叫“知教者”。那种对教义完全不加分析和比较就去推广一种宗教是极不负责任的。

“机”即机根，指的是人们接受佛法的可能性和能力。众生无边，每个人的机根各不相同，因此了解对象的机根，因材施教就变得十分重要。日莲肯定，日本国自桓武天皇以来400余年一切众生完全具备了接受《法华经》的机根。

“时”对于佛教来讲就像天时对于农业耕作一样重要，日莲认为，当世已经进入末法时期，正是《法华经》广宣流布的大好时机。

“国”，即具体的政治、经济、地理、风土条件，以及思想状况等客观环境。日莲认为，佛法的传播必须因地制宜。

“序”指教法流布的先后顺序。历史上佛法由小乘向大乘发展，一直是一个循序渐进的过程。日莲认为，佛法的宣传必须坚持步步深入，即由小乘到大乘，由权大乘到实大乘，最终由《法华经》的“迹门”进入到“本门”的路线。必须弄清先传什么，后传什么，才会事半功倍。

“三证”，即“文证”、“理证”、“现证”。

日莲在判别某一宗教的正邪、优劣、深浅时，特别强调该宗教有无文献上依据，是否合乎道理，它在现实中的表现如何，以及是否具备“三证”。

“文证”主要是指经典的证明，故又称“经证”。日莲认为，对于一种主张或教义，首先必须调查它依据的是什么教典，必须以释迦牟尼亲口所说的原典为依据，即所谓“依法不依人”。

“理证”是道理上的证明，是在“文证”的基础上进一步审察一种宗教教义是否符合道理。

“现证”，即观察这种教义在现实社会中的作用，是否被人们普遍接受。

“三证”是日莲进行宗教批判的基本原理之一。也是根据“三证”，他认为，禅宗不依据任何经典，主张教外别传，不立文字，是缺少“经证”的表现；净土宗虽然以《无量寿经》等“三经一论”为判教依据，但只是偏执于“尔前”的权经，丢失了已显真实的《法华经》；真言宗和律宗在“理论”上也有同样的缺陷。

日莲认为，宗教是规范人行为的最好准则，宗教关系到一个国家和民族的消长、兴亡、变迁，不正确的宗教会把一个国家和民族导向灭亡。检验某一宗教的正确与否可以说是非常重要的，为此，必须对关系到人的生活方式、影响到人的人格的宗教做深入细致的考察研究，判断其邪正，看它是否能给自己的生活带来幸福，同时，更要审查它所说的生命观、世界观、宇宙观、幸福论、伦理性、思想性等各个方面。而检验的方法，即宗教批判的原理，也就特别显示出它的重要意义。

2. 五重相对论

五重相对论是日莲判教方法之二。

《开目抄》是日莲的一本重要著作，也是日莲成为末法时期众生导师的奠基之作。书中从内外相对、大小相对、权实相对、本迹相对（种脱相对）、教观相对五个角度对当时流行的各种思想，其中包括佛教内部的各种流派作了细致入微的分析研究。

1）内外相对

第一重内外相对的"内"指内典，即佛教经典；"外"指外典，亦即佛教以外的各种思想，具体指的是印度的外道和中国的儒道二教。日莲认为，儒家思想主要是宣扬"孝"与"忠"。在佛教传播之前，儒教倡导礼乐，这有助于佛教思想的普及。因此，儒教是佛教的入门教。但是，儒家思想终究比不上佛教，其原因是它不知道过去和未来，不知道过去、现在、未来三世之间的辩证关系，只注重在现世里制仁义，讲忠孝，行五常，其目的只限于保身、治国、安国。因其不知过去和未来，所以无法对主君、师匠、父母有什么真正的补益。儒教不可能像佛教那样，特别是像《法华经》那样，通过龙女和提婆达多两人成佛的生动例子预示所有的慈父悲母都能成就佛道。就是说，儒家思想中的教行无论如何也赶不上佛教，特别是《法华经》。

外道指的是印度流行的各种思想，其种类说法不一，主要指释迦牟尼在世时的"六师外道"以及"九十六种外道"。有的外道也持五戒、十戒等，有的修习禅定竟能超越欲界而进入色界、无色界。然而遗憾的是，他们即使达到最上界的非想天，最终还将堕入地狱、饿鬼、畜生等三恶道。外道的理论对于理解佛典还是有作用的。

佛教和外道的区别在于对生命的把握上。佛教认为，任何事物，包括生命在内，其运动法则必定是由因至果，因此生命只能在生命的内部寻求其终极的根源。一个人的现在是受这个人过去所造的因规定的，而现在所做的一切又是未来的因，照样规定着未来。这是生命内部的因果法则。佛教十分注重从生命内部的因果角度探求其本源。它强调"三世十二因缘"，生命体时时刻刻都在遵循着这样铁的规律，不停地处于运动和变化之中。外道放弃了对生命自体内部的因果律的探索，完全将人生交给不可知的"神"的意志支配，以至于以偶然性、片面性代替了科学的态度。不难想象，建立在这种生命观上的世界观、宇宙观必然违背科学的精神。

2）大小相对

第二重大小相对的"大"是大乘，"小"是小乘，讲的是大乘和小乘之间的区别。释尊五十年间所说经典浩瀚无边，号称"八万法藏"。这些教义从大的方面可划分为大、小二乘。小乘指的是释尊早期所说的以“四谛”、“十二因缘”为中心的法门。当时的印度社会等级制度十分森严，人们陷入现世主义和享乐主义的泥潭。释尊说的“苦”、“空”、“无我”、“无常”正是要破除众生的这种欲望，并为此制定了五戒、八戒、二百五十戒、五百戒等。释尊号召人们出家也是因为唯有摆脱现世的森严等级制才能建立一个平等的佛国净土。公元1世纪大乘佛教产生后便对印度的等级制度进行了严格的批判。大乘攻击小乘只追求自我解脱，把“灰身灭智”、证得阿罗汉果（或辟支佛果）当做最高目标，而自己则志在将无量众生从生死长河的此岸运送到菩提涅槃的彼岸，所以自称为“大乘”。修习大乘的人决心普度众生，修持成佛，决不中道涅槃，并且不满足小乘佛教的“三学”（戒、定、慧）、“八正道”（正见、正思惟、正语、正业、正命、正精进、正念、正定），而是兼修“六度”（布施、持戒、忍辱、精进、禅定、智慧）、“四摄”（布施、爱语、利行、同事）等菩萨行。

从时间上看，释尊去世约500年为小乘佛教流行时期。500年过后，即公元1世纪左右是大乘佛教兴隆时期。从地域上看，小乘佛教南传至印度南部，经斯里兰卡而至泰国、缅甸、柬埔寨、老挝等地，至今仍是该地区民众主要信奉的宗教，其经典属巴利文系统。大乘佛教则北传，经中国至朝鲜、日本、越南，其经典主要属汉文系统，修习的目标并不限于断除烦恼，摆脱苦、空、无常的限制，而是要进入最高的佛界，成就最高的人格。所以日莲认为，大乘为优，小乘为劣。

3）权实相对

破除小乘，进入大乘后，便是第三重权实相对。大乘分为权大乘与实大乘。“权”的意思是善权、方便，“实”的意思是真实。日莲认为，唯有《法华经》才是实大乘，《法华经》以外的大乘教全都是权大乘。实大乘真实不虚，代表宇宙的实相。权大乘经教虽然打破了小乘佛教严格的戒律主义和空洞的形式主义，但走上了逃避现实的道路。比如净土念佛宗信仰的《阿弥陀经》便假设了一个阿弥陀佛的西方十万亿佛土这样的净土世界，要求人们厌离秽土，即我们所处的现实世界，而往生西方极乐净土。权大乘主张经过长时间的历劫渐修成佛。《法华经》认为，二乘之人成千上万，他们尽管生活在现世，但已经取得了成佛的资格。虽说正式成佛还是遥远未来的事，然而毕竟有希望，而且一定是在此土。信受《法华经》所得到的现世功德和利益可以概括成“即身成佛”或“当体成佛”。《法华经》和其他经典的不同就在于：莲花的果与花同时出现。受持此经则因果同时，直接成就佛果，不必期待来世。权大乘经典中缺乏“二乘作佛”的平等精神，因而违反了宗教拯救一切众生苦难的本意，失去了指导众生正确的人生方向的能力。

4）本迹相对（种脱相对）

《法华经》一部二十八品，日莲将前半部序品第一至安乐行品第十四称为“迹门”，又将后半部从地涌出品第十五至观普贤菩萨劝发品第二十八称为“本门”。前后两部分的胜劣构成了第四重本迹相对。

该经一开始便将声闻、缘觉、菩萨等三乘之间的区别归结为对佛法的理解和接受能力的不同，因此释尊演说正法时才出现“初善、中善、后善”三个阶段。在以往的权大乘经典中，声闻、缘觉二乘受到强烈的指责，认为二乘只求自身解脱，完全没有觉他的献身精神，被一致认为是必死不治、不能成佛的人。《法华经》则一反过去各经典的说法，站在更高的角度统一了小乘和权大乘之间的分歧，在给那些大菩萨们授记的同时也不忘给二乘人授记，让他们共同取得未来作佛的资格。在日莲看来，《法华经》并不是停留在义理上统合的经典，而是将这种理论付诸实践。“譬喻品”中，小乘佛教的代表人物舍利弗被授记为“华光如来”，“授记品”中摩诃迦叶被授记为光明如来这样的例子不可胜数。“二乘作佛”的理论是“一念三千”所包含的平等精神的具体体现，是法华思想的独到之处。

如果说“二乘作佛”是“迹门”的中心法门，那么，“久远成”则构成了“本门”的思想主线。以“如来寿量品”为中心，“本门”十四品在释尊观上进行了一场积极的革命，以往小乘经典将释迦牟尼视为历史人物，即自己的教祖和导师。大乘佛教虽然认为释尊是法力无边的最高人格神，但是通过出家修行才“始成正觉”的。释尊之所以作为历史人物降生印度，原因是为了度众生，是为了救济娑婆世界的芸芸众生。实际上，获得久远的生命不仅是释尊个人的事，对于我们所居住的国土来讲也至关重要。因为久远实成的释尊是常住不灭的佛，所以我们所处的这个世界也将通过“依正不二”的法门而成为常住不灭的佛土。我们没有必要离开娑婆世界而寻求另外的净土。迹、本二门可以说是一种“影”与“实”、“脱”与“种”的关系。虽然二者都是《法华经》的两件大事，但本门的“久远实成”更为重要，以“方便品”为中心的迹门也因此而获得了生命力。

5）教观相对

“五重相对论”的第五重为教观相对。这里的“教”即教相，指对佛所说的教法作表面的解释；“观”即观心，而且观已心可见十法界。日莲认为，就是在《法华经》中，释迦牟尼佛的佛法也不过是作表面的解释，因此属于教相的范畴。而自己的佛法则是立足于觉悟上的观心。“教观相对”实际上已蕴含着日莲想以自己的佛法取代历史上释迦佛法的意图。这种思想成为后世日莲本佛论产生的理论源头之一。

（二）三大秘法

日莲信奉的最高经典是《法华经》，他的佛教思想可以归结为“南无妙法莲华经”七个字。在长期的弘法实践中，《法华经》又逐渐被发展成“三大秘法”：将“南无妙法莲华经”七字图示出来作为根本尊崇的对象，这便是“本门的本尊”；安置本尊，进行信心修行的场所叫“本门的戒坛”；信奉本门戒坛上安置的本门本尊，并口诵“南无妙法莲华经”七字这样的修行称为“本门的题目”。相当于一般佛教的“戒、定、慧”。《法华经》共有七卷二十八品（章）。在佛法上把它分为两大部分。即它的前十四品为“迹门”，后十四品为“本门”。日莲正宗以“本门”为信仰的中心，其中特别是以“如来寿量品”作为它的教义的基础和信仰的中心。所谓“南无妙法莲华经”的三大秘法是在“如来寿量品”基础上进一步创造的佛法。①

1. 本门的本尊

“本尊”的意思是从根本上应当加以尊崇的对象。“本门的本尊”有“人本尊”和“法本尊”之分，二者合在一起为“人法一体”的本尊，为“三大秘法”的核心。佐渡时期，日莲的本尊观初步形成。日莲在《妙法曼荼罗供养事》一文中将“妙法莲华经”五字当做“御本尊”，称之为“曼荼罗”。这是其法本尊思想的萌芽。日莲认为，人本尊和法本尊在根本上是一致的，不过，法本尊相对于人本尊来说更为重要。日莲站在“依法不依人”的立场上将“人法一体”的本尊统一为他所提炼的题目本尊，即“妙法莲华经”五字本尊。

进入身延山以后，日莲一直在思考将妙法等五字的法本尊用图像表示出来，而且在《日女御前御返事》中进行了详细的描绘：曼荼罗的中央挂着题目五字，四大天王坐于宝塔的四方。上面除释迦佛、多宝佛和本化四菩萨外，还有普贤、文殊、舍利弗等。而且，日天、月天、第六天的魔王、龙女、阿修罗、不动、爱染等也被接纳进来，就连恶人提婆达多及鬼子母神、十罗刹女等也都有其一席之地。本着《法华经》的圆融统一精神，日莲还将日本国的守护神天照大神、八幡大菩萨和天神七代、地神五代的各种神祇一同安排进来作为保护神。

2. 本门的戒坛

“戒”是佛教的“三学”之一，在佛教中占有十分重要的位置，无论是大乘还是小乘、显教还是密教，都将戒律当做防非止恶的手段。

① 达高一编著：《创价学会——日本新兴的宗教性政治团体》，世界知识出版社，1963 年版，第 11 页。

日莲对戒律问题也曾进行过深入细致的考察研究，他以一个佛教史家的眼光分析说，正法时期持戒的人很多，像法时期破戒的人很多，而末法时期持戒的人都很少，充斥国土的全部是些“无戒之人”。针对末法时期“无戒”的特点，日莲提出，再教条地生搬硬套过去的戒律无疑是白费力气，所以干脆抛弃不合时宜的清规戒律，只取受持《法华经》题目一行作为唯一的持戒方式。

戒坛只是受戒的场所，它是信仰生活化和社会化的象征。日莲对戒坛也作出了与前人完全不同的理解。他所创立的“本门的戒坛”分为“义”、“事”两种，这样的戒坛并不是用来受戒的，因为末世凡夫都是些无戒者。“义”的戒坛是指上述一般的修行信心的场所（戒坛）。“事”的戒坛是指将来日莲正宗传布全国时由国会通过决议或由国家元首下命令为日莲正宗建立的国立戒坛，它将供奉在大石寺内的“大御本尊”，使它成为“护国”的根本戒坛，成为“在社会生活实践中显现日莲佛性”的戒坛。学会声称，实现上述国立戒坛即“事”的戒坛的愿望是它奋斗的根本目的之一。[①] 这里强调通过世俗力量（王法）和日莲代表的正法力量（佛法）的结合，共同实现以王法护持正法，以正法来指导政治、社会、文化的目标。

3. 本门的题目

日莲认为，题目是八万圣教的肝心、一切诸佛的眼目、十方诸佛的导师、三世如来之母，是贯穿于从极小到极大的整个宇宙的终极真理，一切均由此开显，一切都由此产生。在正法隐没的末法时代，众生已无法直接见到佛，唯一的办法是口唱题目以超越生死，并获得永恒的幸福（成佛）。日莲视《法华经》为统一内外诸经典的最高法理，“妙法莲华经”五字为《法华经》的中枢。

在此基础上，他将“南无妙法莲华经”作为本门的题目，且赋予题目七字以别开生面的含义。其中：“南无”是“归命”、“皈依”之意；“妙”字被解释为“绝”、“具”、“开”、“苏生”等；而妙法取“莲花”一词为名也是借莲华出淤泥而不染，非泥沼而不生的高尚精神来比喻自己的妙法旨在于末法浊世中救济众生，变浊世为净土。如果说“妙法”是宇宙的最高法理，那么，“莲华”则是具体的菩萨行。地涌菩萨的“地涌”二字与“莲华”二字暗合，这里的“地”就是“现世”，地涌菩萨们在苦难的现世中勇猛精进，普度众生。“经”被概括为人格生命的表现。

在日莲看来，既然题目是《法华经》的精要，那么，唱诵题目也就具足了五种修行，等同于五种“妙行”。通过题目的唱诵，人们便可“深入禅定，见十

① 达高一编著：《创价学会——日本新兴的宗教性政治团体》，世界知识出版社，1963 年版，第 15 页。

方佛”。众生凭借唱题的修行即可达到不动摇的状态,最后进入“寂光”,即以凡夫之身而使寂光净土具现。题目的修行是“信”与“行”的统一,“信”是指心中信仰本尊,“行”是口唱题目,将“信”转化为具体的实践。日莲强调要以信心为本,“以信代慧”,只要诚心诚意、坚持不懈,终究是会得到利益的。为此,日莲一生将修持题目当做“正行”,而将其他的修行方式一概视为“助行”。

(三)日莲正宗的传承

1282年(弘安五年)10月8日,为托付后事,日莲从众多的弟子中挑选出六位上首弟子作为去世后的“法灯”。他们是辩阿阇梨日昭、大国阿阇梨日朗、白莲阿阇梨日兴、佐渡公日向、伊予公日顶、莲华阿阇梨日持,世称“六老僧”。日莲圆寂后,六老僧相约至身延山为日莲轮流守墓。但是除日兴以外的其他五老僧都不愿去交通不方便的身延山,他们置教团的团结于不顾,留在自己的地盘上忙着发展自己的势力,忽视了留守圣地的重要性。身延山方面只有日兴一人单独支撑着。日莲去世一周年之际,关东各门流只在池上举办法会,唯有日兴率弟子日目、日华、日秀等在身延山为先师举行纪念活动。此后日兴一直住在身延山久远寺,管理寺庙和墓地。

更为甚者,日莲去世后,以日昭为代表的关东教团迫于政治上和宗教上的压力,开始向天台宗倾斜,他们自称“天台沙门”,失去了昔日那种以日莲思想为中心的战斗性和反权威性,基本上沦为半独立的教团。相反,日兴则严格坚持日莲的教义,对其他新旧佛教宗派一概否定,决不同法敌妥协,并且认为,天台宗也只包含部分真理。

日兴严厉批评日昭等人的行为,于是形成了日兴和五老僧的对立。随着时间的推移,他们之间的分歧不断加深,最后终于分道扬镳。在这种情况下,日兴觉得身延山已不可能再成为弘扬《法华经》的根本道场。1288年(正应元年)12月,他离开身延山,至河合的由比家。接着又应南条时光之请移住持佛堂,在南条时光的援助下于富士山大石之原建成了大石寺,并以日莲系教团中的“正宗”自居。之后,1298年(永仁六年)2月,日兴又以北山的地头蛇石河能忠为外护,在重须开创本门寺,设学校从事教学活动。日兴门下有不少能干的弟子,其中日目、日华、日秀、日禅、日仙、日乘六人被定为“本六人”。从镰仓末至南北朝时期,其教势逐渐发展到日本各地。

日莲正宗的教学也称大石寺教学或石山教学,其内容因时代的不同而有所发展和变化。其不同于其他派别的主要观点有“两个相承”、“御真骨”、“日莲本佛论”、“本尊论”、“富士戒坛论”等。该宗教学上的最大特点是严格地遵循宗祖日莲的教义,不与法敌有任何妥协。

1. “两个相承”

“两个相承”即《身延相承书》和《池上相承书》。书中，日莲只将正法托付给了日兴一个人，唯有日兴一人是正法的继承者。

2. “御真骨”

“御真骨”是一种足以证明自己在诸多日莲系教团中正统地位的物证。据该宗宗史记载，日兴离开身延山时，带走了大御本尊和日莲的遗骨，后来将日莲的遗骨安奉在大石寺内。大石寺第十八世了玄日精（1600—1683 年）在《家中闻书抄》中对此进行了记载。

3. 日莲本佛论

日莲本佛论即日莲才是末法时期众生最根本的佛祖的提法。

南北朝时期，日兴门下诸派林立，竞相在全国展开折伏教势，且出现了“新六人”，分别是日道、日乡、日妙、日代、日助、日澄等。日兴世后，其上首弟子日目（1260—1333 年）继为第三祖，之后，日道为第四世。可见，日莲正宗的传承基本以大石寺为主线。日莲正宗的教义主要形成于室町时代之后，至江户时代中期的日宽发展成完备的体系。

日莲本佛论出现于 14 世纪末到 15 世纪，日兴门流内妙莲寺的日眼和大石寺第九世日有等人是此论的倡导者。日莲本佛论以日莲正宗主张的“五重相对论”中的“种脱相对”为理论依据。“种”即“下种”，“脱”即“脱益”。“种”为本，“脱”为迹，也就是说，“种”胜“脱”劣。一般说来，众生在成佛的道路上要经过下种益、熟益、脱益三个阶段。众生在过去某个时候从某位佛陀那里接受到佛法称为“下种益”，经过长时间的培育所走的成佛道路称为“熟益”，得道成佛完成最高的人格称为“脱益”。《法华经》本门中那些相信释尊说法的人，他们在五百尘点劫的过去就已下种，后经漫长时间的调熟，直到释尊出现在印度讲授《法华经》的“寿量品”时，才由信而解脱，所以释尊的佛法被称为“文上脱益”。进入末法时期后，释迦牟尼佛的佛法，以及其他所有佛的佛法都已隐没，但作为根本佛的释尊，以及他所持有的“南无妙法莲华经”却在末法时期显现出来，这就是由日莲展示的“本门的本尊”、“本门的戒坛”、“本门的题目”等“三大秘法”。“三秘”相对于历史上释尊“文上脱益”的佛法而被称为“文底下种”的佛法。修持这种佛法的人不需要经过释尊佛法那样长的时间，修行的当体在现世里便可得到绝对的幸福。因此，“文底下种”的佛法就像莲花的花实同时出现一样，其下种益、熟益、脱益等三益也同时具现。生长在末法恶世中的众生同释尊的佛法无缘，只有修持“文底下种”的法门才能完成成佛之道。

通过日莲本佛论，日莲在佛法上成了最高的权威。

4. 本尊论

第四世日道之后70余年时间里，大石寺一直处于混乱状态，至第九世日有(1409—1482年)时方告结束。日有十分强调大石寺的正统性，认为大石寺是根本道场。教学上主张“种脱相对”，宣扬日莲本佛论，给大石寺带来了鼎盛的局面，因此被视为日莲正宗的中兴之祖。

日有在教学上的一大贡献是他的“本尊论”。日莲晚年为了传教的需要，曾给弟子们书写了许多本尊曼荼罗。在众多的本尊曼荼罗中，日有认为，唯有1279年(弘安二年)10月12日书写的本尊曼荼罗才是“本门戒坛的大御本尊”，其重要之处在于是“佛灭后二千二百二十余年之间未曾有之大曼荼罗”。这幅曼荼罗按照日莲的亲笔，刻在长约144 cm、宽65 cm、厚6.6 cm的黑漆楠木板上，故通称“板曼荼罗”。日莲将这幅曼荼罗托付给上首弟子日兴。日兴离开身延山后又将之携往富士山大石寺。据日莲正宗教学上的解释，此本尊是“人”与“法”的统一。“人”即日莲大圣人；“法”即《法华经》“寿量品”“文底下种”的事行一念三千的南无妙法莲华经。日莲把“宇宙的大生命”固定在这块板本尊上，因此，它具有万能的“超自然的威力”。

5. 富士戒坛论

1718年(享保三年)，日宽(1665—1726年)升为大石寺第二十六世贯主。三年后退贯主位，重新从事教学，所著“六卷抄”，即《三重秘传抄》、《文底秘沉抄》、《依义判文抄》、《末法相应抄》、《当流行事抄》、《当家三衣抄》六篇文章，在日精宗史研究的基础上，为日莲正宗的教学理论制定了完备的体系。其主要思想仍立足于日莲本佛论、三大秘法等传统理论之上，将日莲的著述当做末法下种的《法华经》，将日莲当做佛宝，将大御本尊当做法宝，将日兴当做僧宝。他将传统三秘中的本门的本尊细分为“人”和“法”，将本门的题目分为“信”和“行”，将本门的戒坛分为“义”和“事”，由此又构成了三秘的“六义”。

为了巩固和提高大石寺的独尊地位，日宽提出了“富士戒坛论”。根据《身延相承书》，日兴已从日莲这位“本佛”那里接受了弘传大法建立本门的戒坛的遗命，而且这样的戒坛理应建立在大石寺的所在地——富士山。日宽认为，富士山是全世界寺院中的总本山。这一统一世界的戒坛才是“事”的戒坛，在此之前的戒坛属于“义”的戒坛。日宽的戒坛论后来被创价学会的第二任会长户田城圣继承和发挥，其精神实质可谓一贯而下。

由于日宽的长期努力，其教学在兴门诸派的教学中占据了主导地位，影响遍及各门流。两百多年来，其思想历久不衰，绵绵而下。今天，日莲正宗的教学、创价学会的教学都基本上以日宽的体系为依据。学会的会员入信时发给的本尊也是日宽书写的曼荼罗的复制品。

日宽以后，大石寺的教学风靡兴门各派。江户幕府末期，大石寺俨然成为教学和布教的重地。明治维新以后，政府推行神道国教化政策，国家神道占据了统治地位，佛教各宗的传统地位被剥夺。在对佛教各宗的整编过程中，日莲系各教派于 1872 年(明治五年)被合并为一致、胜劣两派。两年后又重新分开。立足于胜劣说的大石寺派曾同兴门派的其他诸寺一起合称为“日莲宗兴门派”(后称“本门派”)，1900 年(明治三十三年)9 月大石寺独立，单独称“日莲宗富士派”。1912 年(明治四十五年)第五十七世日正时正式称“日莲正宗”。当时，日本的佛教界分为十三宗 160 多派。日莲宗是十三宗里势力最大的一宗。日莲宗内主要有 29 个派系，日莲正宗是其中势力最大的一派(见表 3-1)。[①] 至 20 世纪 30 年代，即牧口常三郎和户田城圣入信时，该宗一共拥有 69 座寺院、41 个说教所和教会，檀信徒 80291 人。

表 3-1 日莲宗系派系表[②]

<table>
<tr><td rowspan="14">日莲系</td><td rowspan="13">日莲宗</td><td colspan="2">日莲本宗</td></tr>
<tr><td colspan="2">大乘教</td></tr>
<tr><td colspan="2">中山妙宗</td></tr>
<tr><td rowspan="2">国柱会</td><td>正法会</td></tr>
<tr><td>本化妙宗联盟</td></tr>
<tr><td colspan="2">本化日莲宗(兵库)</td></tr>
<tr><td colspan="2">日本山妙法寺大僧伽</td></tr>
<tr><td colspan="2">法华日莲宗</td></tr>
<tr><td colspan="2">正法法华宗</td></tr>
<tr><td colspan="2">法华真宗</td></tr>
<tr><td colspan="2">最上稻萨教</td></tr>
<tr><td colspan="2">日莲宗最上教</td></tr>
<tr><td colspan="2">日莲教</td></tr>
<tr><td>日莲正宗</td><td colspan="2">创价学会</td></tr>
</table>

①② 达高一编著：《创价学会——日本新兴的宗教性政治团体》，世界知识出版社，1963 年版，第 8、10 页。

续表

日莲系	法华宗本门流 法华宗阵门流 法华宗真门流	本门法华宗	
		本门佛立宗	日莲主义佛立讲 在家日莲宗净风会
		本派日莲宗	
		本门经玉宗	
		日莲法华宗	
	日莲宗不受不施派	灵支会教团	
		妙智会教团	
		立正佼教团	
		佛所护念会教团	
		法师会教团	
		妙道会教团	
		正义会教团	
		思亲会教团	
		大慧会教团	
	本化日莲宗(京都) 日莲讲门宗		

资料来源:1961 年日本宗教年鉴。

(四) 创价教育学会

1. 第二次世界大战前的创价教育学会

1928 年(昭和三年)春天,担任白金寻常小学校长的牧口常三郎遇见了日莲正宗的在家信徒三谷素启,在思想上同日莲的教义产生了共鸣,正式走上了日莲正宗的信仰之路,继而户田城圣也在牧口常三郎的引导下开始了充满艰难险阻的宗教旅程。

1930 年(昭和五年),在《创价教育学体系》第 1 卷正式出版前夕,为便于创价教育学从教育改革的理论真正成为教育改革的实践,牧口常三郎和户田城圣两人组织成立了"创价教育学会"。

当时创价教育学会的章程对学会的名称、目标、机构、活动内容,以及会员、工作人员都一一做了规定。如章程的总则中明确指出:"本会称为创价教育学会;本会的目标是以创价教育学体系为中心完成教育学研究和优秀教师的培养，谋求国家教育改造；本会总部设于东京。其他地方设置分部。”[①]章程的第二章规定：“本会举行设置教育研究所，举办研究会、演讲会、讲习会，发行图书及杂志，进行其他适当的事业活动。”第三章规定：本会由正会员（以正直的慈悲心为本会事业努力的人），特别赞助员（对本会事业在精神物质上给予特别援助的人），赞助会员（赞助本会事业的人）和临时会员等四种会员组成。本会设置会长（一名）、理事（若干名）、评议员（若干名）和干事等工作人员。[②]

1936年(昭和十一年)8月第一次创价教育学会修养会时合影

(第二排右数第三位为牧口常三郎)

在当时创价教育学会顾问中，有原外交官秋月左都夫、贵族院议员古岛一雄、日本大学教授田边寿利、东京《朝日新闻》顾问前田多闻、柳田国男、学习院初等科长石井国次等人。

1935年（昭和十年），为致力于创价教育学的研究和应用，创价教育学会对内部机构进行了进一步完善，设立了“研究部”，分为国语科（阅读、写作、书法）、算术科、地理科、国史科、理科、唱歌科、图画科、体操科、手工科、修身科等。

为了扩大创价教育学会的影响，1935年（昭和十年）1月1日牧口常三郎在《带广市教育》上发表了《论教育的合理化》一文。其中说道：“《创价教育学》脱离过去欧美输入时的学术思索方法，探索医学和其他很久之前的技术学的成立途径，从实际经营的事实归纳、构造知识体系。其完美和价值多少姑且不论，既然是由实际经验归纳而来的东西，就没有理由不能演绎实际生

---

①② 聖教新聞社編：《牧口常三郎》，聖教新聞社，1972年版，第112、113页。

1935 年的牧口常三郎（中间）

活。果真那样的话，相信请求研讨教育合理化绝不是我的一己私情。”1936 年（昭和十一年）他又给该杂志投去《以创价教育学为基础的国语（阅读、写作）科教学的研究》一文，为《论教育的合理化》一文提供了实验证明的研究资料。

牧口常三郎为了考证自己的思想，还积极地去听这时期来日本的斯普朗格等人的演讲，以吸收新的知识。

在会员们的共同努力下，创价教育学会得到了稳步发展。随着折伏的活跃，教师以外的实业家等也结成团体，在各自领域开展活动。1936 年（昭和十一年）4 月举行的春季总会，聚集的虽然只有老师，且具有研究发表会的性质，但影响得到扩大。自那以后，一般人也逐渐地开始加入创价教育学会，活动焦点也在实质上从教育改造转向了宗教革命。创价教育学会可以说是进入了一个新阶段。

学会创立后，牧口常三郎高度重视学会的刊物。1930 年（昭和五年）学会发行了理论刊物《环境》，后来又创办了机关杂志《新教》，由户田城圣担任编辑兼发行人。《新教》是学会的一块重要的理论阵地，被视为实践学会宗旨的“自由、公正的论坛”，每期都设有“教育革命、宗教革命”栏目。

与此同时，创价学会对纲领也进行了完善。主要有以下五条：“本会不是个人主义的利己的集合，也不是虚伪的全体主义的集合……不是满足于做牛后的怯懦的小善人，而是宁做鸡口的勇敢的大善人……本会虽不以赢利为目的，却以最大的利善为目标；会员的信条是遵循《法华经》真髓——‘无慈诈亲是彼怨。为彼除恶，即是彼亲’。通过化他来勤勉自我修行，拿事实来证明生活革新；对待说‘早早关门早早睡，免得人家说是非’的恶师、恶友等恶魔，相信越接触善师、善友等善神越有收获，不接触的话反而有损失有报应；本会的目标在于，以日莲正宗流传的无上的三大秘法为基础，谋求教育、宗教、生活法的革新，明确忠孝大道，以此推进国家及国民的幸福。”

与以前学会的章程相比，此时的纲领更强调《法华经》的指导地位，更强调身体力行，更强调善的信念。

从早期的《纲领》来看，创价教育学会给自己明确定位为以创价教育学体系为中心的教育学研究和教育工作者培养机构，目的在于从教育制度、教育方法、教育者的选拔等方面改造国家教育。

1935 年（昭和十年）8 月，创价教育学会在日莲正宗的总本山大石寺集会，并就宗教与教育、创价教育的实践与理论等问题进行了深入细致的讨论和研究。至此，学会的会员已发展到全国各地，于是各地的地方支部相继诞生。创价教育的理论不仅吸引了一部分青年知识分子，而且还受到当时的达官贵人古岛一雄（政客）、秋月左都夫（官僚）的支持。1936 年（昭和十一年）8 月，由秋月出资，学会设立了研究生制度，并在大石寺召开第一次夏期讲习会（时称“修养会”）。学会发给身为日莲正宗信徒的 6 名教师每月 10 日元的津贴（相当于当时小学家庭教师的薪水），以奖励他们的研究活动。

伴随着折伏活动的步步深入，创价教育学会的性质逐渐从教育研究团体转变为宗教团体。会员除教员外，还有中小工商业者、工薪阶层。

户田城圣主要侧重从经济上维持学会的生存。此时的户田一方面经营时习学馆，另一方面创办了由东京和神奈川的小学教员出资的日本小学馆。通过集资方式，户田又增设了四海书房、北海书房、冈书房、秀英舍等小出版社。太平洋战争期间，他的出版事业已扩展至大众文学领域。他在事业最兴盛时曾支配过 17 个公司，拥有资产 600 万日元，月收入为一万多日元。户田事业上的成功是学会走向壮大的重要经济保障。

1939 年（昭和十四年）12 月，创价教育学会第一次大会后，学会以此为契机开始了以《法华经》为中心的广宣流布运动。1940 年 4 月 30 日，学会在东京九段的军人会馆召开了第二次大会。会上，学会的体制得到了重新调整，本部设立了企划部、折伏指导部、教育研究部、教育者俱乐部、创美华道研究部、生活革新同盟俱乐部、印刷部、妇人部、青年部、少年部等 10 个部门。学会的本部设在东京神田的锦町。从新增设的折伏指导部来看，宗教活动已被当做创价教育学会运动的重点。折伏是学会传教活动的主要方式，也是学会整个运动的中心任务。为了完成这项艰巨任务，学会组建了青年部这样一支生力军。在学会半个多世纪的传教史中，青年人一直被当做中坚力量，是学会大进军的先头部队。

1941 年（昭和十六年）11 月 2 日，创价教育学会在神田一桥的教育会馆召开了第三次大会，400 人出席了会议。

会上，牧口常三郎以《大善生活法的实践》为题做了演讲。

在他的谆谆教诲中，每个人都充满了真心，希望尽早成为以信仰为起点、能够证实大善生活的人。

当时，学会会员已多达 2000 名，东京有支部 13 个，地方有支部 9 个，共计 22 个。当年 7 月，学会应形势发展的需要创办了机关报《价值创造》。牧口常三郎在刊物中先后发表了《大善生活的提倡》、《在大善生活即人间的平凡生活中》、《大善生活法的实践》等文章。在《价值创造》的发刊辞中，牧口常三郎详细论述了学会“希望由损而得、由害而得、由恶而善、由丑而美，然后都由近

1939 年 12 月 24 日在麻布市举行创价教育学会第一次总会时的合影

（前排右数第一位为牧口常三郎）

小而趋于远大，最终不达到最大幸福决不罢休”的目的。为使新形势下的折伏传教运动更富有成效，新补充和修改的《创价教育学会纲要》要求人们接受法华信仰，异体同心，共同开创“大善生活”。

價值創造

創價教育學會會報

第四號

價值創造

大善生活法即ち人間の平凡生活に

牧口常三郎

1941 年 7 月 20 日创价学会的机关报《价值创造》（创刊）

随着时间的推移，学会的活动中心已由初期“教育改造”逐步转变为“宗教革命”，目的是要在日莲正宗所传无上最大的三大秘法基础上谋求教育、宗教、生活法的革新，光大忠孝之大道，以便将国家及国民的幸福推向前进。这就是说，它的教育色彩在渐渐减少，而宗教色彩在慢慢增多。

不能忽视的是，创价教育学会的所有活动都是在日本对外进行战争期间进行的，而且当时的形势是越来越恶化。国民被极端地强制过着艰苦朴素的生活。与之伴随的，是以国家神道为支柱的军部和国家权力部门越发推进法西斯式的思想统治。创价教育学会，自然也被官府戒备的目光严厉地注视着。

1939 年 3 月，平沼内阁制定的宗教团体法案在众议院会议上获得通过，4 月 8 日，政府将其作为第七十七号法律予以公布。且告知人们："国民精神的振奋仰仗于宗教的健全发达之处颇多。鉴于在眼下时局的紧要关头，其必要性尤为迫切，为明确宗教团体的地位及对其保护监督的关系，谋求其健全发达及教化功能的增进等，有必要制定宗教团体法。"①

这是明显的剥夺宗教活动自由的行为。政府一边用"健全发达"来敷衍，一边想着利用宗教，同时依靠强大的国家权力威压民众。

按照"宗教团体法"，所有教派都被置于国家神道的支配之下，并进行整编。当时文部省宗务局据此要求日莲正宗和日莲宗两家合而为一。如果顺从政府，肯定会损害自宗的纯粹性，也会失去自身的尊严和威力。学会认为，同日莲宗合并就是意味着日莲正宗走上了绝路。然而，日莲正宗内部的一部分人屈服于政府的高压政策，在大石寺内唱起了迎合当局并与日本一向以来的"本地垂迹说"正相反的"神本佛迹论"，把神道教中的"神"当做根本，而将"佛"当做"神"的垂迹和变化。1941 年(昭和十六年)3 月 10 日，日莲正宗的僧俗信徒们在总本山大石寺召开护法会议。以牧口常三郎为首的创价教育学会从维护日莲正宗思想的纯粹性立场出发，对"神本佛迹论"给予了坚决的批判。牧口常三郎的主张得到了与会的绝大部分代表的支持。经过日莲正宗上下一致努力，最后终于拒绝了合并的要求，取得了护法的彻底胜利。

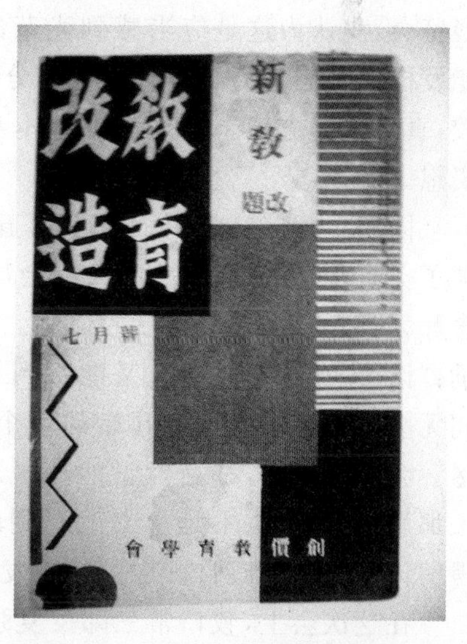

创价教育学会的机关杂志《教育改造》

面对日本帝国主义者的对外侵略行径，创价教育学会会员们进行了旗帜鲜明的斗争。战争刚开始一周，牧口常三郎便在机关报《价值创造》第五号上发表了题目为《宗教改革无须费事》的论文，对帝国主义在思想上维持战争的

① 聖教新聞社編：《牧口常三郎》，聖教新聞社，1972 年版，第 143 页。

精神支柱——神道，给予了猛烈的批判。战争开始后，学会仍组织信徒们继续从事信仰活动，牧口常三郎本人除著述外，还到各地出席会员们的座谈会，指导宗教活动的展开。然而随着战火的不断蔓延，言论自由受到严格限制，学会的活动也越来越陷入困境。1942 年（昭和十七年）机关报《价值创造》被勒令停刊。

尽管如此，1942 年 5 月 17 日，学会仍然在东京神田的一桥教育会馆召开了第四次大会。会上报告了"实业家营业成绩"和"即身成佛的例证"等。会场还进行了各类书法、图画、地图，以及创美花道的速成插花展览等，仿佛成了创造美、利、善价值的实证场所。

对此次会议的成功，牧口常三郎发表了如下感慨："这次聚会与其他类型的聚会的情形大不相同，即使是一鳞半爪也让人认为宛如大善生活法的综合展览会，我认为这是应当感到光荣的。遗憾的是，由于场所和时间等限制不能发挥充分的能力。没有征收一分钱的会费而召开如此盛会，与十年前相比较，真有隔世之感。我想这件事本身就可以作为大善生活的实证，值得我们安慰。"①

同年 11 月 22 日又召开了第五次大会。此次会议的规模更大，600 人参加了会议，比上回多出 200 人。会员依次发表了《皈依后感悟》、《我最近的信念》、《明朗的结婚》等自己的体验。牧口常三郎凝神倾听，最后登台给予了鼓励："诸位，在这次总会上又能听到如此珍贵的生活体验，我想这是我们相互间无上的光荣。从早上开始的六个小时的会议中，各位全神贯注，我感激不尽。会员的体会，都是珍贵的珠玉。因为这是大家自己体验到的，不是从他人那里听来的，也不是从书上看到的。这些值得应用到各自的生活中，也值得留传给孩子。我自己也大受启发。"②

在这次会上，牧口常三郎反复强调了实践的重要性。他说，"生活法不经过生活就不能明白。美国的实用主义哲学家约翰·杜威所说的'生活法要在生活中根据生活来解开'，是毋庸置疑的真理。就像任何生活法不经过生活就无法明白那样，不行菩萨行的中小善的生活者应该是不理解大善生活法的。不去做的话就不能得到真正的信心"。

1943 年（昭和十八年），战况恶化。日本国土遭到轰炸，生活物资严重缺乏，而战争狂人们却仍然在鼓吹"玉碎"作战。政府为了加强思想统一，强化了法西斯统治，而且依据宗教团体法谋划合并各教团。1940 年（昭和十五年）左右开始，军部直接会见宗教代表者，强力推动宗教团体的合并。虽然进展不是很顺利，但最终天台宗三派、真言宗八派、净土宗西山三派、临济宗十三

---

①② 聖教新聞社編:《牧口常三郎》,聖教新聞社,1972 年版,第 145、146-147 页。

派(除去国泰寺派)、日莲宗三派、法华宗三派、本化宗(不受、不施)两派合并,成为十三宗二十八派。①

这样的合并策略波及日莲正宗是自然的。文部省劝告日莲正宗统合。为了纯粹地守护日莲教义,牧口常三郎主张不向国家权力妥协。他断言“佛法不是观念的游戏,是救国救人的。在必须要救时袖手不管,是违背佛意的”。此时,包括户田在内的12名干部秘密地结成了以不惜生命的觉悟守护创价教育学会的“富士俱乐部”。

由于他们的坚决斗争,最终日莲正宗没有被合并,在1943年(昭和十八年)4月单独获得宗制认可。

但是政府仍然命令日莲正宗和创价学会一律参拜祭祀天照大神的伊势“大神宫”,并接受其神符,信仰其神道。牧口常三郎和户田等人认为,邪教泛滥日本,护国的诸神早已弃国而去,神社成了空架子,为魔鬼所盘踞,参拜这样徒有其表的神社不但无益反而有害。何况即使有神也只是《法华经》中“久远本佛”的守护神,所以他们断然拒绝了政府的要求。但是,日莲正宗一方因害怕政府的镇压,决定接受伊势神宫的神符,并向信徒们宣布了这项决定。为此,1943年(昭和十八年)6月,牧口常三郎和户田等学会的主要干部亲自来到总本山大石寺,表示决不接受本山的命令。

学会的严正立场终于触怒了日本军国主义政府,1943年(昭和十八年),牧口常三郎就两次被警视厅传唤,接受有关神社等问题的调查,7月,政府对学会实行镇压。

在这样的环境中,7月2日,牧口常三郎仍然带着和泉美代和岸浅子两个妇人乘坐早上6点40分的火车前往伊豆的下田折伏。

这是继3月与妻子等4人一起去折伏之后,第二次来到下田。当时的下田是个交通不便、荒凉的地方,有着伊豆孤岛之称。从东京到下田要花8小时左右的时间。

牧口常三郎一行人首先在静冈县贺茂郡稻生泽村莲台寺(现在的下田市莲台寺)的中田旅馆(1945年1月21日被烧毁)安顿下来,并在那里举行了折伏座谈会。

7月5日傍晚,为了给岸浅子的父亲田中福藏折伏,拜访了位于贺茂郡滨崎村须崎(现在的下田市须崎)的岸的娘家(1953年3月10日被烧毁)。当时的须崎是一个捕捞海螺、鲍鱼、石花菜等的荒凉渔村,几乎没有人去。

7月6日早饭后,牧口常三郎被下田署的两名特高警察逮捕。20日神田的创价教育学会本部被搜查,时习学馆(1944年5月25日被烧毁)也被搜查,

① 聖教新聞社編:《牧口常三郎》,聖教新聞社,1972年版,第148页。

牧口常三郎的《乡土科研究》、《创价教育学体系》等著作全部被查抄。

几乎与此同时，户田等21名学会主要领导也被当局以“违反治安维持法”和对神社的“不敬罪”逮捕，学会被解散。战前的创价教育学会也因此而遭受了毁灭性打击。

2. 户田城圣时期的创价学会

户田战前名叫户田城外，出生于石川县贫穷的渔民家庭。小学毕业后当店员，通过自学取得小学教师资格。1920年他到牧口常三郎任校长的小学里任教。户田原来信仰基督教，后来受到牧口常三郎的影响改信日莲正宗。1930年他跟着牧口常三郎退出学校，以后一直跟随牧口常三郎进行社会活动。

1945年(昭和二十年)8月15日，日本昭和天皇通过广播向全世界宣布日本投降，至此，日本帝国主义进行的长达14年之久的侵略战争终告结束。这场战争不仅使亚洲许多国家的人民深受其害，同时也使日本人民遭受了重大灾难。在宣布投降的前一个月，即当年的7月3日，户田城圣在丰多摩监狱被释放。出狱后，秉承牧口常三郎的遗志，户田继承其未竟的事业，自觉地担负起重振创价教育学会的重任。他在东京靠做投机买卖为生，后来经营出版、金融和土木建筑业，成了小资本家。为重建学会作准备，他在自己公司的办公楼挂出“创价学会”(去掉“教育”二字)的招牌，并在那里传授《法华经》。不久，战前的伙伴重新聚集起来。1945年11月18日，他在欢喜寮举办了牧口常三郎逝世一周年纪念法会，并在会上以理事长身份发出了弘扬妙法的宣言。

与此同时，他还组织力量制定了新的学会纲领和有关发展支部组织的具体措施和大纲。

1946年，户田正式重建创价学会，并任理事长。户田诚圣重竖创价学会大旗后，便迅速启动了布教工作。5月，召开了第一次干部会议，同时，健全了学会内部的组织架构。在学会本部设置总务部、讲义部、财务部、企划部、情报部、妇女部、青年部、组织部等部门。

户田认为，战前创价学会之所以受到毁灭性打击，是因为教学上的薄弱，为此，学会重建后，他十分重视讲习会和座谈会的传教方式。1946年元旦，他亲自登总本山大石寺并开办了首期《法华经》讲义，主要讲授《法华经》、《立正安国论》和《开目抄》等著作。从1946年到1950年5年中，类似的讲习会共举办了十期，正式毕业生达200余人。户田通过这种方式为学会培养了大量中坚力量。除讲习会和座谈会外，学会还定期在日莲正宗的本部山大石寺举办登山会和夏季讲习会。通过这些行之有效的活动，创价学会很快重新打开了局面。11月17日，学会为牧口常三郎举办了第三次纪念法会。之后，学会紧接着召开了第一次全体会议。同年，恢复了发行机关报《价值创造》。1947年

10月19日，创价学会在教育会馆召开了第二次全体会议。由于组织得力，宣传声势日益扩大，学会得到快速发展。据统计，重建学会的第一年，学会发展的新会员就达200余人。到1948年底，学会会员恢复到战前最盛期的3000人。学会乘势而上，1949年7月，又创办了机关杂志《大白莲华》。

战后初期的日本，由于受到战争的严重破坏，经济上十分困难。民不聊生，通货膨胀、失业、贫困现象极端严重。1950年，朝鲜战争爆发的同时，美国在日本进行所谓"赤色整肃"，大肆镇压日本的进步力量。日本的民族矛盾和阶级矛盾进一步尖锐化。户田充分认识到广大人民强烈摆脱这种痛苦处境的要求十分迫切，同时认识到用佛法的力量争取亚洲地区和平的意义。他大声疾呼"现在是学会发展的大好时机!"提出所谓"折伏(传教)大进军"的号召，并采取了以下一些措施，如:1951年创办创价学会机关报《圣教新闻》，把它当做传教活动的武器;1951年6月户田就任第二任会长，确立了学会最高的领导权威;向日莲正宗总寺院富士山大石寺领取了"大御本尊"，供奉在学会本部，确立了学会和日莲正宗两位一体的关系，实行人会信教一元化的新体制，同时，也为自己的活动确立了正统性和合理的理论依据;成立学会男子青年部，将其作为全国传教运动的核心力量等，发动了全国性的传教运动;编辑发行教团最高教典《日莲圣人御书全集》。

1951年7月11日和19日，户田组建了直属于会长的男子青年部和女子青年部。次年2月9日，青年部设置了参谋室，池田大作任参谋。

1951年后，特别是在1952年10月，学会得到东京都知事安井城一郎的认可，取得了地方宗教法人资格而成为法律上的独立教团，之后创价学会取得了长足发展。据学会公布的材料，1951年会员只有3000户，1954年底，会员发展到164270户，1956年年底一跃增加到50万户。1963年8月会员已增加到360万户，约占日本家庭总户数的七分之一，也就是说，当时日本每七户中就有一户是创价学会会员家庭。创价学会不仅在日本国内取得了迅速的发展，在欧洲、美洲、东南亚、中国台湾、中国香港等地都成立了海外支部或联络站。

学会的发展如此之快，收获如此之大，首先应当归功于户田对青年人的重视、培养和任用。在他看来，青年部是折伏传教的尖兵，是创价学会宗教政治运动体的核心力量。学会内户田用人讲究实效，坚持真刀真枪的实力主义，不论资排辈，从而使创价学会真正成为青少年的活动天地。

20世纪50年代中期，日本宗教界为了自身的生存和发展竞相进行改革。很多教派都希望重新创立系统的教义，以便跨出民族宗教的界限，成为一个世界性宗教。1954年6月，大约60多个佛教宗派共同成立了"全日本佛教协会"，以加强相互合作。同时积极扩充地方组织，开展各种社会教化活动，大力推动僧俗一体运动。传统佛教和新兴宗教也注意改善关系，由过去的对立走向相互联合和补充。

为巩固自身的地位，面对宗教界的新形势，以户田为首的创价学会认识到只有选择政治这一新的突破口才能战胜其他教派，求得生存和发展。而且，利用政治渠道，佛教的影响方能真正浸透到社会当中去。为此，随着折伏传教的步步深入，学会将工作的重点逐渐转移到政治上来，试图开创一种佛法和世俗政治相互融合的新局面。

自1956年8月起，户田城圣开始在机关杂志《大白莲华》上连载长文《王佛冥合论》，为学会参与政治奠定理论基础。他指出，创价学会之所以关心政治，唯一目的是为了三大秘法的南无妙法莲华经的广宣流布，致力于国立戒坛的建立是其当仁不让的使命。户田明确表示，王佛冥合的精神实质是社会的繁荣和个人的幸福相一致，王法（世俗政治）和佛法（日莲正宗的思想）的冥合（有机的结合）是实现真正的和平与幸福的根本保证和必由之路。

1955年（昭和三十年）4月30日，创价学会参加地方议会选举旗开得胜，理事长小泉隆当选为东京都议会议员，此外，还有52人分别当选为东京都特别区议会议员和市议会议员。这次选举后，学会认真总结经验教训，准备在日后选举中从事选举动员，强化政治宣传，赢得更多的席位。学会于同年5月19日在东京都实行"区域制"。所谓区域制，是相对于纵向组织系统而设立的横向组织。每个"区域"的划分均从实际需要出发，大致相当于每个选区。"区域制"很快推广到全国。1961年6月，学会确立了全国性的综合区域制。与此同时，为保证组织工作的有效进行，本部设立了"创价学会政治联盟"，将其作为专门性的领导选举活动的机构。

1956年4月，学会以大学生为对象设立了学生部。学生部的设立更增加了学会的活力和能量。5月，学会的传教工作突飞猛进，当月的本尊发行量达28973户。7月10日，学会参议院选举开始。竞选中，创价学会提出了"税制的合理比、公明选举、1000万移民、政治劳动行政的明朗化"等口号，取得了相当理想的效果。当时学会会员总数只有42万户，全国区的得票数却为991552票，可见不少选票来自于会员以外的市民。不过，树大招风，正因为学会在传教和选举上都取得世人瞩目的好成绩，随之而来的阻力也越来越大。尽管如此，创价学会仍然坚持艰难跋涉，在阻力中前进。至1959年，学会在参议院竞选中又有6人当选，全国区得票数共计248万张，占投票总数的8.5%。

1954年3月，美国在太平洋的比基尼珊瑚岛上试验氢弹，使正在公海上航行的日本金枪鱼渔船第五福龙九号23名船员受到放射性核辐射。半年后，该船电台长久保山爱吉不治身亡。这一事件很快在日本全国掀起了一场旷

日持久的呼吁禁止原子弹、氢弹研制、试验的运动。日本宗教界在这场运动中始终走在最前列，并同海外宗教界加深了宗教和平运动的交流。

受牧口常三郎"协作与共存"思想的影响，户田城圣始终认为"不能为了日本民众的幸福而牺牲其他国家民众的幸福，也不能为了美国民众的幸福牺牲日本民众的幸福。要创造一个世界人民都能幸福快乐繁荣的社会，在这样的社会中，每个人也都能幸福快乐。"①

1957年，户田城圣身患重病，但仍不忘为和平运动作出贡献。同年9月8日，创价学会青年部在横滨的三泽竞技场召开第四届东日本体育大会，户田抱病参加，面对5万名弟子发表了《禁止原子弹氢弹宣言》。他认为，无论哪个国家，只要使用原子弹，胜利也好，失败也好，都无疑是宣告整个人类被判处死刑。他告诉自己的弟子们，哪个国家要想利用原子弹来征服世界，就是恶魔的行径。他号召全日本的青年男女们应当将这一思想传遍全世界。《禁止原子弹氢弹宣言》后来一直被当做创价学会关于和平问题的基本理论。

1958年是户田生命的最后一年，也是他一生中特别辉煌的时刻。3月1日，总本山大石寺的法华本门大讲堂宣告落成。学会将平安时期最澄创的天台宗比睿山大讲堂视为"迹门"的大讲堂，而将此讲堂当做"本门"的大讲堂，亦即指导日本佛教的中心。病情日益加重的户田参加了庆祝法华本门大讲堂的落成仪式。

4月1日，户田病情进一步恶化，从富士山大石寺回到东京就住进日大医院。4月8日逝世，享年58岁。临终前，他将身后广宣流布、进行宗教革命的重任正式托付给自己最亲密的弟子池田大作和一手培育起来的青年部部员。

3. 池田大作时期的创价学会

1928年1月2日，池田大作出生在现在东京大田区大森北的一个家庭。池田的父亲名叫子之吉，母亲名一，大户农家出身。全家一共七男一女8个孩子，池田大作排行第五。从1923年关东大地震开始，池田家也开始走下坡路。特别是他父亲的病故，致使一大家人失去了主心骨。

当然，比天灾更可怕的是日本军国主义政府发动的侵略战争。池田大作的整个少年时期都被笼罩在这场风暴之中。池田大作的小学生活一直伴随着因为战争发出的嘈杂的军靴声。特别是1945年初美军对东京进行的空袭，使池田的家变成了废墟。战争中，无数人成了战争的直接或间接的受害者。池田大作的4个哥哥相继走上战场，大哥被战争夺去了生命。对现实灾难的切身体验使池田对战争的意义产生了疑问，而且渐渐走上了反对战争、热爱

① 冉毅、曾建平主编：《关爱人性 善待生命——池田大作思想研究》，湖南师范大学出版社，2003年版，第145页。

和平的道路。1946年停战日即将来临之际，池田大作在一个偶然的机会参加了一次"关于生命哲学"的会议。也就是在这次会议上，他遇到了决定自己的人生道路、成为自己人生师表的户田城圣先生。也正是户田城圣充满魅力的人格感染了他并让他坚定地走上佛法之路。1947年的8月24日，池田在东京中野的日莲正宗寺院受戒，真正成为创价学会的一员。自此，池田与户田同生死，共患难，成了户田的得力助手，并被户田当做心目中最理想的接班人。户田去世后，学会明确提出了团结的口号，并很快形成了以池田大作为核心的新的领导层。1958年5月3日，创价学会在东京两国国技馆召开了一次继往开来的第十八回春季总会。会上，池田参谋室长总结了学会的过去，展望了学会的未来，进一步统一了思想。他把创价学会创立的1930年(昭和五年)作为起点，又将广宣流布实现之日作为终点，把学会发展的战略步骤划分为7个时期，同时明确了不同时期具体时间和任务，即：1930年—1937年，约200户；1937年—1944年，5000户；1944年—1951年，5000户；1951年—1958年，76万户；1958年—1965年，430万户；1965年—1972年，755万户；1972年—1979年，789万户。同年6月30日，学会加强了组织建设，新设置了总务部、庶务部、出版部。池田大作担任第一任总务长，成为实际上的学会最高负责人。学会秉承户田遗志，团结一致，在新形势下积极推进宗教政治活动并在地方选举中取得了重大胜利。1959年4月，学会在各级地方议会中的席位由56席一下子上升到272席；6月的参议院选举中，全国选区的小平芳平等5人以及东京地方选区的柏原易全部当选。

1974年12月5日，病中的周恩来总理接见池田大作

1960年(昭和三十五年)5月3日，年仅32岁的池田大作先生正式就任创价学会第三任会长。自从池田氏成为学会的最高负责人之后，学会每年都有

一个相应的中心任务。如1965年为“胜利之年”，1966年为“黎明之年”，1967年为“跃进之年”，1968年为“光荣之年”，1969年为“建设之年”，1970年为“革新之年”等。在他的领导下，学会不断创新开拓，日新月异，从组建公明政治联盟走向公明党成立和独立发展，从追求会员的扩张走向学会的规范化、制度化。创价学会日益成为日本一支重要的社会力量，不仅在国内占据了重要席地，而且将触角延伸到了国外。1960年10月23日设置了第一个海外机构——美国总支部。不久，本部设立了在南北美洲和东南亚等地积极展开海外布教活动的机构——海外部。这些组织的建立为学会的拓展打下了良好基础。

特别要指出的是，会长就任伊始，池田大作便高举和平大旗开始着手海外的传教事业，当年访问了美国、巴西、加拿大。之后又先后访问了印度、斯里兰卡、缅甸、泰国、柬埔寨、丹麦、联邦德国、荷兰、法国、英国、西班牙、瑞士、奥地利、意大利、伊朗、伊拉克、埃及、希腊、巴基斯坦、土耳其、黎巴嫩、菲律宾、澳大利亚、捷克斯洛伐克、匈牙利、挪威、墨西哥、葡萄牙、秘鲁等国家。在池田会长的领导下，通过广泛的国际交流，学会影响日益扩大，而且真正成为一个世界性的宗教文化团体。1975年1月26日，51个国家的代表齐集关岛，召开了第一次世界和平会议，正式成立了国际创价学会（Soka Gakkai International，简称SGI）。此后，创价学会在国际上取得了飞速发展，截至1976年，国际创价学会会员达到43万人左右，其中，在北美洲的会员大约为237500人，中美洲的会员大约为8000余人，南美洲大约为135000人，东南亚大约为39000人，欧洲为8600人，中东和非洲为2400人。截至2001年，创价学会会员遍布近200个国家和地区，全世界的会员约1200万人，成为世界宗教界一支不可轻视的力量。

（五）创价学会的理论支撑和组织架构

1. 创价学会的理论支撑

创价学会的理念支撑除了基本教义外（前面已作介绍），还有和它相辅相成的几个重要理论，即牧口常三郎的“价值论”，日莲正宗“色心不二”的“永恒生命论”、“立正安国论”、“广宣流布”、“王佛冥合论”、“第三文明论”和“新社会主义”等。

1）牧口常三郎的“价值论”

牧口常三郎的“价值论”，是新康德主义福来堡学派的“价值哲学”、狄尔泰和柏格森的“生命哲学”、欧美资产阶级的实用主义和功利主义同日莲宗教义的混合物。[①] 它主要阐述幸福的含义和获得幸福的途径等问题。关于牧口常三郎的"价值论"将在牧口常三郎哲学思想中进行详细说明,在此则不做具体介绍。

2)"色心不二"的"永恒生命论"

该理论是创价学会的宇宙观和世界观的基础。它把宇宙世界的万物都解释为一种生命的表象或现象。因此,宇宙本身是各种不同的生命汇集在一起的大生命体。认为一切生命既不是物体,也不是精神,这就是所谓"色心不二"论。它认为,人的肉体和精神不是独立存在的,而是一种生命的表象和反映,生命才是实在的。

所谓"永恒生命论",是说生命永远不灭,是无始无终永恒存在的实体。宇宙内充满着大生命力,人的生命只是其中的一部分,它按照三世因果的佛法永存。也就是说,人死了,其生命就融合到宇宙大生命中去,成为宇宙生命的一部分。然后,在机遇成熟后,再结因缘降生来世。生而死,死而生,反复循环,这就是生命的本质。

创价学会反对"宿命论",主张通过日莲正宗的"大御本尊"及其三大秘法来打破和转变"宿命",从而获得现世利益和来世幸福。

3)"立正安国论"

公元1257年,日本发生了严重的饥荒和大地震,死伤惨重。日莲当时认为导致日本"三灾七难"的原因是人们抛弃了天台法华宗系的正确的宗教,信仰别的邪教,从而触怒护国的善神,使其弃国而去。于是他向镰仓幕府上奏了"立正安国书",书中警示幕府:如果继续与正教背道而驰,信仰邪教,只会引起人伦紊乱、内战,甚至遭到外国侵略等更大的灾难。只有立即废除邪教,信仰天台宗的日莲佛教,诸善神才会回来护国。1274年中国元朝军队进攻日本,日莲更是觉得自己的话得到了应验,认为是"佛兵"对日本的惩罚。当然,日莲的主张并未被采纳。尽管如此,牧口常三郎的"立正安国"一直被继承下来。创价学会更是将其当做金科玉律,把其他一切宗教观视为"邪教"和祸国殃民之本。而且声称,要为消灭其他一切宗教,立日莲正宗为国教以实现繁荣幸福的国家而奋斗。

4)"广宣流布"、"王佛冥合"和"第三文明论"

所谓"广宣流布",就是指把三大秘法广泛地传布到日本,甚至传播到亚洲和全世界去的意思。当然,"广宣流布"的第一步就是要把三大秘法在日本不留死角地传布,使全体国民共享"大御本尊"的功德。其次,是把三大秘法

① 达高一编著:《创价学会——日本新兴的宗教性政治团体》,世界知识出版社,1963年版,第16页。

传到东方各国，让朝鲜、中国、印度人民知道“只有信仰三大秘法和‘大御本尊’，才能获得真正绝对的幸福”的道理。完成“广宣流布”的标志是，破除各种错误的本尊，传布正确的日莲本尊，最终在日本建立本门的国立戒坛供奉“大御本尊”。

“王佛冥合”是实现“广宣流布”的手段。[①] “王”即王法，指一国的政治；“佛”即佛法，日莲正宗佛法；“冥合”即融合为一。创价学会认为，只有政治和日莲佛教冥合，才能实现人类最理想的社会；佛教是人类最高的宗教，在佛教里日莲正宗是至高无上的宗教。佛法以慈悲的精神为本，把佛法贯彻到政治中去就可以实现社会繁荣和个人幸福结为一体的“理想的社会”；“王佛冥合”实现之后，便可由国会通过决议来建立“国立戒坛”。“王佛冥合”的理念中还包括：不仅要把社会繁荣和个人的幸福统一起来，还要将一国的繁荣同世界的繁荣统一起来，要让全世界所有的人都能直接充分地享受社会繁荣；绝不能为求日本民众的幸福而牺牲他国群众的利益，同样，也不能为美国民众而牺牲日本民众；实现“王佛冥合”，并不是要改变社会制度，而是要让统治者接受日莲佛法为国教，让人们普遍信仰它，建立国立戒坛，供奉日莲正宗的“大御本尊”。

“第三文明论”是第三任会长池田大作为适应现代日本资本主义社会的物质生活条件和政治情况而提出的。这可以说是战后创价学会演变的标志。在他看来，精神文明和物质文明都不能满足人类的欲求。当代民众的根本欲求既不是物，也不是心，而是真正的幸福，即从“色心不二”的哲学出发而形成的“第三文明”。

创价学会认为：无论是资本主义国家形成的唯心主义思想文明，还是社会主义国家以马克思的唯物主义为基础形成的共产主义思想文明，都不能解决人类的贫困问题，也不能消除世界的对立；创价学会要以三大秘法为根基，以“立正安国”的精神和“色心不二”的生命哲学为指导，建设一个既不是唯心主义的也不是唯物主义的不偏不倚的文明；要以佛法为基础，努力把日本建成一个充满幸福、和平的国家；要在原子科学时代，寻求永久和平生活的道路，建设一个没有对立、没有战争的世界。

19世纪60年代，创价学会还把“新社会主义”同“第三文明”联系起来。“新社会主义”的内容是：以日莲正宗的佛法为根本，逐渐促使生命觉悟，随着时代的演变而实行改革，站在世界民族主义的立场上，用佛法消除一切国与国的疆界，实现世界人类的持久和平与世界各民族共享繁荣的“新社会主

① 达高一编著：《创价学会——日本新兴的宗教性政治团体》，世界知识出版社，1963年版，第20页。

义”。其实，新社会主义的内容同第三文明的内容相差无几。所不同的是，前者从政治角度，后者从文明角度来论述。

2. 创价学会的组织

1）入会程序

加入创价学会要有会员介绍。大部分人都是受了亲戚朋友的折伏，去参加创价学会会员的座谈会，在会上自己先倾诉苦恼，然后会员谈自己入会信仰“大本尊”前后的体会和入会后所得到的感悟，着重帮助发展对象解决具体的思想问题，向他灌输日莲正宗的佛法理论，使他对创价学会有所认识。一般情况下，把发展对象带去参加座谈会的会员就是介绍人。

决心入会者，首先必须先“谤法”，即烧毁原来信仰的供奉在自己家里佛坛上的佛像、神符、曼陀罗等。创价学会认为，只有日莲正宗才是正教，其他宗教都是“邪教”，因此入会者首先必须抛弃一切“邪教”，以表示自己信仰日莲正宗的决心。

“谤法”之后，在介绍人的陪同下到附近的日莲正宗寺院受戒。受戒时，面向“本尊”，跟着“法师”念经。之后“法师”便问被受戒者：“你在今生里，是否愿意抛弃邪法邪师的邪义而信奉法华本门的正法正师的正义？”答称：“愿信奉。”然后匍匐在地拜接“本尊”。至此，入会手续就算完毕，就成了日莲大圣人的弟子，也就成了创价学会会员。

2）组织的特点

创价学会经过长期的实践，形成了具有自身特色的组织特征。

(1) 创价学会同日莲正宗两位一体。表面上看，创价学会与日莲正宗是两套系统，前者采用社会团体和政党的组织形式，以会长为最高领导人，会长具有绝对权威，负责领导广宣流布的工作；后者采用纯粹寺院的组织形式，法主是最高权威。但实质相同，入会即入教。法主是创价学会信仰的象征。学会可以充分利用日莲正宗在全国各地的寺院、教堂作为开会、学习和政治活动的场所。

(2) 按照折伏关系自然形成。这是创价学会不同于一般社会团体的最突出的特点。学会的基层单位是“组”，“组”之上是“班”。这些基层组织打破地域限制，可以在全国任何地方发展会员成立组织，而且以串联原则根据折伏者（入会介绍人）所属的组织自然建立起来。也就是说，新会员同折伏者属于同一组织。

(3) 实行信仰、实践、组织三结合。与一般宗教不染尘世、不问政治的做法大为不同的是，创价学会虽然也讲修行、祈祷，但它实行信仰、实践、组织三结合，即通过各级组织把学习教义理论、传教和政治活动（特别是选举活动）

有机结合起来，使会员既掌握理论，又牢固信仰，同时具有组织活动力。

(4) 以青年作为一切活动的核心和基本力量。学会注重发挥青年部的中坚和带头作用，同时注意吸纳和培养年轻的后备力量，按军队形式组成青年部队。以20世纪60年代为例，在学会的中央领导机构中，20岁到35岁左右的青年干部占60%以上。当时的会长池田大作不到40岁，学会中的两个重要部门(事务总局、青年部)分别由30多岁的北条浩和秋谷城永领导。

(5) 纪律严明，严格控制，义务奉献。创价学会以加强信仰为手段，对会员实行严格控制，有严密的组织纪律性。学会强调会员严守机密，下级绝对服从上级。会员以"积德"自勉，自愿义务参加学会号召的各种活动，膳食交通费等一概自理。

(6) 各基层组织的负责人的权位因发展会员数量而定。也就是说，发展会员越多，则地位越高，职权也就越大。这一激励机制，大大激发了会员发展组织的积极性。

(7) 教师逢升必考。在学会的教学部里设有教授、副教授、讲师、助教四级教师，每年举行一次升级考试，成绩优越者逐级提升。这种制度对追求上进的知识青年，特别是失学或失业的知识青年很有吸引力。

3) 组织机构

创价学会的组织机构分本部和地方两大块。

创价学会本部是指挥全会活动的"总司令部"。本部活动分对内对外两种。对外活动主要是指参议院和地方议会的选举活动。对内活动主要分以折伏为目的和以教育指导为目的两种。以折伏为目的的活动主要是座谈会；以教育为目的的活动有座谈会、登山会、干部会、各种讲义会(传教会)、研究会，这些都是每月的例行活动。此外，一年一度的活动有本部大会，男子部、女子部和学生部的大会，还有体育大会、辩论大会、音乐节、学生节。其中，规模最大的是本部大会。参加者多达七八万人，其形式犹如全国性运动会。

创价学会最高领导人是会长。会长之下设有理事会(理事长1人、副理事长9人、理事119人)，是创价学会最高决策机关。

理事会下设教学部、统监部、财务部、登山部、妇女部等5部，设文化局、事务总局、外事局、联籍局、宣传局等5局，设人事、赏罚、会计监察、建设、新闻等5个委员会，以及1个直属会长的青年部(领导青年部队)。此外，还有圣教新闻社、东洋学术研究所、富士吹奏乐团、第三文明刊行会等几个附属机构。下面就文化局、事务总局下设的编辑局、妇女部、青年部、青年部队、教学部等比较重要的组织的情况作一简单介绍。

文化局是学会的理论研究中心，是建设第三文明的执行机关，成立于

1961年5月，下设政治、经济、教育、言论、学艺等五部。

编辑局是事务总局下设的一个机构，是学会宣传工作的中心。主要负责编辑发行《圣教新闻》、《圣教画报》、《大白莲华》、《潮》、《公明新闻》、《第三文明》、《灯塔》和《言论》等各种宣传刊物。

妇女部的职能是不断提高妇女干部的水平，通过她们推动妇女工作的开展。在会员中，女会员占半数以上，在参议院和地方选举中是一支重要的力量。由此可见，妇女部在学会中有着非常重要的地位。

青年部分男子、女子、学生三部，统一由会长的直属机关且被认为是创价学会的头脑和灵魂的"参谋室"领导。

凡是年龄在15岁左右到29岁的男会员和未婚女会员一律属于男子部或女子部。学生部成立于1957年底，由在校的学生会员组成，学生会员大部分是大学生。在青年部之下还设有以中小学生为对象的少年部。青年部的会员除同一般会员一样参加创价学会的纵线和横线组织外，还参加另一自成系统的由青年部长和参谋室领导的且常常独自进行活动的独立组织——青年部队。

青年部队采用军队的组织形式，有队歌、队旗。各部队有部队长、参谋，参谋人数不等，最多者4个人。男子部编成部—部队—队—班—分队，女子部编成部—部队—区—班—组。这样，整个结构上形成了一个金字塔形。会员们绝对服从上级的命令，行动的目标逐级下达。通过这一渠道，会长的意志和命令自上而下可以贯彻到最底层。青年部队有严密的组织和纪律。他们有军旗般的队旗，军歌般的会歌，一年一度在富士山下举行十分盛大隆重的检阅仪式。他们以我国《水浒》一书中一百零八将的英雄形象作为学习榜样，唱"水浒歌"。他们还崇敬诸葛亮，尊孔子为世界圣贤之一。1951青年部队只有9个部队，254人，10年后的1961年增加到596个部队，64万人。1969年底青年部发展到90万人（其中大学生12000人），占全国青年（15岁～29岁）总数的三十分之一。男子部队下属的队的数目不定，平均每部队下有6个队，最多的有10个队。一队约有4个班，一班约有5个分队，每分队约有10名队员。为了进一步加强男子部的工作，1961年7月男子部还成立了书记、调查、运输、社会、研究、体育6个局。

女青年部队组织稍有不同。部队之下不设参谋，只设干事。部队之下是区、班、组。10人为一组，5组为一班，4班为一区，一个部队有二至三个区。

男、女青年部队机动能力较强，是创价学会一切活动的核心力量和主力军。会长把很大的精力放在巩固和发展青年部队的工作上。为完成教给无知者以永恒的生命、对信仰邪魔外道的人教以立正安国的根本教义和普爱众生的战斗任务，学会要求青年们做到：树立绝对的信仰心，勤学苦练，精通御书，行动真诚，言语谦和，对邪魔外道寸步不让，体会学会的精神，自觉地做一个广宣流布的中心人物等。

教学部负责进行教学活动。它成立于1947年。创价学会所说的"教学"是指学习日莲正宗的教义。教学的目的是，反复进行关于日莲正宗的教义和大本尊的佛力和法力的教育，培养遇困难而不退却的大无畏精神，树立正确的信仰。

进入教学部的条件是非常严格的，首先要参加"地区讲义"（地区的传教学习会）学习御书（日莲的著作和信件）和《法华经》中的"方便品"、"寿量品"、"教学问题解说"等文件。然后参加一年一度的录用考试，合格者便成为教学部员，当助教。此外，教学部每年举行一次升级考试，成绩好的可望逐级晋升。

创价学会很重视教学活动，认为在第二次世界大战时期创价学会遭到日本军国主义政府的镇压是因为没有在会员中进行教学的结果。

该会的教学活动是通过"讲义"来进行的。主要讲授佛法和日莲的哲学。讲义分一般讲义、地区讲义和本山讲义三种类型。

一般讲义以一般会员为对象，每月举行一次，在地方举行一般讲义前后，还由教授主持召开以工作、生活为内容的各种指导会。每次讲义由教授先讲解"御书"，然后解答会员提出的有关教义问题。为了尽可能多地让会员听讲，各地设立了很多讲义会场。

地区讲义也是每月举行一次，由教学部副教授和讲师讲解"御书"。这种地区讲义在会员的家里举行，每次听讲者约四五十人，大多数是该地区的地区部长、班长等各级干部，也有一些普通会员。与一般讲义不同的是，学员通过地区讲义不仅可以学习教义，而且还可以提出生活方面的问题，且可以得到解答。

本山讲义是对登山朝拜日莲正宗总本山大石寺的会员进行的一种讲义，是创价学会利用会员登山朝拜本门戒坛的大本尊的机会开展的教学活动，每次约有500人参加。本山讲义采取的方式是由教授对登山朝拜的会员讲解"御书"，作综合指导，以加强会员对日莲大本尊的信仰心。

除了讲义的形式外，学会还通过举办教学研究会的方式提高教学部员的教学水平。其中会长主持每月举行一次的教授一级教学研究会。副教授、讲师的教学联合研究会以总支部为单位进行，主要是研究如何讲授日莲正宗第二十六代法主日宽上人的《六卷抄》和《十大部讲义录》。助教的教学研究会以支部为单位分几个组同时进行，主要是研究如何讲授"御书"。

创价学会的地方组织有两套，即纵线组织和横线组织。

纵线组织分为总支部—支部—地区—班—组。组是最基层单位，组设有组长、妇女组干事，一组平均有7户；班设有班长、妇女班干事，一班有50到

100户;一地区设有地区部长、妇女干事、区干事,有500户到1000户;支部设有支部长、副支部长、数名干事和妇女委员,一支部有10000户;总支部设有总支部长、副总支部长,一个总支部下由几个支部组成。这些领导成员中,支部副部长以上的称为“大干部”,以下的通称“干部”。地区部长以上的干部由会长任免,班长以下的由支部长任免。

每个支部都配有数名教学部员,负责本支部的理论教学工作。原则上每支部配备有男女青年部队各一个,大的支部可例外。支部一般设在支部长家里或是其私人事务所里。

横线组织是1961年6月为了弥补纵线组织的不足而建立的。纵线组织的好处是,上下级之间彼此比较了解,下级尊重上级,便于领导,也利于团结。问题是,住在同一条街上但属不同支部的会员,或同一住区同一支部,但所属“地区”不同的会员,彼此之间没有关系,甚至没有在一起开会的机会。这样,不仅不利于会员之间的相互了解,更重要的是不便于联络和调动,这对选举非常不利。因此,在横线组织即在地方本部管辖下,各级纵线组织平行地设立了“综合区域”(同总支部平行)、“总区域”、“大区域”、“区域”、“小区域”。“大区域长”以上的干部由会长任免,“区域长”以下的干部由“总区域长”任免。各“区域”平时的主要活动是组织住在同一地区的会员去听“地区讲义”。这种横线组织对促进同一地区的会员之间的了解和联系,特别是对选举行动很有作用。通过纵横联络,极大地提高了创价学会的凝聚力和战斗力。

创价学会地方各级组织的任务是,组织会员参加创价学会举办的各种活动。实际上,以组、班为中心的座谈会是最基本的经常的集体活动。通过座谈会增进相互了解,加强会员的信仰心和彼此之间的团结,解决思想上的一些具体问题。

(六)20世纪中叶创价学会的政治活动

创价学会1954年提出了“必须参与政治”的口号,1955年参加地方选举,1956年参加参议院选举。1962年1月创价学会为了便于进行政治活动,另外组织了政治团体“公明政治联盟”,在全国各地设立了77个支部。其政治主张是:通过宗教手段把个人幸福和社会繁荣结成一体,建设人类持久和平和全世界各民族共享繁荣的新社会主义。

在1962年7月参议院选举时,公明政治联盟提出四项基本政策:①反对制造、试验和使用核武器;②反对修改日本宪法;③举行正大光明的选举,纯洁政界;④确立参议院的独立性。此外,还提出了19项具体政策,其中包括:促进日中贸易,收复北方领土(色丹、齿舞),减轻中小企业、农民、渔民的赋

税，实现中小企业的现代化等。从各项政策的具体内容来看，它提出了一些改善人民生活的具体措施，但它强调实行有利于中小企业和中小渔业资本家的政策措施。创价学会还主张设立调整劳资关系的权威机构，在参议院和地方议会排除一切党派活动，并进行独立自主的政治活动。

创价学会认为，参加选举活动是一个"加强传教活动，使更多的群众了解创价学会宗旨的机会"。它把参加选举活动看成是实现"广宣流布"和"王佛冥合"的战斗。

1955 年该会曾提出："要在富士山设立国立戒坛，使日莲正宗成为国教。20 年后在国会必须占有过半数的议席。"

1954 年底，创价学会会员发展到 16 万人，该会领导人认为时机已成熟，便提出了创价学会"必须参与政治"的口号；1955 年 4 月第一次推出自己的候选人参加地方选举。结果，共有 57 名当选地方议会议员，创价学会势力从此开始进入日本政界。当时创价学会的理事长小泉隆在东京的太田区得票数排第一位，当选为东京都议会议员。此外，该会在东京都特别区议会有 33 名当选议员，共得票 62000 张，其中以第一位当选的有 7 名。在地方市议会共当选 23 名。

1959 年 4 月地方选举时创价学会获得了进一步的发展。在都、道、府、县议会和五大城市（京都、大阪、横滨、名古屋、神户）的议会选举中该会推举 23 名候选人，当选 14 名（东京都议会 4 名、县议会 3 名、市议会 7 名），其他地方市议会选举时该会推举 211 名候选人，当选 185 名。

在 1963 年 4 月地方选举以前，创价学会在地方各级议会中共拥有 371 名议员。在这一年的地方选举中，它在 361 个市、22 个区和 46 个都、道、府、县的议会中共有 815 名会员当选议员，入选率为 98%。加上改选的村镇议会和未改选的地方各级议会议员共拥有 1078 名地方议员。其中，该会参加东京都议会、五大城市议会和东京都区议会竞选的候选人百分之百当选。在历次地方选举中，创价学会组织工作都做得相当好，不仅利用地区组织不断召开以区为单位的座谈会，而且本部还指示青年部和妇女部对会员进行"信仰心调查"，把增强信仰和选举斗争密切结合起来进行，取得了很好的效果。

在 1955 年的地方选举中取得了相当的成绩之后，创价学会紧接着参加了 1956 年 7 月的参议院选举。

1956 年创价学会参议院候选人，首先是由创价学会的人事委员会、政治部和支部长等负责干部共同协商提出，最后由理事会会龄长短、信仰心强弱、能力高低、人品好坏等条件决定。

创价学会在这次选举中推荐的 6 名候选人中有 3 名当选。

这次参议院选举创价学会虽然只有 3 名会员当选，但其当选数在参议院里跃居各宗教议员人数之首。参议院中宗教界方面的发言权随之从佛教和"天理教"转移到创价学会。这一变化加快了创价学会走向宗教政党的步伐。

1962 年 7 月 20 日，根据日本宪法规定，创价学会在参议院内成立了有交涉权的团体——公明会，获得了单独提出法案和参加讨论议程的资格。

中篇 牧口常三郎教育活动的理论基石与思想结晶

第四章

牧口常三郎教育活动的三大基石——哲学、宗教和政治思想

任何思想观念的成型,任何理论体系的构建,都有一个发生、发展和迁变演进的过程,都有其特定的历史背景。历史唯物主义告诉人们,对于历史人物思想变化发展的分析和研究,离不开对研究对象所处时代和社会的认识和了解。

辩证唯物主义告诉我们,社会存在是指社会物质生活条件的总和,其本质是社会生活的生产和再生产,即社会物质生活资料的生产方式。社会意识是社会生活的精神方面,是社会存在的反映,它包括人们的政治、法律思想、哲学、艺术、宗教等意识形态和人们的风俗习惯、社会心理等。辩证唯物主义还告诉我们,社会存在决定社会意识。通俗地说,就是有什么样的社会存在就会有什么样的社会意识。社会存在决定社会意识的原理为我们探究和理解牧口常三郎哲学、宗教和政治思想等教育生活的基石和结晶提供了科学的方法指南。换句话说,牧口常三郎的哲学、宗教、政治以及教育思想是大和文化、外来文化、宗教文化、当时所处的时代背景以及自我内化实践的产物。也就是说,他们的哲学、宗教、政治和教育思想本身就是对“社会存在”在“社会意识”领域所作的应对。或者说,牧口常三郎正是在他所处的风云变幻的历史背景下,在东西文化的巨大冲撞中,以更高的起点,更宽的视角,更深的理性,对当时社会存在的突出问题主要从哲学、宗教和政治三大方面进行了思考,并形成了其教育活动的结晶——创价教育思想。

第一节 哲学思想

哲学是关于世界观的学问，是系统化、理论化的世界观，是自然、社会知识和思维知识的概括和总结。它既是世界观的理论，又是方法论的学说，是二者的统一。

辩证唯物主义认为，人是历史的主体，历史过程是人的实践过程。正是在历史实践过程中，人作为现实的具体的人而存在。人的本质存在于具体的人性之中。人在其现实性上是一切社会关系的总和。人的本质属性是人的社会性，这也是人区别于其他动物的根本属性。与人的社会性紧密相关，人的价值包括社会价值和个人价值两个方面。人的社会价值是个人对满足社会物质需要和精神需要所作的贡献。人的个人价值是社会对个人物质生活和精神生活两方面的满足程度。

“创造”二字是牧口常三郎一生的精神支柱，折射出了他的人生观，也是理解其价值观的“突破口”。他对“创造”二字的精妙解读，充分揭示了人生的真谛，发人深省。

牧口常三郎的哲学思想主要涉及人生、真理、认知与评价以及价值观体系等方面，而且是紧紧围绕“价值”二字来进行阐释的。虽然“创造”是贯穿其哲学思想的“主题词”，但他并没有对其专题进行深入透彻的分析，而更多是融入其“价值”的论述中。

牧口常三郎的哲学思想主要体现在《创价教育学体系》第2卷中，在他逝世10周年之际，其门徒、创价学会的第二任会长户田城圣对此卷进行了修订再版，并命名为《价值哲学》，以资纪念。

价值范畴是牧口常三郎创价哲学思想的核心所在，也是牧口常三郎教育思想的重要基石之一。牧口常三郎把正确认识价值作为理解其创价哲学的切入口，认为没有对价值的正确认识，就难以理解创价哲学，而要弄清这一问题又必须从理解人生活的目的开始。也就是说，脱离了实实在在的生活，是没有价值可言的。纵观牧口常三郎一生的教育理论与实践，尽管晚年皈依了佛门，但他一切着眼于活生生的人的生活的出发点始终没有变。正如他的门徒池田大作所说，牧口常三郎的价值哲学，“是他研究实际生活，分析和综合其中的规律的结果，换句话说，它是一种理论体系，这个体系阐明了在生活中创造价值的诸种方法”①。从这一点上看，牧口常三郎哲学思想是以唯物论为主导的，或者我们至少可以说，在他信奉日莲佛法之前是唯物的。

牧口常三郎认为价值与人类生活紧密相连，人的生活的目的就在于追求价值，生活的最高和最终的目的是幸福，生活的目标就是获得和创造那本身就是幸福的价值。不管一个人是否意识到这一点，幸福始终是人生活的一种状态——一种人人都渴望的理想的状态。以不幸为相对极，幸福有无数的层级，但是人活着总想获得最高级的幸福。而创价哲学的目的在于能使每个人和社会获得绝对的幸福，其手段就是创造那作为幸福的要素的价值。牧口常三郎的教育思想就是建立在这种创价哲学基础上的创价教育思想。牧口常三郎的《价值哲学》主要阐述了以下几个方面的内容。

一、关于真理与价值

牧口常三郎首先将真理与价值作了区别。他认为，真理和价值是完全不同的概念，它们最重要的区别就在于：前者意味着统一（主观符合客观），后者表示一种关系（客体对主体的适宜）。就是二者都普遍有效时，它们也不同，前者是指的质，后者则指量，前者意味着同质，后者标示着客体对个人生活的影响程度。真理既可以是实体概念又可以是关系概念。价值是关系概念而不是实体概念。价值概念是一些应该被包括在价值范畴之内的关系的概念，就是说，价值是客体下主体关系的概念。

一个事物被如实地陈述出来时，我们说这是事实或真理；主体和客体的关系被陈述出来时，我们则称为价值。真理是如实而确切地表述现实的东西，它绝不能同好恶这样的感情纠缠在一起。“假定有一个瀑布，在这种情况下，说‘这是个瀑布’，就是真的；而说‘这是一条河’，则是假的。”②在这里，“瀑布”就是“瀑布”，无论表述如何，瀑布的现实不会改变。问题只在于对“瀑布”的表述是真的还是假。因此，在瀑布确切地被认定为瀑布时，不管瀑布与人的生活的关系如何，这表述都是真的。在他看来，真理是客体以及客体之间相互关系的概念，它意味着客体性质的相同。比如，我们说“这是一匹马”，当对象既不是牛也不是羊而正好是被社会公认的马时，即事物正好如其所是的那样被陈述出来时，我们叫它真理。再如，

$$(a+b)^2=a^2+2ab+b^2$$

---

① 牧口常三郎著，马俊峰、江畅译：《价值哲学·英文版序言》，中国人民大学出版社 1989 年版，第 2 页。

② 牧口常三郎著，马俊峰、江畅译：《价值哲学》，中国人民大学出版社，1989 年版，第 10 页。

因为这个等式不管时间、空间和人的不同，都被公认为是真的，我们才说它是真理——否则它就要被称为谬误。[①] 不管它与人类生活有着什么样的关系，真理总是真理。真理是性质相同的概念，这些性质是从实体和与之相关的现象中客观地抽取出来的，是对从客体的变动的偶然的因素中抽象出来的不变属性的准确描述。真理的本质"就是对一客体的准确陈述，别无他意"[②]。真理不能被创造。同苏格拉底一样，牧口常三郎认为无论人、时代和环境有什么不同，真理都是不变的，"一旦它成了可变的，我们就不叫它真理了"。真理的判断只依纯粹的客观事实的存在或不存在而定，不允许夹有丝毫主观性或情感因素。这就是说，如果根据正确认识而获得的真理依一个人的好恶而转移，我们就不能承认存在着普遍有效的真理。牧口常三郎还提醒人们，在"价值可变"的事实被明确地陈述并被证明时，真理在这个陈述所涉及的范围内仍然也是永远不变的。在这种情况下，我们绝不可以把变化的客体同对它的确切描述相混淆。在把变化的客体规定为它是变化的之后而得到的概念，在其如实描述了对象的范围内，它仍然也是真理。

与真理相比，价值则是主体和客体的关系的陈述，是一个人和一个客体相互吸引或排斥的一种关系状态，是客体与人生活之间的感情关系，它意味着在客体和评价它的主体之间产生的量的合宜。比如我们说"这匹马是美的"或"这匹马是有用的"时，我们把这称为表述了价值，因为它意味着对人的关系。那些对人没有影响的事物就不会引起人的注意，往往人们甚至连它们的存在都毫无意识。但在另一方面，人注意那些影响他生活的事物，感觉到他和它的关系。对那些威胁他生活的事物，他会更加注意。价值是关系概念而不是实体概念。价值，作为主客体关系的标示，没有相同的性质，因为它只意味着主客体的合宜或不合宜。价值是变化无穷的东西，如果主客体的任何一方发生变化，价值也相应地发生变化。像我们所看到的，不同时代和国家的伦理规范的不同和变化就展现了价值变迁的历史。价值不仅根据客体和通过情感来评价这个客体的主体的关系而变化，而且随着时代和环境的变化而变化。从日常经验我们也知道"某一客体对'A'是必需的，而对于'B'就几乎无用。就是同一客体对同一个人的价值，由于时间不同而发生很大的变化，这也是众所周知的。更不用说价值依地点和环境的不同而发生的变化了"[③]。正因为价值具有多变的属性，所以价值能被创造。所有我们用作日常生活原料的自然资源最初只是在它们原来的形式上被利用，但在许多世纪以

①③ 牧口常三郎著，马俊峰、江畅译：《价值哲学》，中国人民大学出版社，1989 年版，第 10、19 页。

② 牧口常三郎著，马俊峰、江畅译：《价值哲学·原版序言》，中国人民大学出版社，1989 年版，第 6-7 页。

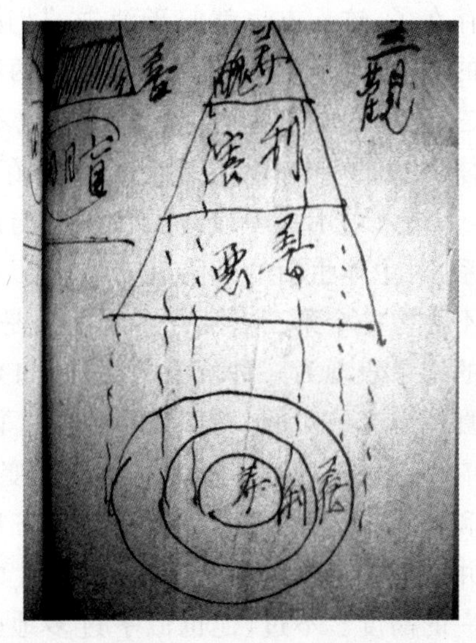
牧口常三郎手写的关于利、善、美的关系图

后，这些资源通过人们的努力和进一步的改造而增加了对人的效用，达到了目前这种完善的状态。这种进步的过程就可被称为增加价值或创造价值。创造的意思就是发现和评价一个自然存在和人的生活的关系，使之与人的生活建立起更密切的联系，而且通过人的力量增强这种联系。换句话说，创造就是借助于人手把自然的通常秩序改变成一种特殊秩序，从而增加它对人的生活的有用性。严格地说，创造只能被用于价值，而不能用于真理。真理应该是被发现的，而价值则是既能被发现又能被创造的。价值的要素包括美、丑，利、失和善、恶。美的价值是一种可感的易变的价值，是人通过五官，诸如视觉、嗅觉、听觉、味觉和触觉而感受到的。利的价值是每个个人同能使他保持和发展其生存的客体之间的一种关系状态。善的价值是表达了对每个个人自愿的，对由许多个人构成的集体有贡献的行为的评价。他认为，创价教育之意就在于培养人那种创造美、利、善的能力。这可以说是牧口常三郎手写的关于利、善、美的关系图以“利”代“真”，提倡“利、善、美”为核心的价值观体系的理论原点。

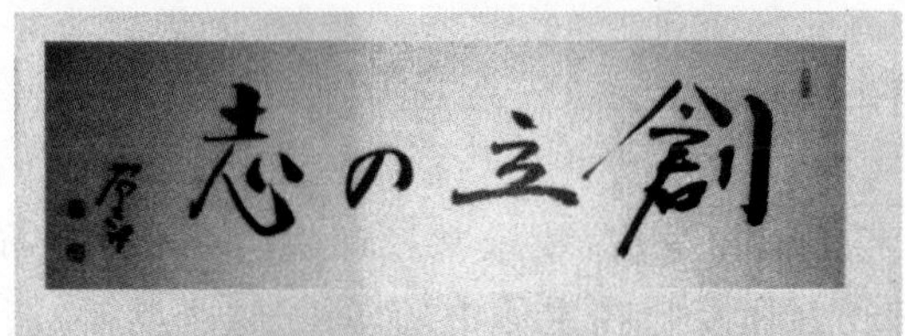

牧口常三郎题写的“创立之志”四字

牧口常三郎手写的关于利、善、美的关系图在区分真理与价值的基础的同时，还从实体的绝对性和相对性、主体与实体的关系的角度将真理划分为绝对真理与相对真理。牧口常三郎认为，实体可分为绝对的实体和相对的实体。“所谓绝对的实体，意味着一个事物，不管存不存在同日概念，在客观上人们都不能否认它的存在。所谓相对的实体，最初是由于同目概念——诸如父—子、兄—弟，姐—妹、君—臣、夫—妻——的存在而形成的。只要另一方不存在了，这一方也就归于消失。”[①]这说明认识一个事物的存在还要依靠相对的概念。所以，对这种认识应分两种来考察：一是当一个人能够作为一个第三者时，即不带有对生活的焦虑也不带有欣慰的意识去冷静地观察与认识主体无关的实体时，他的态度——存在或非存在，同意或拒绝，赞成或不赞成，其结果可用真理或谬误代表。与此相反，如果一个实体与主体有相当的关系，对主体生活的升降有一定的影响，从而引起他的注意，那么，此时的他就不会像一个第三者那样客观地而是带有强烈的主观感情去考察对象。“最后的结果表现为一种价值的决定，如兴趣和爱好。对于这种情况，我们认为，说真理中有绝对的(真理)和相对的(真理)这种区别是适当的。换句话说，与价值相关的真理随着主体的变化而变化，而与价值无关的绝对真理则是永恒的和不变的。”[②]由此可见，牧口常三郎充分看到了真理与价值的依存关系。他并没有排斥真理的主观性，而且对真理的认识渐渐上升到绝对性和相对性统一的高度。不过，他也似乎过多地强调了价值主体的主观意志，这样也就难免犯下实用主义真理观的大忌。

值得肯定的是，牧口常三郎把实验作为检验真理的标准。他说：“对一个事物的认识是不是可靠的真理的问题，只有在做了谨慎的实验后才能知道，因为作为真正新的发现这时才会显露。”[③]真理根据同事实的比较能被证明是真的，即通过使抽象概念具体化和实验，看一个陈述是否同它所认识的事实相符合。价值则不然，它不能仅仅通过这样的理性论证而被证明。在客体和主体之间存在着相关力，在证明价值方面无法通过实验证明客体对评价主体的影响。

二、关于认知与评价

与区分真理和价值相适应，牧口常三郎也将认知与评价加以区别。他说，认知是主体获得客体复映在主体中的印象，这个活动被称为认知。从这个意义上讲，认知是主体对客体的直观复映。主体在一定程度上意识到客体的影响时，主体就相应而动，这个活动就叫做评价。换句话说，评价是主体对客体的能动反映。认知意味着注意客体，感知它的性质，在精神中获得对它的概念。也就是说，认知表示对实在的性质以及它与主体关系的了解，而评价则是对客体和主体之间的相关力的衡量。所以，认知是客观的。认知的客体是与主体存在的涨缩变化没有直接关系或只有少许关系的现象，认知的主

①②③ 牧口常三郎著，马俊峰、江畅译：《价值哲学》，中国人民大学出版社，1989年版，第46、47、52页。

体在对待客体时遵循的是冷静的客观观察的原则，或者说，将主观因素减少到最低程度。评价则是主观的。就认知来说，因为我们已拥有一个客观的标准，并根据此来确定客体存在或不存在、相同或不同。因此，个人不能判定关于一个客体的认知是真理还是谬误。相反，价值则不同，因为它正是根据每一个个人所怀有的无法言传的标准而定，这标准即是被感情所左右的不稳定不确定的心境，也就是说，评价主体不能对客体持冷静的或漠不关心的态度。牧口常三郎认为真理是由认知获得的概念，是认知的结果；价值则是客体与人之间的相关力的量值概念，是根据评价或作为评价的结果而被接受的。相反，评价的客体因为对主体的存在有较大的影响，评价主体必然不能对之持冷静的或漠不关心态度，因为这样根本不能满足理智内在的要求，即思维依照以位于快乐和痛苦之间的主观状态的等级而形成的评价标准，根据主体所获得的印象的强弱程度来评价客体的强烈、全面和实在，等等。

牧口常三郎认为，认知和评价相当于经验活动和交接活动。“经验活动意味着认知客体，主体冷静而客观地尽可能精确地观察外在的和内在的现象。在这种情况下，主体忽略客体与他的生活的关系。”①主体以第三者的身份冷静而客观地观察事物，因为他把外在世界看做是相似于人类的存在状态，它对人类存在没有什么直接影响，所以就认为这外部存在对他的日常生活没有影响。事实上，人们如果要想真正地认识这种客体就得排除情感的和主观的因素，保持其客观的面目。相反，在交接的情况下，主体探讨客体，不把它看做是与自身无关的存在，而是把它作为与他的生活有密切关系的人格存在，即作为他的对手，或作为他好恶的对象。因此，在这种场合，他对它就不能采取冷静的和漠不关心的态度，而是“把它们作为与人有关系的东西去观察，考虑到它对人的生活的影响。于是主体产生了情感反应，享受客体对他的影响同时也付出相应的力量。”②在他看来，一个人对对象的态度不同，其接触外部世界的方式也随之不同。在前一种情况下，他对对象始终持有一种纯粹理智的态度而冷静地观察它。在后一种情况下，人与对象则基本上是情感交接。基于此，要理解外部世界，就得依靠认知和评价共同作用，如果缺乏其中一个，人就不能熟悉他的对象，也不能对他的对象有全面而准确的把握；如果人们想要发现精神界或自然界事物的真理，就必须使经验和交接两方面的活动得到充分而和谐的发展，否则，他就会陷入偏见。经验和交接看起来好像是相反的概念，但稍加观察就会发现，它们不过是整体和部分的关系，正像理智和情感（即形成前述概念的基础的心理学现象）只不过是整体和部分的关系一样。在日常生活中，承认存在着一些让我们几乎感觉

---

①② 牧口常三郎著，马俊峰、江畅译：《价值哲学》，中国人民大学出版社，1989 年版，第 27、27 页。

不到的感情或没有感情存在的经验,但是绝不会发现一种我们甚至不能称为"经验"的无意识的关系。我们用以看事物的所谓的科学观察并不能抓住事物的全部特征,因为即使有所注意,客体也并未显出对我们起作用的迹象。在这种情况下,尽管采取中立的态度,也不可能把握住事物的本质。只有在与客体进一步的交接中,在两方面的协同作用下,与主客体之间的相关力有了进一步的交流后,我们才能认识事物的真理。总之,在两方面的协同作用下,与主客体之间的相关力有了进一步的交流后,我们才能认识事物的真理。为此,他认为,教育必须做到主观与客观、理论与实践的统一,而要想达此境界,除了使经验和交接共同发挥作用外,还必须正确地将认知与评价区分开来。

牧口常三郎认为,值得引起重视的是,混淆认知与评价的现象到处可见,甚至在相当多的高级知识分子中间,在他们每天的谈话中,也能发现这种认知和评价相混淆的现象。而且这些人并没有觉察到这一点,他们在讨论事情时,不知道其原因就根据自己的好恶来随意下判断。他认为,这些人在思想和行为方式方面都误入了歧途。"那些草率地断定宪法的精神只要举行一个颁布宪法的纪念大会就能被实现的人,那些认为天皇教育通谕仅仅靠追思礼拜的仪式就能被领会的人,都属于这一类。"①

在他看来,当今世界上,没有什么比混淆认知与评价更为糟糕的事了。因为混淆了评价和认知,往往容易导致人对他的选择和决定难持一种确定的态度。尤其是在青少年的教育过程中,如果混淆了评价和认知,将会直接产生不良的后果。比如说,假定一个学生问他的老师说:"这是什么?"老师却严厉地申斥他:"像这样的事你都不懂!"显然,这位先生把认知同评价混淆了,因为问者并非是让老师评价他的能力,而仅仅是因为他不明白某事,希望寻求指导而已。在这种指导下,落后的学生将会变得更加迟钝,这样的教师只能说是一个忽视学生智力的教育者。同样,在指导孩子们准备功课时,如果父母、兄长或姐姐们因孩子理解力差而烦躁恼怒,想当然地认为责备能达到促进孩子的目的,那么其教育效果只会是徒劳无益。当然,类似的情况,在政府部门,贸易公司和较小的企业、工厂等社会的各个层次上都能经常看见。人们在冷静地与别人争论以寻求真理时,往往会逐渐地变得激动,最后开始争吵,这时就容易偏离问题的要旨。实际上,认知和评价的混淆往往迫使世人处于各种混乱的状态中。

---

① 牧口常三郎著,马俊峰、江畅译:《价值哲学》,中国人民大学出版社,1989年版,第13页。

三、关于认知观

牧口常三郎从认知过程、本质与非本质、认知的客体、直观与思维四个方面对认知观进行了论述。

牧口常三郎认为，认知过程可以看做是对事物相同和不同的认识，也可以说是人们相同的知觉和不同的知觉。假定一个人要认知一个事物，那他不仅要有以前所获得的感觉能力，而且还要有比较借这感觉能力获得的感觉和把各种感觉区分开来的能力。只有具备这样的能力，他才能对事物作出判断，也才能得出"我以前看到过这个东西"、"我以前从未看到过这个东西"、"这同我以前看到的不同"之类的结论。这种判断力是人类最原始最基本的精神能力，甚至动物也有这种能力，如鱼就具有选择所要咬的诱饵、区别好坏的能力，甚至植物都在选择营养物。不过，我们不可以因此认为植物也存在识别力。这一点，牧口常三郎的看法与马克思关于意识的观点是一致的。

当然，认识事物仅靠感觉是远远不够的，还必须依靠过去的直接经验或间接经验将眼前的事物同过去类似的经验联系起来进行判断和推理。如判断"A 是 A"就意味着"A 不是非 A"。在这种情况下，一个人以前看到而保持在记忆中的"A"的观念就被刚刚收到的用符号 A 表示的观念所召回或激起，而别的不同于 A 的旧的和新的观念则沉入意识层面之下。因此，通过合与分的相互作用，人就形成了判断。结果，首先形成肯定判断："这个同那个是相同的"，与此相对立的否定判断则滞留于后。外部世界通过这样的判断被理解为内部现实，然后通过语言表述出来。认知就是对这种思想工作机制的命名。这种工作机制可以被分为两类。一种是对同时发生但处于偶然存在状态的事物的辨别，这是一种直观的比较，如"这个与那个相同"或"这个与那个不同"。另一种是对在一段时间内持续存在的事物的辨别，这是把一些事物与过去的直观所获得的印象进行比较，即把依照当下的刺激而获得的新感觉与心灵由之而回忆起的旧观念进行比较而得出它们是相同或不同的判断。在这种情况下，由过去的经验牢记在心的东西必须被回忆起来。

牧口常三郎认为，认知与推理判断相比难度要小一些。认知，只需要审视、比较两个事物，就可得到相同或不同的结论，而推理判断则要复杂得多。形成一个概念的诸因素，除了识别力外，还要有分析能力。

认知与评价互相联系，认知是评价的基础，评价是认知的深化。评价一个事物，必须依靠认知，但光靠"五官"是不够的。我们不仅要求助于五官，还要求助于自我保护能力，诸如情绪、心情或对生命的感情这些潜藏于五官之后的东西。在仅仅是冷静地认知事物的意识下，对事物只能达到知的状态。

一旦由于受到更强烈的感情影响了人们的生命自卫能力的刺激而去认识事物时，我们就不能停留在静观的态度上，而必然会产生自我保护效应，对事物表现出吸引或排斥的反应，唤起愉快或痛苦的感觉，即称之为喜好或厌恶的感情，这个感情的形成过程是评价所必需的。

牧口常三郎认为，所谓本质，就是在观察事物的过程中，从不断变化的现象中挑选出那些不变的东西，即从持续变动之中挑选出那从不变动的和所有人都承认其具有同一性的那部分。那些可变的部分，也就是事物非本质的内容。在日常生活中，人们总是抓住事物的不变因素，把它当成真理，对之充分信任。自然界的某一规律一旦被证实，它就被认为是普遍有效的，人们就顺从它而生活。因为人们一直依照这个永恒的规律生活，所以只要条件不变，人们在将来也能继续如此生活。如果它发生了变化，那以前的情况就不再保持原样，在以前的环境中所过的生活因其关系的变化也将不能维持原来的状态。只要研究事实，就能得到规律。科学是由对事实的认识而形成的规律构成的。

对某物给出陈述意味着把那些在时间和空间上存在于外部世界的事物与那些显现于头脑中的内部现象放置在叫做“语言”的容器中，并通过加工将其内容以观念的形式表现出来。具体过程是，在直接观察客体之后，对头脑中产生和形成的东西做进一步分析，然后抛弃那些非本质性的因素，挑选出具有共性的部分即本质的内容，然后用语言、图画或音符等社会通用的形式使之保存下来，看做是社会的公共的精神财富而加以保留。总之，认知意味着用头脑把握客体，形成(意识)与物质条件的联系。然而这不是简单的复制。正如太阳光通过透镜的焦点而聚集起来，把一个东西逐渐烧焦那样，一个客体也根据人们眼睛的调节运动而变得清晰，在人们的头脑中形成一个客体的映像；接着，触觉和其他器官所获得的映像也集中到一点，人们才清晰地认识到外部世界中的那个客体。在这个过程中，精神处于警觉状态，注意力集中于一点，各种器官统一协调地工作。

认识事物，要进入知觉阶段，要意识到一个客体，人们总是尽力抓住与生活有关的问题，根据在工作中占主导地位的(客体对人们的)关系来下判断。由于这个原因，认知可说是总有评价相伴随。只有那些与主体有关系的事物才会被认识，否则就认识不了。在这个意义上，被认识的东西都可说是对主体有影响的东西。认知客体，可以有两种方式：一种是由刺激各种感官而获得的直接感觉所构成的具体观念，这属于所谓的知觉；另一种是由统觉的思考而来的认识。在形成抽象概念的过程中，思维把各种具体观念分开，对之进行比较、分析和综合，抽出所有观念共同具有的性质而抛弃那些非共性的东西。

在他看来，认知的过程也是一种联系的过程，一种比较、推理和论证的过程，同时也是一个去伪存真、去粗取精的过程。牧口常三郎关于认识事物本质的论述实际上与辩证唯物主义所阐述的关于事物的本质观是一致的，或者说至少是接近的。

四、关于价值观体系

牧口常三郎主要从价值的本质、关系和相关力、价值的分类等三个方面对价值观体系进行了构建。

他认为，要弄清价值概念的唯一途径是应该持真正客观公正的态度去审查社会通用的“价值”的含义，而且必须探求它的本质。

牧口常三郎首先肯定价值的存在。他说，即使它的存在形式不同，但毕竟也是存在。正因为它的存在，才会影响人们的生活，人们才能评价它，也能认识它。价值是客体满足主体需要而形成的关系。“价值”或“有价值的”意味着被指称的一些事物是能充分满足人们需要的客体。比如，一套特别脏的衣服，对一个富人是没用的，因为这样的衣服不能满足他的需要，但是这套脏衣服对一个有许多孩子需要供养的穷人来说，可能就是有很大价值的东西。可见，“价值”这个词，是在表达人们同一定客体（即能满足需要的客体）之间的关系的意义上被使用。也就是说，当一个客体能满足需要时，就说它是“有价值的”。价值的要素可以分为评价主体、评价客体以及二者的关系。二者的关系中，一种是被认识的关系，一种是被评价的关系。我们还可以把价值的要素分为客观要素和主观要素。另外，价值的主观要素又能被分为有意识的评价和无意识的评价，根据关系在程度上的不同，还能被分为理智的反应和情感的反应。

牧口常三郎认为，价值的大小根据客体与评价者生活的关系的水平而不同，常用“利”或“失”来表达，评价者通常都是个人。但是当社会评价作为该社会一分子的个人的行为时，则使用评价词“善”和“恶”。这种评价只是被所谓的社会自己认可的价值判断。价值具有相对性，同一个客体既能表述为“利”、“善”，也能表述为“失”、“恶”。

牧口常三郎从关系与相关力的角度对价值进行了进一步的阐述。

他认为，价值是一个客体与人之间关系的概念。在主体与客体发生关系时，可以发现存在着一种客体对主体有利的吸引力，或是对他有害的排斥力，这种力就叫价值。也就是说，“价值就意味着在客体与人的相互联系中正在起作用的"力"或"功能"的状态"[①]。这种"力"的质和量也就是客体影响主体的质和量。

在牧口常三郎看来,价值是主体与客体之间的一种"力",这种"力"的大小、好坏在很大程度上受到情感即评价主体的好恶的影响。在某种意义上说,感官的不同决定了价值在质上的不同。虽然诸如利失、善恶、美丑这些价值相互间有质的区别,但它们的价值都不过是根据评价主体的不同(即接受和认识客体的不同感官)或根据主观观点的不同而进行划分的,所以不能忽略对价值和情感关系的研究。牧口常三郎指出,价值与一个有知觉的人所体验的肉体快乐密切相关。然而,人们也不能由此就草率地说价值情感和快乐是一回事,是简单的、同一的,是同向的。牧口常三郎根据关系的强度和相关力的大小,将价值分为"有价值"和"无价值"、"正价值"和"负价值"等几种。"有价值"和"无价值"体现了客体与人之间一种关系或相关力的存在或不存在,比如:假设有10袋木炭,在一个冬天烧掉了5袋,其余的5袋没用。在这个冬天开始时,它们每一袋肯定都具有相对的有用性,因为木炭的所有者不能准确地知道需要多少袋木炭。可是到了夏天,剩下的5袋木炭对于评价主体的生活就没价值了。这5袋木炭尽管都可以盼望在下一个冬天重新有价值,但至少在夏天,对于取暖的目的来说它们是无价值了。而在下一个冬天来临时,由于取暖的目的它们又重新获得价值,创造了与在上一个冬天它们所具有的同样的价值。这样,我们就能认识到,在夏天对于取暖的目的而言这木炭的存在是无价值的。我们可把它在这几个月中所失去的价值理解为相当于零的概念,即把它称为"无价值"的概念。而"正价值"和"负价值"则体现了客体与人之间一种关系或相关力对于人的存在或者说对于维持生命的有益性和有害性,意味着存在一种有益或损害评价主体生活的关系。比如说,肉体快乐对人们来说是强烈的快乐,但不能否认,自私的欲望的满足也是快乐。可是,在人们的官能快乐是由伤害别人所取得的时候,在自己的利益依靠损害他人的所有权而满足的时候,尽管这样的快乐是有价值的,但它只能是"负价值"。人们会为这种行为感到羞愧,憎恨或怨恨沉溺于这种快乐中的人。当然,也不能得出另一草率的结论:无快乐的事物无价值。比如"良药苦口"。

牧口常三郎认为,价值的存在与否、大小是随着时间、地点、条件转移的,不可以绝对地、静止地看待它。在此时无价值的事物在彼时不一定没有价值;在此时具有正价值的事物,在彼时可能没有价值或变成负价值的事物;在此时价值很大的事物,当条件发生变化后可能价值增强或减弱甚至完全丧失。比如,打碎的瓦片一般都被认为是无用的,但是,为了平整土地或改造低

---

① 牧口常三郎著,马俊峰、江畅译:《价值哲学》,中国人民大学出版社,1989年版,第61页。

地，它在建筑工人手里就会创造一些价值。在利用废旧产品的方法还没被发现之前，我们还必须有一些收垃圾和清扫搬运垃圾的人。只有在确立了一定的目的，又有足够的垃圾被投入实际应用时，垃圾才能创造价值。相反，如果垃圾的数量太多以致无法都用上，它们就成为障碍，相应地产生了害处或负价值。又比如，经济学中的“愉悦递减规律”告诉我们，当一个人重复不断地体验同样的快乐时，最后就会感到厌烦。在重复已经体验过的快乐时，其愉悦程度就相应地递减，不仅只是减少，而且第一次所体验的那种愉悦感几乎消失。愉悦的持续时间也因重复而缩短，比以前更易引起厌烦感。在明治时代，有一盏纸糊的灯罩的油灯曾是很大的幸事，但在电灯已经普及的现代，油灯已变成了无人留意的无价值的存在。而且，有时人们甚至把它当做讨厌的东西，虽说在停电时它的价值还能恢复。可见，即便是同一客体与同一主体相联系，其价值也根据时间的推移而变化。同时，价值还根据评价主体的不同而不同。有价值的事物可以变成无价值或负价值的事物，也可以从无价值或负价值的事物变成有价值的事物。

必须指出的是，牧口常三郎认为，负价值不是无价值。它是相对于正价值而言的。在一定程度上可以说，负价值创造了正价值，正价值形成了负价值。一个人得了伤寒病，这病即是负价值。可是，他由此获得了后天免疫力，变得比以前强壮了，坏事变成了好事，这时芽孢杆菌则产生了正价值。同样，外敌侵犯和国家动乱这样的负价值在一定条件下会形成使一个国家更强大的正价值。经常有这样的情况，虽然有些事物与那些对人的生命具有肯定的有益的关系的事物比较，它们自身是有害的，是负价值，但是由于它们的存在，却减少或抵挡了更为有害的事物的侵扰。虽然一个事物的外表不仅对人无用而且迫使人把它当做敌对的东西加以提防，但它们的内在机制却对人有利。正价值和负价值之间的这种相互关系类似于数学上的正号和负号的相互关系。为便于理解，牧口常三郎还将正价值称为“肯定价值”，将负价值称为“否定价值”。

与此同时，牧口常三郎又根据评价的主体将价值区分为主观价值和客观价值。他认为，当价值存在于一个人在一定时刻与客体发生联系时所体验的感受中时，此时的价值都是主观的，即主观价值。而被社会所评价和认为是利或失的价值就叫“客观价值”。由于评价的主体不同，同一个客体的价值也会有差别，它既能表述为“利”、“善”，也能表述为“失”、“恶”。牧口常三郎主张，因为个人行为不过是社会的一个部分，所以个人行为应该服从社会行为。当个人利益与国家利益发生冲突的时候，个人就应该从大局出发，牺牲自己的利益。同样，当国家的利益与世界的利益发生矛盾的时候，国家的利益就应该服从世界的利益。这种牺牲和服从对于前者来说是失，而对后者来说则是善。这样的行动也就被后者认为是善而给予赞扬。可见,一个客体被评价主体即社会评判时,对个人来说是利和失的东西就变成每个人都必须客观地同意的善和恶,每个人的主观价值则变成了客观的和公众都必须承认的交换价值。所以人们必须认识到,善恶、美丑、利失,既有客观价值也有主观价值。一般而言,同一客体被看成是得失或善恶,这依赖于评价主体。主体是个人时,用利失来表述价值;当主体是社会时,则用善和恶。评价词"善"和"恶"是社会评价作为该社会之一分子的个人行为时所使用的词。尽管在个人之间善恶这些词也常常被使用,但是,它们只能在有限的范围内,不能被看做是具有被一般公众认可的普遍有效性。

他认为,由于评价主体、时间和地点等因素的不同,价值会呈现不同的层级,表现出相对性的特征。如"利"可以从小的、直接的到大的、长远的进行划分,"失"也可从小到大排列,善恶也是如此。根据时间和空间条件,依照它们的程度,人们作出关于善恶、利失的决定。一个在此时是善的行为,随时间的推移可能被评价为恶的。在这种情况下,这种善的价值就叫做较小的善。一个在几十年或几百年以后都被认为是善的行为,可称为较大的善。一个被社会的一小部分人认为是善的行为而在被大多数人认为是恶时,它也是较小的善。相反,一个为所有人都公认为是善的行为,可被称为较大的善。

牧口常三郎还将价值从性质上进行了利、善、美的分类。他认为,利的价值即经济价值或有利的价值,善的价值即道德价值。善是社会价值,善追求的是与邪恶水火不容的正义。人生中最值得追求的是"善";美的价值,即审美价值。"美"是艺术,是人们对文化永恒的追求,美能使人内心平和、安定。

他指出,价值最初是在经济现象中被认识到的,所以,价值概念最初为经济学家所系统阐述;然后,被逐渐扩展到其他密切相关的学科,如美学、伦理学、哲学,等等。从这个意义上说,利的价值为其他价值的解释奠定了基础。

牧口常三郎从善和恶的角度对道德价值进行了阐述。他指出,像善和恶这样的评价术语,只为社会独用。当行为被社会所认同,那就是善,即所谓"公共的善"。这里所说的"公共的",意指由个体和家庭构成的、被称为社会群体的那种共同体。当"私人的利益"和"公共的利益"相冲突时,"那种不顾公共善的自私的利是恶"。也就是说,和公共善相矛盾的自私的利是恶,和自私的利相对立的公共善是善。在群体生活中起主导作用并使自己的个人生活从属于这个群体的人,被称为有道德的人。所以,个体的利对所有人来说是共同的,就是善。个体的利对所有人来说不是共同的,就不是善,除非评价主体是反常的(愚蠢的、疯狂的、邪恶的)。善是一种与指称为"善的"价值的词语相符合的行为。但是有时也会发生这种情况,这个词甚至被应用于描述作为行为动机的精神状况。如果善为另外某人所行,就会根据他的行为评价它，但是假如是第一人称，他就只能在心灵深处意识到他的行为的动机，所以，善的最初意义只不过在于表达行为的某种状况。在通常的情况下，这个术语除了人的行为之外，并不应用于任何其他事物。即使任何其他有生命的创造物或由自然原因引起的现象与人的善恶行为相似，也不能对它作出这样的评价。简言之，善和恶是专门用于人的行为的词。我们把这些术语运用于直接或间接对他人发生影响并体现着品行价值的有意行为。

牧口常三郎认为，善和恶的标准不是快乐。每一个行为并非根据人的欲望获得满足而必然被确定为善的。善恶的决定取决于行为是正当还是不正当。善的意义不是永恒不变的，而是随着社会条件的变化而变化的。不过，在这些变化中，有一个永远不变的事实，即善的意义是根据社会背景确定的。善只能被社会规定。利和美是从属于个人的价值，善则是社会的价值。

在牧口常三郎看来，审美价值的主旨是着眼于兴趣。尽管感到“有用”不能直接归结为某人的感觉，但是，它作为一种舒适对人们发生作用，消除人们因单调的日常生活而产生的疲劳，使人们的心情欢愉，使忧郁转变为快乐。美的价值有一个最显著的特征，就在于它是在和感觉的联系中获得的。把行为和心灵的美同客体的美混同起来，把它们放进同一个范畴之中，是对善的错误考虑的第一步。当美的心灵通过表情、姿态、举止等体现出来时，它们首先获得美的价值。除非它们被感觉对象表达，否则就不属于美，而是属于善。

第二节 宗教思想

宗教对牧口常三郎一生的影响深远。他的教育力作《创价教育学体系》得以出版，创建以研究教育学、培养德才兼备的教育者、改造国家教育为目的的创价教育学会，以及后来他表现出来的与日本军国主义政府进行不屈不挠斗争的勇气和毅力无不在很大程度上得益于宗教的力量。

从时间上看，牧口常三郎的教育学研究和宗教信仰是同时起步的，基本上都是在白金寻常小学任教期间。牧口常三郎将教育学和宗教信仰有机地联系在一起。宗教信仰在他的教育学说中占据着重要位置，被视为教育的核心和灵魂。在他看来，对于教育来说，政治、经济和宗教都有着重大的影响，其中，宗教的位置更为重要。他指出，尽管政治和经济是确立彻底改善国民生活之国策的重要因素，必须认真加以考虑，但是，它们毕竟只是一些枝叶末节，如果离开了教育改造这项基本国策的话，所起的作用不外乎是对世间生活做些枝叶上的修剪而已。而且，教育改造如果仅仅停留在传统的"注入式"的教育制度和教育内容上，不触及教育的核心问题即宗教上的革命的话，将是徒劳无益的。

牧口常三郎指出，宗教是调节个人生活的基本教义。"宗教指的是这样的事实，人相信他们崇拜的对象有美、利和善的价值，尽管他们不能在他们的知识结构范围内作出恰当的判断，只能实践教给他们的教义。"①从某种程度上讲，宗教不是认识的对象或研究的对象，而是即刻被相信和在生活中被实践的评价对象。对宗教应根据价值概念来评判。总体上看，没有宗教，讨论"价值"和"幸福"就是不可思议。基于此，对于那些对宗教无知或者只了解其整体的一部分的人，应取消他们争论幸福问题的资格。过去，学者和一般人因为不知道美、丑、利、失、善、恶的价值标准可以对宗教作出价值评判，所以，他们都被异教引入歧途，错过了获得幸福的机会，堕入烦恼和迷惑的深渊。由此可见，宗教是生活的基本法则和标准，是调节个人生活的基本教义。所以，宗教价值的判断是最重要的问题，必须尽可能早地解决。

牧口常三郎认为，宗教应该是起基本原则作用、起给人们带来本来意义的幸福和建立和平幸福世界所必不可少的标准的作用的那种东西。他认为宗教和科学不是绝对不相容的，并对人们认为宗教和科学绝对不相容、科学世界和宗教没有任何关系以及科学家不可能去追求获得通往上帝和佛的世界之路、科学研究的结果、对事物的科学态度都与宗教世界无关等说法持否定态度。牧口常三郎不仅对宗教的作用予以充分肯定，还认为教育与宗教应该有机联系，相得益彰。

牧口常三郎曾经指出，教育是确立国策的基础，宗教是教育的核心和灵魂。政治和经济如果离开了教育改造，所起的作用是不容乐观的。当然教育改造必须与传统的"注入式"的教育制度和教育内容决裂。所以，就当时的日本来说，寻求一种同科学文化相一致，并同日本国体完全契合的"真实的宗教"应该成为国民的头等大事。为达到这一目的，他认为，有必要改变过去那种教育家不懂宗教、宗教家不懂教育的状况。这也是他遇日莲佛法之后，很快成为坚定的佛教徒的思想根源。

应该说，牧口常三郎在研究地理学和乡土学的过程中曾同内村鉴三、新渡户稻造等具有现代思想的人物交往甚密，而且早已有机会接触到其他宗教，可是他却偏偏皈依了日莲正宗。其原因主要有四。一是日本佛教历史渊源久远，且底蕴深厚。公元6世纪初，佛教就从中国传入日本，而且逐渐成为

① 牧口常三郎著，马俊峰、江畅译：《价值哲学》，中国人民大学出版社，1989年版，第126页。

内村鉴三

日本的主要宗教之一，对日本的历史、文化和国民心理都有着重大的影响。作为一名日本国民，牧口常三郎在对待佛教上，与其他日本人一样，自然有着更多的认同心理。二是与他所处的时代背景戚戚相关。第一次世界大战期间，日本地主、资产阶级虽然大发横财，但人民生活水平却日趋下降，失业人数增多，社会极度不稳定。波及全国的“米骚动”（抢米风潮）、经济危机以及关东大地震等事件相继发生，日本的工人运动和农民运动此起彼伏。为应付危机，日本统治者对内加强军事法西斯统治，对外加紧扩大侵略。如此混乱反动的时代在牧口常三郎看来正是日莲描绘的“末法浊世”。在这种黑暗的世道里，牧口常三郎和其他所有进步的日本人士一样努力，寻求本民族的出路，而日莲谋求“王法”与“佛法”相结合的理念和为挽救镰仓时期日本所面临的内忧外患的局面而著的《立正安国论》，与牧口常三郎的救世思想产生了强烈的共鸣。他深感自己接受了《法华经》和日莲的思想之后，各种疑虑都迎刃而解，日常生活中出现的种种不可思议的现象都能在《法华经》中得到印证。三是与其个人的不幸遭遇相关。牧口常三郎一家生活十分拮据。1924 年次子善治去世，1928 年四儿长志去世，翌年长子民城去世。生活上的种种不幸是他寻求宗教寄托的又一原因，此间他完成了长篇巨著《创价教育学体系》（共四卷），这不能不归功于日莲佛法中关于生死、因果等诸多智慧给他带来的精神上的安慰和支持。四是牧口常三郎对宗教独特的理性思考。牧口常三郎对宗教并不是不加选择的。他认为自己应该信奉真正的宗教。在他看来，真正的宗教的研究态度是科学的而非唯心的，它的结果在逻辑上必须能被系统化，在科学上能被证明，而且它的所谓原则和准则必须具有普遍的有效性；它的系统化原理必须明确它将回答什么论题，它的研究对象是什么，而且它建立的原则不应该受时间或空间的影响；它不应该只是在日本发生影响，而在印度则是不重要的宗教，或者是在一百年前有效而在今天没有效的宗教。在他看来，世界上只有一种不与科学矛盾，在科学上能得到证明的符合逻辑的宗教。它是至高无上的、名副其实的。他认为他信奉的以《法华经》为根本教旨的日莲佛法是科学的。因为生活、人类、所有事物、社会、国家，甚至大千宇宙的生命都包括在这种研究对象之中。既然这种宗教把重点放在人类生活的研究上，就其追求幸福生活而言，它是和科学相似的。科学追求发现真理，通过科学研究为人类建立幸福的生活。同样，在人类活动中实行这种宗教，是为了得到幸福。同样，这种宗教的最高的、最重要原则也不是纯粹的理论，而是被物质化为“大御本尊”，其目的就是建立个人和社会的幸福。牧口常三郎对日莲佛法物化的刻有“大御本尊”四字的牌子尤其是对《法华经》极为信奉，在他看来，“大御本尊”四字的牌子体现了佛教的精髓，二者的关系就像墓碑与墓主的关系一样，如果一个人相信这种大御本尊并面对它唱“南无妙法莲华经”，他的祈祷就会得到“回答”，它就能获得充沛的生活力量。这样，一个和平的社会就会被建立起来，正如日莲所说的那样，“风将不再围攻枝丫和大树枝，雨猛烈地灌下也不足以打破泥土。世界将变得像中国古代的伏羲时代和神农时代那样安宁和平静。灾难将从这个世界上驱走，人的生命将延长”①。

牧口常三郎认为：宗教哲学的研究在释迦牟尼的时代就已开始。他对释迦牟尼关于“我们普通的凡人也能成为佛。佛的生命是永恒的，所以，那些相信这个佛的人的生命也是不朽的。换言之，那些认识到永恒生命的人被说成是佛。他们能在世界上过最幸福的生活，佛性的境界只有相信《法华经》才能达到”的说法深信不疑。他指出，释迦牟尼详述的最高经典是《法华经》，而经名又是整部《法华经》的精髓。因此，诵读经名就等于通读了整部《法华经》，同时也就能够获得通读所有经典的功德。非但如此，世界存在的一切事物也都包含在这一题目当中，题目包括了整个大千世界，浓缩了整个宇宙的精华，诵读此经名，人就能得到无穷的力量。他认为在《法华经》出现后，所有其他经典都已被详述，而且那些现在被教的经典和将来可能出现的经典将自然会被抛弃，就如同太阳一旦升起星星就隐而不见、当聪明显示出来平庸就显而易见一样。天台大师对《法华经》做了进一步的研究，并在他的《摩诃止观》中完成了佛教理论中的“一念三千世间”原理。所谓“一念三千世间”，即说只要对《法华经》一念随喜、一念信解即可同佛成为一体。这是佛教的有意义的哲学，是远远超过一切科学研究的最深刻的哲学原则，而且，它第一次在佛教中阐明了生活的真正本性，超越了西方哲学的认识论。根据这个原则，每一个存在都由十法界（即地狱、饿鬼、畜生、阿修罗、人法、天法、声闻、辟支佛、菩萨、佛）构成，这每一法界又有十法界。同理，人类无例外地都具有这十法界，即使某人出生时手或腿畸形，或者身体有残疾，也是如此。释迦牟尼和天台大师完成的佛教理论体系，一般的人是难以领悟的，只能为那些极其理智的人所理解，为那些在过去的生活中做过有功的行

① 牧口常三郎著，马俊峰、江畅译：《价值哲学》，中国人民大学出版社，1989年版，第141页。

为的人所理解。然而,“无论是释迦牟尼的《法华经》,还是天台大师的‘一念三千世间’都不会在释迦牟尼死后2000年仍然有效,因为在末法时代,人是原始的、未教化的人,他们与释迦牟尼和其他的佛没有任何联系。所以,末法时代的真佛大圣人日莲以普通凡人的形象再临,深思所有经典中的哲学原则,认识到他是真佛和常行菩萨的再现(在肉体外表中的菩萨或选中的佛,而且实际上是真佛)。他为了拯救全人类雕刻了‘大御本尊’(崇拜的对象)。”①牧口常三郎认为,这个“大御本尊”与释迦牟尼的《法华经》和给《法华经》做过详细解释的天台大师的“一念三千世间”理论一脉相承。“大御本尊可以称作大圣人日莲的《法华经》和‘实践的一念三千世间’。”②所以,追求幸福生活的大圣人的佛教实践是抱着对大御本尊的信仰唱“南无妙法莲华经”。遗憾的是,尽管人生来就有佛性,但是,在这个末法时代,除非他们凝视《法华经》和天台大师的《摩诃止观》这样清澈的镜子,除非他们在大圣人日莲在1279年为了拯救全人类铭刻的大御本尊面前祈祷,否则,他们对十法界只能是一无所知,更不用说每一法界中的十法界互具,具有一千真如的一百法界和一念三千世间。

牧口常三郎认为,如果我们将宗教作为获得精神上满足的支柱,那只能说我们对真正宗教的价值无知。这样思考的人容易犯把宗教看做纯粹自我满足的错误。如果宗教只起安慰作用和精神支柱作用,我们不必称它为宗教。因为在我们的日常生活中,什么类型的精神支柱都有。如一些人献身于自己的工作,把他们的全部希望都放在那里,一些人把读书、参加体育活动或对音乐的兴趣作为形成癖好的消遣和娱乐,一些人为了寻求他们自己的精神安慰和精神食粮而去听精神科学方面的讲座并且不加选择地读宗教和哲学书籍。

牧口常三郎指出,在原始时代的宗教中,人们崇拜自然、山或天体,向它祈祷,这是可以理解的。但是在科学已取得了显著进步的今天,我们日常生活的每个方面都是科学的,像“对不可理解的盲信就是宗教”这样不科学的、非理智的主张,完全是不能接受的,因为它和过去的宗教没有什么特别的不同。这种落后于时代的宗教必定会在短时间内崩溃。

牧口常三郎不赞成当时大多数属于佛教教派的日本人所持的“只要拜祭他们的祖先的坟墓,给祭士提供捐款,在盆会节清扫祖先的坟墓,就是宗教”的看法,他甚至认为那些只有人们提供捐款才能使他们高兴的寺庙里的祭士是腐败的,他认为这种看法和做法只能说明释迦牟尼的真实意图完全被他们

---

①② 牧口常三郎著,马俊峰、江畅译:《价值哲学》,中国人民大学出版社,1989年版,第103、103页。

所忽视。如果这也归属于宗教的话，那么释迦牟尼就只需要教“怎样对待死”或“怎样背诵经典”就够了，完全不需要什么像十二因缘、进入涅槃的六种波罗蜜方式、佛教教义的三种特征这样的原理，也没有任何实践佛教苦行的必要了。

牧口常三郎认为，真正的宗教必须是给人的生活带来幸福的宗教，是个体和社会的利益中的利、善、美价值标准的基础。从这个意义上说，日莲佛法是真正的宗教。可惜的是，释迦牟尼对生活的本质和真正本性所作的圆满的解释，以及大圣人日莲确立的、把他的不朽生活原则付诸实践的公式，由于虚假宗教的错误引导，使人们很少有机会接触他的深奥哲学，很少有机会去实践它，因而也就难以过上幸福的生活。

关于道德与宗教的关系，牧口常三郎的看法是：道德只是宗教实践中的一部分，应该把它叫做对善的价值标准的实践。善是一个从社会立场给予个人品行以评价的术语，道德同样是建立个体和社会幸福的个体品行的法则。家庭道德可以被看做是“为了整个家庭的幸福，家庭的每个个体应遵循的品行准则”。同样，村庄的道德是为了村庄的幸福村民应遵循的品行准则。对于职业团体、组织、国家和民族来说，同样如此。所以，那些没有确立善的观点的人不可能把握道德的意义。

针对当时日本军国主义政府为统一思想实行天皇制，强迫全体国民祭祀皇大神宫的大麻（神符）的做法，牧口常三郎指出，盲信“不可理解的”、称之为上帝或佛的东西是一个重大的错误，没有任何理由像太平洋战争期间军国主义者和民族主义者大势声张提倡的那样，使在某地作为先驱的恩人或一个民族的祖先成为崇拜的对象，那样的祈祷和相信只会引起思想混乱。总之，人们今天首先必须深究伟人和圣人的“教义”，如果是不合理的或忽视因果律的，它们就完全没有宗教价值。

牧口常三郎坚信，现在这个时代是佛教所预言的末法时代，出生在末法时代的人是蠢人、说谎者、贪婪者和性情暴躁的人，这些人的生活中充满焦虑和烦恼。所以，在这个时代，佛法指导原则和方法不仅必须在学校中确立，而且必须在社会教育中确立。如果有“知道怎样达到至高无上的最大幸福状况的手段和方法”的人，他们就应该在方法上劝告其他人并指导他们走上正确道路。他呼吁人们，特别是学者和知识分子，应当深入到社会实践中去，注意学问和生活的结合，避免那种生活与宗教相隔绝、学问与实践相脱节的现象。

第三节
政治思想

政治是人的意识形态中的一个重要组成部分，政治问题是每一个关爱人生、关爱自然、关爱社会的人都会面临而且必须回答的问题。对此，富有博爱之心、高度社会责任感和强烈人生使命感的牧口常三郎都进行了解读。

牧口常三郎的政治思想主要体现在提倡个人、国家和社会幸福一体化，倡导世界和平，呼吁构建人道主义竞争的社会等三个方面。

一、提倡个人、国家和社会幸福一体化

牧口常三郎认为，个人、国家和社会三者是一个利益共同体，互相联系、相互依存，而且，一损俱损、一荣俱荣。牧口常三郎的创价教育思想始终主张三者利益同时兼顾。

牧口常三郎指出，并不是有了国家才有人民，而是有了人民才有国家，先有个人才有社会。“国家由人民组成，社会亦由个体组成。当个人感到成长和满足，社会就会繁荣、丰盛、健康起来；相反，当人受到压抑，社会也会衰败。”①

牧口常三郎思想的焦点始终是“民众”，是单个的“人”。在日本当时那种强调“国权第一”的年代，牧口常三郎无所畏惧地坚决主张“个人的权力和自由神圣不可侵犯”。他的人权意识可谓极其强烈。换个角度来讲，牧口常三郎认为，国家虽很重要，但人类共同的人道却是更为重要的。

在处理个人和集体、个人和社会的利益矛盾时，牧口常三郎站在“小善”服从于“大善”的立场上主张个人必须服从于集体、服从于社会，而且认为这也是判别善与恶的标准之一。牧口常三郎一生都在追求至善，他指出，各种善，包括最小的和较小的善，相比于较大的善，都是恶。就像渴望照明时，一根蜡烛或一盏油灯作为光源都是有用的，但一旦电灯出现，所有其他的灯都变得无用了，而且还会被当做讨厌的东西处理掉。被信奉为较大的善的东

① 牧口常三郎著，香港国际创价学会、黎明圣报编辑部编辑：《新世纪》（第74期），香港国际创价学会，2000年版，第55页。

西，如果出现了更大的善，它自然也会遭到同样的命运。如果较小的或最小的善的行为反对较大的善的行为，表现出妒忌，它也就成了较大的恶。为了说明"个人行为不过是集体、社会的一个部分"这个问题，他给人们打了个比方："如果国家准备修一条铁路而占用土地，一个农民不得不把他的土地捐献给国家，在这种情况下，修铁路对国家是有利的，但是对被迫献出土地的个人来说却有害。因此捐献一块土地的行为这个事实对个人来说是失，而它对国家则是善。这件事也就被国家认为是善而给予赞扬。"①

因此，一个人损害他所属的社会的行为，即使这个行为对他个人有利，也不能称为"善"。而一个社会所认可的"善"的行为有时也会被与它相对立的社会认作是"恶"。总之，在他看来，"如果较小的善反对较大的善，它就被评价为恶；较小的利与较大的利相比，它也是失。比如，一个行为在东京被认为是善的，但它伤害了日本，所以也就被认为是恶。即使被一个民族认作是善的行为，如果它伤害了全世界，它也被称为恶。"②这正是他主张建立利于全人类的大善世界的理论基石。当然，上文所说的服从并不是绝对强调问题的一个方面而忽视问题的另一方面。而且，牧口常三郎主张在集体、国家和社会面前应该充分考虑个人利益，充分尊重和保障个人的利益，否则人们也就无法实现后者的利益。"仓廪实而知礼节，衣食足而知荣辱"(管子)，人必须先求得自然生存，然后才去完成社会生存。私人生活无法充分满足，却要奔走于公共生活，这种情形只有已经能满足人生最底线欲望的伟人才能做到。③其实，当把国家目标的发展特性与人的愿望发展进行比较时，我们会发现二者之间具有显著的相似性，因为国家不能脱离个体存在，个体构成国家，国家的目标包含了反映每个个体自我实现的共同愿望。这就解释了个体愿望的发展和国家目标过程中的一致性。④ 为此，要求对国家或社会作贡献而完全不考虑个人的利和失(即个人的生活权利)的善和恶，是不现实的善和恶，可以这么说，这种善和恶只会是空中楼阁。一个人只是在特殊时期才应该冒生命危险为公共利益服务。迫使人们在自己的一般日常生活中遵循这种超常的道德是困难的。"'高于自我的服务'这个在太平洋战争期间日本提出的口号，在日常生活中是行不通的，因为要一个人在每一天的生活中都通过消灭他的自私欲望来破坏他的生活是不可能的。只有当至高无上的目的观在人类生活中树立起来时，上面所说的口号才应该作为要求。否则，我不得不说，

①② 牧口常三郎著，马俊峰、江畅译：《价值哲学》，中国人民大学出版社，1989年版，第55-56、70页。

③ 牧口常三郎著，刘焜辉译：《创价教育学体系》(第1卷)，正因文化事业有限公司，2004年版，第130-131页。

④ 牧口常三郎著，陈莉等译：《人生地理学》，复旦大学出版社，2004年版，第218-219页。

这个口号是没有意义的，这个法令就可能可耻地死去。”①总之，我们应该牢记在心的是，如果人的欲望被忽视，无论什么东西都只能被看做是没有价值的。如果人类生活主旨被忽视，关于价值的讨论都不过是空幻的唯心主义。国家和社会的幸福与个人的幸福应该是同一的，如果忽视个人幸福，就不会有社会幸福。所以，如果说有一种给社会带来幸福的可靠手段，个人首先必须利用那种手段。同样，“每个社会，家庭、商号和国家借以能获得幸福的方法，可以说是唯一最高的法律”②。

二、倡导建设世界和平

牧口常三郎总是把自己看成是世界的一员，当做一名世界公民，而且强烈地渴望和平、热爱和平，最终为和平而殉难，不愧为人类和平的坚强卫士。

牧口常三郎的世界和平观是同他的人生幸福观紧密联系的。牧口常三郎继承了日莲的“若要祈求自己的幸福，首先要祈祷周围的和平”的思想，他认为如果没有世界的和平及稳定，也就不可能有个人的幸福，创价教育就是要培养致力于人类和平的“大善”之人。

早在1903年，正是日俄战争爆发的前一年，报纸上连篇累牍地歌颂战争，美化侵略。即使在这种疯狂的年代里，牧口常三郎也始终保持清醒的头脑，坚决反对战争，呼吁和平。牧口常三郎对帝国主义的侵略行为进行了大胆的谴责，指出，“现代文明使人类竞争的战场扩大到世界的各个角落。蒸汽机和发动机的发明，使过去分离的两个世界缩短了距离，减少了运行时间。小范围的如原来各部落间的竞争，扩大到大范围的国际竞争。为此，世界上任何地方，无论是民族、国家之间的竞争，还是种族之间的竞争，每一方都渴望伺机去攻击另一方。今天，许多国家总是高度警惕，试图寻找机会去控制和制服邻国。为了满足他们的野心，他们毫不犹豫地实施侵略和暴行。他们甚至认为帝国主义模式是自然而可行的。具有讽刺意义的是，我们处于一个这样的时代：当一个人偷了某一个人的东西，他会被当做盗贼受到逮捕和惩罚；而当一个人掠夺整个国家的文化及其百姓时，却会受到英雄般的欢迎”③。牧口常三郎认为，“现代世界充满着邪恶的人。以个人为例，他有时充满了恶意，有时又抱有善良的意图生活。但是，充满恶意的人在数量上比善人多得多。因而我们遭受着在当代日本能见到的那样的社会混乱。更糟糕的是，现代日本的社会道德已经堕落。所以，说在日本的今天没有什么东西比良心更不可

---

①② 牧口常三郎著，陈莉等译：《人生地理学》，复旦大学出版社，2004年版，第117、117页。

③ 牧口常三郎著，陈莉等译：《人生地理学·绪论》，复旦大学出版社，2004年版，第4页。

靠，一点也不过分”①。牧口常三郎非常希望人们能超越狭隘的国家意识，自觉地、普遍地进行个人联合，共同创造一个美好的世界。

牧口常三郎还从国家的职能入手，在《人生地理学》中对未来社会进行了勾勒。认为，国家是一个享有主权的社会，具有完全管理自己事务的能力，是人类生活的公共体。国家职能主要是四项：“保护自身不受内部干扰的活动，国家必须保护自身的存在，反对内部分裂的力量，同时，积极推动内部统一”；“国家必须保护自身的独立，反对外来干涉和进攻”；“确保个人自由和保护人权的活动”；“促进国民幸福安康的活动”。②

牧口常三郎对美国社会学家约翰·W.伯吉斯关于国家目标的发展阶段论予以了充分肯定。认为国家发展目标分三个阶段，在第一阶段，国家最迫切的目标是建立秩序和制定法令，这是国家发展自己的民族文化，最后为世界文明的发展作出贡献的基础。第二阶段的目标是完成民族性，或者一定民族文化特有思想意识的充分发展。第三阶段的目标或者说国家的最终目标，则是全球人类的教养，这是世界文明发展到人性尽善尽美的阶段。这是人的理性充分发展和主要由理性支配的发展阶段。在某种意义上，也可以把这一阶段看成是人类成为上帝的阶段。

牧口常三郎认为，国家目标的发展是一个渐进过程，即当完成一个阶段的目标，它就成为下一个阶段目标实现的平台。

牧口常三郎对美好社会的分析是理智和冷静的，他认为当时的社会正处于帝国主义阶段，国家为打造他们的民族个性进行相互竞争，而且欧洲列强总是认为，其帝国主义的开拓和伟大崇高的目标是一致的，甚至在滥用职权如水晶般清晰可见的时候，还提供似乎可信的证据来支持上述观点。因此，我们不可以相信帝国主义是符合高度发达的开明的阶层的理想。牧口常三郎提醒欧洲列强：“如果欧洲国家继续独自致力于扩大他们的民族势力，装备军事武器，进行军事侵略，不顾其侵略行为，会扰乱其他国家的和平与稳定局势，而且造成他们本国国内的危机，那么最终可能以目击本国的崩溃和灭亡而告终。”③

在牧口常三郎看来，帝国主义至多只能被认为是一定阶段暂时的客观特征，这一阶段强调民族权力和民族实体的发展。他对德国哲学家黑格尔关于“国家目标本质是道德的”这一说法极为赞赏。他认为，国家、社会和个人的最终目标只有一个，而且应该是相同的，那就是实现人类最美好的生活。面对当时国家为打造他们的民族个性进行相互竞争、列强利用一切机会扩张他

① 牧口常三郎著，马俊峰、江畅译：《价值哲学》，中国人民大学出版社，1989年版，第127页。

②③ 牧口常三郎著，陈莉等译：《人生地理学》，复旦大学出版社，2004年版，第211、219页。

们的势力的现实，牧口常三郎警示人们，在达到理想社会前，人们还要走很长的路程。

尤其让人敬仰的是，他对和平的倡导不只是止于呐喊，而是信而行之。为了坚守日莲佛法，牧口常三郎领导创价教育学会同政府的法西斯统治进行了针锋相对的抗争。1938年，日本军国主义政府制定了《国家总动员法》，翌年制定了《宗教团体法》，将法西斯统治的魔爪伸向宗教领域内。根据此法，所有教派都要被尽可能地合并且被纳入国家神道的支配之下。当时文部省宗务局据此要求日莲正宗和日莲宗两家合而为一，同时还要接受当局的“神本佛迹论”，即把神道教中的“神”当做本地根本，而将“佛”当做“神”的垂迹和变化。宣传“神本佛迹论”，目的就是将以天皇为代表的诸神放在至尊无上的地位，使之成为日本军国主义政府推行法西斯战争的主要精神支柱。这种论调同日莲的思想背道而驰，日莲认为只有《法华经》和久远实成的释尊才代表着宇宙的最高真理，而日本的诸神只是为了守护《法华经》及法华行者的缘故才来到日本的。为了维持自宗的尊严，1941年3月10日，日莲正宗的僧俗信徒们在总本山大石寺召开护法会议。以牧口常三郎为首的创价教育学会一方从维护日莲正宗思想的纯粹性立场出发，对“神本佛迹论”给予了坚决的批判。牧口常三郎的主张得到了与会的绝大部分代表的支持。于是，日莲正宗上下一致努力，通过各种渠道来维护本门的独立性，最后终于拒绝了合并的要求，取得了护法的彻底胜利。然而此时的日本帝国主义者在对外侵略的道路上越滑越远，公然与全世界人民为敌。1938年11月3日，他们发表了所谓的“建设东亚新秩序”的声明(即“第二次近卫声明”)。1940年8月1日，松冈洋右外相第一次公开提出建立“大东亚共荣圈”，并以此作为侵略战争的“护身”。同年9月27日，《德意日三国同盟条约》在柏林签署。1941年12月8日，日本的“机动部队”突然袭击美国的海军基地珍珠港，与此同时陆军向马来西亚、菲律宾、中国香港及泰缅地区分四路进攻，全面挑起了太平洋战争。即使在1943年日本法西斯受到重创，在对外侵略战争上节节败退之际，日本帝国主义者仍然鼓吹“玉碎”作战，而且在国内越发强化法西斯统治。与此同时，政府为了加

1941年11月5日牧口常三郎参加完创价学会九州总会后和夫人的合影

强思想统一，命令日莲正宗和创价学会一律参拜祭祀天照大神的伊势"大神宫"，并接受其神符，信仰其神道。面对日本侵略战争的硝烟，以牧口常三郎为首的创价教育学会会员们旗帜鲜明地进行了对抗，战争刚开始一周，牧口常三郎便在机关报《价值创造》第五号上发表论文，对帝国主义在思想上维持战争的精神支柱——神道给予了猛烈的批判。牧口常三郎指出：（神道）尽管有古来的传统，但其出处模糊不清。遵从同实证不相称的观念论，牺牲了宝贵的自我，这是必须绝对禁止的。在牧口常三郎看来，神道来自何时何地都不清楚，其思想只是观念论，不能被实证，将这种宗教绝对化并强加给人民是对《法华经》和法华信仰者的诬蔑。没有《法华经》，神的事业就落不到实处。甚至可以说，不守护《法华经》的神便是恶神，必定会受到惩罚。战争开始后，学会仍组织信徒们继续从事信仰活动，牧口常三郎本人除著述外，还到各地出席会员们的座谈会，指导宗教活动的展开。然而随着战火的不断蔓延，言论自由受到严格限制，学会的活动也越来越陷入困境。1942 年机关报《价值创造》被勒令停刊，这使牧口常三郎痛心疾首，但他没有被吓倒，而是积极宣传建立在"义"基础上的"大善生活"，同时带领会员们拒绝参拜祭祀天照大神的伊势"大神宫"，拒绝接受伊势神宫的神符。

牧口常三郎和创价教育学会的严正立场在法西斯政府看来无疑是"大逆不道"。1943 年 7 月，以牧口常三郎和户田为首的 21 名学会主要领导终于被当局以"违反治安维持法"和对神社的"不敬罪"的名义逮捕。在狱中，他以笔为剑，对威胁人生命最大的"大恶"——战争的发动者进行了大义凛然的批判。不幸的是，他的这种期望，与当时军国主义政府全面推行战争、强调国家至上的想法水火不容。

1941 年 11 月牧口常三郎（右数第一位）带夫人（中间）前往别府市指导时的合影

三、呼吁构建人道主义竞争的社会

牧口常三郎对创造价值的思考并没有停留于一般水平，而是将其外延扩展到整个地球和整个人类社会，与那些狭隘的个人本位、民族本位乃至国家主义形成了鲜明的对比。这也是牧口常三郎创价思想中的“价值”所在，也是他毕生用智慧浓缩的人生之精华。

在牧口常三郎的价值观中，“善”是一个核心概念，处于中心位置。没有“善”，“利”和“美”就无从谈起。牧口常三郎还把“善”分为“小善”、“中善”和“大善”。与“大善”相对的“小善”和“中善”，毋宁说是“恶”。牧口常三郎所说的“大善”，是“惠泽全人类的善行”，而且只有大善行动才能创造出最高价值的人生。因为只有当一个人心向“大善”，才会赢得创造的良好环境，才能不断地创造出新的价值，使自己迈向幸福生活，才能构筑全人类的和平与繁荣。也正是因为此，牧口常三郎认为战争的发动者是威胁人生命最大的“大恶”。他认为，坚持“大善”行动的关键之一在于，即便是在遥远的国度里发生的事也要当成是自己的事。“大善”是最高的价值，是把握事物本质的关键。

牧口常三郎认为，要行“大善”，必须胸怀“人类”和“地球”。牧口常三郎始终以“人类”和“地球”的视点来审视自然环境和社会环境，这也是他提出构建人道主义竞争的社会的思想支撑。牧口常三郎对“世界”、“国家”和“故乡”充满了感恩情结。他以“我身上穿的一件绒衣，原产于南美或者澳大利亚，然后在英国由英国工人通过开采的铁和煤加工制作而成；我的鞋底是美国皮革做的，而鞋的其他部分是印度皮革做的；我书桌上的煤油灯一声不吭，但里面的煤油或许正在说：‘我沿着里海海岸线，从高加索山的山底涌出，走了数千英里才来到这里’，我眼镜的镜片是德国人精心制作的”这一生活事实为例，向世人揭示了一个“世界普遍联系”的哲理。他提醒人们，“我们的生活依赖于世界，世界提供给我们生活的各种物品都很珍贵”，“相互依赖是我们大家需要经历和必然经历的过程，眼光只局限于我们自己的世界是愚蠢的”。[①] 他经常说，世界给予我们很多恩惠和好处，而且这些恩惠与我们的关系如此密切并深入到我们的日常生活中，以至于我们觉察不到他们的珍贵，时常忘记感激、报答，有时甚至认为自己国家给予我们的恩惠是理所应当的。牧口常三郎认为，故乡对于人生极为重要，我们每个人都应该深深地感激故乡，因为她给予了我们生命，并在我们无能为力的婴儿时期养育了我们。牧口常三郎指出，故乡的定义随着人类观察事物的角度的变化而变化。生活在父母庇护

① 牧口常三郎著，陈莉等译：《人生地理学·绪论》，复旦大学出版社，2004年版，第3页。

下的婴儿，能发现除了家人及每天与他交流的人之外，所有的人都是一种威胁。在婴儿时代，故乡仅仅局限于起居室和花园。对于同一所学校的学生来说，故乡的范围依据来自不同的乡村而定。在同乡会的老乡们看来，“故乡”也就成了某个县、某个地区或者某个旧的领地。对于置身于国外的人，故乡就是一个国家或一个民族。如果从宇宙的角度讲，我们可以把地球自身看做是我们的故乡。牧口常三郎总是把自己同“世界”、“国家”和“故乡”紧紧联系在一起，而且牢记着自己只是日本“荒浜村 100 名村民中的一员，5000 万日本人中一员，和世界 15 亿人口中的一分子”[①]。正是牧口常三郎这种“世界市民”、“地球家园”和“地球人”的理念，使他深深体味到地球所给予人们的滋养，深深体会到大自然的价值和美丽，而且深深感到，人们应该在与动植物，甚至与无生命的事物如岩石等相处的过程中，把人类、动物、树木、河流和岩石等当做人们自己，并认识到人们与这一切存在很多相同之处。牧口常三郎还从人的“群”性出发，阐述了人们和谐相处的必要性和重要性。他说，群性是人的本性。没有一个人能完全单独生存。在社会中，通过相互联系不但能提供人们的基本需要和安全保障，而且能确保人们的生活有益和完善。如果认识到这一点，人们就会使对某一特定的人或物产生的情感普遍化。如果人们意识到受惠于社会，就能激发人们对社会的感激之情和对社会的责任感。如果认识到受惠于称为祖国的社会，就会感激她给了我们丰富的物质，从而产生爱国之情。如果人们的同情和感激能由最初对极少数的个人开始，逐渐扩展到对广大的社会，最后乃至于扩大到对整个世界，就为人道主义世界的建立创造了良好的条件。然而，这些在物质文明和精神文明尚未达到发达的阶段，只能成为人们美好的憧憬，因为在这种理想化社会的构建过程中，人类更多面临的是生存竞争。

不过，牧口常三郎认为，尽管生存竞争是一切物种都共同具有的，而且适用于各种社会现象，但是，竞争的形式随着时间的推移而发生改变。这种变化首先是竞争单位的变化。回顾人类历史，可发现竞争单位随着时间的变化而变化：个人与个人的竞争、家庭与家庭的竞争、乡村与乡村的竞争（社区）、部落与部落的竞争（种族集团）和国家与国家的竞争（国家）。[②] 我们现在就处于国家之间竞争的年代，每个人都处于多层竞争之中。

牧口常三郎指出，随着竞争单位的变化，竞争形式也会随着时间的流逝而变化，如军事竞争、政治竞争、经济竞争或人道主义的竞争。不同的竞争形式会出现不同的特征。

---

① 牧口常三郎著，陈莉等译：《人生地理学・绪论》，复旦大学出版社，2004 年版，第 5 页。

② 牧口常三郎著，陈莉等译：《人生地理学》，复旦大学出版社，2004 年版，第 253 页。

1941年座谈会上的牧口常三郎

1942年冬牧口常三郎在家中的留影

在军事竞争时代，战争的范围会变得越来越广阔、深入，战争会越来越残酷。武器的发展就是充分的证明，从古代最有效的武器剑、枪、矛到后来居上的能更快地射中和损伤远距离目标的小火器，进而发展到有可能在一次进攻中完全摧毁由上千人组成的一个团的大炮；从个人之间面对面的战争到集团之间的战争。总之，各个国家通过不断扩充军事武器的数量与能量，进行军备竞赛来取得胜利。

在政治竞争时代，“各国统治者及时将国家之间的竞争形式从军事转向政治。虽然各国加强军备竞赛，努力将其作为最后一招去扩大其权力和影响范围，可是与此同时，因为国家只有在不可避免的形势下才愿意动用武力，所以宁愿迁就谈判对手，尽可能获得有利的生存条件来进行谈判。当完全和平的谈判不可能时，他们就会试图通过表明其军事能量而不是真正动用武力来确保其自身的生存。在这期间，为了在国际关系中取得成功，国家把能干的外交家部署在战略地位重要的地方”①。

在经济竞争时代，国家领导人逐渐认识到，如果没有物质收入水平的增长，领土的扩大将最终被证明是毫无意义的。此外，由于领土扩大要求大量

① 牧口常三郎著，陈莉等译：《人生地理学》，复旦大学出版社，2004年版，第256页。

的投资，确保新征服领土老百姓的同化。这些领导人发现谋求经济目标比政治目标更加有利可图。于是，竞争的形式逐渐演变成为商业和工业的“和平战争”，虽然与军事战争相比，经济战争本质上是连续的、经常性的，而且因其渐进的过程而不常被意识到，但是从最后的结果来看，经济战争比军事战争的破坏性更大。

在人道主义竞争时代，有识之士已开始意识到，生存竞争中的最后胜利者未必是经济竞争中的优胜者。这种竞争是通过无形的道德影响，而不是依靠军事实力或者赤裸裸的经济实力，去实现个人和社会目标所作的努力。或者说，人道主义竞争取代了靠武力恐吓而强迫的降服，力图通过彼此尊重谋求人们的自愿合作和忠诚，而不是以自私的方式扩大领土和征服其他国家。可以推断，在这个时代，即使是最富裕的亿万富翁也不能保证生存竞争取得胜利。尽管把这样一种方法应用于当今国际关系的真实世界中似乎是不现实的，可是，这种方法的有效性已经在国际关系中得到了证实。因此，牧口常三郎认为用人道主义的方法处理国际事务并不像我们预期的那样不现实，它将最终取得胜利。牧口常三郎还告诉我们，“人道主义方法”并不是一个定义明确的具体方法，而是指无论采取什么样的战略，政治的、军事的，还是经济的，都尽力采取人道主义方式去进行处理。重要的是考虑问题着眼于实现包括自身在内的所有人的人身安全和幸福，而不仅仅只是关注个人利益的增加。换言之，目标是改善他人。通过这种方式，使人们的做法自利利人。因此，要创造一个更加和谐的共同生活，我们需要持续的努力，并花费相当多的时间。虽然牧口常三郎认为我们尚未达到竞争发展的最后阶段即凭借道德品质进行竞争的阶段，而且，到目前为止，人们认识到的还只是一个有限的范围，要达到作为竞争发展的最后阶段——人道主义的竞争阶段，我们还有很长的路要走，但是他仍然对美好未来充满了希望。他指出，有一点将越来越清楚，那就是人们对道德品质的重视将逐渐取代早期的竞争形式。血迹斑斑的军事竞争偃旗息鼓，出现了更多的和平竞争形式，这是一个值得关注的显著转变。①

牧口常三郎提倡的人道主义竞争时代，是一个人人创造“大善”的时代，也是一个充分理性和自由的时代。尽管这个时代的到来需要持续的努力，并花费相当多的时间，但他认为，这是人类竞争的最高阶段，而创造价值教育在构建这种以理性和道德品质为基础的和谐社会中将起着不可替代的作用。

---

① 牧口常三郎著，陈莉等译：《人生地理学》，复旦大学出版社，2004年版，第255页。

牧口常三郎教育活动的思想结晶——创价教育思想

第一节 思想背景与教育观念

一、思想背景

任何教育思想都不会是无本之木、无源之水，都会有其产生的土壤和基础。

考察牧口常三郎所处的社会背景，我们发现，当时的日本与清朝末年的中国有着诸多相似。其中，最为相似的是，在西方的军舰的冲击和“文明榜样”的示范下，中日两国的教育开始脱离原有的轨道，迈开了教育现代化的艰难步伐。当然，在教育现代化过程中，日本国家自身的发展、日本对西方文化的态度以及其历史沉淀而来的教育遗产使日本很快奇迹般跻身为世界教育大国，成为亚洲的“凤凰”。这一时期的日本教育，主要呈现出以下四大特征。

一是坚持“文明开化”的教育方针。

任何一个国家或民族文化的形成，都会经历一个漫长的历史过程。在这个过程中，必然会遇到传统文化与革新文化、固有文化与外来文化的磨合问题。日本同其他国家一样，在实现教育现代化的过程中，首先就遇到了这个不可回避的问题。所不同的是，日本以“文明开化”为指导，走了一条“和魂洋才”的变革之路。明治维新后，日本放弃“闭关锁国”政策，全方位、立体式地向西方学习，提出了“文明开化”、“脱亚入欧”等口号，从哲学思想、政治、经济、军事、科学、教育制度等方面大量吸收西方文化。所谓“和魂洋才”，浅显地说，是指日本文化中的灵魂不丢、不削弱，而西方先进的文化、科技、教育多多益善，一点也不放弃，并把西方的技术和东洋的思想有机结合起来，选择适合日本国情，对自己国家有利的，实行的是国家功利主义，而决不吸收对国家无益或不利的东西，[①]或者说，就是“日本的精神加上西方的能力”。围绕“文明开化”的总体思路，明治政府的主要领导人，都积极主张把国民教育作为教育改革的突破口，以启迪民智，提高国民的知识水平。早在明治维新的前一年，即 1867 年 3 月，岩仓具视就在他的《济时・策论》中建言：“为了皇国的富国强兵，和在世界上宣扬皇威，最基本的对策是在每个道中置观察使府，设总督和评定官，从亲王、公卿、各藩主中选拔有才能的人委之此任，由他们管辖指挥本道内的大名和小名，总管民政军事。而为了选拔培养人才，就应该在国内设置研究和、汉、洋学各种学问的大学校，受观察使府管辖。”[②]1868 年 12 月，政府的首脑木户孝允向朝廷提出《振兴普通教育实乃当务之急》的建议书，认为：“国家富强的基础在于人民的富强，当平民百姓尚未脱离无识贫弱之境地时，王政维新的美名终究也只能是徒有其名而已，对抗世界富强各国之目的也必然难以达到。因此，使平民百姓的知识进步，吸取文明各国之规则，逐步振兴全国学校，广泛普及教育，则是今日的一大紧急任务。”[③]他还强调：为了实现富国强兵，必须对国民实施“教化”。与此同时，伊藤博文也曾多次建议明治天皇：“为了提高国民的知识水平，应在东西两京设立大学校，在府县和郡村设立小学；大学应有大学规则，改变旧学风；不论城乡，不论边远地方，人人都应放射出知识的光辉。”[④]被誉为“明治国民的教师”的福泽谕吉则更是将教育与文明开化的关系拴得更紧，认为：文明是衡量社会的标准。文明分为外在的事物和内在的精神两个方面。外在的事物是指衣服、饮食、器械，以至于政令法律等。内在的精神是指人民的智慧，这是衡量社会文明开化的尺度，决定政治形式的变革。而且国民文明程度的提高只有通过长期的教育培养才能获得。此外，他还将教育提升到个人和国家独立层面加以认识。在他看来，文明精神的根本是个人的独立，只有人人独立，国家才能独

---

① 关松林：《杜威教育思想在日本》，2004 年南京师范大学博士学位论文，第 20 页。

②③ 梅根悟监修，世界教育史研究会编：《世界教育史大系 1》（日本教育史Ⅰ），讲谈社，1978 年版，第 187-188、189-190 页。

④ 《日本近代教育史》（现代教育学讲座 5），岩波书店，1962 年版，第 27-28 页。

立，而唯有教育才是个人得以独立的根本手段。总之，明治时期的日本对教育重要性的认识已上升到了历史性的高度，也为教育的改革和发展提供了良好的外部环境。而且，日本政府从维新一开始就把教育作为文明开化国策的重点，提到了确保国家未来前途的战略位置。

二是国家主义教育制度不断强化。

明治初期，日本高举"文明开化"的大旗，通过移植欧美法律教育制度，初步建立起日本的近代教育制度。但在移植、摄取欧美教育制度的过程中，由于过于急迫一度也出现了一种"左"的倾向，那就是"西化"有余而"本土化"不足。《学制》和《教育令》实施不久后很快被废止或修改，就充分证明了这一点。尤其是《教育令》的颁布与实施，不仅没有解决教育思想上的分歧，克服教育制度中存留的难题，反而造成教育的普遍衰退。《教育令》将教育权下放地方的意图被地方官错误地理解为放松抓教育，而不像以前那样努力督促、鼓励设立小学校。不仅地方官如此，连文部省以外的中央政府的官吏也时时表现出缓抓教育无所谓的态度。因而教育出现滑坡，学龄儿童入学率急剧下降，1879 年为 41.26%，1880 年为 41.16%，1881 年为 41.0%。[①] 这种教育衰退现象很快让保守势力找到了借口。许多地方官吏纷纷对文部省进行指责。其中，琦玉县县令白根多助向文部省直呼："《教育令》发出后影响所及，使数年经营之事业毁于一旦，所谓千仞之功，功亏于篑。现在再不挽救，将堵死育材之道。"[②]为了解决由《教育令》带来的种种问题，特别是教育质量低下和社会秩序混乱的问题，1880 年 2 月，新上任的文部卿何野敏镰在亲自考察各地实情的基础上很快作出了修改过于放任自流的《教育令》的动议。在何野敏镰"无论欧洲各国的教育多么自由，我国实行强制主义教育是非常必要的"[③] 的指导思想的推动下，明治政府于 1881 年颁布了旨在重新加强国家对教育的管理和领导、牢牢地控制国家教育的发展方向的《改正教育令》。1885 年日本实行内阁制，首相伊藤博文致力于在日本建立立宪政治。时任文部大臣的森有礼在以"国家至上"为主导的思想指导下，提出了国家主义教育的理论，拟订了一整套国民教育制度计划即《学校令》，并使之于 1886 年以敕令的形式得以颁布。如果说《学校令》使国家主义的教育制度在日本得到了进一步的强化，那么 1889 年日本颁布的《大日本帝国宪法》则让教育制度国家化迈上了一个更高的台阶。《大日本帝国宪法》在第一章第一条就开宗明义地宣布："大日本帝国由万世一系之天皇统治之。""天皇为国家元首，总揽统治权，

①③ 尾形裕康著：《日本教育通史》，早稻田大学出版部，1981 年版，第 178、178 页。

② 加藤仁平、工藤泰正、远藤泰助、加藤胜也编：《新日本教育史》，协同出版株式会社，1961 年版，第 169 页。

依本宪法条规行之。"(第六条)这样就以国家根本大法的形式确立了以天皇制为中心的君主立宪政体。在这一体制下,天皇超然于法律之上,成为日本国家的代名词和国民利益的最高代表,神圣不可侵犯。为了树立和维护《大日本帝国宪法》这一国家政体的精神支柱,需要有一种与之相适应的道德准则,于是,在总理大臣山县有朋、文部大臣芳川显正主持下,由法制局长井上毅和元田永孚起草制定了帝国教育总方针,并于 1890 年以《教育敕语》的形式公布。[①]《教育敕语》的颁布,确立了统一日本国民思想的国家主义、皇国主义思想,影响着整个国民道德,统治着人们的意识形态,也标志着国家主义教育思想的最终形成。此后,在《教育敕语》规定的教育方针指导下,日本全面建立了国家主义的教育体制。这种以天皇为中心的教育宗旨,一直贯彻到第二次世界大战结束。

1937 牧口常三郎和家人的纪念照
(右边为牧口夫人,后排中间和左边分别为牧口常三郎第三个儿子和第三个女儿)

三是军国主义教育氛围日渐浓厚。

19 世纪 70 年代到该世纪末,日本同其他发达的资本主义国家一样陆续完成了资本的兼并和集中,过渡到帝国主义时期,并开始积极地参与世界帝国主义争夺殖民地的战争。特别是在进入 20 世纪后的近半个世纪里,整个日本似乎成了战争的机器,所有的一切都在围绕战争这个轴心转动。在日本法西斯政权的主宰下,先后挑起了日俄战争、侵华战争和太平洋战争。在战争状态下,特别是随着战局的变化,包括文部省在内的政府各部门的一个共同目标无非就是将青少年、成人、妇女等所有国民的思想和行动都统一到政府的意志上来,使之服从战争的需要。而且,政府在教育上不断强化国家主义倾向,致使军国主义意识日渐浓厚。

为了适应帝国主义战争和国际竞争的需要,1917 年 12 月 15 日,临时教育会议向内阁总理大臣提出了《关于振兴兵式体操的建议》。为达到服务战争的目的,"建议"还陈述了"通过军事训练可以增长勇敢之气,勇敢之气可促

① 皮进:《明治时期日本教育法制变革的历史考察》,2005 年西南政法大学硕士学位论文,第 20 页。

进诚心的增长，而诚心乃是实践诸道德条目的动力，因此振兴军事训练有助于道德教育目的的实现；军事训练可以提高养成守纪律、服从等‘良好习惯’的效果；军事训练可使学生掌握一定的军事知识和技能”等三方面的理由。

经过临时教育会议几年的“努力”，文政审议会终于在1925年1月10日通过了在学校中实施军事训练的决议，并于次日向内阁总理大臣进行了咨询。同年4月大正政府正式公布了《陆军现役将校学校配属令》。自此，中等以上的学校(中学校、实业学校、师范学校、高等师范学校、教员养成所、高等学校、大学预科、专门学校和大学等)从该年度开始正式实行以现役军人为教员的军事训练。进入昭和时代以后，政府当局在鼓吹皇国主义、国体主义思想、极端国家主义以及军国主义思想的同时，先后于1928年和1934年对大正时代发布的《治安维持法》进行了两次修改，在此基础上还采取了制定《思想犯保护观察法》(1936年)和举行国民精神总动员运动(1937年)等对国民思想加强统治的重大措施。为满足战争的需要，文部省也加强了对学生思想的钳制。1927年向东京帝大、京都帝大配置了负责指导并监督学生思想的专任书记官。1928年10月，文部省在专门学务局内新设了学生科，而且在不到一年的时间内(1929年7月)将之升格为学生部。为加强对学生的思想控制，1934年5月，文部省索性撤销学生部，以思想局取而代之。紧接着，文部省设立了由文部大臣亲任会长、包括39名委员的学生思想问题调查委员会，以密切关注学生的思想动态。一旦学生发生抵触或反抗，学校当局与警察、宪兵将绝不顾惜地无条件地进行打压。与此同时，政府对教师的思想统治和镇压也十分严厉。以小学为例，自1926年至1933年(1927年不详)，“小学教师的思想事件”有103件，涉及教师798人，其中被逮捕的教师有743人。[①]

四是“入学难与就业难”成为教育变革中的两杯“苦酒”。

在明治维新时期《学制》中提出的“邑无不学之户，户无不学之人”等普及教育思想的感召下，知识在日本受到了前所未有的重视，学历受到整个社会的尊崇，成了推动社会前进的宝贵动力。人们看重学历，把大学毕业的就业者捧为“金蛋”，因为它不仅改变了明治维新以前的幕府统治下的“农民的儿子只能是农民，商人的儿子只能是商人，而士族的儿子也必将成为士族”的局面，而且学历能够给予人们希望得到的“一切”。然而，随着时间的推移，特别到20世纪20年代后，追求学历之风渐渐走向极端。最直接的不良后果就是“入学难于上青天”。从昭和二年到三年(1926—1927年)官立大学的入学情况就可知道竞争的残酷。据统计，昭和二年，大学之收容额非常少：“对于文科毕业生2340名，收容350；对于理科毕业生2241名，收容94。昭和三年度，

---

① 梁忠义主编：《日本教育》，吉林教育出版社，2000年版，第299页。

对于文科2410名，收容420；对于理科2307名，收容160。”[①]另外1929年日本高等学校入学情况统计表（见表5-1）也可充分反映出这种“千军万马争过独木桥”的现象。

表5-1 日本高等学校入学情况统计表（截至1929年1月31日）[②]

校名	文科		理科	
	收容数/人	志愿者数/人	收容数/人	志愿者数/人
一高	200	1538	180	1698
二高	80	460	200	1376
三高	160	701	160	798
四高	120	568	160	962
五高	160	643	160	565
六高	120	639	160	956
七高	120	559	120	703
八高	120	610	160	948
新泻	80	326	80	642
松本	80	283	80	547
山口	80	276	80	422
松山	80	353	80	375
水户	120	843	80	800
山形	86	449	120	794
佐贺	80	1127	120	1110
弘前	120	996	80	739
松口	80	430	120	776
东京	40	302	40	451
大阪	80	1051	120	959
浦和	120	669	80	825
福冈.	120	478	80	658

① 任钟印主编：《杨贤江全集》（第2卷），河南教育出版社，1995年版，第803页。

② 任钟印主编：《杨贤江全集》（第3卷），河南教育出版社，1995年版，第181-182页。

续表

校名	文科		理科	
	收容数/人	志愿者数/人	收容数/人	志愿者数/人
静冈	120	848	80	866
高知	120	450	80	388
姬路	120	666	80	751
广岛	120	466	80	446
合计	2726	15731	2780	19555

随着大学数量和大学毕业生的增多，"就职和失业"也很快成为当时日本重大社会问题之一。政府方面虽设有职业介绍所，但帮助不大。据1925年（大正十四年）统计（见表5-2），专门学校毕业生和大学毕业生，竟有半数光景是失业的。在毕业当年，还找不到工作；到了次年，因为又有新货上市，自然销路愈狭，愈难获售了。另据日本内务部的调查，1926年（大正十五年）度全国官公私立大学、专门学校毕业生，共15187人，其中就职者8995人（59.23%），未就职者3773（24.84%），自己营业者890人（5.86%），因入学于上级学校而未就职者1529人（10.07%），这比1925年（大正十四年）度就职率75%比较起来要低得多。又就学校种类方面看，高师、理科、工科、医科的需求较多，法科、经济科、文科的需求较少。①

表5-2 1925年（大正十四年）3月各学校毕业生至5月31日为止的就职状况统计表②

① 中等实业学校

学校	毕业生数/人	就职率/(%)	上级学校入学率/(%)	未就职率/(%)
商业学校	2032	69.4	21.7	9.0
工业学校	2879	87.9	—	6.5
农业学校	466	66.1	17.6	16.3
男子师范学校	280	98.9	—	1.0
女子师范学校	134	98.0	—	2.0
女子实业学校	424	24.1	2.6	73.4
合计	6215	75.0	11.5	13.4

① 任钟印主编：《杨贤江全集》（第2卷），河南教育出版社，1995年版，第803-804页。
② 任钟印主编：《杨贤江全集》（第3卷），河南教育出版社，1995年版，第177-178页。

续表

② 专门学校

学　校	毕业生数/人	就职率/(%)	上级学校入学率/(%)	未就职率/(%)
高等商业	588	77.0	9.0	14.0
高等商船	186	91.4	—	8.6
高等工业	325	86.5	9.5	4.0
大学专门部各科	2768	17.2	—	82.8
音乐学校	75	78.7	20.0	1.3
农业学校	300	69.7	—	27.7
男子各种高师	567	88.5	3.2	8.3
各专门学校文科	219	48.9	11.0	40.1
医学专门	488	84.6	6.0	9.4
女子医学专门	171	81.3	1.8	16.9
女子各种专门	627	27.4	6.2	66.4
女子各种师范	460	80.7	5.9	13.5
合计	6774	49.5	3.7	46.8

③ 大学

学　校	毕业生数/人	就职率/(%)	上级学校入学率/(%)	未就职率/(%)
法学	918	28.1	3.8	68.1
经济商学	2179	54.2	0.8	45.0
文学	385	56.4	18.4	25.2
理工学	500	82.2	7.4	10.4
农学	172	58.1	—	4.9
医学	344	10.0	—	—
合计	4498	55.8	3.6	40.6

由上可见，日本自明治维新以来，国门洞开，积极吸取西方的各式各法，以图自强。经过几十年的励精图治，果然成为一东方强国。然而，在引进消化吸收西方各种制度的同时，也带来了一些弊端。比如，在教育上，明治以来日本模仿西方教育制度，推进了教育普及，培养了一批人才。可是，这种教育的主旨精神是灌输知识，培养服从意识，这就泯灭了受教育者的首创精神，像制造产品一样制造了许多“清一色的学生”。

牧口常三郎作为一名教师，而且是终生从事这一职业的教师，从未感到职业的卑低，倒是“位卑不忘忧国忧民”。面对当时日本种种教育弊端，他由感而愤，由愤而起，广借他山之石，潜心研究改革方略，同时，在广泛涉猎西方社会学、教育学理论并深入钻研、大胆实践的基础上，终于成就了《创价教育学体系》这一划时代的著作。

二、教育观念

牧口常三郎创价教育思想博大精深，如果面面俱到，难免是蜻蜓点水，这里主要就其关于教育目的、教育功能、教育内容、教育方法、教学的组织形式和教师等六个方面的思想进行粗略的介绍。

（一）培养创造"利、善、美"价值的人——教育目的观

教育目的是教育工作的指南，是教育的出发点和归宿。一切教育活动，都是直接、间接地为了达到一定的教育目的而展开的，而教育目的的制定总是以对教育、人、社会之间关系的一定认识为出发点，因为教育所面临的基本矛盾，即人（受教育者）的发展与社会（包括整个外部世界）发展的矛盾，或者说，人认识、适应和改造社会的现实力量与社会发展的现实水平和未来趋势的要求之间的矛盾，是思考和制定教育目的的逻辑起点。这同样是牧口常三郎思考并回答教育问题的原点。

牧口常三郎对教育目的极为重视，而且将教育目的摆在自己教育思想的首要位置。研究牧口常三郎的教育目的观，可以发现，他的逻辑脉络，即人生的主旨是为了幸福地生活——幸福生活靠的是创造价值[①]——创造价值必须培养能创造"利、善、美"的人。他认为，教育与世间任何事情一样，先有目的才能决定达至目的的方法。今天教育界所存在的盲目和病态的教学实践的直接原因就是缺乏明确的教育目的。而这一现象又主要是因为一直以来教育目的都交由学者和哲学家决定而造成的，这是教育规划上的一大错误。因为尽管学者和哲学家的贡献很大，他们的角色重要而不可缺少，可是他们在厘定教育目标时，往往注意不到世人对人生目标的看法，所订的教育目的和受教育者的人生目标不相吻合。另一问题是，他们常常将因过往的社会需要而建立的人生哲学搬到现时的社会中来，但事实证明，这样不仅不能适用于现在的社会，反而会使现代教育面临严重的问题，所以教育目的应该从日常生活现实中产生出来。同时，在厘定教育目标的过程中除了要考虑人类的各个生活层面外，更要考虑到家庭、社会和国家的特别需要。从这个综合的角

① Makiguchi: The Value Creator by Dayle M. Bethel, Published by Weatherhill, Inc., of New York and Tokey, 1973: 50.

度来看,"幸福,既是人类学习的要素,亦是教育的目的"。虽然大家对幸福的定义有不少争议,可是没有别的词语可以更确切地表达人们心底的共同意愿。为此,教育的首要目标应该是"为人带来幸福,所有教育规划和课程都应从这个基础出发"。①

为论证这一点,牧口常三郎从两个方面对"幸福"的内涵进行了解读。一是明确告诫世人:地位和财富不等于幸福。那些视积聚财富、谋取高位等事情为人生目标的人所持的幸福观只是以偏概全,根本难以达到完全幸福的境地。他以财富为例对那些只顾囤积财富,愚昧地虚耗人生的人进行了劝告。他指出:没有其他东西像财富那样,会对个人的幸福和整个社会的利益造成如此严重的破坏。富翁不断积累财富,就好像拥有财富和地位便等于拥有真正的幸福一样,他们深信自己的财富会变成孩子的幸福,于是越积累财富就越感不足。其实,一切只是幻觉。把大笔财产留给孩子往往是适得其反,孩子习染了种种敛财的卑劣行径,只会令他们不幸。在这个充满冷酷无情的竞争、大家沉迷于实利主义的时代中,我们应当谨记"幸福是不能像财产一样继承的"②这个重要的训言。他奉劝世人,与其天天胆战心惊害怕别人超越自己,倒不如透过了解生命之源去寻觅心境的宁静,体验一下施予的恩德和快乐。二是从人与社会的关系角度进行了阐释。牧口常三郎认为,只要人们正确地认识和处理好个人与社会的关系,就会很容易抓住幸福的真谛。他说,如果我们把获得幸福的客观因素分为个人和社会两个层面时便会发现,两者互不排斥,而且后者更具影响力。真正的幸福不能单从个人的范畴来决定。因为人不能离群独居,人与人是息息相关的,周围的社会环境会直接或间接影响我们。若忽视这一事实便会堕入狭隘的自我主义中,而且这种自我意识跟幸福丝毫扯不上关系,更不是儿童教育的目的。事实上,生活在守卫森严的华丽大厦中,我们或许能在短期内过无忧无虑的生活,但终有一天会醒觉到自己的自私和思想狭隘。要是我们坚持只从个人利益出发,个人和社会之间的摩擦便会抵消个人的利益。因此,我们不应单单追求个人利益,而应牢记个人承担着与社会共荣共存的责任,"只有分享和承担社会的成败,我们才能获得真正的幸福"。③

牧口常三郎考虑教育目的思路主要锁定在"创价"二字,并在此基础上提出了教育是为了"培养创造'利、善、美'价值的人"这一论断。

"创价"是创造价值的简称,也是我们理解牧口常三郎教育思想的开山

---

①③ 香港国际创价学会、黎明圣报编辑部编辑:《新世纪》(第74期),香港国际创价学会,2000年版。

② Makiguchi: The Value Creator by Dayle M. Bethel, Published by Weatherhill, Inc., of New York and Tokey, 1973:56.

石。此词最早由来于1929年2月牧口常三郎与户田城圣的一次交谈。当时，户田建议把创价教育简称为“创价”，得到牧口常三郎认同。此后，“创价”便成了牧口常三郎教育思想的核心概念。在牧口常三郎看来，幸福的基础就是价值，但价值不会从天而降，必须经过我们的双手创造中来。人能否过得幸福就在于他能否创造价值，或者说，人生的价值也就在于能创造价值。所谓有价值的人格，意味着创造价值的能力充沛。“创价”的目标就是要实现每一个人的幸福和社会的繁荣。创价教育就是“培养创造人生目的与价值的人才”的教育。“教育的目的就是要增进人格的价值，创价教育学的旨趣，在于阐明达成此目的的适当手段”。①

牧口常三郎创价教育目的的思想前提是基于他对人的创造性的认识。他认为，创造是人区别于动物的一个根本特征。不能创造，人与动物无异。创造的目的就是为了获得价值，就是为了人的利益、促进社会的福祉。创价教育学的目的，就是最大限度地发挥人内在的特质、个性和创造力，发挥其日益增强的自立能力、价值创造能力，为人类的幸福与社会的繁荣、世界的和平作出贡献。② 说到底，创价教育的落脚点在于培养创造“利、善、美”价值的人。只有能创造“利、善、美”价值的人才是幸福的人，因为他们懂得只有创造价值的人生才是幸福的人生。在牧口常三郎看来，人的生活方式既不应是“受力型—依他型”，也不应是“自力型—独立型”，而应是“授力型—奉献型”。③ 真正的幸福的人生是“奉献型生活”，不是简单的自我享受，更不是以我为中心的对外界的索取。也就是说，真正的幸福在于本着对社会的责任感创造并奉献“利、善、美”价值，而且，一个人的幸福与他创造价值的能力成正比。为此，培养社会人理应成为教育改革的出发点。他强调：人是社会的产物，个人的发展依赖于社会，受制于社会，人的身心发展的各个方面都靠社会提供营养，人的一切都从社会中来；人之所以为人，只因他生活于人群之中，参与社会生活；教育改革基点应该立足于社会，应该使受教者的家长所组成的社会团体感到满意，也就是说要得到社会的认同，否则就没有改革的需要。他从人生的目的观对教育的目的观进行了观照。认为，教育的鹄的与人生目的是一致的，而且，教育目的，应符合人类共同的生活方向，顾及父母和国家的需求。

① 牧口常三郎著，刘焜辉译.《创价教育学体系》(第1卷)，正因文化事业有限公司，2004年版，第33页。

② 冉毅、曾建平主编:《关爱人性　善待生命——池田大作思想研究》，湖南师范大学出版社，2003年版，第141页。

③ 受力型—依他型，即缺乏主见，易被周围环境所左右；自力型—独立型，即虽然有自己恒常的生活方式，但却对他人漠不关心；授力型—奉献型，即在与包括大自然在内的他物交往中，不仅能意识到自我的存在，还积极地与他物相互作用、相互关怀，以实现自他双方的幸福为目的。

虽然教育的目的，是要让儿童获得幸福的生活，然而，如果想要祈求真正的幸福，只限于个人的范围是绝不可能得到的。因为在孤立的生活中，只要碰到社会环境的阻力，幸福可能完全归于零。而且，只顾自己而不管他人，此种自私自利的幸福不值得称道。以自己为核心，意识到我们的生活与社会共存共荣，是我们得到幸福的前提。在他看来，幸福的人也是能为社会创造价值的人。真正的幸福，唯有以身为社会成员之一，和民众苦乐与共才能获得。他提倡的这种无我奉献的人生境界至今仍让人钦佩。

显然，在教育目的上，牧口常三郎的基点是如何培养出能够满足走向垄断的资本主义国家需要的创造价值的人。其教育目的观的一个明显的特点就是社会本位，即主张教育目的应当根据社会的要求来确定，教育的根本目的在于使受教育者掌握社会的知识和规范，教育就是要使受教育者成为社会所需要的、维护社会稳定和促进社会进步的人才。如牧口常三郎对法国社会学者、教育家涂尔干等人的社会学观点倍加推崇且多有吸纳。涂尔干是教育社会学的创始者，在他的学说中，始终把教育与社会联系起来分析，他的教育学说实际上是其社会学的一个重要组成部分。在涂尔干看来，教育是一个社会事物，学校是社会的缩影，教育的目的在于使儿童的身体、智力和道德状况都得到某些激励与发展，以适应整个社会在总体上对儿童的要求，并适应儿童将来所处的特定环境的要求。

综上可见，尽管牧口常三郎着眼于生活并将教育目的与受教育者的生活紧密联系在一起，而且关注受教育者的本性、本能得到自然发展，注重个人的价值、身心的和谐发展以及人如何幸福生活等现实课题，但无论就其理论还是就其在实践中的体现而言，都是以社会取向为重点的。就其理论而言，他讲的人不是单个的人，而是作为社会公民的个人，是具有“类”、“群”性的人，就像康德说的“没有一个单独的个人”[①]那样，因此他所讲的价值，是对公众和大家的价值，而不是对个人私欲的满足。在教育实践中，尽管他也相当重视个人的自由、主动以及个人的自我发展与自我表现，但他更重视学生的社会合作精神以及社会责任感的培养，因此他所讲的个人与社会的统一，不是统一于纯粹的个人自我之上，而是统一于社会的个人之上或个人的社会之上的，其最终目的还是为了大众、为了民族、为了国家乃至整个人类社会的健康发展。虽然他的教育目的观丝毫没有脱离个人，但他都强调：教育无论从哪一个角度来看，都不外是要正确引导未成年人的社会化。基于以上分析，我们认为，在教育目的观上，牧口常三郎属于“社会本位论”者。

---

① 伊曼努尔·康德著，赵鹏、何兆武译：《论教育学》，世纪出版集团、上海人民出版社，2005年版，第7页。

（二）对生活加以干涉与指导——教育功能观

牧口常三郎的教育功能观与他的教育目的观自成一体，准确地说，他的教育功能观是他在对教育目的进行定位的基础上对教育作用的认识。牧口常三郎将人生和自己所处的社会背景作为思考问题的落脚点，不仅看到了教育的传递、改造和创造作用，认识到了教育在改变和完善人自身，妥善处理人与人、人与社会的关系方面的重大意义，而且对教育在培养人的创造力，指导人创造，帮助实现人生价值方面的作用给予了更多的关注。在他看来，尽管教育的作用很多，涉及方方面面，但归根到底，还是在于“对受教者本身所进行的生活加以干涉、指导”。其主要体现在以下几个方面。

1. 使受教者获得幸福的生活[①]

牧口常三郎指出，过去的教育哲学几乎与现实生活脱节，祈求的是现实生活以外的某些存在。这可以说是教育难以走出困境的真正原因。牧口常三郎认为，生存是每个人的第一需要，生存是人的命运，是人人所渴望的。如果不想生存就不需要顺从“不许不”、“当为”的法则；既然命运注定人要生存，就有“不许不”或“当为”的法则，要达成生存的目的，就要了解和适应环境，就必然要遵守“不许不”或“当为”的法则。舍此别无选择，这是人类共同的命运。自古以来，人类会尽量收集口碑、传说、文献或遗迹，了解自古以来人类是如何适应自然现象的因果法则，其目的就是为了避免重蹈覆辙，以增进幸福的生活。在此目的之下，把自然现象之因果法则加上人类意志的人为因果关系，作为研究对象，去比较观察，从不断变化的外观去发现恒常不变人为因果的法则，予以抽象化，以此作为新生活的标准或原则。这便是人类与动物的区别所在。他说，各种动物所接受的教育是灌输。这种灌输，可以让潜在动物中的某种本能发展，然而并不能使动物进入崭新的生活。动物主要是凭借其与生俱有的各种本能机制而生存。至于人类，“虽然个人和团体不断产生、消亡，但是社会本身，不仅在规模上而且在智力生活上继续存在、发展。社会历史中某个特定时期取得的成就，没有随着人们的死亡而消亡，而是以口头的传说或记载的文献保存下来传给后代。随着一代又一代人将新发现的财富补充到社会发展的智力生活中，社会变得越来越丰富、越来越广博”。[②]

而且，因为社会生活所需的技能非常复杂，而这些复杂的技能不可能存在于我们的身体组织中，或者说，这些技能不可能从这一代遗传到下一代。

---

① 牧口常三郎著，刘焜辉译：《创价教育学体系》(第1卷)，正因文化事业有限公司，2004年版，第153页。

② 牧口常三郎著，陈莉等译：《人生地理学》，复旦大学出版社，2004年版，第159页。

要完成传递这些技能的任务只有靠教育。所以说，教育的首要职能就是有效地传授人类一代代积累的知识和经验，使人类有创造性地、更好地生活。

牧口常三郎认为，教育目的决定教育功能的定位和发挥。教育的鹄的与人生目的是一致的。教育不能脱离或忽视受教者的生存这一直接目的。教育的作用首先在于意识到受教者应该达成的目的，有意识、有计划性地探索并确立当为的法则，并把既有的生存法则应用到人生的目的上，即让人生顺应存在法则，遵守法则并通过活动来达成目的、完成生活。简单地说，教育的使命就是对受教者本身所进行的生活加以干涉、指导。或者说，教育的作用就是要"使无目的的生活变为有目的的生活，无意义的生活成为有意义的生活，无价值的生活成为有价值的生活，反向价值的生活成为正向价值的生活，低价值的生活成为高价值的生活，无意义的行为成为有意义的行为，有害的行为改成有利的行为，不良的行为改为善良行为"。[①] 为此，教育目的不应该由教育学者独断决定，而是应该观察生活现象，综观人类共同的生活方向，顾及父母和国家的需求，从而找出人生的鹄的。要彻底改变过去确定教育目的乃是基于对前辈人格的信任与崇拜而无批评地、无条件地信仰和盲从的局面，并着眼于人的生存。

2. 增进个人社会化[②]

牧口常三郎从人的社会属性出发对合作的重要性进行了充分的强调。他认为，教育的鹄的，就是要让人幸福地生活。而要幸福地生活，首先得了解个人与社会相互依存的关系，特别是对社会的作用要有足够的认识，进而在每一个人生命中形成"社会部分"。

他说，人的概念不仅是指有感觉有形的身体，还包括以身体为基础的精神一面。然而社会则远远超出了人们生活的具体环境，它是人们共同生活构成的一个无形的关系体。社会不单是人的简单组合，也是精神和灵魂的联合体。就像放在桌上的一支笔、一瓶墨水、一些铅笔、纸和上面放着这些文具的这张桌子之间的关系。社会是"具有共同目的和相当恒久的精神关系，集合在一定土地上，生活在一起的众人的团体"。[③] 社会这个名词所代表的内容，并不是一个可以感觉得到的有形存在，乃是以此实体为基础的无形结合体。就如同"人"的概念内容一样，不只可以感觉得到它是有形的身体，而且也包括以身体为基础的精神层面。社会不只是人的群集，也是精神的结合体。然

---

① 牧口常三郎著，刘焜辉译：《创价教育学体系·译者序》(第1卷)，正因文化事业有限公司，2004年版，第18页。

②③ 牧口常三郎著，刘焜辉译：《创价教育学体系》(第1卷)，正因文化事业有限公司，2004年版，第172、180页。

而，因为此结合并不是有形的，所以很难出现在人类的意识上。许多人虽然过着社会生活，置身于结合体之中而未曾去意识它，其原因即在于此。事实上，人不能独立生存，不能隔离自己与社会的关系。如果进一步对个人和社会所需要的幸福进行分析，会发现两者并不排斥，而且，后者特别重要。他指出，我们的生活总是与其他人的生活紧密相连的。忽视这一点，就是一种狭隘的自我主义，那样的人终究会成为吝啬和心胸狭窄的人。因为真实的幸福不完全是个人的，真实的幸福来自于与他人和社会共同实践和分享成功。为此，我们必须牢记"如果个人的幸福要得以长久的话，就需要进行社会合作和奉献"①的道理。教育的作用就在于培训有价值的人，统整出一个社会人该有的共同的人格。这不仅符合社会需要，也最符合父母心理。

牧口常三郎指出，教育是社会化的一个重要方面。教育的作用就在于帮助个体社会化。无论何人都不可能离群索居，人的生活在受到社会整体的影响下，才能生存。社会为我们提供了衣、食和住，还保障了我们的财产和生命。社会是我们生活的一个组织。没有它，我们就无法生存。人不能仅仅考虑自身的基本需要和安全，还要考虑构成幸福的各个方面。许多人并没有意识到他们从社会中得到的利益享受，而只是关注自己的私人利益。他们"只意识到私生活，把公共生活的恩惠置诸脑后，因此，只知主张权利而忽略自己应尽的义务"。② 这种人就是一点不方便也难以忍受。他们只呼吁权利，而不关心与权利相伴的责任。教育的失误就在于让人们只意识到社会为每个人提供的幸福，而没有让他们认识到必须与他人和谐相处、遵守道德以及除了参与社会的有效创造获得幸福而别无他途的道理。没有这种交换，也就没有公正和人性的社会。教育必须改变冷漠的态度、自我中心意识而形成社会责任意识，必须让人们认识到自己应该对自己生活的社会和国家的责任。教育就是要培养社会所需要的个人品质，让人们了解自己应有的权利和应该对社会承担的义务，使他们成为社会的价值创造者，使他们懂得如何适应社会并为社会尽其所能地作出贡献。或者说，教育的作用就是要让那些本来就是社会成员之一、仰赖各方面的恩惠生存却毫无意识的人去意识到社会生活。要让他们了解并认识社会是有机组合团体，社会力量远大于个人力量的总和，也保证与维护每一个人的生活的道理。同时，要使其感受到自己宝贵的生命和安乐幸福生活完全得益于社会广大无际的力量，从而唤起其社会意识，并且促使他们去研究使自己和他人都能过着幸福生活的办法和途径，使其领悟到唯有尊重与顺应共存共荣的社会生存法则，别无选择的公理，从而顺应社

---

①② 牧口常三郎著，刘焜辉译：《创价教育学体系》(第1卷)，正因文化事业有限公司，2004年版，第25、173页。

会生活，达到人己共荣的和谐。如果可能，“还要使其率先进入感恩报答的贡献生活，努力去创造可以营造幸福安乐的共同生活之社会”[①]。总的说来，美好的生活是由个人的奋斗得来的，而幸福的目标只有通过个人生活所依赖的团体才能够实现。因此，教育应该在帮助个人理解如何实现美好的生活的方式上提供专门指导。此外，还应培养个人为社会积极作贡献的能力。牧口常三郎认为，目前教育体系的严重缺陷就是没有根据这些更高的目标向他们灌输社会意识。

3. 使受教育者创造人类价值[②]

牧口常三郎认为，人类要生存，就要去创造。依赖物质生活是每个人必须迈出的第一步。只有具备了最基本的物质条件，才能谈得上精神生活。而不管是物质生活还是精神生活，都必须依赖人的创造。创造是人的本质特征，每个人除非其创造潜能被窒息或毁灭，一定会表现出他的创造性。人类不能增减自然物质，但他有创造价值的能力。或者说，我们有能力根据生活需要改变物质形式。在他看来，创造价值就是人性，当我们赞扬人的力量时，实际上就是承认他们的创造价值的能力。不过，这种能力能否得到培养和发展，关键只能通过教育获取，不能通过遗传获得。

另外，创造价值方向的定位，即为谁创造价值导向的形成，关键也在于教育。他认为，创造是人的教育中的独有特性。尽管其他动物也可以从父母那里学到一些生活的必要技能，但那只是一种能动反映。然而，“个人的能量经常浪费在无目的的生活、冷漠或没有积极意义的活动上。人的行为习惯一旦形成，则很难改变。所以，对于青少年要用价值创造的观念来正确引导。这就是教育存在的理由”。[③] 教育的根本问题是应该引导人去创造什么样的价值。教育应使每个人按照社会的需要去创造生活，人应该运用其创造能力去最大限度地提高自己的生活质量并为社会创造利益，这就是他所说“创造价值”的真意。在牧口常三郎看来，人一出生即被注定要参与团体、维持社会生活，就得顺应环境，担任分配给自己的最适当的工作，也就是承担一部分工作来贡献社会，其他部分的缺陷，则在他人帮助之下克服以保证自己的生活，以安心生活，这就是这个世界的常态。共同生活是每一个人所面临的现实，而共同生活的重要前提就是进行创造。“只依赖利用他人的长处，而自己没有相对的长处者，终究只能寄生于他人的生活，将被他人蔑视，而无永久的共同

---

①② 牧口常三郎著，刘焜辉译：《创价教育学体系》（第1卷），正因文化事业有限公司，2004年版，第172、122页。

③ Education for Creative Living：Ideas and Proposals of Tsunesaburo Makiguchi，Translated by Alfred Birnbaum，Edited by Dayle M. Bethel，1989：28.

生活可言。即使亲戚故旧之间有共同生活，也无法维持长久。”[①]为此，完整的、幸福的、成功的人应该是既为自己的生活又能为与他人的生活相互联系的整个社会进行创造的人。牧口常三郎特别强调价值与人生幸福的一致性。他指出，人的尊严在于他创造的价值，人的价值依他所创造的价值而定。人不应该只关心自己得到了什么，更应该关心自己为他人、为社会创造了什么和创造了多少。幸福的程度取决于创造价值的大小。教育的作用就是要让人懂得幸福的含义以及幸福同每个人为社会所创造价值的大小成正比这一道理。

由上可见，牧口常三郎认为教育对价值人生的形成与和平世界的构建起着关键的决定作用。他从人的生存生活、人的社会化以及创造人生价值出发，就教育对人类生活经验的传承作用进行了充分肯定，并认为人类是顺应自然现象的因果法则生活的。教育在指导人们积极地顺应新的环境生活，在人类收集口碑、传说、文献或遗迹，了解自古以来人类是如何适应自然现象的因果法则，充分吸收前人的智慧，去创造人生、社会和国家价值等方面发挥着重要作用。尤其是，教育在人的社会化进程中，帮助人们正确地认识自我，处理好人与自然、与他人、与社会的关系，唤起其社会意识，促使人们去研究如何才能使自己和他人，都能过着幸福的生活，使其领悟到尊重与顺应共存共荣的社会生存法则，特别在增进人的创造力、实现人生价值等方面也起着不可替代的作用。

特别需要指出的是，虽然他没有对人的本质进行专门的阐述，但他在人与社会的关系方面的看法，在某种程度上说，与马克思所提出的“人是一切社会关系的总和”的观点是一致的。他透彻地告诉人们：每个人的生活既是自己的，同时也必须是属于他人或社会的。在社会中，贡献的生活尤其重要，因为身为生活在这个社会的一分子，就没有绝对不交换、孤立或单独的生活。这就是说，在社会中人们必须参与物质与物质、物质与精神和精神与精神之间的交换。交换就必须进行价值创造，而培养受教育者创造的能力正是教育的题中之意。这也是牧口常三郎创价教育思想的真谛。

（三）走向生活、走近自然和社会——教育内容观

教育内容是实施教育的重要载体，直接关系到教育目的能否实现，关系到教育功能能否得到有效的发挥。对此，牧口常三郎根据自身对教育目的和教育功能的认识，强调以生活为核心，并提出了自己的见地。

---

① 牧口常三郎著，刘焜辉译：《创价教育学体系》（第1卷），正因文化事业有限公司，2004年版，第215页。

牧口常三郎的教育内容观主要有二。

1. 教育内容应该紧紧围绕生活来设计

在教育内容方面，牧口常三郎反对脱离实际，反对毫无顾忌地无视环境、追逐眼前利益而抛弃优良传统，反对把孩子和青年人整日关在学校，切断他们和自然环境、家人以及社会的联系，并强迫他们学习等违反教育规律和人的身心发展规律的做法，主张教育内容应该紧贴生活，而且应该围绕生活设计课程。并且认为，如果学问和生活、教育和生活之间是隔离分开的话，那么孩子们的健康成长是不会实现的；学问来源于生活又回归生活，没有学问的生活只能是暗中摸索，脱离生活的学问是空虚的；学问来源于生活所以又必须回归到生活中去。学问能引导我们的生活，又能提高我们的生活。[①] 而且，我们不能将学习看做是为谋生作准备，而应该是：我们在生活中学习，在学习中生活。不应将学习与实际生活看做是两条不相交的平行线，在人的一生中，它们彼此联系、彼此促进，在生活中学习，在学习中生活。[②] 只有以生活为学习内容时，学习对学生们来说才是真实的。也只有这样，才能在学习上真正有所造诣。

2. 课程应该由周围的自然和社会环境组成

在他的处女作《人生地理学》一书中，牧口常三郎从人与自然、社会的关系和生命的价值的角度对教育内容生活化进行了阐述。他认为，自然从来都不是与人相隔离的，人的生存从来就没有离开过自然，自然也总是在与人的交往中展示出其丰富的规律和韵致的，所以自然是与人生相关的存在，也正是与人的这种关联性使得自然界也蕴含着非常丰富的生命意义。

牧口常三郎指出，人的生活成为串联自然环境的核心元素，自然也因此成为人的生活世界的组成部分，而且二者是一种你中有我、我中有你的关系。一方面，人要始终受到所处的自然环境的塑造。人不仅在肉体上依赖于自然，而且在精神上也依赖于自然，彼此之间进行着广泛的精神上的交往。自然一旦与人发生关系，它就不再是静谧冷峻的独立的客观王国。周围的各种自然现象，会持续地以各种不同的现象来启发我们，启导智慧的形成，陶冶情感的产生。牧口常三郎还把人在精神层面与自然的关系划分为八个方面：知觉的关系，功利的关系，科学的关系，审美的关系，道德的关系，同情的关系，公共的关系，宗教的关系。而这些交往本身就是生活。另一方面，人又可以

---

① 创价学会教育本部编：《蓬勃发展的儿童和人性教育——"为了教育而存在的社会"》，Asoka Corporation Co.，Ltd. 制作（非卖品）2006 年版，第 51 页。

② Ethical Visions of Education：Philosophies in Practice，Edited by David T. Hansen，Teachers College Press，Columbia University，New York and London，2007：76.

或应该很好地利用自然。要做到这一点,人就必须了解自然、明白自然与自身之间的共生共存的关系。这就是教育必须从生活开始的理由。此外,由于人们与自然的交往首先是与自己生于斯长于斯的乡土之间的交往开始的,所以乡土知识的学习应为日本学习一切知识的核心。[①] 教育内容应该从乡土生活开始。当然,人们还生活在一个开放的世界中,所以教育还应该让人们超越乡土情感或狭隘的国粹意识。

牧口常三郎认为,教育就是要向人们提示人与自然的关系,让人们了解自然对于人的生命的意义所在。教育学应该从观察日常教育生活着手,加以组织。[②] 可惜的是,传统的地理学教科书只是僵化的知识拼凑,仅仅是简单罗列山川、湖海、人口、都邑而已。牧口常三郎并不否认作为一本地理学的教科书给人们讲述山脉海洋、矿藏物产、大气运动、动植物分布等知识的必要性,他所反对的是传统教育中单纯从知识到知识的死板做法。他认为,知识的陈述和呈现都应该是从人的生活的视角或从人与自然交往的视角来进行。我们从《人生地理学》一书中的一些章节的标题就可以看出他把所有的知识与人生联为一个不可分割的整体来看待,如"月亮、星辰与人生"、"地球的运动与人生"、"岛的种类与人生"、"半岛与文明"、"山与人的开化"、"平原与人生"、"河流与人的物质生活"、"人的精神生活与湖泊的关系"、"海洋与心情"、"海峡与人生"……这样就十分自然地拉近了人与自然的距离,同时大自然被视为人的生命和精神的源泉,也被赋予了灵性和生命。

透过人与社会的关系,牧口常三郎还对教育内容生活化的必要性进行了探讨。他始终认为,人虽然是依赖于自然而生存,但是人又生活在社会中。人在社会中会形成相应的社会意识,产生对社会的归属感。社会是一个活着的有机体,它由活生生的人组成,人有生死存亡,而由人所构成的社会也必然存在着新陈代谢。社会的发展变化从来都不是抽象的,它与人和人共同生活的质量密切相关。因此,认识社会,了解社会进而形成良好的社会关系理应成为每一个人的重要任务。牧口常三郎指出,教育肩负着使单个人向社会人转变的重任。教育,是决定个人和良好社会双方都健康快乐发展的关键因素。教育的至关重要性就在于它在培养具有良好道德品质的人方面有着不可替代的作用。按牧口常三郎的主张,这种品质的形成又依赖于人们是否认识到了与周围的自然和社会现象的相互依赖和相互联系。换句话说,在人的生活中,只有通过人的某个部位对现象的亲身体验才能发展这种认识和意

---

① DVD: Tsunesaburo Makiguchi——For the Happiness of Children, Kinokuniya Company Ltd., Tokyo, Japan, 2006.

② 牧口常三郎著,刘焜辉译:《创价教育学体系》(第1卷),正因文化事业有限公司,2004年版,第98页。

识。牧口常三郎指出，课程应由周围的自然和社会制度组成。书和其他第二手材料是学习者为自己个人经验所作的后备材料，无法替代直接经验。孩子们只有与他身边的自然环境、社会环境进行直接、主动的交往，他们身上所具有的充满人性的全部潜能才能得以发展。在他看来，如果没有类似身边环境一样的第一手的直接经验，人类品性就不可能朝着有益于人类的社会发展的方向发展。牧口常三郎深信人们良好道德的发展，取决于人们是否认识到在人类环境中自然与社会现象的相互依存与相互联结的关系。他相信，这只有通过个人与现象进行个别的直接联系才能实现。教育真正的任务是让被教育者了解自己所处的自然社会环境的意义，让他们的生活融汇于自然和社会中，指导他们通过享受所有人创造的价值而去追逐实现幸福生活的思想。[①]

牧口常三郎始终认为，在学习者生活的社会的自然系统中进行直接学习非常重要，因为道德品质的发展、感激的态度、支撑人生命的对自然和社会系统的好奇心，以及对这些系统的责任感，对于个人的幸福和社会的健康而言是不可缺少的，而这些品格除了身临其境走进自然、走入社会外是不可能通过其他途径来培养的。他断言，间接式、依靠媒介来进行的二手学习，在日本已发展到了愚蠢的地步。首先，作为从西方文化背景下移植的产品，这种间接式的教育系统将学习者局限于教室之内，强迫他们去完成毫无意义的课程，正如前面提及：记忆然后忘记，再记忆，再忘记，周而复始。此外，这种教育限制了学习者与其生活的社会的自然系统的联系。牧口常三郎强调，如果长期保持这样一种肤浅的学习系统，将会导致个体的不愉快和严重的社会问题，并且对环境造成破坏。[②] 这，也恰恰是促使他出版《人生地理学》一书的直接动因。

牧口常三郎还从天才的培养的角度对教育内容生活化的必要性进行了论证。在他看来，历史上的天才与“一般人”的差异不是遗传的问题，那些天才并不是生来就是天才，而是这些天才所拥有巨大的潜能得到了充分开发。尽管他充分肯定书本知识和第二手材料在学习上的地位和重要性，但是他坚持认为孩子们只有通过直接、主动与自然界进行亲自接触，才能发掘出全部潜能。由自然环境、家庭环境和邻居或部落环境组成的、离孩子最近的地理群落，不但应该成为孩子们学习的环境，而且也应该成为孩子们学习的全部课程。因为全世界和整个地球自身的任何方面，都能在孩子们身边的小世界

---

① 创价学会教育本部编：《蓬勃发展的儿童和人性教育——“为了教育而存在的社会”》，Asoka Corporation Co.，Ltd. 制作（非卖品），2006 年版，第 48 页。

② 牧口常三郎著，陈莉等译：《人生地理学 · 英文版编者导言》，复旦大学出版社，2004 年版，第 32-33 页。

里得到反映，无论它位于何处。[①]

研究牧口常三郎的教育内容观，我们会发现，他对赫尔巴特派的教育思想是持异议的。牧口常三郎将曾在日本盛行一时的赫尔巴特派教育学，"如今在教育实践者间，却很少留下痕迹"[②]的现象归因于该教育学说所提出的学术讨论停留在肤浅的层面。在诸多方面牧口常三郎接受了杜威的教育理念。他反对教材中心、教师中心和课堂中心，重视学生的生活经验，主张教育必须建立在儿童自己的经验的基础上，必须从儿童的生活经验出发。在他们看来，儿童除了就自己的经验得以建构具体观念的抽象概念外，都不能称为了解，超出这个范围的理论，不管论者如何加以说明，想要使对方了解，终究是徒劳无功。也就是说，如果超出其经验的范围，儿童将无法了解。如果强迫让他了解，毕竟不是了解事情本身或问题本身，只不过是信任论者而间接认为那就是真理才信任。没有直接经验的参与，要理解相关知识，几乎不可能。

牧口常三郎并没有对杜威所提出的"教育即生活"进行"翻跟斗"式的改造，而是一直颇为认同，正如他所说："杜威说：'以生活为目的，在生活的情境里，透过生活去达成。'这句话，的确值得我们教育人员深省。"[③]

总的看来，在教育内容方面，牧口常三郎主张走向生活，以生活为核心课程，把教学建立在儿童亲身实践所探取经验的基础上，这与赫尔巴特把教学理解为在教师传授下学生接受知识的过程根本不同，而且，注重引导学生通过个人的活动进行学习，紧密联系生活实际，有助于增强学生的学习兴趣，有助于发挥学生的主动性、创造性，能在获取和运用知识的过程中提高个人的能力。尤其要肯定的是，他关注生活，强调生活课程，不仅仅是看到了人生活中的动物性生存的意义，而且透过生活发现了人的主体地位，也肯定和彰显了人与动物相区别的人的创造性，而且能够从社会关系的角度来分析人的本质。应该说，他的这些教育思想，符合本国社会发展的需要，也顺应了近代以来世界教育改革的大潮流。

（四）讲求"方便"、讲究自然——教育方法观

教是为了不教，抚育孩子的目的就在结束抚育。[④] 没有良好的教育方法，再美好的教育目的，再科学的教育内容，都只能是一句空话。牧口常三郎认为，教育不是灌输知识，而是要将开发文化宝库的钥匙交给学生，就是要授之以"渔"。

---

① 牧口常三郎著，陈莉等译：《人生地理学·绪论》，复旦大学出版社，2004 年版，第 11-12 页。

②③ 牧口常三郎著，刘焜辉译：《创价教育学体系》（第 1 卷），正因文化事业有限公司，2004 年版，第 44、153 页。

④ 费孝通著：《乡土中国》，北京大学出版社，1998 年版，第 38 页。

牧口常三郎的教育方法观虽然没有达到理论化和系统化程度，但他所主张的“讲求‘方便’、讲究自然”的教法不失其自身的特色。

1. 实施“讲求‘方便’、讲究自然”的关键在于因材施教

牧口常三郎认为，因材施教才可以为孩子打开创造之门。学习应是出自每位学习者因自身爱好和动机而滋长的好奇、多问的探究心理。也就是说，学习应是一个诱导、启发的过程。教育要重视每个孩子的情感和差异，应该“随机施教、应病与医”。“教育不单是以传授知识为目的，而是指导学习方法；不是单纯的知识的灌输和反馈，而是通过自己的努力学会掌握知识的方法，找到打开知识宝库的钥匙。”①他曾以日本地理教学的死板机械为例怒斥扼杀孩子天性的僵化的教育体制。认为，日本的教育体系，从小学到大学都是基于唯一的标准，即通过考试来量化实际知识的掌握水平，并借此判断学生的某个科目是否及格。尽管我们周围充满了丰富的事例和信息，但令人震惊的是，如此多的人特别是教师，忽略了这种意义深远的观察法，而只坚持死记书本知识。他们阅读，然后忘记，再读再忘，读过又忘，忘了又读……如此循环。② 而且，在日本的学校，没有一个学科的教育像地理学那样的可悲和荒谬，不但在小学而且在初中也是如此，学生们死记硬背山脉、江河、湖泊以及城市名称和人口数字，学生们不可能长久地记住这些杂乱无章的事实，所以在他们考完试离开后，剩下的全是无用的支离破碎的知识。难怪学生们一般认为地理学是最没有兴趣，也是他们最不喜欢的学科。③ 这种悲惨的现实状态使他深深意识到，那些被看做是天才的人，是因为发展了“观察”的方法，才使他们能用敏锐的洞察力和理解力去把握身边真实的自然界，而大多数人只是满足于掌握第二手的信息，而从不会发展与自然界直接面对面联系的能力。由此，他们的生命受阻了，他们巨大的潜能没有得到挑战也没有变成现实，这对他们、对世界来说都是一个巨大的损失。④ 牧口常三郎始终坚持的一个主张是，每个人生下来都拥有崇高和仁慈的品质。但是，由于教育方法与自然背道而驰，致使多数人天生的潜能停滞和未得到充分发展。大多数人只是从表面现象去“看见”事物，他们从来没有发展那种起初直接与自然现象打交道的能力，他们宁愿变成书的奴隶。遗憾的是，带着这种肤浅的理解，他们即使是读过上千册书后，依然对那些真正重要的观点和理解一无所知。更可悲的是，他们认识不到自己人生发展受阻、潜藏的巨大能量沉寂的真正原因。

---

① 牧口常三郎著：《創価教育学体系》Ⅳ，聖教新聞社，1980 年版，第 68 页。

②④ 牧口常三郎著，陈莉等译：《人生地理学・绪论》，复旦大学出版社，2004 年版，第 9、11 页。

③ 牧口常三郎著，陈莉等译：《人生地理学・英文版序言》，复旦大学出版社，2004 年版，第 12-13 页。

2. “讲求‘方便’、讲究自然”必须关注受教育者的兴趣

牧口常三郎虽然不赞同传统教育所提出的“三中心”论，但非常赞赏赫尔巴特趣味性的教学方法，认为：教育绝对不是机械的灌输，应该根据个性与志趣不同，分门别类地施以适当的教育。教学就像饮食一样，如果有父母认为总有一天会成为营养，现在无论如何都应该吃下去，于是把儿童不喜欢的、无法消化的食物强迫他们吃，其效果会适得其反。要么肠胃不能吸收，只会通过消化器官被排泄出来；要么不能消化而停留在腹中，阻碍以后进来的食物通过，更可怕的是，它会腐化酿成毒素。单纯机械的灌输主义，或者无策略的“人格主义（感化主义）”都是不可取的，传授信息更重要的目的是激发兴趣。教育不应止于传授知识，启发学生对学习的喜爱与兴趣才是正途。[①] 可惜的是，赫尔巴特学派在兴起30年后，教育界对赫尔巴特渐渐陌生了，虽然教育政策经历了无数次的更变，人们的思维仍然局限在强行灌输的模式上。牧口常三郎指出，如果说教育的合理作用在于老师向学生一点一点地传输知识，那么就没有必要去考虑教学方法，因为所有老师的任务只是向学生提供教科书。但是，教育的目的恰恰在于激发学生的兴趣，老师的作用主要是在学习过程中引导学生，而且，教师必须面对如何树立并激发学生的学习兴趣这样的技术问题。当然，尽管牧口常三郎充分肯定赫尔巴特强调教学的趣味性，但从总体上看，他更倾向于杜威的教学方法。当然，他没有照搬杜威的“做中学”，而是吸收了杜威注重学生的主体性的思想，并与自身的创造性思想有机地融为一体。

3. “讲求‘方便’、讲究自然”的教法与命令式的教育格格不入

牧口常三郎认为，纵使学者用命令或权威提出主张，父母或儿童未必会服从。如果不顾儿童现在的幸福，认为现在如此教育，将来可能会有幸福，以这种不确定的目的作为依归的观点，将被人们所摒弃。教育的目的不是传输知识，而是在学习过程中引导学生，将学习的责任放在学生自己的手中，将激发人们产生自我学习的兴趣作为最终目标。教育不是推销信息，而是向人们提供打开知识宝库的钥匙。教师决不可忘记自己只是一个学习过程的配角，不可以代替学生学。学生必须学会学习，而且，除非学生亲身体验所学，否则不管教师如何努力，都是白费力气。[②] 教师应该放弃只是传授书本知识而去扮演引导学生自我学习的角色，要激发学生的自我意识，培养学生对学习的

---

① DVD：Tsunesaburo Makiguchi——For the Happiness of Children，Kinokuniya Company Ltd.，Tokyo，Japan，2006.

② Education for Creative Living：Ideas and Proposals of Tsunesaburo Makiguchi，Translated by Alfred Birnbaum，Edited by Dayle M. Bethel，1989：104.

兴趣和好奇心。这种崇尚自然的教育呼声从夸美纽斯和裴斯泰洛齐时代起就一直在我们和教育家的耳边响起，但至今没有得到实施。尽管如此，我们仍然应该懂得，随着人类的进步和文化的发展，需要传授的知识量加速增长，无论怎样努力，我们都难以跟上知识更新的步伐。我们唯一能做的事情就是循序渐进地激发学生的兴趣、启发他们的意识和开发他们的能力，通过他们自我启发和自身能力的提高满足未来的需要。牧口常三郎提醒人们，教育在于指导自己学习的观念并非新异，这只是夸美纽斯、裴斯泰洛齐和其他年代教育家的观点的再现。在牧口常三郎看来，日本教育从来没有贯彻人类学习的基本原则。相反，采取的方法是机械的、非人性化的。这种方法很不经济，且极为古老和原始。学生只是机械模仿教师，就像钓鱼的人只知道用鱼竿钓鱼而不知道用渔网捕鱼、农民只知道用传统的铲和锄头耕地而不去思考改变耕作方式一样。“正是因为长期以来拘泥于以往的旧习，而且在此基础上追求日常生活，所以就缺少了关注孩子生活的意识，也正是因为如此，生活中充满着烦恼。但是，当人们多少开始意识到改革的必要性的时候，也自然会因为过去方法的不切实际和不经济而感到悔恨。”①实践证明，现在的老年人中，有很多人虽然在少年时代学过《论语》和《孟子》，但是不用说，他们在长大以后一定都不知道这些讲的都是什么意思。因为他们知其然而不知其所以然，所学的没有与自己的自然生活相联系，没有切身体验，更谈不上消化。所幸的是，历史上曾经涌现了“像卢梭等教育改革家的前辈们，他们想要努力改变这种不切实际和不经济的教育方法，也正是多亏了他们，全世界的青少年才能逃离牢狱般的学习生活，而走进现在快乐的学校”②。

4. “讲求‘方便’、讲究自然”，重视学生的亲身参与和体验

牧口常三郎指出，要重视学生生活能力，尤其是创造能力的培养，要让学校成为学生创造的摇篮而不是约束他们的囚笼。为此，他提倡教育要走向自然、走入社会。他甚至鼓励人们通过旅游进行学习。在他看来，通过与外界发生各种关系，不仅可以增长见识，扩展视野，还会观察到在复杂多样又令人敬畏的大自然中，存在着和谐、对称以及普遍规律。而当人们探究人类的历史，企图了解人类的命运时，会意识到在这个多变的世界有一种潜在的秩序，存在一种超越于人们控制之外的东西。而自己只是宇宙中由更高等的东西创造和养育的众多事物中的一员。当认识到这个更高等的、不可思议的东西超出了人们的理解和想象范围时，人们会感到自己非常渺小，能力有限，不知不觉之中，人们的心里就会充满了尊敬和敬畏。此外，自然界确实是人们的教育者、启蒙者、领导者和安慰者，与外界的联系，会使人们的健康、平衡和个

---

①② 牧口常三郎著：《創価教育学体系》Ⅲ，聖教新聞社，1979年版，第37、37页。

性得以成长，而且，人们生活的快乐、所取得的成就与自然界有很多密切的联系，并取决于与自然界亲密的程度。在一定程度上可以说，牧口常三郎创价教育思想的创意得益于他对自然、生活的热爱、亲近以及他从中的感悟。

面对当时日本从小学到大学偏重填充，盛行记忆的填鸭主义教育现象，牧口常三郎不是无动于衷，袖手旁观，而是以高度的历史责任感和社会责任心，从人的创造性出发，强调教育要以人为本、重视亲身经验与实践，呼吁讲求"方便"、讲究自然的教学方法，注重随时随地关注开发每一个人的创造价值的可能性。不过，牧口常三郎只是就教育的具体方法进行了探讨，而且主要还停留在启发、自然、体验等具体方法的层面上，没有形成自身的方法论体系。

（五）半日学校制度——学校观

牧口常三郎的学校观的外延不像陶行知所提倡的"社会即学校"那样宽泛，也没有陶行知那样将学校的围墙拆得那样彻底，但他针对明治、大正时代教育中偏重知识的学习、偏重智力教育的状况，提出了教育要走出困境就必须改变现行封闭的学校运行模式，实施半日学校制度的远识。其要旨有四。

1. 实施半日学校制度可盘活办学存量，提高教育效率

牧口常三郎认为，将小学到大学的学习生活改为半日制，首先可以把以往一天的学习内容压缩在半天，从而可以大大提高效率，达到"将效率提升到半日便习得一日之内容"①的效果。牧口常三郎认为，现在的教学内容只用半日已足够，存在着很大的改良空间。更何况青少年在校受教育时期随着义务教育年限的延长而延长，如果不谋求对迄今的教材进行整理，改变教课方法谋求高效的学习效率，要走出教育困境几乎是不可能的。其次，可以充分整合和利用现有的教育资源，盘活教育存量，减轻费用的负担。因为从国家经济的大环境着眼，半日学校制度可以对校舍、师资进行上午、下午甚至晚间两至三次反复的利用，从而可以大大降低教育成本，减轻经济负担。

2. 实施半日学校制度的根本要点在于密切学习与生活的关系，让学习与生活同行

牧口常三郎指出，学习不是生活的前奏，而是伴随着生活进行。没有实际生活就没有学习可言。通过学习可以更好地生活，生活的实践反过来又能促成学习的进步。②

面对日本入学困难、考试地狱、就业困难等状况，牧口常三郎"不希望一

①② 牧口常三郎著：《創価教育学体系》Ⅲ，聖教新聞社，1979年版，第247、250页。

千万中小学生在恶劣竞争中受罪的现代苦恼持续到下一代”[①]。这也是“贯穿牧口常三郎教育生涯的主要动机”[②]。牧口常三郎认为，半日学校制度可以消除考试地狱，让多数涌至校门的学生能步入学校的殿堂。更为重要的是，可以使生活与学习一体化。换句话说，半日学校制度的根本要点在于让人们懂得学习与生活应该相携而行，没有实际生活就没有学习可言的道理，从而通过学习更好地生活，同时，通过生活的实践更好地促成学习的进步。牧口常三郎指出，现在的学生普遍偏好对书本的钻研，既错过了身体的锻炼，也难免会产生厌恶劳动的思想。青少年时期是学习的最佳时机，一旦错失便再也无法挽回，乃至终生遗憾。与少时乃是最佳学习时期同理，如不在这段时期养成勤劳的习惯，错过这段时期将悔之晚矣。等到人及中年，变更职业本来就不容易，而要求懒惰成性的人从事勤快的职业自然难上加难。另外，从教育的角度来看，在人生中印象最深的、最好的教育时期，如果只是喜好学习书本的知识，会耽误进行实践的好时光。

实施半日学习制度，目的就是使学生可以将腾出的半天时间投入到实际生产活动中去。利用学校生活以外的半天让学生们做些事，例如给父母的工作帮帮忙，或从事一些力所能及的职业，可以通过学校和家长的配合很好地培养学生勤劳的习惯，而且可以防止由于以前不合理教育制度所带来的身心发展不平衡、思维和运动神经不均衡所导致的神经衰弱的发生，也可以减少游手好闲的人的出现。

当然，实施彻底的实业教育和指导教育也是牧口常三郎提倡半日学校制度的一个理由。牧口常三郎认为，无论是社会、父兄还是本人，都期望能得到经得起今后实业社会竞争考验的专业性训练。作业教育、劳动教育的设立乍一看填补了此前教育制度的缺陷，被新的教育工作者们盲目追捧，但是仔细思量，因为以前的缺陷太深，就像口渴极了的人喝水一样，根本顾不上去选择。盲目的迎合，即使一时实行了实业教育，这样的权宜之计也是不可靠的。而半日学校制度能克服日本实业教育中存在的急功近利的现象，避免“欲速则不达”的情况出现。他认为，现代实业教育系统的缺陷在于只注意青少年生活的一个方面，而忽视了另一方面。即只注意让他们早点挣钱，却没有考虑指导他们如何处理挣到的钱。在这方面，机械工艺类学校尤其具有代表性。[③]而且，人们不知道这一方面的利益却一直在给另一方面的利益带来损害。也就是说，孩子早早独立成人挣取工资，不可避免带来的孩子在职业上

---

①③ 牧口常三郎著：《創価教育学体系》Ⅲ，聖教新聞社，1979年版，第26、268页。

② D.M.ベセル著，中内敏夫、谷口雅子訳：《価値創造者：牧口常三郎の教育思想》，小学館1974年版，第56页。

成熟而人格上不成熟的教育结果，就是孩子容易陷入诱惑，特别是容易与不良人群为伍的原因。

3. 半日学校制度可充分发挥学校、家庭、社会三方面的教育合力

牧口常三郎指出，通过实施半日学校制度，不仅可以使学生在校期间就开始有了较好的身体准备，而且还可以很好地解决理论与实践脱节的问题，使学生更好地了解自然、了解社会，更好地学会处理人际关系，从而为将来步入社会后能更好地适应工作打好基础，进而发挥出更大的创造价值。

牧口常三郎认为，从适应实际需要的现状来看，现在盛行的学校教育制度已经过时了，这种教育制度无益于人的创造能力的培养，既不能给自己带来幸福，也不能为社会创造价值。牧口常三郎指出，人生中必不可缺、理应发展的能力之一——勤劳能力的培养，一直以来在学校生活中被人们所忽视。也就是说，没有让青少年长期进行能够承受的体能锻炼。当前青少年懒惰的原因是因为运动神经和感觉神经发育不平衡，或者说是与感觉神经发达相比运动神经萎缩的结果。[①] “不劳者不得食”这句话揭示了劳动就是人间的真谛。可是，今天的青少年，大多数都是整天无所事事，他们的精力绝对不比以前的人差，但他们在大学毕业之前都是由父母照顾，过得无忧无虑。而且，越是这样他们就越感觉勤奋劳动卑微。少数人甚至感到勤奋劳动很丢脸。更可怕的是，他们认为，如果不是这样衣食无忧就会被人笑话。少男少女虚度时光，挥霍、炫耀之风盛行，使全国的风气每况愈下。[②] 实施半日学校制度可充分发挥家庭、社区在教育中的合力。他指出，学习过程中起向导作用的不只是教师，家庭和社区所发挥的积极作用同样是培养快乐、坚强和有贡献作用的年轻人所必需的。他对于家庭和社区将如此重要的教育职责全部推向学校这一做法感到遗憾，其结果是“将年轻人的整个童年和青少年时期变成了自习室，得不偿失”[③]。针对当时日本教育尤其是初等义务教育比较普及，教育与生活相脱离、学校取代了本属于家庭和社会的那种角色和责任的现实问题，他一针见血地指出，有效的教育必须是由学校、家庭、社区三者共同作用的结果，应该让学校、家庭和社会充分履行各自应有的任务。而这一改革的关键是将学生在校时间压缩半天，以便让他们在社区和家庭从事适合自身特点的学习活动。

4. 半日学校制度乃日本教育改革之出路

牧口常三郎认为，之所以提倡半日学校制度，是因为当时正值整治日本

---

①② 牧口常三郎著：《創価教育学体系》Ⅲ，聖教新聞社，1979 年版，第 257、255 页。

③ Ethical Visions of Education: Philosophies in Practice, Edited by David T. Hansen, Teachers College Press, Columbia University, New York and London, 2007:76.

教育制度的弊端之际。为此,所有学校以半日学校制度为标准进行改革已是当务之急。① 他乐观地指出,此问题若被认真讨论并能得到一定程度的解决,其价值是不可估量的。不过,牧口常三郎对自己的大胆创见所遇到的阻力有着充足的估计:长达半个世纪之久的旧观念已在现代人脑中根深蒂固。而且,"教育界明哲保身之风气盛行。吾等卑贱之徒即使提出如斯之大问题恐怕也只能被付之一笑而已"②。"更有甚者可能会被斥责冒犯了神圣的前辈及诸大家之领域,抑或是由于对权威不够尊重而被置之不理。十数年来我常因自己空怀一腔抱负而懊恼不已。"③不过,牧口常三郎对他所提出的半日学校制度的未来充满了自信。认为,即使会迂回曲折,从小学到大学的学习生活都应采用半日制度,这是日本学制乃至教育制度改革中最根本性之问题,舍此,学制改革将无所适从。当然,此问题若被慎重考虑并能得到有效解决,将是帝国教育机构划时代的一大改革,具有非常深远的影响。

牧口常三郎提出半日学校制度的设想,而且试图改变过去学校与社会"两张皮"的局面,走出一条家校社合一的办学之路。可以说,这是对日本教育的一种大胆的革命性的颠覆。

教育不是凭空产生的,自从有了人类社会,也就有了教育。而学校则是有计划、有组织地进行教育的机构,是开展教育活动的主要场所,它的产生是社会生产力发展到一定阶段的产物。从原始社会后期萌芽开始,学校就紧紧依靠社会、扎根社会,并为社会培养所需要的人才。它来源于社会、根植于社会,同时也服务于社会。应该说,学校将零散的、片断的教育活动组织起来,形成一个日益完善的体系,这无疑是教育发展史上的一大进步。但是,学校的终极目的在于服务社会,这也是学校存在的理由。要达此目的,学校必须面向社会、联系社会、关注社会,也只有这样才能更好地为社会培养所需要的人才。从这个意义上说,牧口常三郎提出的实施"半日学校制度",是走家校社合一的办学之路的大胆设想,是对旧的办学模式的一种革命,是对教育理论与实践相结合的诉求,也是对教育规律和人的身心发展规律的回归性的探索。他强调的是要扩大学校的范围,将学校、家庭和社会生活的关系打通,联为一体。他反对的是脱离社会生活的学校,不是主张取消学校。牧口常三郎则针对当时日本教育尤其是初等义务教育比较普及,教育与生活相脱离的现实提出了"半日学校制度"的设想,主要考虑的是让学生走出书本、走向自然、走入社会去体验生活、体验人生,从而为社会创造更大的价值。

---

①②③ 牧口常三郎著:《創価教育学体系》Ⅲ,聖教新聞社,1979 年版,第 269、245、246 页。

（六）创价教育的表率——教师观

身为人师的牧口常三郎，对教育情深意切，他不仅深信“教育是国家万年根本大计”，而且认为教师在改造人心、改造社会和改造世界上起着关键的作用。在他看来，教师不仅神圣，而且身负重任。也正是因为这，他认为教师应该追求卓越，同时希望教师做创价教育的表率，将价值和快乐栖身于教育事业。

牧口常三郎认为，教师是世人之楷模。不管是小学教师还是大学教师，不管他们的年龄大小也不论其学术水平高低，都应该做到这一点，否则就是骗子一个。[①] 牧口常三郎站在“教育是决定社会命运的关键”[②]的高度对教师素质提出的要求主要体现在“表率”二字上。

1. 教师必须是“博爱”的表率

牧口常三郎指出，育人者必先爱人，“教育是为了孩子们的幸福而存在的”[③]。教师首先是学生的依靠，作为一名教师，不应高高在上、坐在受人尊敬的宝座上，而应是教导走向宝座的人的公仆。只要是为了孩子，任何事都应该去做。其次是要以佛眼看人，不管是哪个孩子，同样都是学生，不应该有分别，都要给予无微不至的呵护和关怀。教师的职责是使每个学生，无论其背景或个人能力如何，都能发现和开发他们的独特能力和兴趣。[④] 在这方面，他对瑞士教育家裴斯泰洛齐极为赞赏，认为在他身上具有“教育史上绽放特殊光彩的作为我们后来教育者憧憬的目标的永久不会磨灭的特质”[⑤]。牧口常三郎认为，即使有的学生的衣服破旧或被尘埃弄脏，但我们应该看到那脏衣服内所透射出来的灿烂生命的光辉。任何一个儿童都能成为优等生，差等生是人们自己随便叫出来的。如果教给他们思考方法，让他们充分发挥自己的能力，差等生就能成为优等生。在他看来，在严酷的社会歧视待遇中，唯一能够庇护他们的，就是教师。牧口常三郎不仅说到，而且处处身体力行。在北海道师范学校附属小学任教时。每到寒冷刺骨，积雪难行的冬天，牧口常三郎就亲自到学校附近去迎送孩子们上学和放学，小一点的就背着，大一些的

---

①④　Education for Creative Living：Ideas and Proposals of Tsunesaburo Makiguchi，Translated by Alfred Birnbaum，Edited by Dayle M. Bethel，1989：106、185.

②　Tsunesaburo Makiguchi，A Geography of Human Life，Edited by Dayle M. Bethel，Published by Caddo Gap Press，3145 Geary Boulevard PMB 275 San Francisco，California 94118 U. S. A，2002：190.

③　创价学会教育本部编：《蓬勃发展的儿童和人性教育——“为了教育而存在的社会”》，Asoka Corporation Co.，Ltd. 制作（非卖品），2006 年版，第 40 页。

⑤　牧口常三郎著：《創価教育学体系》Ⅳ，聖教新聞社，1980 年版，第 104 页。

就牵着，口里还要不断地大声提醒道："注意脚下！"很多孩子的小手因得了冻疮而通红通红的，牧口常三郎总是烧一壶又一壶开水给他们洗手。而且，顶着暴风雪背着孩子跋涉十几里，送他们回家也是很经常的事。三笠寻常小学是一所专门面向赤贫家庭孩子们的、学费全免的特别学校之一。在那里，牧口常三郎实施了惠泽寒门的教育。三笠寻常小学的上课时间分为上午和下午两个时间段。对于没来上课的学生，牧口常三郎挨家挨户去家访，详细了解家庭状况，详细地掌握每个学生的情况，不厌其烦地讲述教育的重要性。冬天，他常在早晨准备好热水，供学生暖和他们冰冷的手，并在雪天护送学生回家。他还经常为那些父母无力为其准备午餐的学生准备好面包和汤，并分散放在门房，使那些饥饿的学生在取食时避免尴尬。[①] 也正是因为他的慈祥和关爱，受到了家长和学生的爱戴和尊敬。

2. 教师应该是运用教学方法的表率

牧口常三郎认为，教师的任务不仅是保存和保护，还要激励和提高，要朝前看并导出潜在的个性价值。[②] 教学贵在指导，那种认为教育者只用将教材所包含的信息强行灌输给学生以及教育只用关注教育本身即可的年代已经成为过去。我们现在必须认识到教育的根本在于如何通过教材指导学生进行自我学习。教育者的主要作用是鼓励和激励学习者去实现他自己确定的教育目标，帮助他们排除学习障碍。老师的职责是使每个学生，无论其背景或个人能力如何，都能发现和开发他们通过遗传和个人环境所获得的独特能力和兴趣。老师应通过对自身经验或其他老师的经验进行客观、科学的审核来了解学习的规律、熟悉和驾驭教育技巧。

牧口常三郎指出，教师的重点如果放在知识记忆上的应试教育，不仅与生活无关，乏味，误人，而且对个人和社会都是破坏性的。如果老师的举止确实需要模仿，那么最好让老师扮演教育实践与教育方法的模范。老师应该将教育作为一个过程而不是一个产品向学生展示，否则就变成了一种傲慢的逞能和自命不凡的装腔作势，而将孩子们放在最低处。老师在学生面前必须采取谦和的态度。老师必须作为一个在同一条学习道路上行走的长者来引导和鼓励他的学生，也许他只是领先那么一点点。教育是最高层的技术或艺术。作为一个教师，最紧要的一点就是认识到自己作为学习者和引导者的身份以外，还必须了解和掌握指导学生的教育技巧。如果只对教育持有最天真

① Ethical Visions of Education：Philosophies in Practice，Edited by David T. Hansen，Teachers College Press，Columbia University，New York and London，2007：69.

② Education for Creative Living：Ideas and Proposals of Tsunesaburo Makiguchi，Translated by Alfred Birnbaum，Edited by Dayle M. Bethel，1989：98.

最原始的想法而试图通过最艰苦的努力来开发人力资源，那将无异于在不配备指南针的情况下所进行的越洋航行。

为此，对教师扮演的角色定位的理解应该为：不是兜售从别处获得的廉价信息的零售商，而是对学生的学习和日常生活进行指导的思维专家；与那些寻求从物质资源中创造物质价值、利益和美的技术人员和艺术家不同，老师更关注学生精神上的成长和人力资源的开发，进而指导学生创造人格价值。相应地，老师应该将灌输事实的任务交给书本，而在学生的自主学习过程中为其提供帮助。而且，老师在学生面前绝对不可以将自己当做目标制定者或完美的产品，相反地，他们必须舍弃他们那自以为是、高高在上的形象。老师必须放下自己的架子来为学生服务，同时孜孜不倦地继续自我修炼，学会学习，从而引导他们的学生在学习过程中进行合理的实践。

3. 教师应该是献身教育的表率

教育者应为孩子们可塑造的心灵提供生活的理想并帮助他们提高可以实现的必要能力。教育者必须是社会的楷模，是每个人理想的偶像。① 教育者必须将自己设想成社会上第一流的人格范例展现在学生面前，无论其实际上是否成功。②

牧口常三郎联系教育方法的探究对教师的事业心和责任感的重要性提出了自己的看法。牧口常三郎认为：教育的成效关键在于得法，而能否得法又取决于老师对待自己工作的热情。一个广为认可的观点是，只要一个人对工作足够认真，他自然而然地就会找到教学方法。在这方面，裴斯泰洛齐是一个出类拔萃的范例。裴斯泰洛齐的成功，不仅在于他的认真和对教育几十年如一日的专注，而且在整个一生中将这种专注的精神运用于刻苦钻研教育方法上。裴斯泰洛齐所追求的境界理应成为每位教育工作者的追求。

牧口常三郎依据教师对教育的态度将教师划分为四个等级，即以金钱报酬为首要动机的教师、以身份为首要动机的教师、以爱孩子为首要动机的教师和以热爱教育为首要动机的教师。③

牧口常三郎认为，第一类教师唯利是图，应该排在最低等级。因为，教学是一门复杂的具有创造性的艺术，它要求教师在工作中持续不断地进行实践和改进，而这类教师对职业本身并无兴趣，只是暂时为“钱景”这种片面利益所驱动。他们在工资出现波动时很可能会辞去自己的工作，甚至会因为某个

①③　Education for Creative Living：Ideas and Proposals of Tsunesaburo Makiguchi，Translated by Alfred Birnbaum，Edited by Dayle M. Bethel，1989：98、177.

②　Ethical Visions of Education：Philosophies in Practice，Edited by David T. Hansen，Teachers College Press，Columbia University，New York and London，2007：75.

临时的通知而放弃工作。我们不仅不能依靠这种教师根据自己的情况制定长期的计划,同时,他们那十分冷漠的态度会伤害到家长甚至整个民族。与以金钱报酬为首要动机的教师相比,被社会地位和职位提升的前景所驱动的教师所采取的态度更"正常"一些。牧口常三郎承认,在如今的资本主义社会里,完全摆脱名声这种想法几乎是不可能的。尽管如此,如果名声和地位变成了人们追求的主要目标,教育的真谛就会退居其次。因为这类人名利一旦得到或拥有,就似乎会感到"大功告成",就会把它作为自己显耀的资本;一旦不能达到自己的愿望,就会垂头丧气,怨声载道。第三类教师将孩子视为伙伴,尽管他们以对其提供无私关怀为主要动机,但是这类教师由于缺乏对事业的坚定,其胸怀势必难以博大,爱心势必难以持久,他们会产生分别之心,不能等眼看人;他们的心情和好恶会随着自己的伙伴变化而变化。这类教师距离成为一个精通技术的教育工作者还有很长的一段路要走。换而言之,如果没有对教学实践本身的长期稳定的投入,任何选择做教师的动机都是不充分的。唯有为自己终生事业奉献的教师,才会舍身忘我不断地去追求教育的鹄的,才会为了每一个孩子的幸福而去呕心沥血地探求教育的规律和精髓,才会勇敢无畏地面对一切困难和压力并进行开拓和创造,处处、时时为人表率,不失教师的风范。

牧口常三郎站在人的生命和国家前途的高度对教师提出了很高但又是客观上必备的要求。他认为,要有好的公民,就得有好的学校,就得先拥有素质一流的教师。而素质一流的教师都是学成的、养成的,所以国家必须要重视师范、重视师范生的培养。与其将大把的钱花在挽救青少年罪犯上,还不如把更多的精力花在预防犯罪上,不如把更多的气力用在教师培养上。他对教师素质提出的要求折射了他的人格魅力,至今仍可作为"一流教育家"的试金石。

当然,要求别人做到的,首先自己应该做到;要求别人不做的,自己首先不做。这是做人的一条基本原则。牧口常三郎,身为人师,在他一生的教育理论与实践中,处处以身作则,用他的言行表现出了一个教育家的风范。他永远是人类的教师,他的名字理应载入历史的丰碑。

必须指出的是,牧口常三郎的教育思想内容非常丰富,远非以上几点所能涵盖。尤其是,他在自己一生的教育理论和实践中始终将"创造"二字贯穿其中,他注意到人的创造性,提出创造教育思想并积极从事创造教育实践活动。牧口常三郎将创造与价值联系起来,关注创造的结果,把创造价值甚至将价值最大化作为教育终极目标,并把创造价值作为其教育理论的"主轴"提出了比较系统的创价教育理论,而且以价值哲学为基石,创立了以人与自然、人与人、人与社会和谐的世界观,人生即创造的人生观,以获得幸福人生为皓

的的教育目的观等基本原理构成的，一个比较完整的、系统的、具有特色的、富有时代和历史意义的创价教育理论。

第二节 牧口常三郎教育思想的性质——现代教育思想

一、牧口常三郎教育思想的性质

现代教育思想是相对于传统教育思想而言的。这两个概念为人们耳熟能详，且曾在我国与西方教育理论界有过激烈的争论。在西方，杜威在1899年出版的《学校与社会》一书中第一次对教育作了“进步”与“保守”、“传统教育”与“进步教育”或“现代教育”的划分，[①]并用“传统教育”一词来称呼以赫尔巴特为代表的主知主义教育思想。杜威的教育理论由于自身的局限性受到批评后，后来者斯金纳、布鲁纳、根舍茵等人又把各自的教育理论自称为是现代教育思想。在苏联，赞可夫把凯洛夫的理论划为传统教育思想，而把自己的新教学体系划为现代教育思想。在我国，对传统教育思想内涵的看法相对而言一致。一般认为传统教育思想是指以赫尔巴特为代表的强调教师、教材、课堂“三中心”的教育思想。

其实，现代与传统只是一个相对概念。区别二者的关键还在于人们所选用的参照系。笔者将现代教育思想界定为相对于赫尔巴特的传统教育思想[②]而言、对教育现象及规律的认识有所创新且与时俱进的教育思想。其具体的内涵包含以下几方面。

第一，在时间上以20世纪前赫尔巴特为代表的传统教育思想为参考系。现代教育思想发端于19世纪80年代以“实验教育学”为先声的现代教育运动。与传统教育相区别的是，该运动奉行以心理学为教育学基础的路线，注重从儿童行为的实验研究角度来探索教育形式。到20世纪初，实验教育成为西方各国教育改革的主流。其主要代表人物有拉伊、梅伊曼、霍尔、比纳、克拉帕雷德、桑戴克等。其中，早期实验教育科学的实践在有效学习、智力测验

① 黄济著:《教育哲学通论》,山西教育出版社,2004年版,第235页。
② 目前学术界普遍这样认为。

和训练迁移等方面得到了重大突破，得出的许多结论一直影响到今天基础教育的训练模式。也正是乘"实验教育学"之风，20世纪初欧美掀起了教育革新运动。代表人物有德可乐利、蒙台梭利及杜威等。可以说，现代教育思想不仅包括了杜威的实用主义教育思想，还包括了斯金纳、布鲁纳、根舍茵、赞可夫等20世纪以来的教育家的教育思想。当然，杜威应该说是具有现代教育思想的开创性的代表之一。而且，相比较而言，杜威的教育思想更为典型、全面、系统且影响深远。也正是因为此，研究现代教育思想时，杜威是无法绕过的一座高山，过去是，今天仍然是。

第二，相对于传统教育思想而言对教育现象及规律的认识有所创新的教育思想。这就是说，相对于传统教育思想而言，必定有所不同、有所创新、有所突破。现代教育思想必定是"现代"的教育思想，但产生于现代的教育思想并非都是现代教育思想。只有那些能反映新时代要求，代表现代教育的主流，富有创新品质且具先进意义的教育思想才能称得上是现代教育思想。进一步说，只有适应现阶段社会生产力发展的需要并能有效实现现阶段教育目的、符合教育自身发展规律和教育对象身心发展规律的教育思想才能划为现代教育思想的范畴。

第三，现代教育思想脱胎于传统教育思想。现代教育思想并非从天而降，它不能与传统教育思想决然割裂开来。事实上，包括杜威在内的教育家所提出的现代教育思想无一不重视对传统教育思想的批判、扬弃与继承。他们的进步，也是站在前人肩膀上的前进。辩证地说，传统教育思想不一定都是坏的，现代教育思想也未必都尽善尽美。

第四，现代教育思想既有同一性，也存在差异性。同一性是指它是一个动态的概念，具有与时俱进的品质。一方面，就整体而言，现代教育思想不管产生于哪个国家，不管是哪位教育家所提出，都具有大致相同的性质与特点，而且现代教育思想本身将随社会发展而不断丰富发展。随着社会条件的发展与变化，原来被称为"现代教育思想"的某些内容将可能不再适应社会需要，而被新的教育思想所替代。另一方面，现代教育思想也有差异性。每个社会、每个国家发展状况、性质与文化传统都不同，每位教育家的成长背景、受教育的程度不一，个人的实践经历也有差别，这样不同社会与国家就有不同的现代教育思想。于是，美国有美国的现代教育思想，日本有日本的现代教育思想，中国现代教育思想自然具有中国特色。

自从17世纪捷克教育家夸美纽斯创立了新的教育组织形式——班级授课制后，教育的对象得到了扩大，教育的内容得到了丰富，教育效率得到了提高，同时，教师的地位也得以确立。到了19世纪，德国的教育家赫尔巴特在对教育理论和实践不断深入研究的基础上，逐步形成了较为系统的教育思想体

系，并首次将心理学的内容引入教育学之中，使得教育的科学性进一步完善。其主要特点基本上可以归结为“三中心”，即以教师、教材、课堂为中心。随着社会进步和科技发展，人们对教育的要求也越来越高，这种以教师、教材、课堂为中心的教育思想显然难以适应，也就必然为新的、更为科学的、适应生产力发展需求的教育思想所替代。19 世纪末，在西欧国家出现了“新教育运动”。后传到美国，形成了美国的进步教育运动。杜威成为新教育运动的主要代表。他把赫尔巴特继承和发展的西方资产阶级教育思想归入“传统教育”的范畴。而且，“在近现代教育史上，他第一次提出资产阶级的以教师、书本、课堂为三中心的‘传统教育’的概念，并给以系统的批评，而把自己的教育主张称为‘现代教育’”。① 与传统教育理论相比，以杜威为代表的教育家所提出现代教育思想的特征主要体现如下。

第一，重视学生的主体地位和研究。现代教育思想非常重视受教育者在教育中的地位，与赫尔巴特的过多突显教育者地位的教育观形成鲜明的对比，特别关注对学生的研究，视学生的“乐接受性”比“可接受性”重要。强调学习者的属性首先是人，是整体的人，教育者应该按照人的全面需求（而不是某一方面的）去研究教学过程；认为生命是教育的根本所在，教育的本质是提升生命，要实行从“控制生命”到“激扬生命”的转变。教学过程不仅是认知信息传递加工的过程，也是情感交流、感染的过程，是师生双方在认知和情感两个方面同时交互作用的过程；要求把学生视为教学的主体，而不仅仅是塑造的客体；指出要尊重学生的兴趣、爱好、需要和个别差异，注重发展学生的个性，等等。加强对学生的研究，就是要研究学生身心发展，把研究的成果应用到教学实践中去。众所周知，许多著名现代教育家或者曾是心理学家，或者同时是心理学家，还有的是精神分析学家。总之，现代教育思想强调人的能动性、自主性和自为性，把受教育者当“人”看，这在实用主义、结构主义，人本主义等教育思想中表现得尤为突出。

第二，重视教育的民主化。教育民主化主要指教学组织方式方法和管理决策的民主化。具体表现是，在教学组织方式方法上，打破传统的单纯的班级授课制，增加了个别化教学形式，实行开放性教学，包括学校社会的一体化、课程的生活化和弹性化、教育方法的多元化等；在教学管理与决策上，打破权威思想的束缚，创造民主和谐的教学气氛。注重培养学生怀疑的习惯，提倡尽量听取学生的意见，让更多的学生参与管理和决策；在师生关系上，强调民主、平等、相互支持。认为教师的角色应从叙述者转变为交往者、倾听者、鼓动者或主持人，主张消解教师的话语霸权，鼓励以师生对话代替教师的

---

① 王天一等著：《外国教育史》（下），北京师范大学出版社，1985 年版，第 140 页。

传授与灌输，要求教师力求从教的角度去唤起学生的学，把学生推向获取知识的前台，引导鼓励学生发表不同的见解，以激发学生学习的积极性，增强改造客观环境的自信心，从小培养他们不断探索、追求的精神。与此同时，在教学过程中教师也需要学生的干扰与挑战，以便在互动的过程中发挥作用。

第三，重视差别教学和知识、智力与个性的和谐发展。在观念上不再强调统一性，他认为，没有差别的世界是一个孤寂的世界，没有差别的人只是一尊丧失个性的木偶。因此，教育应该遵循世界的丰富性与多样性，尊重学生的差异与个性，只有这样，教育才能真正实现其"帮助人成长"的目标，教育内部才有可能实现真正的民主与平等。相反，让不同的学生在统一时间、统一空间、按同一速度学习同一内容，并且用同样的标准考察和评价他们的做法是欠缺公平的。其结果要么将受教育者的发展单一模式化，要么就是牺牲大多数人来"拯救"少数精英，把人的完善发展过程简单化为掌握知识和发展智力的过程，实质上是限制了那些最能表现人的丰富多样性的情感、意志、动机、兴趣的发展。为此，教育要承认差异，实行因材施教。学校不应成为制造单一模式产品的工厂，而应成为塑造多种各具个性差异的人的重要基地。在处理知识、智力与个性的关系上，提倡从"百科全书式"教学中解脱出来，走和谐发展之路。

第四，重视人的创造性培养。传统教育思想，在价值取向上注重整体、和谐、均衡、匀称，甚至是崇尚经验、反对创新，崇尚权威、反对怀疑，崇尚跟随、反对超越。教学基本上采取学生死记硬背的方法，脱离生活，脱离实践，根本谈不上创造性的发挥。相反，现代教育家们最推崇的人生是创造性的人生，最欣赏的人是从事创造的人。认为，人是"创造性"的存在物，创造性是人性的基本方面，每个人都体现了创造性的能量。创造意味着推陈出新，没有创造就没有发展。人类社会发展至今天，离不开人类的创造性劳动。教育肩负着传承人类文明的重要任务，伴随着人类社会发展的始终，这就要求还创造于民，挖掘人创造的天性。教师不仅要在其自身发展过程中不断地推陈出新，而且要求在教育过程中要引导并鼓励学生学会创新、学会创造；不仅要从理论上倡导创造，而且身体力行，在自身的实践中也始终贯穿着创造精神。

当然，现代教育思想博大精深，丰富多彩，其特征远非以上几点所能概括，这里仅仅做简要介绍而已。

考察牧口常三郎的教育思想，可以说，与传统教育思想大相径庭，特别是在以人为本，高扬教育的主体性、主动性、实践性和创造性等方面与现代教育思想的内涵颇有对应。客观地说，牧口常三郎对以现代教育大师杜威为代表的教育思想多有传承和发展。也正是基于此，笔者认为，从性质上看，牧口常三郎的教育思想属于现代教育思想。当然，就其形成来说，是东西文化杂糅的现代教育思想。

需要再次指出的是,传统与现代只是一个相对的概念。所谓杜威的现代教育思想只是杜威自认为相对于赫尔巴特"三中心"而言、且长时间以来被学术界普遍接受的现代教育思想。其实,如果将杜威与赫尔巴特的教育思想置于人类整个教育长河来考察,那么,他们的教育思想均应划入现代范畴。从这个意义上讲,杜威用自己的教育思想去反对赫尔巴特的教育思想只不过是用一种现代教育思想反对另一种现代教育思想罢了。

二、牧口常三郎教育思想的特点 ▸▸▸

考察牧口常三郎的教育思想,可以看出,它紧紧植根于对人的生命和人类和平的热爱,体现出强烈的革新精神和深沉的忧患意识。其教育思想特质突出表现在以下几个方面。

(一) 批判性

批判性是牧口常三郎教育思想的一个显著特点。

日本自明治维新以来,国门洞开,积极吸取西方的各式各法,以图自强。经过几十年的励精图治,果然成为一东方强国。然而,在引进消化吸收西方各种制度的同时,也带来了一些弊端。比如在教育上,明治以来日本模仿西方教育制度,推进了教育普及,培养了一批人才。可是,这种灌注式教育只能泯灭受教育者的首创精神。牧口常三郎先生由感而愤,由愤而批,他痛斥日本的教育制度忽视人的幸福,是没有任何功效的原始教育。主张改革日本当时的教育制度和内容,实施创价教育,以培养"利、善、美"价值的人才。[①] 尤其是在 1938 年日本军国主义政府颁布《国家总动员法》令国家深深地陷入中日战争的泥沼之际,牧口常三郎忧国忧民,看到了战争的危险,并大声疾呼:"当前最紧迫的是教育改造。"

翻阅牧口常三郎于 1903 年出版的处女作《人生地理学》,就可以看到他当时对地理科教材及教学的批评。在牧口常三郎看来,传统的地理学教科书只是僵化知识的堆砌,地理学知识的传授方法也无非是"无人"的知识灌输,这种把学生关在教室里、约束在学校中的做法,不仅导致了对学生身心的压抑,也导致了学生对地理学这门学科的排斥。问题的症结就在于与人相隔离、忽视人的存在的传统的地理学教科书和授课方法。对一名初登教坛的地理教

---

① 达高一编著:《创价学会——日本新兴的宗教性政治团体》,世界知识出版社,1963 年版,第 1 页。

师牧口常三郎来说，地理的意义远非研究土地、气候、自然资源等，尽管他的地理研究也包括这些内容。他认为，地理学主要还是应该注重于研究生活在一定地域的人，以及人与地域和地域与人之间的关系。因为自然从来都不是与人相隔离的，人的生存从来就没有离开过自然，自然也总是在与人的交往中展示出其丰富的规律和韵致的，所以自然是与人生相关的存在，也正是与人的这种关联性使得自然界也蕴含着非常丰富的生命意义。基于自己对地理学的研究和现实问题的反思，牧口常三郎努力将地理研究的成果用于教学中。他甚至认为地理可作为整个小学课程的中心。如果这样，教育中存在的许多问题都可得以克服。也就是在他对问题的研究和反思过程中，他的创造价值的思想也开始萌芽，他越来越感到日本僵化的教育只能是毁灭儿童的创造力而不是释放和发展其潜能，而且，这也是当代大多数人生活的悲剧之一。牧口常三郎惊呼："孩子们只有通过直接、主动与自然界进行亲自接触，才能发掘出全部潜能。这是我们在制订教育计划时永远不能忽略的一个基本原则，也是一把挖掘和培养孩子内在巨大潜能的钥匙。"[①]根据自己的思考和创意，牧口常三郎将《人生地理学》的内容从三个方面进行了铺陈：第一编阐述人类生活所处的自然地理环境，介绍地球上的各种自然现象，诸如日月星辰、岛屿、地峡、山岳、平原、河流、湖泊、海洋、内海和海峡、港口、海岸等自然现象的属性和功能以及它们和人类生存的关系；第二编是探讨作为大地与人关系的媒介的自然物，涉及无生命物质、大气、气候、植物、动物等；第三编是关于人类在地球上的生活现象，内容包括社会、各种社会生活及其地理、产业地理、国家地理、都市及村落地理、生存竞争地理、文明地理，等等。无论从所涉及的内容还是从呈现的形式来看，牧口常三郎的《人生地理学》作为一本地理学的教科书都给人一种全新的感受，这主要是因为牧口常三郎超越了对人与自然的关系进行纯粹客观或价值中立性的阐释的视角，而试图渗透或贯穿于一种新的价值理念，这就是对生命的重视，而归根结底是对人的重视和对人创造价值谋求奉献人生的重视。毫无疑问，这一思想对于当时的日本思想界来说是极富特色和挑战性的，而对地理学的冲击也是非常明显的。[②]

如果说在《人生地理学》出版前牧口常三郎对教育的批评还只是局限于地理教材和该学科的教学的话，那么随着其教育阅历的丰富和从一名普通教员到小学校长角色的转换，牧口常三郎对教育的批评也就越来越深刻，涉及的面也就越来越广。

在后来的教育教学中，牧口常三郎批判的矛头直接指向整个日本教育。

---

① 牧口常三郎著，陈莉等译：《人生地理学·绪论》，复旦大学出版社，2004年版，第11页。

② 牧口常三郎著，陈莉等译：《人生地理学·中文版前言》，复旦大学出版社，2004年版，第6页。

他认为"日本教育是杂乱无章的、无计划的、零碎的、不系统的和无目的的"[①]。他把这种教育称为"自然教育"。这种"自然教育"的结果只能是导致教师到处收集素材,尤其是将西方的教育理论和实践不加思考地照搬。他指出,日本的教育课程部分来源于传统,部分来源于从西方引进的科学内容,这些脱离学生生活实际的课程都是要求学生通过反复操练掌握的。显而易见,这简直是浪费学生们最宝贵的生命年华。不仅是将诸如国家如此高深的概念,让只有十岁的孩子们去理解,而且还要使他们陷入 2500 年以前的历史困惑中。毫不奇怪,孩子们对此不感兴趣。这好比一个完全的新手被突然招收进了一个专家课堂。牧口常三郎认为,这样的后果是灾难性的。这样的教育只能局限于一些智力技能的训练或是记忆一些与生活无关的材料。对未来一代来说,弊大于利。而且对学生和国家来说,损失不只是正在发生在学生身上的教育,还包括没有发生的不能发展和培养孩子的巨大潜能的影响。

牧口常三郎对日本教育的缺陷深为忧虑。认为日本的教育顽疾百出:日本政府在教师的培训、鼓励创造和提高教师地位以及吸引和留住教师队伍的人才方面软弱无力;整个教育体系还局限于仅仅要求对实际知识的掌握水平上,而检测的手段就是考试;强行灌输使儿童与生俱来的对学习的兴趣通常在青少年时期就已经被消磨殆尽;证书和学位就意味着一个人的学习的终结;教育实践在强调过分统一性和强调过度放纵性之间摇摆不定。牧口常三郎认为,这种错误教育所带来直接或间接的后果只会是绝大多数的日本人都认为好的生活就是要有物质上的回报;"幸福"被构想为一种利己主义和经济主义的东西;越来越多的人"为了他们的权利而大声疾呼,但是却忽略了与之相伴而来的自己需要承担的责任",价值和评价被认为是每个人自己私人的事情,对此并不需要任何形式的教育;品质方面的发展常常被人们忽略,因为他们认为这和生活目标无关,或者仅仅是在民族主义的忠诚训练中才稍稍地被人们考虑到;学习被认为是应该在教室中进行的事情,在人们 20 岁或者 25 岁后就常常被忽略,等等。

牧口常三郎认为日本教育中存在的最大的问题是理论与实践之间的矛盾。他认为那些待在象牙塔里的理论家对实际教育工作者所面临的问题完全不了解。主流的教育学理论来自于远离初级和中级教育第一线的那些学者和研究人员,这种严重的脱节导致了教育学理论在教室中并不适用。他强烈呼吁教师们丢掉理论家强制给他们的教条,而根据自己的教育实践建构自己合理的教育学理论。他以日本职业教育为例对当时教育理论和实践的空

① Makiguchi:The Value Creator by Dayle M. Bethel, Published by Weather,Inc. of New York and Tokey,1973:48.

泛、无能进行了指责，认为，职业教育作为被认可不久的“现实生活教学”的一种补充方式引入学校教学，乍看起来能很好地满足教学需求。然而，与对待其他课程一样，教学者们对职业课程仍然沿用那种“示范”式的教学方式，这样做只会使这些职业课程形同虚设。无论西装革履的老师如何煞费苦心地向他的学生们讲解，结果只能是个花架子，因为他们忽略了一个关键性因素，即现场实习。因此，这些学校的毕业生们除了学些空洞的劳动管理常识外，并不能参与实际工作。当然如果仍然将找工作推迟到毕业以后进行，那么将永远无法摆脱就业压力。如果不强调明治和大正时期职业教育看似可以忽略的影响，则全国性的商业不景气将无从谈起。这就是日本职业教育中的一种无奈。此外，牧口常三郎还指出了职业教育中忽视人格培养的缺点：因为侧重于教学生如何赚钱，却不考虑如何指导学生管理和使用钱，致使学生们对物质利益不能很好的驾驭，所培育出来的学生通常只会是唯利是图，麻木不仁。

总之，牧口常三郎对当时对孩子产生不利影响的教育颇为痛心。他迫切希望以创价教育取而代之，使未来的一代能从他认为的目前那种可悲的毁灭人性的日本传统教育中解救出来。牧口常三郎深信，如果他的思想能实现，整个教育面貌会发生令人满意的变化。从这个意义上可以说，牧口常三郎的教育思想完全是对明治以来日本教育现状不满而进行批判的产物。

（二）创造性

创造性是牧口常三郎教育思想的又一大特点。

牧口常三郎教育思想的创造性主要体现在他的两本主要著作《人生地理学》和《创价教育学体系》之中。透过牧口常三郎的处女作《人生地理学》，我们不难看到牧口常三郎对创造美好生活和人道主义竞争社会的向往。正如牧口常三郎所言：“对自然界产生的这种美丽和谐之感也会对我们的道德生活产生影响。当我们欣赏自然界天然的美景时，我们也会感叹人世间的善良和美德。然而，对于道德的美丽（善良），最理想的图像不是通过绘图、雕刻或文学作品这样的艺术形式来表现，而是通过人的性格、人的行为表现出来的。”[①]尽管在这里牧口常三郎没有用到“创造”二字，但他已经明确地告诉我们，美好的生活和善良的德行必须通过行为去体现，而行为的体现也就是我们通常所说的“做”。如果说在1903年出版的《人生地理学》中牧口常三郎的“创造”思想还处于萌发状态的话，那么在饱经人生风霜27年后的1930年出版的《创价教育学体系》中，牧口常三郎的“创造”思想已经走向成熟并形成完

① 牧口常三郎著，陈莉等译：《人生地理学》，复旦大学出版社，2004年，第15页。

整的创价教育思想体系。而1930年他和户田城圣一起创立创价教育学会，则标志他的"创造"思想得到了进一步升华。很难想象，如果抽去了"创造"二字，牧口常三郎的思想还是牧口常三郎的思想。

对牧口常三郎来说，之所以强调创造，主要基于以下几点原因。

第一，只有创造，才能体现人生价值。牧口常三郎是教育价值观和人生价值观的统一论者。牧口常三郎认为，"价值"是人创造的。人虽然不能直接创造出自然，也不能直接创造出金、银等物质，但能利用它们对人产生价值。所以说，人能创造价值。对此，我们必须充分认识，否则我们就无法理解人生，无法理解存在的必要。从这一观点出发，他认为康德的价值观"真·善·美"中的"真"，只不过是认识的对象而已。真是客观存在的，不能创造。所以牧口常三郎以"利"取而代之，主张"利·善·美"的价值观。牧口常三郎认为，创造价值也就是人生价值之所在。在社会生活的过程中，人与自己所属的社会有着某种关系，不是积极的就是消极的，这种关系被叫作人格价值。换言之，如果他对社会没有什么重要性，他就是一个很少具有价值的所谓普通凡人。甚至他的存在有时在某个重要场合可能碰巧是妨碍那个社会积极活动的障碍。在正常时间，我们还不能看出这样的平庸之辈和实际能力特殊的人之间的区别，但是，当所有人都需要尽力渡过严重危机的时候，人格价值的高低就清楚地彰显出来。在国家、社会、城镇、乡村中，更不必说家庭中，过着集体生活的人们，能够划分为以下三个等级：人们一般期望他出现的人、出现或不出现也没有什么影响的人和他的出现是一种严重妨碍的人。或者说，只有具备创造能力，能为个人、他人以及社会创造价值的人才不至于成为严重障碍。所以，不仅必须在学校中确立，而且必须在社会教育中确立这样一条黄金规则——人生就是为了创造，人的价值在于创造，人的价值的大小也不在于其他而恰恰在于他创造价值的多少。要达此目标，必须培养一个人的创造力，培养一个人的创造性。而创造力和创造性的培养一刻也离不开教育。用牧口常三郎的话说，让人们知道"怎样达到至高无上的最大幸福状况的手段和方法，在方法上劝告其他人并指导他们走上正确道路，这本身就是教育的最实际的方法和教育的目标"①。

第二，只有创造，才能获得幸福的人生。人生追求，在于幸福。这便是牧口常三郎从另一个侧面对人生进行的注解。

牧口常三郎始终认为，教育的目的是为了获得幸福。所谓幸福，就是获得创造价值的能力。幸福并非他人所给予，而是凭自己的智慧在创造价值的过程中获得的。只有创造价值的人生才是幸福的人生。这就是牧口常三郎

---

① 牧口常三郎著，马俊峰、江畅译：《价值哲学》，中国人民大学出版社，1989年版，第125页。

教育思想之本，也是其人生观、价值观的真正内核。

牧口常三郎强调，幸福是人生最终的目的，教育也应以人生幸福为最终目的。[①] 可是，牧口常三郎的幸福观与寻欢作乐、以自我为中心的享乐观格格不入。在他看来，幸福不是索取，而是在于奉献，而且真正的幸福出自对社会的责任感，以及对个人、社会、环境互相关联的认同。离开了奉献，无幸福可言。牧口常三郎还从人的创造性的角度对"幸福"进行了诠释。他认为，每一个人的生命都具备了所谓的"人性"。创造价值则是人性的具体表现。地球万物，唯有人类才持有创造价值的能力。人类无法制造有质物体，却可以创造价值。所谓创造价值，就是不论身处何种环境，都要找出生存的意义，充实自己，为别人的幸福贡献力量。而培育"创造价值"这种人性是直达幸福的道路，这也是创价教育的神圣使命。

第三，只有创造，才会有全人类的和平与繁荣。牧口常三郎认为，只有创造，才有人与自然的和谐，才有人与人的、人与社会的共生共荣。牧口常三郎一生追求"大善"，即"惠泽全人类的善行"，而且认为只有大善行动才能创造出最高价值的人生。因为只有当一个人心向"大善"，才会产生百折不挠的刚毅和勇气，才会最大限度地激发出自身的智慧和创造力，从而不断地创造出新的价值，进而换来全人类的和平和繁荣。也正是因为此，牧口常三郎认为，道德败坏的公民是国家存在的一个威胁，战争的发动者是威胁人生命的"大恶"。牧口常三郎指出，无论是谁，只要能摆脱权力的诱惑，抓住事物的本质，历经磨难能持久如一地追求自己的幸福，这样他就拥有一颗"开放"而非"闭塞"之心，就成为了一名世界公民。"大善"离不开个人人格的联合。牧口常三郎也一直希望人们能超越狭隘的国家意识，自觉地、普遍地进行个人联合。而这种"大善"公民的造就、超越狭隘的国家意识的培养丝毫也离不开创价教育。这也正是以创造整体价值为前提，以人类快乐及美好生活的中心问题为目标的创价教育的职责所在。

正是本着对创造意义的深刻认识，牧口常三郎在自己一生的教育理论和实践中始终将"创造"二字贯穿其中。这也是他将自己的教育思想以创价教育命名的直接动机。

特别值得指出的是，翻开日本教育史，我们还会发现，注意到人的创造性、提出创造教育思想并积极从事创造教育实践活动的知识分子，并不只牧口常三郎一人，如江户时代的教育家荻生徂徕（1627—1705 年）强调人的作用，把人提高到创造道德规范的主人地位，认为"道德规范不是先天的而是后

① Education for Creative Living：Ideas and Proposals of Tsunesaburo Makiguchi，Translated by Alfred Birnbaum，Edited by Dayle M. Bethel，1989：207.

天的，不是自然的而是人造的”[①]。又如大正时代的稻毛诅风在 1922 年出版的《创造本位的教育观》和 1924 年出版的《创造教育论》等著作中明确提出他的创造教育理论。主张“人生是创造的”、“人生的目的就是创造价值”、“教育目的和方法都必须以创造作为教育的全部根本原则”、“教育的直接目的是创造卓越的人格，它的终极目的是创造优秀的文化价值”、“创造的结果是自己超越自己”等。[②]

然而由于种种原因，荻生徂徕也只是注意到了人的创造性，而没有因此产生创价教育理论。牧口常三郎与稻毛诅风二人对人的本性、人生目的等方面的看法可以说基本上是一致的，而且二者的教育思想在一定程度上都受到了康德哲学的影响。但稻毛诅风并没有形成创价教育理论，而牧口常三郎的教育思想则以价值哲学为基石，且不囿于人的本性和教育自身的思考，跳出“庐山”之外。在着眼于人与自然、人与人、人与社会和谐统一，着眼于幸福人生的思考，着眼于人类社会福祉建设的基础上对人的本性和教育的功能进行了延伸思考，从而创立了以人与自然、人与人、人与社会和谐的世界观，人生即创造的人生观，以获得幸福人生为皓的的教育目的观等基本原理构成的一个比较完整的、系统的、具有特色的、富有时代和历史意义的创价教育理论。从这一点上说，牧口常三郎无愧于日本创价教育先驱的称号。如果把比较的范围扩大到欧美近代以前（含近代）的教育家，我们也会发现，像牧口常三郎那样提出了较为系统的创价教育思想，突出创造价值的主旋律，将创造价值的理念贯穿于教育的始终，几十年如一日致力于创价教育实践，并产生了深远影响的，还别无他人。从这个意义上看，牧口常三郎也可以算是世界上创价教育的先行者。

牧口常三郎始终相信人的创造力，肯定人的创造性。就像康德在其著作《实用人类学》中，对“人的创造性”所进行的描述那样：“人具有一种自己创造自己的特性，因为他有能力根据他自己所采取的目的来使自己完善化，因此可以作为天赋有理性能力的动物而自己把自己造成为一个理性的动物。”[③]当然，牧口常三郎所处的社会环境也使他对创造的思考有着独特的个性。当时的日本已走上了发展资本主义的道路。虽然也不排除当时许多日本人民需要解决生存问题，但整个日本的经济比中国的状况要好得多，而且日本的经济发展建立在对外侵略和对自然资源进行疯狂掠夺的基础上。对中国而言，那种发展只能说是一种侵略性发展；对自然而言，是一种破坏性和不可持续

---

① 戴本博主编：《外国教育史》（上），人民教育出版社，1989 年版，第 348 页。

② 王桂编著：《日本教育史》，吉林教育出版社，1987 年版，第 225 页。

③ 伊曼努尔·康德著，邓晓芒译：《实用人类学》，重庆出版社，1987 年版，第 232 页。

的发展；对人类而言，是一种非文明和不人道的发展。这正是牧口常三郎所坚决反对的。为此，他警醒世人去创造、去进行奉献性创造和文明性创造。这种创造讲究人与自然、人与人、人与社会的协调发展。此外，牧口常三郎教育思想中的创造性深受康德哲学的影响。他更多地将创造同人生奉献的意义、人与自然、人与人、人与社会的和谐关系以及大善即世界和平联系在一起，始终以“价值”为载体，更多地着眼于创造所形成的价值最大化，更多地着眼于道德层面，追求至善，追求人格价值。

（三）实践性

实践性是牧口常三郎教育思想的又一大鲜明特点。他的教育生涯主要分为两大部分：退休前所从事的基础教育工作，晚年全身心所从事的社会传教运动。

从1893年担任小学教师到1934年出版《创价教育学体系》第4卷，屈指算来，牧口常三郎前后从事教育工作长达41年。无论是《人生地理学》还是《创价教育学体系》，都折射出他来源于亲身实践的智慧。

牧口常三郎重视实践，最初源于对社区研究意义的感悟。社区是牧口常三郎早期研究中所说的社会。他认为，通过研究社区、家乡和邻居，可以直接观察土地与生活、自然与社会的复杂关系。通过该方法教育者可使学生了解家乡、学校、城市和村庄的意义，也为与国家和世界建立联系打下基础。在牧口常三郎看来，社区研究是所有研究路径的开端，也是目的地。牧口常三郎认为，传统的教学类型是零碎的、非经济的和无实效的，因为这些与孩子生活无关，所以这些科目是孤立的死知识。当社区研究成为整合孩子教育经验中心时，人们的社会实际生活就与社会的政治、经济结构相联系，这样的知识也就活灵活现，也只有这样的知识才有用。为此，孩子在早期教育的经验中就应对社会有深入的理解，然后才能对更大范围的国家和世界有进一步的了解。① 牧口常三郎强调“亲知”、“亲见”和“亲闻”，强调理论和方法必须与教育实践相结合。他认为只有那些被实践证明为行之有效的观念才能被接受并融合到他的理论中来，反之，将被舍弃。为了告诫人们实践的重要性，牧口常三郎指出，学术只会对从事学术的人有吸引力。对大多数人来说，他们对生活经验之外的东西是不了解的。对既没有学习又没有那方面学术工作经验的人谈只能是徒劳。成人只能做到让小孩听，但小孩并不能理解，除非孩子有这方面的经验和知识。尽管小孩被迫接受了，但是没有实际理解它。这只

① Makiguchi：The Value Creator by Dayle M. Bethel，Published by Weatherhill，Inc.，of New York and Tokey，1973：62.

是对人的权威的承认，并不是对思想本身的认可。值得重视的是，这种盲目接受权威或其他人的观点的倾向性日益扩大。而且，当我们面临不懂或难以解释的事情时，我们并不是通过自己去思考，而是盲目地接受前人或一些权威的说法。与这类孩子般的没有自我反省或批判思考地接受观点或思想的做法相反，创价教育就是要指导孩子由最初的无目的生活走向理性和科学的生活，由自身的实践走向理智的思考。

牧口常三郎认为，教育改革的新思想往往来自于教育工作者的实际经验。无论是夸美纽斯、裴斯泰洛齐还是其他任何教育改革者，他们的重要发现都不是首先得益于学术团体。实际经验可能会产生灵感的火花或影响整个世界的发现，可惜的是，它们很少被付诸创新实践。即使在赫尔巴特学派的鼎盛时期，也几乎没有对学校教育留下什么重要标志。绝大部分教育者对赫尔巴特教育思想的精髓知之不多，他们可能只是对其宗旨进行形式主义的模仿，而且随着时间的推移，这些形式主义的模仿也会被遗忘。现在老师在学校学到的教育理论与教学实践几乎完全脱节。随意性和主观武断的评估到处可见。然而，这种随意性和主观武断的评估是不能接受的。新思想必须接受系统的检验，只有试探性地接受这些新思想，并且一丝不苟地通过试验对其进行检验，然后才能得出正确的结论。当然，在实践中如果得到证实是再好不过了，如果结果证明不合理，则随之应对失败的原因进行认真刻苦的分析并予以纠正。总之，必须尊重实践、尊重事实，不要对任何事物存在侥幸心理，仓促的判断是不可取的。

可以说，牧口常三郎的教育思想的集成品《创价教育学体系》完全是牧口常三郎41年尊重实践并在实践中体会出来的经验结晶。

正如刘焜辉先生所言："创价教育学是牧口常三郎先生多年在学校教育实践中所构思，具有实证的教育方法。和以往观念哲学论所建构、缺乏实证性的教育学迥然不同，是独创性的教育学说。"①首先，就当时的时代背景而言，明治、大正、昭和初期日本教育思潮的一个主要特征是：赫尔巴特主义风靡教育界，赫尔巴特关于"教育目的依据伦理学、方法靠心理学"的观点为当时教育界所公认。然而牧口常三郎在自己长期的教育实践的基础上提出了"不让教育学像蔓草寄生在伦理学与心理学等基础科学上，以特定的研究对象，经过实践经验建立和学校、家庭的教育生活有密切关联的独立科学"的主张。他甚至认为，德国哲学向来建立在学者空虚思辨上，很少以事实为依据，

---

① 牧口常三郎著，刘焜辉译：《创价教育学体系》（第1卷），正因文化事业有限公司，2004年版，第9页。

结果欠缺科学性，没有客观实在性与普遍性，无法增进实际的功效。[①] 为此，牧口常三郎极力提倡以“从经验出发，以价值为目标，以经济为原理”为新教育学的口号。

其次，牧口常三郎在他的教育思想中对当时社会现实中的热点问题“价值”进行了正面的回答，并积极倡导以“创造价值”为创价教育的目的。从大正到昭和初期，“价值”是教育学讨论最多的主题之一。牧口常三郎在批判吸取他人思想的基础上将价值分类由“真、善、美”改为“利、善、美”，这不仅反映牧口常三郎对经济价值的高度重视，同时也表明了他对现实问题的关注。

牧口常三郎的创价教育思想并非一朝一夕所能形成，创价教育学的每一个观点无不与当时的各种教育论点有着直接或间接的关联。其中许多观点都是在对当时军国主义环境下所进行的非人性化教育的批判中提出的。其宗旨也是为了给国人以启发，给教育实践以指导。就像他自己所说，“虽然称为‘教育学’，我并非从头就企图要形成一科之学说，只不过是日常基于职务上的需要加以省思、笔录的备忘之累积而已。守财奴爱惜一分一厘储蓄起来，同样的，生怕日常生活中的思想涓滴会遗忘，乃随时笔录下来。从事教育工作二十多年，这些笔录累积下来已成为一堆纸山。其中有些看来没有什么价值，有些却是舍不得去掉。也许加以整理，不无价值。于是，有时候成为老鼠窝，有时候换来家人的怨言，虽然困窘，却因日常生活忙碌，无法加以整理。有时候虽着手整理，却因为它是当时的感想或抄录的累积，要将此混乱的断简残篇，加以分类也需要耗费相当时日，更遑论加以综合统整、取舍补缀了”，“在埋首于日常教育生活中，经验后的反省，烦闷之后的思索，如此反复过程中，不知不觉在我精神内部逐渐形成一种教育方法的思想系统”，“虽然不够完美，对我而言，却是盘旋在脑海里的思想结晶”，“数十年的经验累积就这样糊里糊涂地抛弃，殊属可惜，同时也对不起社会。糟蹋可能成为社会共有的产品，有一种罪恶感，因此，无论是否有价值，决定公之于世”。[②] “创价教育学是舍弃连教育社会也不屑一顾的传统教育学，企图从实证与科学的观点去建构新教育学，期能与实际教育生活密切关联”[③]，其直接目的就是为了促使本国的教育早日改革。而且从他所论述的教育合乎经济，增进效率，力图使教学、学习、经费、时间等教育支出至少可以节省一半，放弃盲目的、顺其自然的教学方法，而用明确的、有计划的文化教育方法经营学校，以知行合一主义培养价值创造力，实施小学校长甄试制度，提出职业教育振兴对策以及实施身心平衡，以专业、普通教育并行为宗旨的半日学校制度等主张可以看出，牧口

---

①②③ 牧口常三郎著，刘焜辉译：《创价教育学体系》(第 1 卷)，正因文化事业有限公司，2004 年版，第 14、25-26、23 页。

常三郎的创价教育思想无不是他对入学困难、考试地狱、就业困难等一系列教育现实问题的思考和回应。

（四）民主性

民主性是牧口常三郎教育思想的一个显著特点。

牧口常三郎的教育思想具有强烈的民主意识。

他指出，明治以来日本模仿西方教育制度，推进了教育普及，培养了一批人才。可是，这种教育的主旨精神是灌输知识，培养服从意识，其结果只能是泯灭受教育者的首创精神，像制造产品一样制造“清一色的学生”。[①] 牧口常三郎对日本教育的缺陷深为忧虑，认为日本的整齐划一式的教育顽疾百出。这样的后果是灾难性的。这样的教育只能局限于一些智力技能的训练或是记忆一些与生活无关的材料。对未来一代来说，弊大于利。而且对学生和国家来说，损失不只是正在发生在学生身上的教育，还包括没有发生的不能发展和培养孩子的巨大潜能的影响。牧口常三郎先生痛斥日本的教育制度忽视人的幸福，主张实施创价教育，以培养创造“利、善、美”价值的人才。[②] 尤其是在1938年日本军国主义政府颁布《国家总动员法》致使国家深深陷入中日战争泥沼之际，牧口常三郎忧国忧民，看到了战争的危险，并大声疾呼：“当前最紧迫的是教育改造。”

早在1903年，牧口常三郎就在他出版的处女作《人生地理学》中对当时地理科教学进行了批评。他指出，地理学知识的传授方法无非是“无人”的知识灌输，这种把学生关在教室里、约束在学校中的做法，不仅导致了对学生身心的压抑，也导致了学生对地理学这门学科的排斥。问题的症结就在于没有给学生民主、自由和创造的空间。也就是在他对问题的研究和反思过程中，他的创造价值的思想也开始萌芽，他越来越感到日本僵化的教育只能是毁灭儿童的创造力而不是释放和发展其潜能，而且，这也是当代大多数人生活的悲剧之一。牧口常三郎主张：要让孩子大胆地想，要给孩子发表思想的话语权，只有这样，才能发掘出孩子的全部潜能。“这是我们在制订教育计划时永远不能忽略的一个基本原则，也是一把挖掘和培养孩子内在巨大潜能的钥匙。”[③]

牧口常三郎从人的创造性出发始终强调教育中要重视民主。牧口常三郎认为，教育要讲民主，首先就得承认受教育者的主体地位、重视受教育者主

① 牧口常三郎著，马俊峰、江畅译：《价值哲学》，中国人民大学出版社，1989年版，第143页。

② 达高一编著：《创价学会——日本新兴的宗教性政治团体》，世界知识出版社，1963年版，第1页。

③ 牧口常三郎著，陈莉等译：《人生地理学·绪论》，复旦大学出版社，2004年版，第11页。

体尊严，要注重对受教育者主体意识和主体能力培养。教育的主体性要想充分表现出来，必须通过民主性的教育培养具有主体性的人。

牧口常三郎指出，只有民主式的教育才能很好地培养人的创造性。他认为，只有这样，才能激发人的创造兴趣，才会有不竭的创造动力，才体现了以人为本。而以人为本，重视人的欲望，就是充分发挥人的创造性之源。“如果人的欲望被忽视，无论什么东西都只能被看成是没有价值的。如果人类生活主旨被忽视，关于价值的讨论都不过是空幻的唯心主义。”①

牧口常三郎指出，没有教育的民主性，就谈不上有学生的主体地位。他将人的主体地位提升到超然一切的位置。认为，作为万物之长灵、超越一切事物而存在的人类，与一切事物相比，都具有绝对的价值。既然如此，就应该没有比人才养成法更急需改革的高价值事物。交通工具的发明，治疗方法的研究，电气应用的发明，确实具有很大的影响，但是如果与教育相比，不论是在质上还是在量上，其影响的程度都相去甚远。事实表明，凡事都不能离开人，如同所有江河最终都得汇聚到大海一样。社会各方面均陷入僵局的根源归根结底是人才的缺乏，人才的缺乏又归因于教育的失败，教育的失败源于人的主体性的缺失，而人的主体性缺失的主要原因是教育没有民主。个人成长是内因与外因相互影响、相互作用的结果，而且这种相互影响、相互作用的广度、深度与人的精神上的成长与发展关系重大。为此，教育的关键就在于尽可能为人提供这种与外界接触与作用的机会，激发其交往的兴趣，使其在主动的交往过程中去感悟、思考和探研。牧口常三郎认为，人类通过很多方式与外界发生精神上的联系，这有助于我们个人的思考。这种联系开始或许只是停留在一个比较肤浅的基础上，比如说，你仅是在一种很浅的水平上去观察，说“那儿出现”的事物是山或者河流，但随着你的兴趣和生活的发展，你不会满意这种肤浅的认识，你会想进一步深入与外界的联系。当你与外界变得比较熟悉时，你就会希望对外界了解更多，如想了解岩石、树木、水质、水力等，并开始思考怎样利用这些东西。在思考的过程中，你会感到惊讶，并想知道有关的重量、长度、形状、起源，以及这些环境的各种特征怎样影响他们的四周；或者你还会以艺术家的眼光去看待刚才提到的这些特征，从而产生灵感，并以诗歌、文学、绘画或音乐形式来表达他们的感受；或者可能发现面前的山、河和峭壁可以作为培养体能上的耐力和英勇性格的场所；或者可能受到鼓舞，洞察大自然的统一性以及来自同一座山或同一条河流的协调性。这就是说，人与外界的联系存在不同的水平和深度，这取决于人们与外界发生联系的广度和深度。而所有这些都依赖于人的主观能动性的发挥。教育的

---

① 牧口常三郎著，马俊峰、江畅译：《价值哲学》，中国人民大学出版社，1989年版，第141页。

重任就在于去挖掘人们内在的这种主观能动性，让人们毫无畏惧、永不退缩地走近自然，走入社会，真诚、老实和富有同情地接近自然和社会，寻找到与自然、社会的亲密关系。牧口常三郎认为，我们生活的快乐与自然界、社会有很多密切的联系，并取决于与自然界、社会亲密的程度。教育真正的任务是让被教育者了解自己所处的自然、社会环境的意义，让他们的生活融汇于自然和社会中，指导他们通过享受全体价值而去追逐实现幸福生活的思想。①

牧口常三郎认为，教育的最根本的目的并不是为国家培养打仗的工具，而应该使所有的孩子都获得人生的幸福，即发掘每个人的潜能，使他自己能够打开通向幸福的门扉。所以，唤起个人创造人生价值的潜能和热情应当是每一个从事教育的人终生所要担当的使命。为此，在教育中要把学生当人看、当能创造的人看、当能创造价值的人看。牧口常三郎主张，教育应该把人当做一切工作的出发点和归宿，教育的目的就是培养创造幸福人生的人。牧口常三郎认为，任何人生在世界上都是有价值的。人既不同于动物，也不同于机器，人就是人，是能够创造价值的人。牧口常三郎极力反对当时日本教育中无"人"的现象，反对为"大东亚圣战"而"灭己奉公"、"尽忠报国"，反对把学校变成兵营和精神训练所，反对将教育变为驱使青少年以血肉之躯充当侵略战争炮灰的工具。他一贯强调，人生来就具有创造潜能，而且每个人都希望把自己的创造潜能发挥出来。人的潜能并不神秘，它乃是人同动物足以区别开来的标志，是人之所以能培养成为人的可能性。人的潜能是人得以发展的内因，而教育是促进人的创造潜能得以挖掘和发展的外因。他曾怒斥扼杀孩子天性的僵化的教育体制。认为单纯机械的灌输主义是不可取的。牧口常三郎主张实施"启发主义和学习指导主义"，强调学习兴趣的唤起，强调人的主体地位和主体意识，强调思维的创造性。认为教育不单是以传授知识为目的，关键是要指导学习方法，即通过自己的努力学会掌握知识的方法，找到打开知识宝库的钥匙。可以说，牧口常三郎的教育重点始终在于随时随地关注开发每个人创造价值的可能性。

牧口常三郎指责，日本过去的教育工作者往往受门外汉的专家议论影响，这些人在战争期间则被军人所左右，平时就迎合政治家及行政人员；各科教学不是被专家学者所主导，就是盲从传统。究其原因，就是在于"眼中无人"，缺乏民主，甚至是压制民主。

牧口常三郎认为，教育意味着单个人向社会人的转变。教育，是决定个人和良好社会双方都健康快乐发展的关键因素。教育的至关重要就在于它

---

① 创价学会教育本部编：《蓬勃发展的儿童和人性教育——"为了教育而存在的社会"》，Asoka Corporation Co.，Ltd. 制作（非卖品），2006 年版，第 48 页。

对具有良好道德品质的人们的成长是必不可少的。反过来，这又依赖于是否激发了人的主观能动性，是否意识到了自己在与自然和社会的交往中所处的主体地位，以及人们是否认识到了与周围的自然和社会现象的相互依赖和相互联系。在人的生活中，只有通过人的某个部位对外部现象的亲身体验才能发展这种认识和意识。教师的重要作用就在于指导——能使每一个孩子和青年都拥有这种高质量的认识和意识。也只有这样，才能找到打开知识宝库的金钥匙。而要达此境，民主是前提，是保障。总之，学习不能强迫，教师应该充分激发和培养每位学习者因自身爱好和动机而滋长的好奇心理、多问心理和探究心理。也就是说，教育应是一个诱导、启发而不是反复灌输的过程，教育必须讲求自然，决不能忘记每个孩子都有一个无可替代的人格。在这方面，既不能说"使他们成长"，也不能说"把他们发展"，主角总是孩子自己。因而应该用"让我们共同成长"、"让我们一起发展"等这样的心态去对待才对。创价教育就是要揭示这种强行灌输式的现行教育方案的不适和危害；该教育系统旨在通过集利、善和美于一体的价值观来引导人们创造美好生活。它并非专注于培养单纯的认知或感情方面的能力，而是将每个学生作为一个完整的人，通过和谐统一的教学方案为学生综合能力的开发提供指导。

需要强调的是，教育的民主性离不开主体在与对象性客体相互作用的活动过程中所表现出来的能动性、自主性、自为性和自律性。能动性侧重指主体所表现的认识和实践能力，自主性侧重强调主体所表现的权利、地位与价值追求，自为性和自律性则更多强调主体所表现的合目的性与合规律性，侧重于主体的意志、情操、责任感与使命感。二者互相依存、互相渗透。没有民主，后者就失去了基础；后者是前者的表现形式，没有能动、自主、自为和自律，前者就失去了载体。只有二者兼有，才是健全的民主性。当然，牧口常三郎强调民主，但不主张民主泛滥，或者说，他既强调认识和改造自然、自身以及世界的能力，又注重人行为的正确方向，是能指导自己朝着正确方向前进的民主。这一点正是当今那些单纯强调工具主义或智育第一的主体性的人所应该学习和借鉴的，也是我们在素质教育的理论和实践中所应该重视的。

（五）民族性

民族性也是牧口常三郎教育思想中的主要特点之一。

自 1893 年师范毕业后，牧口常三郎开始了几十年的教学生涯。他先后在日本多所小学任教，从普通的小学教师到校长，为寻求改革日本教育良策，几乎花费了一生的心血。牧口常三郎的教育思想具有鲜明的民族性。这一点我们可以从他的处女作《人生地理学》中找到答案。

牧口常三郎是一个强烈的爱国主义者。这也正是他能致力于挽救日本教育、振兴日本民族的思想基础。《人生地理学》一书充分表达了他的爱国情怀，也充分体现了他对教育指导思想、教育原则、教育内容、教育方法等方面的论见。他非常思念自己的故乡，就像他所说："我经常思考故乡所具有的神秘力量。一个云游四海的人最大的思念莫过于对故乡的思念。"[①]在他看来，故乡的定义随着人类观察事物的角度的变化而变化。在婴儿时代，故乡仅仅局限于起居室和花园；对于同一所学校的小学生来说，故乡的范围就是他们所来自的不同乡村；对于同乡会的老乡们来说，那就意味着某个县、某个地区或者某个旧的领地；如果是置身于外国人的环境里，故乡则是自己的国家或民族；如果以宇宙为参照系，地球就成了人类的故乡。显然，牧口常三郎希望通过"故乡"这一概念告诉人们家乡故里、地区、国家、民族、地球、宇宙是一个关系链，彼此互相依存、互为支撑；爱国首先就要爱自己的故乡，爱地球、爱宇宙也就是爱家乡、爱国、爱人类这样简单但又常常为人们所忽视的道理。

20世纪初，日本迅速步入工业化国家的行列，国家势力的增强使得国家主义在国内迅速膨胀，而当时日本的教育界自然也受到这种风习的熏染。在这种社会背景下，牧口常三郎并没有受外界舆论氛围所左右，而是以高度的民族责任感独立地思考和探索教育的目的和真谛。牧口常三郎决定出版《人生地理学》的一个主要原因就是：对日本民族所受到的破坏性教育，或者说日本国民所受到的摧残人性的教育的忧虑。他深深地意识到当时日本落后的教育状况，特别是地理学教学状况。他认为，在日本的学校，没有一个学科的教育像地理学那样的可悲和荒谬，不但在小学而且在初中也是如此，学生们死记硬背山脉、江河，湖泊以及城市名称和人口数字，学生们不可能长久地记住这些杂乱无章的事实，所以在他们考完试离开后，剩下的全是无用的支离破碎的知识。与此同时，牧口常三郎从当时的教育现状中预见到了忽视人性的日本工业社会中教育政策的危机和悲剧结果。他坚决反对那种毫无顾忌地无视环境、追逐眼前利益而抛弃优良传统；把孩子和青年人整日关在学校，切断他们和自然环境、家人以及社会的联系，强迫他们学习大量杂乱无章、毫无关联的事实的教育。认为这种现象的最后将会给日本民族带来灾难性的损失。这也正是他力主教育要着眼于人的幸福的思想源头。从这里可以看到，牧口常三郎首先考虑的是身边每一位日本同胞、日本民族的现在和未来。透过《人生地理学》，我们会发现，牧口常三郎希望通过教育的努力，培养人们的忧患意识和科学的可持续发展的意识。他提醒国人："岛民具有强烈的爱

① Tsunesaburo Makiguchi，A Geography of Human Life，Edited by Dayle M. Bethel，Published by Caddo Gap Press，3145 Geary Boulevard PMB 275 San Francisco，California 94118 U. S. A，2002：62.

国心，能并肩战斗抵抗敌人的侵略。我们为此感到自豪。总的说来，岛民要处理的内部分歧和分裂比大陆国民少，更易于统一。这或许是可以理解的：岛民如果不能成功地把敌人赶走的话，他们就完蛋了，因为他们不可能像在大陆上一样逃往别的陆地。与此同时，岛国生活固有的这些优势也导致了岛民的弱点。这也是岛民明显的特性：容易狭隘，自大，满足于小成功，不太大方，喜欢单独行动；当遇到敌人的威胁时，爱国主义的表现是显而易见的，一旦危险过去，人们就又陷入彼此之间的纷争，而不会为取得长远目标的利益积极配合。这在我们日常生活中是很明显的，在一些比较小的孤立岛屿尤其如此。"[①]牧口常三郎指出，国家的富强与国土面积、自然条件、人口等物质因素密切相关，但我们绝对不可以仓促认为，一个国家能否富强仅仅看是否满足这些条件。其实，这些条件不是简单意义上的相加。即使具备了所有的这些条件，目前世界上有很多国家还是贫穷落后和弱小的。如果一个国家具有上述所有因素，但是如果缺乏高度发达的精神生活，那么也只不过是诱惑其他列强的美餐而已。[②] 牧口常三郎还试图用《人生地理学》来回应他所见到的日本的现实。在他羡慕和提倡西方工业文化的某些方面的同时，他劝告不要对西方的模式全盘吸收，并为他的国人提供了一幅独特的日本工业化社会的远景图，在这幅图里包含了日本地理环境和文化传统的优势与资产。就像戴勒·M.贝瑟所言："虽然，牧口常三郎也许没能预见由西方科学化的产业主义所导致的现代的两难困境的所有范围，或者导致对道德精神的崩溃的潜在忧虑，但我猜想他直觉地感受到了这种危机，并且致力于他自己生活的社会的工业化发展，因为他认为这个社会不会缺少他所钟爱的'迷人世界'。"[③]我们还可以看到，尽管牧口常三郎不可能全面了解西方社会所选择道路而产生的灾难性后果的所有方面，但他所理解的部分足以在他内心点燃一种帮助他自己的国家避免由于采用西方模式所造成危机与痛苦的欲望。

当然，他的思想没有就此停步，而且延伸到整个自然和人类。在日本军国主义政府正紧锣密鼓地筹备即将进行的日俄战争前夕，牧口常三郎决定出版《人生地理学》的另一个重要原因就是，希望通过此书告诫国人：包括日本人在内的每一个人都有幸福生活的权利；人与人、人与自然、人与社会、国家与国家都是一个联系紧密的生命共同体；人们应该将居住并与之发生关联的

① 牧口常三郎著，陈莉等译：《人生地理学》，复旦大学出版社，2004年版，第35页。

② Tsunesaburo Makiguchi, A Geography of Human Life, Edited by Dayle M. Bethel, Published by Caddo Gap Press, 3145 Geary Boulevard PMB 275 San Francisco, California 94118 U. S. A, 2002: 247.

③ 牧口常三郎著，陈莉等译：《人生地理学·英文版编者导言》，复旦大学出版社，2004年版，第33-34页。

这个世界作为思考问题的出发点；我们应该从生来就是人、就是文化人的群体出发，真正认识到，我们的根和我们的身份来自于本土文化群体即故乡。[①]所以，我们首先应该感激自己国家给予我们的恩惠。同时，他还指出，人们生活在一个开放的世界中，所以又应该形成超越乡土情感或狭隘的国粹意识，培养“我们生于地球，死于地球，靠地球而活，我们感激地球，地球是我们的家园”[②]的地球人观念等。他鲜明地反对为了自己国家的利益而试图寻找机会去控制和制服其他国家的侵略行径。牧口常三郎在书中用生动的细节描述了他称为“强权”的国家怎样有计划地征服或消灭那些比较弱小国家的文化，直到几乎瓜分整个世界的过程。显然，牧口常三郎希望他的国家能避免这种不幸。事实上，牧口常三郎还希望通过《人生地理学》传递的一个重要信息就是万物一体、唇齿相依。他提醒人们，战争是人类的“大恶”，不要做战争的牺牲品，不可为了自己民族的生存而去牺牲其他国家民族的生存，不要为了本国的发展和强盛而牺牲其他国家的利益。也正是在此基础上，他提出了构建人道主义竞争社会的美好愿景。显然，牧口常三郎的这种良好愿望跳出了狭隘的本国视角，体现了包括所有民族在内的大民族概念，富有前瞻性和挑战性。就像池田大作所说：“在20世纪早期，帝国主义统治着那个时代的时候……牧口常三郎……写了题为《人生地理学》的书。……他描述了一个他命名为‘人道主义竞争’的理想，由此文明和文化能够通过相互的对话，在彼此间开展友好和人道的竞争。他相信，以这种方式，能够为人类开创一个更加光明的未来，一个能为全体人类促进相互间的和睦与繁荣的未来。他高瞻远瞩地预见到了人类历史应当遵循的唯一恰当的发展道路，是由军事争斗、竞争朝着政治竞争，再由政治竞争向经济竞争最终到纯粹的人道主义竞争稳步前进。”[③]牧口常三郎不仅反对狭隘的爱国主义，而且奉劝国人“需要思考怎样才能成为大度开明的人”[④]。他更希望日本在未来世界文明进程中“通过人道主义竞争实现获得发达文明之梦”。[⑤]

牧口常三郎的这种忧国忧民的思想不仅表现在《人生地理学》中，也表现在后来的教育力作《创价教育学体系》中。就像他在该书第1卷序文中所言，“拯救国民教育，忧虑之心与日俱增。盼望本书能早日受到社会的注意，不希望一千万中小学生在入学困难、考试地狱、就业困难等恶劣竞争中所受的现

---

①④　牧口常三郎著，陈莉等译：《人生地理学》，复旦大学出版社，2004年版，第4、4页。

②⑤　Tsunesaburo Makiguchi, A Geography of Human Life, Edited by Dayle M. Bethel, Published by Caddo Gap Press, 3145 Geary Boulevard PMB 275 San Francisco, California 94118 U. S. A, 2002: 25、293.

③　牧口常三郎著，陈莉等译：《人生地理学·英文版前言》，复旦大学出版社，2004年版，第38-39页。

代苦恼持续到下一代。每思及此，心如刀割……”①。

正是这种忧国忧民的思想，促使他在40多年的教育生涯中，不断学习、借鉴、实践、探索和创新，用毕生心血研究教育的本土化，形成了具有自身特色的创价教育理论：教育要着眼于包括日本人在内的每一个人的幸福；要坚持实事求是，立足本国国情。他提醒人们：“教育界有两种教育流派，一是经验主义者，强调经验；另一个是理论主义者，强调理论思维。从事实践教学的属于经验主义派。200万教师如果努力，会有出色的教学体会。实际上，理论家从欧洲引进了许多教育理论，绝对压倒和控制了经验主义者和实际工作者。理论主义者采用演绎法介绍欧洲的新理论和抽象哲学，而这些理论在实际教学中是没有价值的。”②他曾经直言不讳地将日本教育的失败归咎于崇洋媚外：“60多年来，我们仅盯着欧美，结果失败了。”③他告诫教育界不切实际地照搬他人的教育经验是行不通的，而且，只有老老实实认识到错误，再从失败中探究原因，才能开始做好前途和规划。如果还像以前那样，一味地向欧美一边倒的话，是无论过多长时间都制定不出符合国情的方针政策的。也正是因为此，他总是小心翼翼地选择自己要接受的思想，并有条件地接受，他的思想始终扎根于东方的世界观；④主张乡土特色、生活气息；将半日学校制度视为日本教育的出路所在；高呼创价教育，等等。

需要指出的是，尽管牧口常三郎生活在一个正处于上升发展阶段的具有很强侵略性的资本主义国家，但其教育思想中所具有的民族性特征颇为明显。他忧国忧民，爱生命，爱国家，爱人类，爱和平；他爱自己的民族，也爱别的民族。他深爱本国人民，也深爱其他国家的人民。从这一点来看，他的教育思想具有强烈的人民性特征。特别是，他饱受本土文化的浸染，又都深受西方文化洗礼。在对待外来文化的态度上，一方面，都坚决地反对不加思考、不切实际地照搬，认为：步人后尘，拾人牙慧，民族终无崛起之日。外来文化只有与本国文化土壤相适应才可生存，若格格不入，尽管在外国生效，也必须忍痛割爱。另一方面，又认同“他山之石，可以攻玉”，且注重学习、借鉴和吸收外来先进的教育思想，并结合本国实际在实践的基础上探索形成了具有本国特色的教育理论。他是一位既善于学习借鉴外来文化，又能结合国情、敢

① 牧口常三郎著：《創価教育学体系》Ⅰ，聖教新聞社，1972年版，第13页。

② Makiguchi：The Value Creator by Dayle M. Bethel，Published by Weatherhill，Inc.，of New York and Tokey，First edition，1973：176.

③ Education for Creative Living：Ideas and Proposals of Tsunesaburo Makiguchi，Translated by Alfred Birnbaum，Edited by Dayle M. Bethel，First edition，1989：94.

④ Ethical Visions of Education：Philosophies in Practice，Edited by David T. Hansen，Teachers College Press，Columbia University，New York and London，2007：73.

于且善于创新的教育家。在他的教育生涯中，一直致力于教育理论的本土化，包括教育问题的本土化、教育内容的本土化、教育方法的本土化和教育形式的本土化等，这既是其教育思想的特色所在，也是他对人类教育的贡献所在。当然，牧口常三郎因为自己的民族正处于强势，所以表现出来的主要是日本国对其他民族的侵略的担忧和愤怒，是对本国侵略行为所进行的忧虑和劝导，其关注点始终在于"地球市民"和大民族，其着眼点始终在于世界上所有民族、所有人民的和平共处；他不仅言，而且行，并用生命保卫人类和平，来证实自己的言行。在当时主要弥漫着侵略和霸权思想的日本，牧口常三郎的压力可想而知。

（六）宗教性

宗教性是牧口常三郎教育思想中的一个显著特征。

佛教思想是牧口常三郎创价教育思想的重要底色，是牧口常三郎一生尤其是晚年创价教育实践的力量源泉，也是牧口常三郎理解人的价值和幸福的基础。正如他所言："一个至高无上幸福的安宁领域只有在评价和价值创造原则被确立、阐明人类生活的真正佛教被说明时，才能建立起来。"[①]1928 年 6 月牧口常三郎邂逅日莲佛法，整个人生为之一转。在他看来，日莲佛法是他心仪已久的真正宗教。正如他所说，"这种信仰使我欣喜若狂，使 60 年的生活方式为之一变"，"欢喜的心情真是难以言喻，仿佛 60 年的生活法则彻底更新了。独自在黑暗中摸索的不安感一扫而空，与生俱来的畏首畏尾等消极情绪也消失了。生活目标日渐远大，畏惧的事情愈来愈少"。[②] 可以说，日莲佛法一扫牧口常三郎黑暗中摸索的不安，澄清了萦绕脑中的种种疑惑，使心中志向日益远大，恐惧畏缩逐渐消失，使他心中不禁涌起了只争朝夕地改造国家教育体系的宏图大志。此后牧口常三郎便把日莲佛法贯穿到自己的教育思想和实践之中，并主张以《法华经》为一切生活方式革新的指针。牧口常三郎的教育力作《创价教育学体系》不仅是从日莲佛法中所吸取力量而得以形成，而且把日莲佛法当做基石之一。牧口退职后，更是潜心践行日莲佛法，领导创价学会并全力投入到以广宣流布日莲佛法为中心内容的社会教育实践中。认真研究牧口常三郎的教育思想，我们会发现很多与日莲佛法的通融之处。

日莲是日本镰仓时代一个普通渔民的儿子。与释尊和天台大师等出身于上层阶级的佛法领导人不同，作为旨在救济民众的佛法领导人，日莲出自

---

① 牧口常三郎著，马俊峰、江畅译：《价值哲学》，中国人民大学出版社，1989 年版，第 141 页。

② 冉毅、曾建平主编：《关爱人性　善待生命——池田大作思想研究》，湖南师范大学出版社，2003 年版，第 118 页。

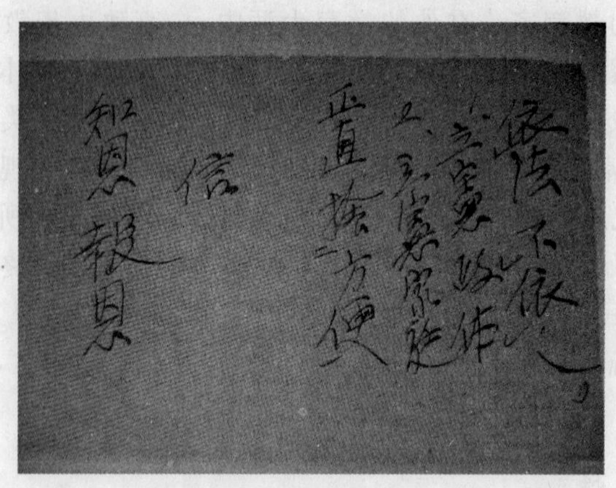

牧口常三郎在笔记本的封面上写的“依法不依人”座右铭

无名庶民家庭。自 12 岁出家以来，日莲在比睿山及京都等地学习诸宗佛法，但他对当时趋于权威化、形式化的佛法感到困惑。而且，由于自然灾害、饥饿与疾病四处蔓延，民众的生活困苦不堪，因此日莲总想为拯救人间的苦难做些什么。研读完释尊庞大的教义以及中国天台大师、日本的传教大师等先贤的论释后，他认识到只有《法华经》中闪耀着贯穿于释尊及天台等佛法的精髓。因此日莲在 32 岁后以宣讲《法华经》为己任，向众生大力推广此佛法最终之法理。①

牧口常三郎与日莲的共鸣最初源于日莲所写的《立正安国论》。这是日莲在镰仓幕府时期，向当时的最高统治者——北条时赖呈上的一部关于治国安邦的奏章。日莲采用主客问答的形式，帮助主人找到了在面对饥馑、疫病及地震等诸问题时，如何走出国疲民困、人心惶惶的社会现状的安国定民的对策，即用真正的佛法——法华经——来治理国家。这也正是当时困扰牧口常三郎已久的疑惑。镰仓幕府所面临的困境似乎与大正时期有着惊人的相似。大正时代中期，由于战争带来了虚假繁荣的退潮，日本经济陷入了持续衰退的泥沼中，物价飞涨，民不聊生，抢米风潮在各地风起云涌。随后史无前例的关东大地震更是雪上加霜，引起大范围的金融恐慌。城市里充斥着找不到工作的失业者，农村也是满目疮痍，农民生活朝不保夕，甚至公开地卖儿鬻女。面对如此惨烈的景象，牧口常三郎五内俱焚，试图寻找一条救国救民的道路。而《立正安国论》如同灵丹妙药，使牧口常三郎找到了“迷失的方向”。

牧口常三郎成为日莲佛法坚定的信徒的真正原因还是日莲所信奉的《法

① 冉毅、曾建平主编：《关爱人性　善待生命——池田大作思想研究》，湖南师范大学出版社，2003 年版，第 154 页。

关东大地震后的废墟

华经》。勤奋的牧口常三郎对待任何事物都注重进行科学的、合理的理性思考，这也是他对待宗教的态度。事实上，牧口常三郎过去听过基督教、禅宗、山神道等诸多宗教的法会，但这些并不足以让他心悦诚服、茅塞顿开，并且认为这些宗教与他的科学观、哲学观相背离。然而，《法华经》却不同，它以日常生活为基础，以其科学性、思辨性、前后相随、思维严密的特点吸引了牧口常三郎。更为重要的是，牧口常三郎的思想与《法华经》中宣扬的佛法有许多相融之处。

（1）勇猛精进，充分挖掘人的创造性。人们一般都根据以往的经历来考虑事物、处理问题。因此很多人动不动就认为自己就这样了，从而甘于现状，放弃自身，丧失成长和前进的进取心。此外，还有人抱有这样的人生观，即他们认为自己的存在是软弱无力的，只有服从命运和神的旨意。然而，佛法认为生命是永远的，具有宇宙一样大的拓展性。因此，任何人都潜藏着无限的可能性。充分开发这种可能性，便可以实现自由自在的生活。佛法主张精进，尽职尽责。如果你是学生，就应该刻苦地学习，如果你已步入社会，就应该努力地工作……总之要创造与昨天不同的自我，实现一点一滴的成长。肯定人的创造性，培养并充分挖掘人的创造力，勇猛精进，生命不止，创造不息等也正是牧口常三郎一生所竭力提倡的，这一点前文已作了介绍，在此不再赘述。

（2）舍“小我”而成“大我”。佛法认为人们心中潜伏着可称之为宿业的欲望及自私，而这种欲望及妒忌侵蚀的心灵便会生出相互间的仇视、妒忌、争斗。这种生命称为“小我”，将这种生命向充满慈悲与活力的宇宙的宽广胸怀伸展、提高，便是向“大我”生命的转变。人不能只封闭在自己的世界里，要向外界敞开自己，在追求自身与他人幸福的过程中，具备“自利利他、自觉觉他、自度度他”[①]的圆满救世德行和体证真理的菩萨求道精神，并感受真实的喜悦。人们只有在实现了“大我”的生命后，才有可能建设和平、稳定的人类社会。“小我”与“大我”的关系与牧口常三郎所说的个人、集体和社会的关系一样。在处理个人和集体、个人和社会的利益发生矛盾时，牧口常三郎主张个人必须服从于集体、服从于社会，“小善”服从“大善”。这也是牧口常三郎判断善与恶的重要标准。牧口常三郎认为，当“私人的利益”和“公共的利益”、“局部利益”和“整体利益”相冲突时，“私人的利益”和“局部利益”就应该无条件地服从“公共的利益”和“整体利益”。

(3) 万物联系，生命一体。佛法认为，一切自然现象、社会现象在时空上都相互关联，某一现象对其他现象都会产生直接或间接、积极或消极的影响。现象世界本身像网眼一样相互联系、相互影响，而内在因果和外在因果(环境世界所产生)也相互联系。现象世界存在的一切事物，皆由因、缘结合而生成，带来报应，称之为“因果报应”法则，又叫做“因缘生起”。因即直接原因，缘即间接原因，这个缘起之法囊括了一切因果联系。这张现象之网，宛如生命组成，从一现象产生重叠的、分层的联系，逐渐扩大为一张网，最终遍及宇宙时空并融入宇宙，天下一网。佛教不仅构建生物学上的生命，还构建现象之网，活化各个阶段。因此，佛教纺织的生命之网，覆盖了从宇宙初始生命到一切存在事物的各个阶段。牧口常三郎把人和环境的相互联系看成“地人关系”，从两方面进行分析：一是肉体上的关系，二是精神上的关系。精神上的联系不仅包括知觉性、科学性、功利的关系，还包括审美、道德、同情、公共、宗教上的关系。在“自然-人类”的生态体系中，不仅包括功利性关系，而且更多的是蕴含着其他的相互联系，这种联系形成遍及全球的生命之网，浩瀚宇宙生命存在的连环，即共生、共存的伙伴关系，就像高山和人同为世界一员，彼此形成的人山合一，息息相关，苦乐共济的精神联系一样。他还说，我们生活的快乐与自然界有很多密切的联系，并取决于与自然界亲密的程度。“我们只需毫无畏惧、永不退缩地走近自然，真诚、老实和富有同情地接近自然，寻找到与自然的亲密关系，然后她不但会欢迎你，而且会接近你，拥抱你，亲吻你，她会温柔地爱你、鼓励你和支持你，最后向你展现她的精神本质，你们将会开始一种永恒的友谊。”[②]

(4) “智慧”与“慈悲”兼备。佛法认为，永远的、至尊的价值是佛性。佛性即所有人本来潜在的为了实现自身及他人幸福的“智慧”与“慈悲”，也是支持人们朝追求幸福的能动的价值的方向发展的“法”。佛性要从自身生命中寻

① 宋先伟主编：《法华经》(下)，大众文艺出版社，2004年版，第312页。

② 牧口常三郎著，陈莉等译：《人生地理学》，复旦大学出版社，2004年版，第19页。

找。因此，要否定破坏这种至尊生命的一切暴力行为，以“生命尊严”的思想作为一切行为的指针。佛法旨在引出这种佛性，教导人们为实现自身及他人的幸福而努力实践。佛法认为，在现世社会，人们已失去了“智慧和慈悲”之心，变得日益冷酷，经济繁荣的表面下潜伏着各种日趋严峻的问题。另外，从世界范围来看，也令人痛感人类与文明面临的危机。在这种形势下，贯彻“慈悲的行动”显得十分重要，而且，只有在对他人的慈悲的行动中，才能完成自身的解放。佛法讲求“智慧”与“慈悲”兼备。只有智慧而没有慈悲，那智慧也会变得冷酷与邪恶；只有慈悲而无智慧，那就无法拯救众生，甚至还可能误入歧途。这也是牧口常三郎在“道德”和“知识”观方面一贯所持的观念。他认为，如果拥有了知识，我们就会获得智慧，增长智慧，就不会在黑暗中摸索。也就能看清事物的本质，沿着正确的方向创造，从而获得自己和人类的幸福。反之，如果没有智慧，就不会有积极的生命力，也就不能很好地把握“善”和“恶”的标准，就不能很好地行善，也就不能识别“恶”、防范“恶”，甚至于有可能助“恶”、作“恶”。如果没有“善”统领“智慧”，没有慈善之心，“小恶随着社会地位的升高逐渐变成大恶”，而且，社会地位越高，其作恶的条件也就越方便，作恶的危害就越大，就像向河的源头投毒的佛教徒和神道术士干的恶行要比一般人犯同样的罪更严重得多一样。所以，一个人的地位越高，一个人越是值得尊敬，他越是应当对自己的行为作适当的考虑并因此控制自己，用善念去驾驭自己的“智慧”。也是从这个意义上讲，牧口常三郎对“社会化的阶级”寄予了很大的希望，认为，“这个阶级包括那些具有同类意识和社会责任感的人，以及那些对社会作出积极贡献的人。这些人是社会的支持者、忠告者、领导者和规划者，他们没有个人的私欲之心，而有的是慈悲、献身之心，能激起公众的舆论。没有这个阶级的社会，无论是君主政治还是民主政治，无论是富人还是穷人，将来都不可能取得进步，而且即使自身不毁灭，终究也只是一个虚弱的社会”。① 他断言，“没有道德就没有社会”②。一些人通过欺诈爬上了社会行业的上等阶层，但这只是一个暂时现象，而且只出现在社会道德不发达的时期，真正成功的人，必须达到一定的道德标准。牧口常三郎正是因为具有关爱人性，善待生命的“智慧”与“慈悲”兼备的品性，才一生反对战争，主张和平人生，提倡通过人道主义竞争来实现发达文明的世界。

可见，牧口常三郎在诸多方面与佛法有着共同的语言，正因如此，当他一接触到日莲佛法，便有“久旱遇甘霖，他乡遇故知”的欣喜。此后，他便以佛法指导人生，主张以《法华经》为一切生活方式革新的指针。也因为他的提议，创价教育学会在1939年东京麻布的菊水亭召开的第一次全体大会上讨论并

①② 牧口常三郎著，陈莉等译：《人生地理学》，复旦大学出版社，2004年版，第168、169页。

制定了新的纲领和规约。新的规约废除了"教育改造"这一学会目的，取而代之的是"以《法华经》为基础，进行教育、宗教、生活的革新，以谋取国家的繁荣和人民的幸福为目的，弘扬佛法"。[①] 自此，以教育改造为目的的创价教育学会，转型为重视以宗教革命为基础的生活革新运动。在这场运动中，教育改革成为这场运动的一个重要组成部分而获得巨大的能量，并越来越显示出了科学改造人、改造自然和改造社会的威力。

1939 年创价教育学会第一次总会合影
（前排左数第五位为牧口常三郎）

① 冉毅、曾建平主编：《关爱人性　善待生命——池田大作思想研究》，湖南师范大学出版社，2003 年版，第 122 页。

下篇 牧口常三郎教育活动的影响与评价

第六章 牧口常三郎教育活动的影响

牧口常三郎是近代日本著名教育思想家和教育实践活动家，他以严谨态度对近代日本将走向何处这一时代课题进行了深刻思考，并将康德、杜威等西方哲学中的价值论加以改造并引进教育学体系之中，把东西方文化和教育理论交融在一起，创立了自己独具一格的创价教育理论体系。在某种程度上讲，牧口常三郎的教育经历、外语水平、社会地位、社会实践舞台、活动交际能力等内外因都处于相对弱势，从而导致了牧口常三郎教育活动对社会影响的广度和深度的局限。然而，历史证明，牧口常三郎的教育活动的结晶——创价教育思想是一套完整系统的理论，不仅对当时的日本教育产生了一定的影响，而且他的理论和他所创立的创价教育学会经过他的门徒的宣传和实践，得到了发展和推广，从而影响着日本乃至世界的政治、宗教和教育事业。

19 世纪末至 20 世纪初，资本主义竞争日趋白热，日本的科学技术和社会经济飞速发展。然而，在经济繁荣的背后，却难以掩盖其日益严重的社会问题：经济危机、帝国主义大战给社会带来了深刻的灾难，失业、破产和饥馑现象比比皆是，人与人之间的对立与敌对关系日益加深，精神空虚、道德堕落、少年犯罪、吸毒、种族歧视和失业率居高不下，许多人感到人就像动物和机器那样生命意义和价值丧失殆尽，由于强烈而持久的精神压抑而造成的精神病患者的日趋增多以及由于缺乏积极、健康的价值观，许多人常常在狂乱之后陷入更深的无价值感之中，等等。从教育角度来看，当时的日本教育深受西方教育观念影响，存在着忽视人这一教育对象的弊端。如把人的自我发展置于次要的地位，把前人的知识作为灌输的唯一材料，把智慧发展的价值凌驾于完整的人性之上，把学生当成一种机器来进行控制，等等。面对严重的社会问题和教育危机，重视人的价值和创造性，培养适应时代需要的能力型、创造型人才，成为社会竞争制胜的法宝，也是每一位哲学家、思想家和教育家都非常关心的共同课题。同时，寻求解决问题的良方和对策也是时代赋予他们的使命。牧口常三郎作为重视人的创造性且具有浓烈的爱国情感、民族使命感和国际主义精神的职业教育家，从教育的角度对该问题进行思考和回答也就成为理所当然的事情。创价教育理论便是他穷毕生精力寻找到的一剂良药。

牧口常三郎的影响首先来自于他的处女作《人生地理学》。该书从人与自然、人与人、人与社会三个维度揭示了彼此之间的属性和共存共荣的关系。无论从所涉及的内容还是从呈现的形式来看，《人生地理学》作为一本地理学的教科书都给人一种全新的感受，这就是对生命的重视，归根结底是对人的重视和对人创造价值谋求幸福人生的重视。书中围绕“创造”，结合自身的实践对教育内容、教育方法和教育制度等方面的改革发表了过人的远见。毫无疑问，这些思想不仅在当时的日本思想界甚至对整个世界来说都是极富特色和挑战性的，而且有着划时代的历史意义和现实意义。正如我国学者李培超先生所言：“特别是我们今天生活在一个并不平静的世界中，人与自然关系的紧张使得人类面临着失去生存家园的危险，生态关注和绿色情怀正成为现代人生活中难以绝缘和剥离的内容；经济全球化的浪潮不可阻挡，共同的利益和命运使得世界上不同国家和民族之间的相互依赖性增强，但是狭隘的视野又往往导致许多人为的摩擦；特别是单边主义的扩张更使得世界动荡不安，世界上还不时燃烧起战火，恐怖主义的幽灵也时常现身……在这样的时代背景中生活的人们当可以从这本书中获得很多启示，诸如善待自然，对自然感恩，爱乡土，爱国家，超越狭隘的族类意识……”①

《人生地理学》一出版就在日本教育界尤其是在地理学界引起了极大的轰动。出版的当年就印刷了三次，而且因其深受欢迎，此后又多次再版。此书在当时的日本教师、学生中间广泛流传，是中学教员接受鉴定考试的必读参考书。学术界的一些知名人士对该书给予了较高的评价。如当时著名的农业经济学家新渡户稻造阅读此书后专门从台湾写信给牧口常三郎以示激励。著名的社会学者田边寿利称《人生地理学》是现代前沿的人文地理学，为当时流行的人类地理学的第一块奇石，认为该书的出版使日本的地理学研究为之一变。地理学者小川琢治（京都大学教授）对该书研究范围之广、立论之新鲜深表佩服。②《人生地理学》问世百年后的2002年，类似的肯定性的评价

---

① 牧口常三郎著，陈莉等译：《人生地理学·中文版前言》，复旦大学出版社，2004年版，第9页。
② 何劲松著：《创价教育学会的理念与实践》，中国社会科学出版社，1995年版，第66页。

并没有因为时间的推延而褪色。时年，美国学者戴勒·M.贝瑟的看法就是其中的代表。她指出："牧口所表述的绝大部分教育观和建议，已为越来越多的当代教育家所表述与实践。""他关于像进入学习者社区的自然系统中旅游一样，组织各种层次的教育的建议，在'新'地理学方法的背景下，潜在地为学生和教育工作者提供了有益的观点和洞见，或者说为他们提供了有价值的方法与模式。""当我们回顾20世纪的历史，会认识和接受这个事实：在20世纪初期的几十年里，日本拒绝了牧口常三郎的远景图和大部分忠告，正如美国在其工业化系统发展的起初几年里，拒绝了另一种适合他们工业化发展模式一样。仅仅以微弱的变异方式，日本追随了美国的产业主义模式，这种模式建立在对自然环境不加限制的开发以及由工业发展带来的不加限制的人口增长的基础上。我们现在不得不去正视许多由这两个工业大国在发展阶段所作的选择所导致的负面后果。这种认知，及其培养的更清晰的对历史的理解，还可以给我们带来这样的认识，那就是我们正生活在一个对新文化时代有重要影响的阶段。对于在教育业、商业以及在所有社会性公共团体中，正寻求为建设更加美好、更富于人情味的21世纪打下基础的人们，《人生地理学》中值得思考的见识以及丰富的思想和实践方式，都将有助于他们为未来所作的努力。"[①]池田大作先生对牧口常三郎的和平理念更是赞赏有加，他认为，牧口常三郎完全预见到了人类与环境的和谐相处的需要，"牧口的《人生地理学》，采用了一个有远见的生态学的视角，建议人类开展与自然的对话，这提供了一些较之其提出之初，于今天甚至更新鲜更适用的理念"。"在21世纪早期，帝国主义统治着那个时代的时候……他描述了一个他命名为'人道主义竞争'的理想，由此文明和文化能够通过相互的对话，在彼此间开展友好和人道的竞争。他相信，以这种方式，能够为人类开创一个更加光明的未来，一个能为全体人类促进相互间的和睦与繁荣的未来。他高瞻远瞩地预见到了人类历史应当遵循的唯一恰当的发展道路，是由军事争斗、竞争朝着政治竞争，再由政治竞争向经济竞争最终到纯粹的人道主义竞争稳步前进。现在，在目睹和忍受了那个被看做'战争与暴力的世纪'——20世纪的众多悲剧之后，我们站在人道的角度，至少能够欣赏和分享在牧口先生著作中对'人道与和平的世纪'的热切盼望。"[②]

《人生地理学》不仅对日本，同时对当时的中国也产生了一定的影响。1903年，在日本的中国留学生有许多根据籍贯组织起来的兴趣相同的团体，

---

① 何劲松著：《创价教育学会的理念与实践》，中国社会科学出版社，1995年版，第34页。

② 牧口常三郎著，陈莉等译：《人生地理学·英文版前言》，复旦大学出版社，2004年版，第39-40页。

成员们一边学习，一边组织旨在推翻清朝的革命小组。在这些小组中，一些浙江籍人士组成了"浙江同乡会"，编辑了杂志《浙江潮》，发行所称为"浙江同乡会杂志部"。为了方便起见，其印刷地点自然选在日本(在东京一家叫做"并木活版所"的印刷厂里印刷)。这一杂志从1903年1月创刊，连续出版到第二年的2月，共出版了12期。每期杂志为200页左右，发行册数根据期数而不同，平均每期为2000册左右，到第8期，印刷了5000册。从这里可见《浙江潮》的影响是比较广的。《人生地理学》在中国的最初反响是在《浙江潮》杂志上刊载的《人生地理学》的翻译论文。《大白莲华》杂志(2003年6月号)第44页下端登载了有关照片。

《浙江潮》这本杂志里充满了鼓舞革命的爱国主义的内容。其中《浙江潮》第9期是1903年11月8日出版的，译者把牧口常三郎的《人生地理学》第17章"植物"的内容，以"植物和人生的关系"这一标题译出。而且在翻译"植物"的内容的同时，加入了中国的情况和个人的见解。从译文中可以看出以下几点：第一，译者很好地把握了《人生地理学》的主题。《人生地理学》的主题就是人生与生活的关系，就是人生、生活与地理，人生、生活与环境的关系。译者在翻译"植物"这一章时，在标题处还特意加上"植物和人生的关系"。这一标题准确地表达了《人生地理学》主题。第二，译者对《人生地理学》的"植物"一章中有关振兴产业的部分怀有浓厚兴趣。译者翻译"植物"一章时，通篇的基调是"产业救国"，即通过发展产业，拯救中国。"植物"这一章里包含着有关米、麦、豆等许多内容。译者边介绍这些内容，边介绍中国的现状，强调振兴农业和林业。第三，反对日本军国主义政府的侵略行径。实际上，《人生地理学》不只是叙述人生和地理的关系，而且有几处对帝国主义进行了批判。当时在日本的中国留学生对帝国主义怀有极大的愤恨，认为清朝正在成为列强的殖民地或半殖民地。他们在阅读批判帝国主义的《人生地理学》时，引起了强烈的共鸣。①

继"植物"的译文刊载之后，还刊登了译者是壮夫的另一篇文章，也就是译者翻译的《人生地理学》第10章"海洋"。

可以看到，"植物"译文和壮夫的"地人学"译文的基调，都是"产业救国"和批判帝国主义。

值得一提的是，1906年在宏文学院听过《人生地理学》课的学生，还编写了中文地理教科书——《江苏师范讲义》。《江苏师范讲义》封面的第一页来源于《大白莲华》第46页登出来的照片。在左上方可以看到《人生地理学》的

① 贾蕙萱、张可喜主编：《池田大作研究论文集》，香港社会科学出版社有限公司，2004年版，第262-263页。

字样，旁边可以看到"日本牧口常三郎讲义"的文字。照片上部拍摄的书背来源于《人生地理学》第五种版本的译本。

这本书的编者自然是在宏文学院留学的江苏省师范生。发行所是江苏宁属学务处和江苏苏属学务处。所谓宁属，是指江苏省南京周边地区；所谓的苏属，是指苏州附近；所谓学务处，就是统辖教育的机关。

翻开《大白莲华》第45页可以看见对《人生地理学》的评价："人生地理学的根据是非常正确的，而且，议论也很丰富。因此，以它作为教科书。"

《江苏师范讲义》出版的同一年，日语版的《人生地理学》也被介绍到中国。此版的《人生地理学》至今仍被收藏在南京大学的图书馆。其中一本书上盖有2个藏书印。一个是设在南京的"两江法政学堂"（此学校当时是培养法律、政治等方面的人才的高等教育机构）的图书馆的藏书印，另一个是南京大学胡小石教授（以国学大师闻名）的藏书印。

创价大学

1907年，《人生地理学》的全文翻译版《最新人生地理学》（世界语言文字研究会翻译）在中国面世，而且获得了好评，当年10月就进行了再版。2000年出版的两本研究清末中国地理学书籍对此书当年在中国的影响进行了充分的肯定。"一本是中国人民大学郭双林教授的，他写了《西洋思潮激励下的清末地理学》一书。这本书所做的结论是，《最新人生地理学》在两个方面给予中国非常大的影响：其一是对中国的乡土地理教育的理论和方法产生了很大的影响，另一点是对中国普及民主思想的学说作出了贡献。另一本是复旦大学教授邹振寰先生的，他写的书名为《清末中国的西洋地理学》。"①这两位教授曾在与日本创价大学高桥强先生的交谈中说："即使他们写书，要在当年再版也是非常困难的。"②从这里也足以看到，此书在当时的中国是深受欢迎

①② 贾蕙萱、张可喜主编：《池田大作研究论文集》，香港社会科学出版社有限公司，2004年版，第269、269页。

的。据高桥强先生研究发现，1909 年上海新学会发行出版了由浙江同乡会的会员、1903 年毕业于宏文学院的凌廷辉先生翻译的《人生地理学》的中文版。1942 年出版的《近代人生地理学之发达及其在我国之展望》一书的目录中记载了 1925 年出版的《人生地理学》、1930 年出版的《人生地理概要》和《人生地理学史》，从此也可以看到牧口常三郎的《人生地理学》在中国的影响。此外，牧口常三郎在《人生地理学》中提出的许多观点被一些中国地理学者所引用。2004 年复旦大学出版社出版了由陈莉等翻译的《人生地理学》的最新中文版。从国内学者李培超撰写的《中文版前言》中，我们仍然可以看到在《人生地理学》问世后 100 多年的今天，人们对此书的赞赏不减当年。正如李培超先生所说，牧口常三郎超越了对人与自然的关系进行纯粹客观或价值中立性的阐释的视角，而试图渗透或贯穿于一种新的价值理念，这就是对生命的重视，而归根结底是对人的重视。① "《人生地理学》应当算得上是名著了。在不同的历史时代和不同的文化背景中人们频繁地关注这本书，自然都会从中获得启迪。"②

《创价教育学体系》也是牧口常三郎的教育宝典。此书的出版在教育界掀起了阵阵波澜。报纸和杂志上各种评论铺天盖地，受到了极高的评价。日本当时的学术权威田边寿利、柳田国男和新渡户稻造都很乐意地接受牧口常三郎之邀亲自为该书作序。田边寿利在该书序言中给予了高度肯定，称之为具有划时代意义的伟大著作，认为"《创价教育学体系》在引导我们国家教育界沿着正确方向发展方面具有重要的作用，正如他的《人生地理学》在 30 年前改变了日本地理学的研究方向一样，肩负有把当代日本的教育界导入新轨道的使命"。"以稳固的理论和长久累月的实验为基础而发轫的《创价教育学体系》是当代日本最需要的教育学。……作为一个小学校长，法布尔为昆虫研究默默奉献了自己的一生。在学问之国法兰西，以他为骄傲，教育部官员亲自移驾并以法兰西的名义向他表达诚挚的感谢。作为一名小学校长，牧口常三郎先生，一直和所有的迫害所有的苦难作斗争，耗尽毕生的精力，终于完成了这本划时代的《创价教育学体系》。文化之国日本，又该以何种方法礼遇这个国之骄傲、伟大的教育者呢?"③

柳田国男在序言中称道："……关于创价教育学及其价值，不远的将来也许自有社会的公论。唯牧口先生的大作不像某些学究气的教育学者的纸上空论，也不是欧美学者的翻译介绍，而是数十年珍贵体验的结晶，而且不是一

---

①② 牧口常三郎著，陈莉等译:《人生地理学·中文版前言》，复旦大学出版社，2004 年版，第 6、8 页。

③ 牧口常三郎著:《創価教育学体系》Ⅲ，聖教新聞社，1993 年版，第 278 页。

般的教育家所有的经验，一看就知道与学校的教育毫无关系的样子，那种如前所述的非常重要的现实社会的实地考察及以此为基础的独特的研究方法等由广博的基础知识所构成，因此我相信这种对他来说既容易又难得的独创的价值足以突破现代教育界的桎梏。”[①]新渡户稻造称道：“我确信这是一部名著，它是日本国孕育出的日本人的教育学说。现代人早已期盼着它的问世。”

乡土会会员合影

（第一排左边第一位为牧口常三郎，第一排右数第一位为柳田国男）

与《人生地理学》相比，《创价教育学体系》在中国的影响似乎要“逊色”一些。最早向中国介绍的是1989年出版的《创价教育学体系》第2卷的中文翻译版《价值哲学》。《创价教育学体系》第1卷的中文翻译版则是台湾学者刘焜辉翻译并于2004年出版的。不过，译者对牧口常三郎的教育思想很是推崇，认为该书“是从教育实践中体会出来的经验结晶”、“结构之完整令人佩服”、“内容之完整性、叙述之明确、见解之独创性，应该受到肯定”，等等。

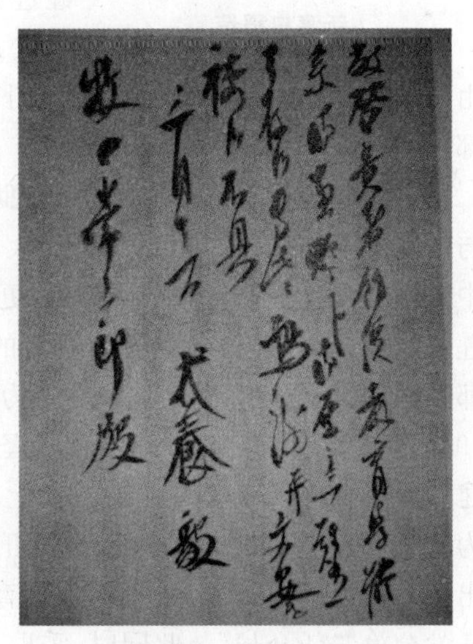

犬养毅为《创价教育体系》第1卷发刊时书写的贺词手稿

《创价教育学体系》在20世纪80年代被译成英文，并于1989年在美国爱荷华州立大学出版社出版，比《人生地理

① 牧口常三郎著：《創価教育学体系》Ⅲ，聖教新聞社，1993年版，第279页。

学》英文版的出版要早 13 年。译者美国学者戴勒·M. 贝瑟认为《创价教育学体系》是一部划时代的著作，其中，闪光的思想，独到而新颖的见解很多，尤其是考虑到 20 世纪 40 年代这种背景，其思想的价值就更明显。从我们今天的时代和立场来看，仍然是极具启发意义的。[①]

目前，该书作为牧口常三郎具有深谋远虑和创新思想的一本重要的学术著作，已经被英语世界领域里最主要的教育家和教育哲学家普遍公认。该书的葡萄牙文、法文、意大利文、西班牙文和越南文等 14 种翻译本也相继出版。

新渡户稻造

特别需要指出的是，牧口常三郎所创立的创价教育学会在提升牧口常三郎创价教育思想的知名度和扩大其影响上发挥了重要作用。创价教育学会在成立之初便产生了一定的影响。以政友会总裁犬养毅牵头，内阁书记官鸠山一郎、乡土会的老朋友新渡户稻造、柳田国男等人成立了创价教育学会声援团。原日本外交官秋月左都夫，贵族院议员古岛一雄，日本大学教授田边寿利、前田多门等人在创价教育学会成立不久就成为其顾问。在牧口常三郎的领导下，经过会员的努力，创价学会发展很快，成员由第一次大会时的 60 名发展到 1943 年的 3000 名。由于日本军国主义政府的打压，会长牧口常三郎、理事长户田城圣等 21 名干部被捕入狱，学会被解散。

尽管牧口常三郎于 1944 年在狱中去世，但他的影响并未消失。这一点从与他联系密切的人在第二次世界大战后的活动中可以证实。户田城圣，是其中的重要人物之一。监狱的生活更坚定了他的宗教信仰。自从他接受了日莲佛法后，他深信自己找到了生命的真正意义。这种经历以及听到牧口常三郎去世的悲伤消息后，他发誓要为传播牧口常三郎的教育思想贡献余生。1945 年 7 月 3 日，出狱后，户田城圣开始着手进行他的被完全摧毁的企业重建和收集牧口常三郎写在小纸条上的教育思想的双重任务。尽管举步维艰，为完成和发展与牧口常三郎一同开创的事业，户田继承牧口常三郎的遗志，出狱后很快重建学会，并将创价教育学会更名为“创价学会”。1951 年户田就任学会第二任会长，与此同时，采取了一系列举措发动了全国性的传教运动。学会得到了空前的发展，当年会员就达到 3000 户，1956 年底一跃达到 50 多万户。1957 年，也就是在户田逝世的前一年，会员增加到 75 万户。在户田的

---

① 牧口常三郎著，马俊峰、江畅译：《价值哲学》，中国人民大学出版社，1989 年版，第 144 页。

领导下，学会不仅在日本国内取得了迅速的发展，而且欧洲、美洲、东南亚、中国台湾、中国香港等地的海外支部或联络站也相继成立。更为重要的是，日莲佛法、牧口常三郎的创价教育思想与和平理念得到了弘扬。1951 年户田在牧口常三郎“协作与共存”的基础上提出了“地球民族主义”主张，1957 年 9 月，发表了具有极其伟大的前瞻性的《禁止原子弹氢弹宣言》。

1958 年户田逝世后，池田大作作为总务长，继续支持理事长的工作。由于理事长的强烈恳求，池田大作于 1960 年继任第三代会长。在此后池田会长长达 40 年的任期中，创价学会以佛法中的“生命尊严”思想为指针，高举创价教育与和平大旗，实现了飞跃性的、国际性的发展。1963 年 8 月会员攀升到 360 万户，约占日本总户数的七分之一。1966 年末达 600 万户，现今会员已达 1000 多万户。与此同时，创价学会在世界各地的影响日益广泛。尤其是 1975 年创价学会国际组织（简称 SGI）成立以来（池田会长兼任该组织会长），学会的活动遍及 170 多个国家和地区。1981 年 SGI 被联合国难民署和宣传局认定为 NGO 组织（NGO，即 non-government organization，译为“非政府组织”），1983 年和 1989 年，又先后被联合国经社理事会和教科文组织认定为 NGO 组织。如今，创价学会已成为国际上推广创价教育思想、维护世界和平和促进发展的一支重要力量。

第七章 对牧口常三郎教育活动的评价

牧口常三郎将自己的一生奉献给了教育事业，而且为反抗日本军国主义的战争，维护人类的和平献出了自己宝贵的生命。尽管牧口常三郎的社会地位、外语水平以及组织活动能力等方面都对他扩大自己影响和创价教育理论的宣传有着一定的制约，也尽管牧口常三郎的创价教育思想在他生前因为多种原因没有引起当时日本军国主义政府和社会的足够重视，同时由于他的书最初是以日文出版，对西方影响不大，对整个世界影响也不大，但这些并没有影响到牧口常三郎作为一个教育家的地位。不可否认，牧口常三郎以创造幸福人生为教育目的，立足以人为本，要求尊重个性、提倡学校与社会的联合、主张实行半日学校制度、批斥当时日本教育的非人性化现象等不仅对当时日本教育造成了冲击，而且对第二次世界大战后日本教育的个性化、科学化和现代化改革也有着一定的推动作用。我们相信，随着世界和平步伐的加快和教育人性化改革的日益推进，牧口常三郎以人为本的创价教育思想和人道主义竞争社会的构建理想将会得到更为广泛的社会认同，并将对当今日本乃至世界产生极为深远的影响。这一点也已经为创价学会的第

1938年(昭和十三年)牧口常三郎演讲时的情景

二任会长户田城圣先生以来所继承的创价教育的理论与实践所充分证明。我们同样坚信，研究和发掘其创价教育思想对于推进当今的教育改革、培养创造型人才、致力于和谐社会以及和谐世界的建设将有着积极而深远的现实和历史意义。

牧口常三郎的教育思想必须放在20世纪他所生活的日本社会和当时的文化背景中来进行考察评价。当时，日本正经历着从欧洲和北美开始的世界范围内的工业化进程，牧口常三郎和其他工业化国家的教育家面临着同样的教育问题和现实。剖析工业化对经济、社会、政治和教育所带来的影响是理解牧口常三郎的思想的必要前提。牧口常三郎对日本教育的缺陷深为忧虑，一生致力于改革他所处社会的教育制度并构建其创价教育理论。他对教育的关心可以用"困忧"来形容。

如果牧口常三郎提出的教育理论和教育改革建议得到了采纳和实施，日本的教育乃至日本的社会将会发生更为深刻的变革。但是这些建议没被当时的政府采用，而且至今也没有被日本教育界认真考虑。一个主要原因可能是牧口常三郎没有接受过大学教育，他的最高学历是中师（中专），为此，牧口常三郎被当时的正在勃兴的日本学历社会所忽视。虽然1930年《创价教育学体系》第1卷出版后，牧口常三郎就像当年《人生地理学》出版一样再次在学术界掀起了"巨浪"，牧口常三郎获得了到各地进行演讲发表自己见解的机会。尽管他希望人们接受他的观点，甚至对他的观点进行辩论，但是他的努力因为他的学历和地位没有得到应有的反应或者说没有得到持久的看好，他被受过大学教育并控制着社会教育的精英所不屑。就像牧口常三郎对自己的失望进行的表述那样："1931年在东京帝国大学的教育会议上我向学术界阐述了我的观点，然而，没有引起反应，为此，我对国家的教育状况非常失望。"①

当然，如果日本的政治在20世纪30年代朝着公开和民主的道路前进的话，如果不是当时日益高涨的军国主义思想影响的话，他的思想可能会引起人们更多的关注，其作为一个教育家的认可度也将会大大提高。可是，正如历史记载，这种现象没有发生。1932年5月，首相犬养毅被暗杀。从此进步的教育家和政治家的地位急剧下降。也正因此，牧口常三郎对通过纯粹的教育途径来取得改革的成功的愿望开始消失。不过，必须指出的是，当时田边寿利、柳田国男和新渡户稻造等一些具有一定影响和威望的人对牧口常三郎的思想表示了认同。田边寿利指出：过去30年学术精进的最终成果，牧口常

---

① Education for Creative Living: Ideas and Proposals of Tsunesaburo Makiguchi, Translated by Alfred Birnbaum; Edited by Dayle M. Bethel, 1989:11.

三郎先生撰写的《创价教育学体系》今日受到了广泛的关注。[①]“此成果决非仅仅是理论性推论的结果”,“不是纸上的空论和无关紧要的东西”,“而是牧口常三郎先生宝贵实践的结晶”。“他将价值创造作为教育的主要目标”,“任何人都很清楚,这对日本的教育现状来说是多么的必要啊”。新渡户稻造称道:“……时至今日我一直致力于教育。虽然还在从事教育事业,但是我觉得我对日本教育中缺乏独创性感到非常的不满和遗憾。此时,曾经出版《人生地理学》一书、具有卓越思想的牧口先生再次站出来将综合多年的体验和思考撰写成《创价教育学体系》,让人立即惊异于其卓绝的见识和以事实为依据的广博深邃的研究,让人深感《人生地理学》的著者尚未老去。”[②]此外,日本著名的领导人如犬养毅等,以及其他一些有威望的人士对牧口常三郎的思想都表示了赞成和支持。然而这种局面随着日益增长的军国主义观念的盛行,尤其在1932年犬养毅首相被暗杀而结束。显然,新的军事政权没有给牧口常三郎的思想生存空间,牧口常三郎的教育活动甚至遭到禁止。

牧口常三郎生活的年代,正是日本竭尽全力跻身帝国主义列强、野心勃勃的时代。他却一门心思要依托教育,为国造才。牧口常三郎根据自己在教育实践中长期摸索出的经验,通过研究在日本能够接触到的各国的教育学说,努力学习哲学、社会学等诸领域先贤的思想,再加上自己的独特思考,融会贯通,创立了创价教育学,并形成了完备的体系。从这个意义上可以说,牧口常三郎无愧于“创价教育之父”的称谓。

牧口常三郎的教育思想源自于对本国教育的理性反思,不仅仅是自己教学经验的总结,而且也是借鉴了他人的教育智慧并与自身长期实践相结合的结晶。

牧口常三郎认为日本社会中的一个顽疾就是日本缺乏教育,这个问题在当今的其他西方国家同样也存在。尽管他提出的改革思路在某些情况下显得过于激进,但是它们反映出了对西方文化的理解。尤其是牧口常三郎的理论将人类的健康成长和有价值的生活概念联系在一起,而这些概念正是苏格拉底、柏拉图和亚里士多德他们在幸福哲学中首次提出的。牧口常三郎的创价教育思想始终着眼于人的本质和对价值人生的诉求,与一直流传至今的苏格拉底、柏拉图和亚里士多德以及其继任者的幸福哲学思想和其教育理念息息相通,而这也充分说明了牧口常三郎思想所具有智慧的深度。

在纳粹主义国家的统治下,牧口常三郎立足于杜威等实用主义的立场,洞察到“能称作为价值的唯一价值就是生命,其他的所谓价值是只有在和生

---

①② 牧口常三郎著:《創価教育学体系》Ⅲ,聖教新聞社,1993年版,第277、279页。

命相互交涉中才能成立的”，[①]高呼“教育是为了孩子们的幸福而存在”的人性主义教育；在《人生地理学》的著作中，提出迈向“共生的世纪”“人道的世纪”的格言。创立了人格涵养的“价值创造”的“创价教育学”，并用充满人类博爱、坚强的信念贯注于整个实际行动中。[②] 尽管《创价教育学体系》已刊发70多年了，但书中燃烧的祈愿“孩子们的幸福”、致力于人性主义的创价教育之火，通过第二任会长户田城圣及第三任会长池田大作的传承，现已作为照耀未来人类社会的曙光，洒播到世界各地；面对物欲横流、利己主义盛行的资本主义社会中人们对价值、人生和幸福等一系列重大问题困惑难解的状况，他跳出“小我”，放眼人类，从“价值创造”入手，提倡“个人和全体的共存共荣”，追求“教育就是在于强化对公共生活即社会生活的意识形态的理解，提高人们在适应社会生活中，和他人一道，共筑起个人和全体的共存共荣的人格”的真谛[③]，而且提醒人们，不是去追求“只要自己幸福不管其他人怎样的这种利己主义的幸福，而是追求在虽以己为中心，但却又抱有只有和社会共存共荣的情况下，生活才能安定的这种意识形态中去争取的幸福”。所有这些，至今仍是难能可贵的。

牧口常三郎的创价教育思想，内容博大。作为一个长期工作在教育一线的实际工作者，牧口常三郎不仅注重实践，而且能够结合实际就教育面临的重大问题进行深层次的反思，并提出了许多富有创意和具有指导意义的真知灼见：教育要关注每一个生命，平等地对待每一个孩子。要坚信，任何一个儿童只要教给他思考方法的根本，让他充分发挥自己的能力，都能成为优等生；要注重主体性教学，只有孩子们自己主动地求学上进，学习能力、生活能力才会变得旺盛，才能找到打开知识宝库的金钥匙；教育的目的不只是传授知识、而是应该指导学习的方法、领会研究；更不是进行知识的买卖和灌注，而是掌握如何运用自己的力量去获取知识的方法。教育就是应该这样给孩子们打开知识宝库的金钥匙，踏上发现发明的路途。[④] 要崇尚自然，注重学问、教育与生活的一体化。指出，如果学问和生活、教育和生活之间隔离分开的话，那么孩子们的健康成长是不会成立的。这对于如何为了孩子们的幸福相互配合的学校和家庭、学校和社会来说也是同样的。学问来源于生活但又必须回归到生活中去。教育真正的任务是让被教育者了解自己所处的自然和社会环境的意义，要让他们的生活融汇于自然和社会中；教育要讲究快乐、通俗易懂同时又有效率。医生也好，教育工作者也好，他们的对象是人的生命，医学发展日新月异、教育技术也在进步，教育工作者应该在有效地使用教育技术

---

①②③④ 创价学会教育本部编：《蓬勃发展的儿童和人性教育——“为了教育而存在的社会”》，Asoka Corporation Co.，Ltd. 制作（非卖品），2006年版，第43、44、44、48页。

之上，能进行有趣的、通俗易懂同时又有效率的指导；[①]建议实行半日学校制度。认为，这样可以很好地将课堂和社会结合在一起，将师生全身心投入的课堂教育活动回归到社区和家庭中。与此相关的是，正规的教育必须拓展其对学生的关注范围，除了关注学生的智力发展，还要关注其作为个人的整体发展。尤为重要的是，教育必须承担起培养学生养成良好的道德品质的责任。这意味着要求首先使用事实和真理来培养年轻人价值认定、价值评价以及最终需要具备的价值创造的能力；教育学犹如医学，应该像人得了感冒吃感冒药一样，钻研推敲如何让任何一个孩子都爱学的这种普遍的教育技术和方法；教师里面有无技术的教师、有技术的教师、艺术型的教师这三种。教学方法不好、费劳收益又少的是无技术型教师；掌握要领拥有好的教学方法的是技术型教师；技术锤炼纯熟的是艺术型教师。有意识地磨炼提高自己的教育技术，省察思考自己的教育经验的结果、研究成功和失败的各个原因；[②]在教育中，教师首先必须是一个有用的向导，而非一个信息提供者，他能够对学生的学习主动性作出指导。他们应该将寻求事实的工作丢给课本，而在学生的自我学习经验方面扮演一个支援者的角色。我们必须认识到，教育中最根本的推动力实际上是学生的自我兴趣。教育必须要以能够产生社会意识以及辨别社会道德能力为目的，必须努力培养社会成员所需要的个人品质，使其能够成为社会中一位具有创造性的参与者，等等。

不言而喻，牧口常三郎这些教育主张强调尊重并平等对待每一个学生、发挥学生的主体性作用和教师的主导作用、以优化教育方法为提高教育质量的突破口、教育与现实生活的有机结合等，都充分反映了教育自身发展的规律和人的身心发展规律。特别是他从人性的高度、从整个人类的利益的层面和教育的角度论证了人与自然、人与人、人与社会之间的关系，提出了许多创造性、前瞻性的论见，对当今和谐教育、和谐社会乃至和谐世界的构建都具有现实的指导意义。

牧口常三郎坚定地认为，只有教育，才是人类迈向新时代的关键之所在，是实现个人价值的推动力。他明确主张：教育的目的和人生的目的是一致的，就在于人的幸福。而人的幸福关键要凭自己的双手获得，教育根本宗旨就在于在培养这类人的同时，还要培养能使全社会获得幸福的人。因此，教育要立足于培育学生的观察能力和感觉能力，使他们养成良好的社会意识，挖掘他们进行价值创造的潜力。牧口常三郎一再强调："教育并不是知识的填充和灌输，而是培养学生自己获取知识的能力。送给他们一把开启知识宝

---

①② 创价学会教育本部编：《蓬勃发展的儿童和人性教育——"为了教育而存在的社会"》，Asoka Corporation Co.，Ltd. 制作（非卖品），2006 年版，第 50、50 页。

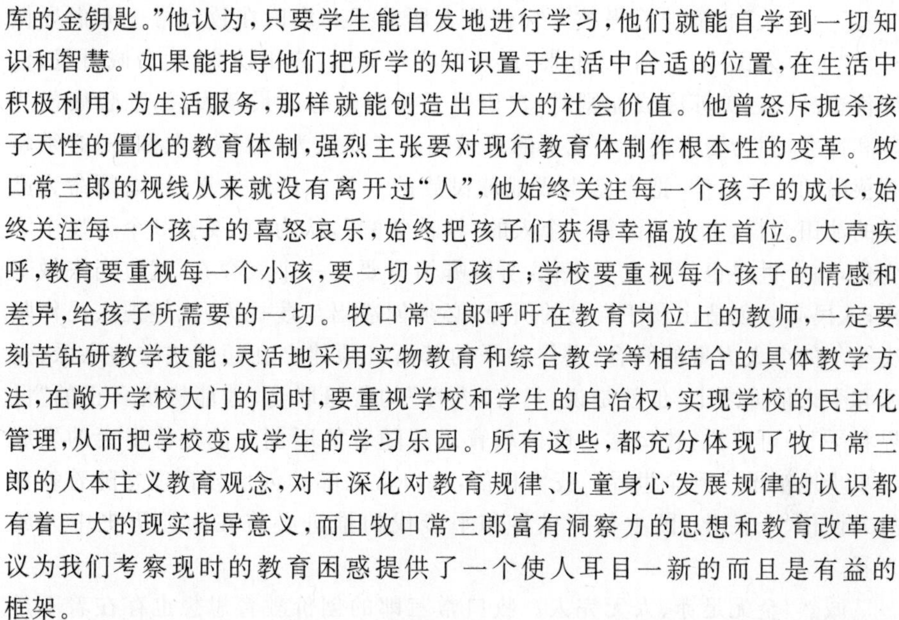

库的金钥匙。”他认为，只要学生能自发地进行学习，他们就能自学到一切知识和智慧。如果能指导他们把所学的知识置于生活中合适的位置，在生活中积极利用，为生活服务，那样就能创造出巨大的社会价值。他曾怒斥扼杀孩子天性的僵化的教育体制，强烈主张要对现行教育体制作根本性的变革。牧口常三郎的视线从来就没有离开过“人”，他始终关注每一个孩子的成长，始终关注每一个孩子的喜怒哀乐，始终把孩子们获得幸福放在首位。大声疾呼，教育要重视每一个小孩，要一切为了孩子；学校要重视每个孩子的情感和差异，给孩子所需要的一切。牧口常三郎呼吁在教育岗位上的教师，一定要刻苦钻研教学技能，灵活地采用实物教育和综合教学等相结合的具体教学方法，在敞开学校大门的同时，要重视学校和学生的自治权，实现学校的民主化管理，从而把学校变成学生的学习乐园。所有这些，都充分体现了牧口常三郎的人本主义教育观念，对于深化对教育规律、儿童身心发展规律的认识都有着巨大的现实指导意义，而且牧口常三郎富有洞察力的思想和教育改革建议为我们考察现时的教育困惑提供了一个使人耳目一新的而且是有益的框架。

特别值得一提的是，牧口常三郎在《创价教育学体系》第 2 卷《价值哲学》中，详细地阐述了自己独特的价值论。这一价值论，是牧口常三郎教育思想，乃至是其一切思想的基础。1931 年牧口常三郎出版《价值哲学》时候，价值哲学处于发展早期。之前，西方价值哲学虽然也有客观主义价值论的观点的发展，但居于主导地位的仍是主观主义价值论。尽管牧口常三郎的价值哲学理论存在着种种局限，但他坚持以主客体相互作用为基础，从主客体相互作用产生的功能出发去理解价值，从现实生活的实际出发提出了如何科学地把握价值的本质问题的新思路，也把价值本质的研究推进到一个新的高度。在某种程度上可以说代表了 20 世纪 30 年代价值哲学的领先水平，而且在今天仍对我们具有深刻的启示，值得我们深入研究。

牧口常三郎的教育思想以“幸福”、“创造”和“和平”为价值取向。他始终认为，教育的目的是为了获得幸福。而幸福靠自己双手创造，靠奉献得来。牧口常三郎指出，所谓幸福就是获得创造价值的能力。人活着就是为了追求价值，而且只有创造价值的人生才是幸福的人生。牧口常三郎还从佛学“看破、放下、奉献”的角度对幸福进行了解读，认为，无论是谁，只要能摆脱权力的诱惑，抓住事物的本质，历经磨难能持久如一地追求自己的幸福，这样他就拥有一颗“开放”而非“闭塞”之心，就成为了一名世界公民。牧口常三郎一生对民众所表现出来的智慧总是赞不绝口。牧口常三郎的目光，始终停留在地球上的“一个人”身上。他尊重每一个人，为了一个普通的人可以竭尽所能，不顾一切，这也是创价教育的精神之所在。值得欣慰的是，牧口常三郎这种

“为了一个人”的精神后来被几代创价人所秉承。户田在牧口常三郎倡导做一个“世界公民”的基础上，推崇“地球民族主义”。户田认为，生命诚可贵，信仰价更高。在美苏冷战加剧时，户田每天关心事态的最新发展，唯恐爆发战争和冲突，因为受害的总是无辜的普通民众。他认为，为了永久和平，必须超越狭隘的个人信仰，把自己当成地球民族的一员。户田去世后，以师命为己任的池田会长，主张关注每一个人的“精神觉醒”，认为，只要有一个人发生了变化，整个世界也就发生了变化，所以哪怕只要有一个人存在，就应当去做工作；人民必须创造出属于自己的历史，必须创造出与蔑视人民、轻视人民作坚决斗争的个人力量的联合；世界和平的基石必须建立在超越狭隘的宗派、党派和个人信仰之上，也就是说，只有“人性”的普遍联合，才能构筑真正的“世界和平”。可以说，牧口常三郎的教育思想随着他所创立的创价学会的发展一步步地被推广到全世界。我们相信，牧口常三郎的创价教育理念随着教育的人性化、个性化、民主化和世界和平步伐的推进必将在人类历史中大放光彩。

诚然，金无足赤、人无完人。牧口常三郎的创价教育思想也存在着不足的一面。牧口常三郎的教育思想都是对当时教育的种种弊端进行批判的结果，他在批判的基础上对自己的教育思想进行了理想化的创建。如他希望教育能培养出能创造价值、创造“利、善、美”的幸福之人；他关注教育实践，重视生活经验，强调教育要走向自然、走向生活，并对当时教育中存在的种种脱离实际的问题进行了大胆的抨击，这些在过去、现在和未来都是符合教育规律和儿童身心发展规律的，应该说，也是科学的、适合历史发展潮流的，然而，他对教育中存在的问题的真正原因还缺乏深度的认识，或者说，他对教育与经济基础、上层建筑的关系还缺乏深层次的研究，对教育体制和制度层面的问题也还缺乏全面的科学的反思。如他在注重实践经验的同时，对已有的教育理论的吸纳没有给予应有的重视；如他对心理学的研究成果认识的高度是不够的，正像他自己所言，“依赖心理学运用寻求实现目的的方法，我不得不断然提出反驳”①那样。牧口常三郎以追求幸福为教育目的，但他对当时的日本社会制度并没有提出质疑，没有认识到现存的权力政府并没有为个人提供创造幸福、创造价值的机会，而且把希望完全寄望于教育变革。从这一点上看，牧口常三郎的理想是天真的，而且在当时的社会制度下是难以实现的。牧口常三郎一生追求和平（人类之“大善”），但他对垄断资本主义的唯利是图和日本军国主义政府的侵略本质认识不足，而且寄希望于宗教革命，这一点也是难以让人们接受的。牧口常三郎关于价值分类的思想、关于价值量的探讨、

① 牧口常三郎著，陈莉等译：《人生地理学》，复旦大学出版社，2004年版，第100页。

关于价值与人的生活目标的见解，都值得我们借鉴和利用，但他晚年皈依佛门，过分抬高宗教的价值地位，认为日莲佛法具有最高的价值；对价值的量的比较和规定、关于善恶价值比较的观点、认为“真理”是永远不变，将“真”排斥于价值观体系之外等，都值得商榷。[①] 牧口常三郎对马克思非常尊敬，但可惜的是他似乎仅停留在尊敬上，而未去研究和掌握马克思主义的理论和方法。假如牧口常三郎能从社会实践的高度去进行批判和论述，其教育思想成果肯定会更为突出。当然，这些都是由于历史的背景和个人的具体条件等多因素所形成的，自然不能苛求于牧口常三郎。

总之，牧口常三郎自21岁登上讲坛以来，一直刻苦研究教育，追求探寻人生哲理，并在教育活动中努力地加以实践。在当时教育界混乱的情况下，很多人迷信教育学家的高谈阔论，拘泥于缺乏实践经验的理论，并试图仿效西方的教育模式。牧口常三郎极力反对这样做，并以坚定的信念，坚持实践自己的教育理念，终于获得良好的效果。从日本后来的义务教育制度以及现在推行的终生教育制度的实施和完善中可以看到，牧口常三郎早年提出的改革意见得到了部分采纳。在教育中，牧口常三郎力图开拓学生的视野，培养和合的精神，要求学生具有世界公民的意识。这是一种非常超前的观点，在全球化迅猛发展的今天，也是值得世人学习的具有时代意义的见地。[②] 牧口常三郎是一个非常务实的教育学家。他一向反对虚伪的、毫无实际意义的、空洞的教育学理论。尽管各国的社会制度、教育体制、教育方针以及目的都不尽相同，牧口常三郎的许多教育理念仍可以通用于世界各国，值得我们深入研究和探讨。

---

① 牧口常三郎著，马俊峰、江畅译，《价值哲学》，中国人民大学出版社，1989年版，第147页。

② 贾蕙萱、张可喜主编：《池田大作研究论文集》，香港社会科学出版社有限公司，2004年版，第277页。

教育与和平——从牧口常三郎到池田大作[①]

周洪宇

牧口常三郎与池田大作是20世纪以来在日本乃至国际上有重要影响的创价学会的两位重要领导人，也是日本现代有重要影响的两位教育家和社会活动家。日本创价学会的前身“创价教育学会”于1930年由牧口常三郎创办，1951年牧口常三郎的同事户口城圣继任会长，并将“创价教育学会”更名为“创价学会”，1960年池田大作任第三任会长。池田大作是牧口常三郎思想、事业和人格的忠实继承者和弘扬者。

“教育与和平”是牧口常三郎和池田大作思想和事业中的两大主题。由于两人生活的时代背景有明显不同，这两大主题的体现自然有所侧重，但两大主题并没有随社会的变迁而改变。教育与和平也是当代世界面临的两大问题，研究牧口常三郎与池田大作的思想、事业和人格，对于思考这两大问题，都是极有裨益的。

一、相似的人生历程

（一）牧口常三郎的人生道路

1871年农历六月初六，牧口常三郎诞生在日本柏崎县查刈羽郡荒浜村

① 本文为作者提交给2009年池田大作思想国际学术研讨会的文章。

（现新泻县柏崎市荒浜），是船工渡边长松的长子，父亲给他取名渡边长七。1877年，由于生活拮据，他的父亲长松抛妻别子，前往北海道打工挣钱，自此杳无音信。不久，母亲伊莱改嫁给本村的柴野右卫门，长七由姑姑托利抚养，成为牧口善太夫的养子。此时，长七年方6岁。

念小学后，长七成绩优秀，被全班称作"优等生牧口"、"秀才牧口"。4年的初级小学毕业后，由于生活所迫，长七辍学回家。1885年，善太夫在村里一些德高望重者的支持下，将年仅14岁的长七送到北海道港口城市小樽，并拜托在北海道的亲戚熟人给予照顾。在亲戚熟人的关照下，长七来到小樽警察署当杂役，帮助倒茶、跑腿、整理文件。长七非常好学，把不多的薪水都用来买书，而且只要有空闲，就抓紧时间读书。署员们亲切地称他为"学生杂役"。

幸运的是，长七的勤奋和向学之志得到了由小樽郡郡长兼任的警察署署长森长保的赏识。1891年，长七有幸考入北海道寻常师范学校。师范学校的学习经历在牧日常三郎的人生道路上占有极为重要的地位，这既是他终生从事教育的起点，也为他后来形成创价教育思想提供了重要契机。当时，教育被看成明治政府实现"富国强兵"的基础，而作为教育"母机"的师范教育自然被视为"富国强兵"的先行部队。长七就学的北海道寻常师范学校是在函馆师范学校和札幌师范学校被废除后新建的学校。北海道寻常师范学校与日本其他师范学校一样，其显著特征就是一切军事化，学生们受到严格监督，违反纪律者要遭到严厉制裁。为培养学生的"尊王爱国"思想，让学生具有为振兴国威而献身的体魄和精神，学校时常在夜里进行"紧急集合"一类的演习，早上在走廊整队点名，每天都要高唱军歌，有时还要持枪训练。

值得敬佩的是，尽管在这种军队式的生活和国家主义的气氛中接受的师范学校教育无视人的个性，违反教育规律，但长七不仅没有成为法西斯军国主义教育的牺牲品，反而注意吸取大和文化中的有益成分，从正面发扬光大了早年所学的《幼学纲要》中提倡的孝行、忠节、和顺、友爱、信义、勤学、立志、诚实、仁慈、礼让、俭朴、忍耐、廉洁、敏智、刚勇、公平等做人处世的优良品格，走出了狭隘的岛国主义的阴霾，注意到家乡、国家和世界共存共荣的关系，孵化了崇高的国际主义情感。

1982年6月，牧口常三郎在本校附属小学实习（4个月），并担任该校高小一年级女生班班主任。1893年1月，长七改名为"常三郎"。同年3月，成绩优异的牧口常三郎师范毕业，被分配到附小当训导。师范毕业后，牧口常三郎一边兢兢业业地教书，一边对教育理论和现实问题进行深刻的思考，开启了自己的教育职业生涯。

在学习和工作中，牧口常三郎除对本土文化的承纳外，还非常注重对日本文化先贤思想的吸收。在附小当训导之时，长期以来地理学科在教育中受到冷落、教学方法一成不变，且仍停留在对山川物产死记硬背的教育层面，这让牧口常三郎颇为痛心。所幸的是，当时有些思想敏锐的学者已经结合日本大和本土文化着手对地理学进行研究，其中，地理学家内村鉴三（1861—1930年）和志贺重昂（1863—1927年）获得了突破性的研究成果，而这恰恰成了吸引牧口常三郎从事地理学研究的直接动因。

内村鉴三是日本著名的宗教思想家和学者，在近代日本思想史上产生过重大影响。他精通宗教学、生物学、历史学、英文等，同时对地理学有着很深的造诣。牧口常三郎从北海道寻常师范学校毕业后的第二年，即1894年（明治二十七年），内村鉴三发表了他的地理学专著《地理学考》（后更名《地人论》）。这部书主要是从世界和谐的角度来探讨日本的位置，主张日本应当成为东西方之间的桥梁。书中所倡导的国际主义精神对牧口常三郎产生了很大的影响。与《地理学考》相继问世的是志贺重昂的《日本风景论》。该书立足于日本对地理学进行了世界范围的思考，将地理学的视野拓展到日本以外的世界，这对牧口常三郎的人生观、自然观和世界观产生了巨大的影响。在吸取他人思想精华的基础上，牧口常三郎对地理学科教学中存在的有关问题进行了富有成效的探索。与以往陈旧的教法不同，牧口常三郎不仅仅告诉学生哪里是山，哪里是河，哪里出产什么等，而且将地理知识生动化、生活化和生命化，进而着重探讨人与自然的关系、人生与地理的结合等。对学生来讲，这种教授法独具魅力。在受益于对地理教学的扎实研究的同时，牧口常三郎的创价教育思想也得以孕育。

1895年10月，牧口常三郎与故乡荒浜村中素有名望的牧口熊太郎的女儿胡马结为秦晋之好。同年，牧口常三郎通过了由文部省统一举行的中学教师资格地理专业考试。翌年，他被母校聘任为助教谕，专门教地理课。同时，他仍继续在附小任教。1900年，他通过了教育学专业的资格考试，并被提升为师范学校讲师兼舍监。

期间，牧口常三郎致力于教育理论的研究。据统计，从1895年至1901年，6年间牧口常三郎曾25次在《北海道教育杂志》上执笔撰文。在这一时期的《北海道教育史》上，牧口常三郎的名字出现了20多次，他成为北海道教育界一颗冉冉升起的新星。此时的牧口常三郎博览古今日外书籍，而且深受欧美哲学家、思想家和教育家的影响。这一点可以从他的作品中引用的人名得到证明。这些人名包括了柏拉图时代到20世纪初在哲学、教育和社会学领域具有一定影响的一些重要人物。其中，康德和杜威在牧口常三郎思想的形成和发展过程中，起到了举足轻重的作用。牧口常三郎对康德情有独钟，直至生命结束前夕，牧口常三郎还在反复体会康德哲学，而且感慨至深。如果说康德对牧口常三郎的影响主要是在哲学方面，那么，杜威的现代教育思想，尤其是他提出的尊重儿童个性、重视教育与生活的沟通、注重学校与社会的联系等一系列主张，则是牧口常三郎教育思想形成和发展的重要来源。

1901 年，牧口常三郎完成了《人生地理学》的著述。为寻找出版的机会，他辞去母校教谕以及附小的职务，举家迁到东京。1902 年，牧口常三郎带着《人生地理学》底稿拜访了志贺重昂。志贺被牧口常三郎的志向深深打动，不遗余力地给予帮助。在出版社（文会堂）确定出版之后，志贺还亲自帮助校阅了多达 2000 余页的改写稿。1903 年 10 月，《人生地理学》正式出版，反响很好。《人生地理学》出版的两个多星期后，牧口常三郎来到东京高等师范学校同学会——茗溪会当书记员。工作之余，他帮助编辑同学会出版的《教育》杂志，有时还被邀请进行地理方面的演讲。不久，牧口常三郎参与创建了一个专为小学毕业女童提供函授教育的组织——大日本高等女学会，并成为学会主修课程（“高等女学讲义”）和辅修课程（“大家庭”）的骨干主讲。为专心于此，他辞去了茗溪会的工作。

1904 年 2 月至 1907 年 4 月，牧口常三郎来到日本权威人士嘉纳治五郎创立的宏文书院任教。期间，牧口常三郎还在东亚女子学校兼任过讲师，主编了面向全国少女的杂志《日本少女》。与此同时，牧口常三郎还积极筹建大日本高等女学会的附属学校——女艺教习所。1907 年 12 月，女艺教习所正式成立。1909 年，牧口常三郎重返小学讲坛，担任了东京富士见寻常小学的首席训导，一年后因病辞职。尽管牧口常三郎一家一直过着贫困的生活，但辛苦磨练了牧口常三郎的个性，而且使牧口常三郎对贫穷和生活在社会底层的人们有了更加浓厚的感情并给予深切的关心。

1910 年 8 月，牧口常三郎受文部省之托，在教材科编辑地理教科书。同年 12 月，牧口常三郎加入了新渡户稻造等人发起成立的“乡土会”。对乡土的研究实际上成了牧口常三郎的地理学研究的延续和发展。牧口常三郎利用《人生地理学》中的考察方法来观察、研究乡土问题，并于 1912 年写下了《作为教学统合中心的乡土科研究》这部有一定影响的著作。牧口常三郎十分热衷于地方风俗的研究，其调查工作也极其认真、细致，教育界知名人士新渡户稻造和柳田国男等对他非常满意，均引之为同好。1911 年 8 月，牧口常三郎受农商务省山林局之托，在大分县的津江三村和熊本县的小国二村进行了深入的生活状况调查。

1913 年牧口常三郎就任东京下谷区（现台东区）的东盛寻常小学校长，兼下谷第一夜校校长。3 年后，牧口常三郎又被新建的大正寻常小学聘请为第一任校长。在教学实践中他积极推行早在北海道寻常师范学校附小提倡的“骨书应用主义”教学方法。其创新精神为全校教师作了楷模，得到了日本教育教授研究会的赞赏。

1919年,由于公正办学,得罪了当地实力人物,牧口常三郎被迫离开大正寻常小学转任西町寻常小学校长。到任3个月后又因不阿谀奉承当地权贵受到排挤,仅半年时间便再次转任专门面向赤贫家庭孩子们的、学费全免的特别学校——三笠寻常小学校长。虽然牧口常三郎在西町寻常小学的时间短,但他在这里遇到了一生中最亲密的战友户田城圣(时名"甚一",牧口常三郎去世后,继任创价学会会长)。而且,谁也没想到,这次相遇把他们以后的命运永远地联合到了一起。

1922年,牧口常三郎调任白金寻常小学校长,在此度过了长达10年的时光。白金寻常小学校长任期是他作为教育实践者的黄金时期。由于牧口常三郎的不懈努力,白金寻常小学被评为东京的"名校"。在这里,牧口常三郎充分实践着他的办学理念,不断深化自己的创价教育思想,注意积累教育经验,积极探索教育改革的突破口。这一时期,也是他的创价教育理论走向成熟的时期。针对当时教育中存在的严重脱离实际的现实,牧口常三郎在总结前半个世纪以来教育制度的经验的基础上,提出了创价教育的出路在于实施半日学校制度的想法。

1928年对牧口常三郎来说,是人生的一个转折点。这年6月,他邂逅了心仪已久的宗教——日莲佛法,并成为日莲佛法坚定的信徒。1929年2月的一个傍晚,牧口常三郎拜访了户田诚圣在目黑的家。经过两人一夜的长谈,牧口常三郎决定将自己长期以来总结形成的教育思想命名为"创价教育学"。1930年,牧口常三郎和户田在《创价教育学体系》第1卷出版前夕共同创立了"创价教育学会"。在户田城圣的全力帮助下,1930年11月,牧口常三郎创价教育专著《创价教育学体系》第1卷正式出版,第2卷、第3卷和第4卷也相继于1931年3月、1932年7月和1934年6月出版。此书的出版在日本教育界掀起了阵阵波澜,受到了极高的评价。

1931年,由于白金寻常小学即将关闭,牧口常三郎被调到麻布新崛寻常小学任校长。1932年麻布新崛寻常小学宣告停校,牧口常三郎退职,永远地离开了他心爱的小学校长的岗位。自此,牧口常三郎便全力投入到普及创价教育学理论和创价教育学会的宗教革命实践之中。为推动教育改革,牧口常三郎在各地进行巡回演讲,同时还积极编辑、宣传学会的机关刊物。

1935年,牧口常三郎在创价教育学会的会员守则中明确提出了学会的目的,即"研究教育学,培养德才兼备的教育者,改造国家教育"。1939年,随着许多家庭主妇和普通职业者的加入,以教育改造为目的的创价教育学会开展了以宗教革命为基础的生活革新运动。为适应形势发展需要,牧口常三郎提出:《法华经》是一切生活方式革新的指针,教育改革只不过是这场运动的一部分而已。同年12月,创价教育学会的第一次全体大会在东京麻布的菊水亭召开。次年 10 月，在军人会馆(现九段会馆)召开的创价教育学会第二次全体大会上，讨论并制定了新的纲领和规约。新的规约废除了“教育改造”这一学会目的，取而代之的是“以《法华经》为基础，进行教育、宗教、生活的革新，以谋取国家的繁荣和人民的幸福为目的，弘扬佛法”。在这次大会上，牧口常三郎就任空缺已久的会长一职。

1941 年 3 月，日本军国主义政府为了全面备战，禁锢进步思想，颁布了新的《治安维持法》，规定：政府可以以大不敬罪取缔合法的宗教团体、组织。同年 12 月，日本偷袭珍珠港，向美国宣战。为统一思想，政府强迫全体国民祭祀皇大神宫的大麻(神符)，信仰其神道。牧口常三郎坚持自己的宗教信仰，对此表示公开的对抗，并组织大家烧掉了皇大神宫的大麻，也禁止创价教育学会会员去参拜神社。日本军国主义政府为了占领意识形态领域，对整个宗教界的各门各派进行整顿。当时软弱的宗教联合会因为害怕政府的镇压与反动当局同流合污、沆瀣一气，向全体檀林信徒颁布了“原地遥拜皇宫，遥拜伊势神宫”的通告。与日本军国主义政府格格不入的是，牧口常三郎将“大善”作为学会前进的目标。他在 1941 年 11 月 2 日召开的创价教育学会第三次大会上进行了题为“大善生活的实践”的演讲。他呼吁人们，特别是学者和知识分子深入到社会实践中去，注意学问和生活的结合，避免那种生活与宗教相隔绝、学问与实践相脱节的现象。由于对军国主义做法的激烈反对，牧口常三郎及创价教育学会被反动当局视为眼中钉、肉中刺。1942 年 5 月创价教育学会机关报《价值创造》在创办 10 个月后被迫停刊。1943 年，宗教联合会召集牧口常三郎和户田，向创价教育学会下达“接受神符令”，遭到牧口常三郎斩钉截铁的拒绝。之后，牧口常三郎同军国主义政府和宗教联合会进行了针锋相对的斗争。1943 年 7 月 6 日清晨，72 岁的牧口常三郎在伊豆下田朋友家被逮捕，原因是违反《治安维持法》，拟订罪名是“大不敬”。在监狱中，牧口常三郎始终洋溢着乐观向上的情绪，铮铮铁骨，雄睨反动当局，坚持日莲佛法提倡的永远和平的精神，为人类和平的美好愿景同当时的军国主义政府展开了无畏不屈的斗争，直至 1944 年 11 月 18 日零点因衰老和极度营养失调离开人世。

(二) 池田大作的人生历程

池田大作是户田诚圣的弟子，也就是牧口常三郎的隔代传人。他的一生也充满了传奇色彩。

1928 年 1 月 2 日，池田诞生在现东京大田区大森北的一个贫穷家庭，那正是日本社会危机四伏的动乱年代。池田的整个少年期，都是在日本军国主义政府对内实行法西斯统治、对外进行侵略战争中度过的。他的几个哥哥先后应征入伍，开赴战场。这一时期，军国主义势力已严重影响到学校教育。

小学成立了少年团,让小学生手持柞木棍进行操练,不遗余力地进行皇民化的教育。

从小学六年级起,池田开始步入社会,边上学,边送报。送报生涯使幼小的池田对于战争异常关注,并从中体会到战争在日本国内所引起的狂热。一方面,池田希望尽快结束战争;另一方面,同大多数日本人一样,他也希望日本在战争中获胜,他说:"如果说,在当时我就认为战争应当打败,那是假话。我只是希望战争尽早结束。这当然是由于我有着爱国心。这种爱国心已经深深地在我身上扎下了根。我的价值观认为天皇就是一切,国家就是一切。教育的可怕,就在于它可以在儿童洁白的心灵上随意地涂抹上色彩。"

1942年,池田进入蒲田的新泻铁厂,工厂里开办了青年学校,对刚进厂的年轻人进行军训和军国主义教育。由于工厂劳动的繁重,加之池田自幼体弱多病,曾患过肺炎,又受结核病的困扰,时常高烧咯血,他的健康状况急剧恶化。这使他对生死问题有了兴趣,这一点对于他后来皈依佛教不无影响。但是,真正对池田人生观构成重大冲击的是战争的残酷性,特别是当1945年日本本土开始不断受到美军的空袭、自己的家园与工作场所变成废墟、日本战败的局势不可避免之时,池田的思想开始发生转变。

他和他的同龄人一样,对一切都失去了信任,这场以天皇名义开始又以天皇名义宣布结束的战争,对池田这一代深受"皇民"教化的年轻人所造成的巨大心理冲击,是自不待言的。池田陷入了深深的苦恼之中。怎样才能从战后的心灵苦恼中解脱出来并恢复人生的信心?池田后来认为,有两个因素帮助他完成了人生中最为关键的转变。

一是他那"废墟上的求知欲"。通过朋友的介绍,池田进入东洋商业学校夜校当插班生,利用一切机会和时间,他如饥似渴地阅读各种与人生问题有关的书籍。据他自己记载,战后几年间,他先后阅读了卡莱尔的《英雄及英雄崇拜》、达尔文的《物种起源》、三木清的《人生论笔记》等多部作品。正是这样一种对知识的不断学习,帮助他度过了战后几乎"虚脱的状态",燃起"从头做起的信念"。通过对东西方文化和思想广泛的涉猎,他力图从中找到解决人生信念问题的答案,他还曾与朋友们对基督教进行过研究和讨论,但他认为基督教对他"没有吸引力"。因此,他的苦恼依然存在。

二是他与户田诚圣先生的相遇。1947年,池田因一个偶然的机会参加了一次"关于生命哲学"的会议,就在这次会议上,池田见到了决定自己人生道路和命运的人生导师——户田诚圣先生,而且立即感到他是一个可以信任并托付终身的人。10天后,池田便在东京中野的日莲正宗寺院受戒,成为创价学会的一员。1949年1月,池田来到了户田经营的出版社——日本正学馆任《冒险少年》(后更名《日本少年》)的编辑,自此以后得以跟户田朝夕相处。在户田的精心培养下，再通过自己的主观努力，池田在思想上已成为了一名坚定的创价信徒。1952 年 5 月，池田由户田主持同白木兼子完婚。1952 年 12 月，池田在代表"水浒会"第一次集会时所作的誓文中，更表明了对创价学会事业的坚定拥护。从走上信仰之路到成为一个坚定的信仰者和创价学会的领导人，这一历程的完成池田只用了近 10 年时间。

1958 年 4 月 2 日，户田诚圣在东京病逝，享年 58 岁。这对正处于发展的关键时期的创价学会来说，无疑是一个沉重的打击，池田专为此作诗表达悲痛的心情，同时又深明自己对创价学会发展所负的责任。1958 年 5 月 3 日，创价学会在东京两国国际馆召开了第十八回春季总会。会上，池田提出了创价学会发展的战略性构想，即著名的"七个钟"战略。6 月，创价学会实行机构调整，设立总务部、事务部和出版部 3 个部，池田任总务长。次年，创价学会成立理事会，池田担任理事，成为创价学会的实际领导人。1960 年 5 月 3 日，年仅 32 岁的池田遵从户田的遗愿，在会员们的拥戴下，正式就任创价学会第三任会长。到 1962 年，创价学会会员已发展到 350 万户，提前超额完成了池田就任会长时所制定的目标。

这一时期创价学会的发展，使池田提出了著名的"第三文明"理论。这一思想后来逐渐发展成他独具特色的"中道政治"思想理念。继承先师户田的遗志，池田明确主张以参与政治来实现广宣流布的目标，从此创价学会便走上了议会主义的道路。1961 年 11 月 27 日，创价学会成立了外围政治团体——公明政治联盟，即"公政联"。1962 年 1 月 7 日，创价学会发表了公政联的基本政纲。1962 年 3 月，公政联为准备参议院选举又发表了 19 项主张。同年 7 月，公政联在创价学会的支持下在选举中有 9 名候选人当选，使创价学会会员在参议院中拥有了 15 个席位。1962 年 9 月 13 日，公政联"一大"在东京召开，会上，池田向公政联提出了永久性的三大方针，即团结、同大众直接联系和政治学习。1963 年公政联"三大"又提出"大众福祉主义"，并将池田的"第三文明"理论作为自己的理论基础。随着公政联政纲的日益明朗及宣传的加强，公政联的政治影响也越来越大。在 1963 年的地方各级议会选举中，公政联获得了 894 席的好成绩。1964 年，池田获得了"法华总讲头"这一日莲在家信徒的最高荣誉称号。同年 5 月 3 日，创价学会在东京召开了第二十七次本部大会，会上池田提出了迈向"第六个钟"的四项目标。同时池田认为，将公政联发展为政党的时机已经成熟。7 月 2 日，池田亲自为众议院选举推荐了 32 名候选人。11 月 27 日，公明党在东京成立。至此，池田的"第三文明"理论进一步发展为"新社会主义"理论。

1966 年 7 月，公明党发表了进入众议院的十项新政策，其中提到了要阶段性地取消日美安全保障条约，加入联合国警察军和实行自主外交的新纲领。同年11月3日，池田在创价学会第十次男女青年部总会上提出了“中道政治”思想，这一新的思想实际上是对创价学会和公明党思想理念的一次总结，也是对池田此前政治思想的系统化。1967年4月，公明党召开“四大”，池田提出的“中道政治”思想被当做公明党的指导思想而写进了公明党的决议。1968年9月8日，池田在创价学会第十一届学生部大会上，在面对2万青年学生的演讲中开宗明义地表示：中国问题是实现世界和平的关键。池田主张，要改变国际社会对中国“不承认”或封锁的敌对态度，为此必须正式承认中国政府的存在；要恢复中国在联合国合法席位，让其进入国际事务的论坛；要广泛推进中日之间的经济和文化的交流。这在中日交流史上被称为“池田提言”，它对恢复中日邦交正常化起了十分重要的促进作用，因而是一个划时代的提言。1970年5月3日，创价学会召开了第三十三次本部大会。池田认为，这次大会是创价学会“从强大的创价学会向坚韧的创价学会转变”的契机，是创价学会“从量向质转变”的起点。1979年4月，池田辞去创价学会会长之职，任名誉会长，国际创价学会会长一职由池田继续担任。此后，池田更加勤奋地工作在世界和平和文化的事业上。[①]

二、共同的教育理想

（一）牧口常三郎的教育理想

牧口常三郎的创价教育思想是以“创造价值”为中枢，汇和谐的世界观、创造的人生观和“利、善、美”价值观于一炉，同时围绕创造幸福人生为旨归的教育目的观所展开的教育理论体系。

创价教育思想内容丰富，主要表现在以下五个方面。

一是创价教育的目的就是要培养创造“利、善、美”价值的人。牧口常三郎认为，创造是人区别于动物的一个根本特征。不能创造，人与动物无异。人的价值也就在于创造。在此基础上，牧口常三郎进而提出，创造的目的就是为了获得价值，就是为了人的利益、促进社会的福祉。创价教育学的目的，就是最大限度地发挥人内在的特质、个性和创造力，发挥其日益增强的自立能力、价值创造能力，为人类的幸福与社会的繁荣、世界的和平作贡献。说到底，创价教育的落脚点在于培养创造“利、善、美”价值的人。只有创造“利、善、美”价值的人才是幸福的人，因为他们懂得只有创造价值的人生才是幸福的人生。在牧口常三郎看来，真正幸福的人生是“奉献型生活”，不是简单的

① 冉毅著：《“人性革命”——池田大作“人学”思想研究》，四川人民出版社，2005年版。

自我享受，更不是以我为中心的对外界的索取。牧口常三郎还对这种奉献型的生活方式进行了精辟论述。他认为，人的生活方式既不应是“受力型-依他型的生活方式”，也不应是“自力型-独立型的生活方式”，而应是“授力型-奉献型的生活方式”。所谓“依他型”是指缺乏主见，易被周围环境所左右的生活方式。“独立型”是指虽然有自己恒常的生活方式，对他人漠不关心。与之相对，“奉献型”是指在与包括大自然在内的他物交往中，不仅能意识到自我的存在，还积极地与他物相互作用、相互关怀，实现以“自他双方的幸福”为目的的生活方式。“授力型”是指一对一“对话”引起的生命之间相刺激，使他人的潜能充分发挥出来，以实现人类的幸福为目的的生活方式。[①] 牧口常三郎强调，幸福是人生最终的目的，教育也应以人生幸福为最终目的。幸福不是索取，真正的幸福在于本着对社会的责任感创造并奉献“利、善、美”价值，而且一个人的幸福与他创造价值的能力成正比例。

二是创价教育必须走向生活，走进自然和社会。牧口常三郎认为，如果教育与生活结合，与自然和社会相联系，我们必定能从中得到很多教益。牧口常三郎主张在生活中学习，到自然和社会中去学习、去培养人的创造力。同时，认为很多人之所以有所作为、有所成就，主要是源于他们对自然和社会的亲近。牧口常三郎认为，人人在出生时都拥有巨大的创造潜能，但当代生活的悲剧之一是，大多数人天生的创造潜能蛰伏而没有得到开发。他们满足于通过书本的学习掌握第二手的信息，不去注重发展与自然界面对面联系的能力，这对他们、对世界来说都是一个巨大的损失。基于此，牧口常三郎主张，由自然环境、家庭环境和邻居或部落环境组成的、离孩子最近的地理群落，不但应该成为孩子们学习的环境，而且也应该成为孩子们学习的全部课程。牧口常三郎认为，全世界和整个地球自身的任何方面，无论它定位于何处，都能在孩子们身边的小世界里得到反映。这个认识应该成为我们规划孩子们教育经历的主要焦点，它能培养孩子们自然地、较深层地发现世界和了解世界的方法。尽管我们并不否定书本知识和第二手材料在学习上的地位和重要性，但是我们必须认识到，孩子们只有通过直接、主动地与自然界进行亲密接触，才能发掘出全部潜能。这可以说是一把挖掘和培养孩子内在巨大潜能的钥匙。牧口常三郎经常强调：“鱼不能离开水而独存，人不能脱离社会而独生。”他非常注重培养学生的社会性，即重视集体生活和社会实践。认为要培养出栋梁之才，不能关在学校里办教育，家长的支持是必不可少的。正是基于这一认识，他在担任白金寻常小学校长时，为了提高家长们的积极性，

---

① 冉毅、曾建平：《关爱生命　善待生命——池田大作思想研究》，湖南师范大学出版社，2003 年版，第 194 页。

对家长协会的人员组织进行了改组，尽可能地使更多的家长参与学校的教育。此外，还创办了学校内部刊物——《白金》，以拓展学校与家庭的联系渠道。牧口常三郎还在总结实践的基础上提出了“生活学习化，学习生活化”的口号。[①]

三是创价教育讲求“方便”，讲究自然。牧口常三郎认为，学习不能强迫，必须讲求“方便”，顺其自然，因材施教，这样才可以为孩子打开创造之门。学习应是出自每位学习者因自身爱好和动机而滋长的好奇、多问的探究心理。也就是说，学习应是一个诱导、启发的过程。教育要看重每个孩子的情感和差异。“教育不单是以传授知识为目的，而是指导学习方法；不是单纯的知识的灌输和反馈，而是通过自己的努力学会掌握知识的方法，找到打开知识宝库的钥匙。”[②]他曾怒斥扼杀孩子天性的僵化的教育体制。他认为，单纯机械的灌输主义，或者无策略的“人格主义（感化主义）”都是不可取的。牧口常三郎的创价教育学说的主要教育方法是“启发主义和学习指导主义”。[③] 这些方法“与知识的构成相比，更强调兴趣的唤起”，“更强调思维的方法”。[④] 牧口常三郎指出，创价教育必须重视学生的亲身参与和体验，重视学生生活能力，尤其是创造能力的培养，要让学校成为学生创造的摇篮，而不是约束他们的囚笼。1892 年 6 月，牧口常三郎在附属小学进行为期 4 个月的实习，那是他进入北海道寻常师范学校的第二年，初执教鞭的牧口常三郎如初生牛犊，对当时死板的教学方法进行了改革。在实习过程中，牧口常三郎注意到原先教学上，特别是作文教学上的不足之处，于是发明了“文型主义”的作文指导法。这种方法的着眼点是在学生完全理解文章的基本结构、掌握了文章的类型之后，师生一起创作，然后再逐步培养学生的独自写作能力，深受学生欢迎。在后来的地理教学中，他不仅仅告诉学生哪里是山，哪里是河，哪里出产什么等，而且着重带领学生探讨了人与自然的关系，人生与地理的结合，等等。对学生来讲，这种教授法别具魅力。在担任白金寻常小学校长期间，牧口常三郎充分实践着他的办学理论，与青年教师交流心得体会，不断深化自己的教育思想，一点一滴积累教育经验，探索教育改革的突破口。在教学实践中，经过不断总结完善，形成了一套行之有效的“笼式临摹”、“骨架临摹”和语法实用主义教学法。

四是创价教育要以人为本。“以人为本”既是牧口常三郎创价教育思想的主旨，也是其教育方法中的一个重要方面。所谓“以人为本”，就是把人当

① 冉毅、曾建平：《关爱生命　善待生命——池田大作思想研究》，湖南师范大学出版社，2003 年版，第 114 页。

②③④　牧口常三郎著：《創価教育学体系》Ⅳ，聖教新聞社，1993 年版，第 68、68、68 页。

成教育的出发点，把培养人当成教育的最高目标。牧口常三郎始终强调培养能创造幸福人生的人是教育的根本职能、主张把人当做教育和社会的主体来培养，而不是把人当做教育和社会的被动的客体来塑造；认为创造教育的目的就是充分肯定人的主体地位，崇尚人的个性与自由，着眼于人自身的生存和发展。始终关注每一个孩子的成长，始终关注每一个孩子的喜怒哀乐，始终把孩子们的幸福放在首位，这就是牧口常三郎的以人为本的教育观。在牧口常三郎看来，以创造价值为中心的教育首先就得尊重人的生命，充分调动人的主观能动性。一切着眼于人，也是牧口常三郎改革教育方法的原始动因。正如他所说，"人的尊严在于他创造价值。一些学者说创造价值是人类活动的最高形式，这是对的……每一个人，作为一个人，都通过自己的职位，按照人对存在的渴求，创造价值，起到自己的作用……我不想说对已经做过的一切表示遗憾，而是衷心地希望这个国家的教育工作者们重新考虑当前的教育形势。为了教育青年人以便使他们能成为有活力的民族的一分子，能使自己适应于创造价值的目的，我们应尽自己的最大努力改革教学方法。"①

五是创价教育的出路在于实施半日学校制度。牧口常三郎认为，在明治、大正时代的教育偏重知识的学习，偏重智力教育，不到半个世纪就培养出了很多怠惰而不能创造价值的人。教育要走出困境，就必须实施半日学校制度。牧口常三郎认为："现在教材中很多内容是应付考试的，考试后学生便忘得一干二净。像这样的知识可以毫不犹豫地删减。"②牧口常三郎指出，实施半日学校制度的根本要点在于弄清学习与生活的关系，学习不是生活的前奏，而是伴随着生活进行的。没有实际生活就没有学习可言。通过学习可以更好地生活，生活的实践反过来又能促成学习的进步。③ 在牧口常三郎看来，将小学到大学的学习生活改为半日制，把以往一天的学习内容压缩在半天，不仅可以大大增进效率，达到"将效率提升到半日便习得一日之内容"的效果，而且可以充分整合和利用现有的教育资源，盘活教育存量，减轻费用的负担。同时，还可以消除考试地狱，让多数涌至校门的学生能步入学校的殿堂。更为重要的是，可以使生活与学习一体化。学生半天在学校学习，剩下的半天可以投入到实际的生产活动中去。利用学校生活以外的半天让学生们做些事，可以很好地培养学生勤劳的习惯，可以防止由于以前不合理教育制度所带来的身心发展不平衡、思维和运动神经不均衡所导致的神经衰弱的发生，也可以减少游手好闲的人的出现。④ 更有意义的是，通过实施半日学校制度，可以很好地解决埋论与实践脱节的问题，使学生更好地了解自然、了解社

---

① 牧口常三郎著，马俊峰、江畅译：《价值哲学》，中国人民大学出版社，1989年版，第2-3页。

②③④ 牧口常三郎著：《創価教育学体系》Ⅲ，聖教新聞社，1993年版，第259、250、252页。

会，更好地学会处理人际关系，从而为将来步入社会后能更好地适应工作打好基础，进而发挥出更大的创造价值。牧口常三郎认为，从适应实际需要的现状来看，现在盛行的学校教育制度已经过时了，这种教育制度无益于人的创造能力的培养，既不能给自己带来幸福，也不能为社会创造价值。因此，所有学校以半日学校制度为标准进行改革已是当务之急。[①] 牧口常三郎乐观地指出，若此问题被认真讨论并得到一定程度的解决，其价值是不可估量的。必须指出，牧口的创价教育思想远不只以上几点，而且牧口的创价教育思想在许多方面反映了教育发展的客观规律，并且与我们当今提倡的教育思想多有吻合之处，因此具有普遍的借鉴价值。当然，由于各种历史条件的制约，牧口常三郎的教育思想和实践也受到了一定的局限。因此，对待牧口常三郎的教育思想，要从我们的国情出发，创造性地加以吸收和运用，只有这样才能达到“他山之石，可以攻玉”的功效。

（二）池田大作的教育理想

池田大作继承了牧口常三郎和户田诚圣教育思想的精华，但又有新的发展。池田认为，教育的全部价值在于追求社会和平、人类进步和人类幸福，目的是建立一个“为了教育的社会”。

池田大作从“为了教育的社会”的理念出发，对教育的本质和目的作出了精辟论述。他指出：关于教育的本质，我曾记得有人这样说过，所谓教育，就是忘却学过的一切知识之后所留下的东西。池田在这里谈到的“留下的东西”就是人的能力和品质。池田大作认为，教育的终极目的就是造就人。教育不仅是传授知识，还要教导和培育“作为人的理想”。就教育的地位和作用而言，池田大作指出，教育是一个面向未来的事业，无论对个人的成长，还是对民族的进步，无论对国家的发展，还是对全人类的发展，都具有独特的地位和作用。教育是构成未来的重要生命线，教育在民族进步和国家发展中具有优先基础地位，教育是关系全世界和全人类命运的事业。

池田大作认为，教育的目的并不是国家、社会、政治、经济、世界和文明等；教育的根本课题在于说明和回答“人类应当怎样存在”、“人生应该怎样度过”这些人类最重要的问题，人类可以从教育中得到很大的实际利益，但这终归是作为结果而自然形成的，不是教育应有的状况，或者说，不是教育自觉追求的目的。[②] 他指出，所谓“文化”就是不使用武力和权力而能感化民众的运

---

① 牧口常三郎著：《創価教育学体系》Ⅲ，聖教新聞社，1993 年版，第 269 页。

② 阿·汤因比，池田大作著，荀春生等译：《展望二十一世纪——汤因比与池田大作对话录》（中译本），国际文化出版公司，1985 年版，第 60 页。

动。因此，教育必须成为文化的中枢，必须具备明确的独立性；[①]教育必须使青少年的个性得到自由自在的发展，让他们在广阔天空中茁壮成长，成为全面发展的人。这一切都是教育目的的重要内涵。[②]

他还指出，现代教育已陷入功利主义的泥潭，这种风气必然带来两个弊病：一是学问成了政治和经济的工具，失掉了它应有的主动性，因而也失去了尊严性；二是形成那种确信唯有能带来实际利益的知识和技术才有价值的观念，持有这种观念并从事学问研究的人都成了知识和技术的奴隶。池田大作认为，学问的本来意义是研究人类基本的生活条件和人类存在的本质。教育是传授学问的方式。因此，教育目的应当摒弃外在的功利和工具价值。他呼吁：我们必须用这种本来的学问和教育来取代已被政治和经济所操纵的蜕变的学问和教育，回归教育的本真意义，还人类应有的尊严，爱护人类应有的生态，尊重人类的生命。[③]

池田对教育的内容、原则、方法和制度也有明确的论述，提出了自己的看法。关于教育的内容，池田指出："规律性内容"和"价值性内容"的教育都是不可缺少的。"知识和良心，两者具备才能得到正确的发挥。知识积累得再多，如果不培养起人们使用它的良心，它也只会成为人本来具有的利己心的工具，到处滥用。"就教育的原则而言，池田大作提出了三条：第一，在办学过程的各项管理制度和一切办学活动中，要贯彻"学生第一"、"学生参与"的原则；第二，在教育的任务上，要贯彻学校、社会和家庭教育齐心协力的原则；第三，教育要贯彻国际视野的原则，教育是为了解决人类的问题，教育必须要有国际视野，而不能以狭隘的民族观念和国家观念来对待教育。在教育的方法上，池田大作强调，教师与学生要形成互动共同成长的关系；教师要针对学生的不同特点和基础，因材施教；教育要与社会现实相结合。这在一定意义上代表了当代教育的最新理念。关于教育的制度，池田大作也提出了自己独到的见解。他主张：当今社会应当建立教育权力独立于政治权力的体制；建立教育机会均等的制度，包括教育的经费支持制度；建立促进人的全面发展的教育评估机制；建立既有国际交流、协作，又具有独特性的教育体制。

池田大作特别关心儿童的幸福。在《纪念 21 世纪教育倡言》一文中，池田列举了众多儿童遭受欺负、暴力的问题，论述了恢复学校和社会教育力量的方法。他指出，为了解决这些问题，不仅要在制度上创造适当环境，还要在社会上确立绝不容许"欺负弱小"、"滥用暴力"的风气。产生这些问题的背景是

---

① 池田大作著：《我的人学》（中译本），北京大学出版社，1990 年版，第 113 页。

② 池田大作著：《人生寄语——池田大作箴言集》（中译本），社会科学院出版社，1996 年版，第 113 页。

③ 池田大作著：《我的履历书》（中译本），吉林人民出版社，1984 年版，第 61 页。

社会上伦理道德的欠缺。伴之而来的是对恶的漠不关心与冷嘲热讽的态度。就“无视他人”的病理所潜藏的危险，池田力陈教育必须培养人人和睦的普遍同感。池田强调：克服现代教育危机之道，不在墨守成规，而在实施以“生存价值”为支柱、开发儿童潜能的教育。

为了让人生过得充实而有意义，池田提倡“人性教育”。在具体做法上，他建议增加接触经典名著的机会，使“由阅读形成人格”成为教育的主轴之一。这一点与美国教育家赫钦斯的永恒主义教育思想不谋而合。在对学生的品格教育上，池田大作也提出了自己独到的见解。他认为，除了改革学校教育，确立创造性的“学习场所”以外，还需要以社会的实际体验来培育孩子们的人格。他指出，当今的孩子常被斥责不善于处理人际关系，一切以自我为中心。随着考试竞争日益激烈，越来越多的孩子对考试以外的事物漠不关心。更有甚者，有些孩子过分热衷于电视、电子游戏机和互联网上的虚拟世界，对现实世界不但感觉麻木，甚至会出现与现实脱节的现象。那么，怎样才能使孩子们积极接触自然和社会呢？在当时日本的争议中，有人呼吁有必要让孩子们参加志愿活动。对此，池田大作强调说，这些活动不应是一次性的“体验学习”，而应成为持续不断的定期活动。具体做法可以是，通过与社区人们共同劳动，如参加再生资源回收环保活动，参加绿化运动、保护自然等日后可见成效的活动等，做些有益于社会且能使自己感到充实的事情。就当时日本经常发生青少年犯罪事件和孩子们的暴力与攻击倾向越来越强的态势，池田大作感慨地说，期待通过有建设性的“创价活动”，使孩子们的身心得到平衡发展。他借用美国哲学家詹姆斯的话指出：“为升华内在于人的支配与斗争能力，有必要提供某种‘道德价值’取代战争。参加和平与建设活动，能给孩子们带来更加健全的情感和稳定的理想。”①他同时引用牧口常三郎的话说：“如果把青少年过剩的精力，从对社会产生威胁，转为对社会创造价值，那么，将同时达成个人幸福与贡献社会的效果。”他认为，让孩子们切实体会到自己的行动有益于社会，这将树立他们的自信，成为其心灵成长的坚定基础。

池田大作认为，尽管教育的目的、内容、原则、方法和制度都很重要，但是教师才是教育存在的基本条件，是体现和落实教育目的、内容、原则、方法和制度的执行者。这是贯穿于他开办各级教育机构、评价教育实践和分析教育问题的强烈信念。池田大作之所以持有这一信念，是因为他相信以下几点。

第一，教育的全部价值在于追求社会和平、人类进步和人类幸福，而教师不仅是教育活动的组织者和人类文明的传播者，更主要的，教师是实现教育

① 池田大作著：《人生寄语——池田大作箴言集》（中译本），社会科学院出版社，1996 年版，第 123 页。

价值的关键,是人类自身进步的促进者和人类幸福的缔造者。池田大作认为,教师作为教育的首要条件,本身必须具有上进心,以及自然的人格和人性,否则,教育便无法真正实现自身的价值。正因为如此,真正的和有效的教育的前提就是教师,或者说,教师是教育存在的条件。

第二,教师是教育变革的最重要的力量。教育无疑需要随着社会的进步而不断变革或革命,教育的变革或革命同样无法离开教师。这是池田大作论述的"教师是教育的首要条件"这一命题的另一含义。他相信,教育革命必须以人的革命为前提,而教育过程中人的革命的最终目的是追求人性的发展和人自身的幸福。① 要实现这样的革命,教育者必须首先革命,形成自然的人格和人性,确立关注人生和追求人的进步的积极品格。如果没有教师的革命,受教育者和教育过程的变革就没有任何成功的可能。他认为,无论在什么时代,也无论教育怎样变革,教育的核心始终应该是在教育过程中追求人自身的人格修养和成长,这样的人格修养和成长同时表现于教师和受教育者身上,在其中,教师具有决定性的意义。② 因此,离开教师的这种良好的人格修养和个性品质,教育变革的理想便会落空。

第三,教育事业是最为艰难的事业,而正是因为教师的奉献,这一艰难的事业才得以世代延续,并成为人类最光辉的事业。池田大作强调,教育是以人为对象的,而每 个人都具有不同的性格,具生命每一刻都在进行微妙的活动。因此,教育是最艰难的事业。③ 同时,作为教育对象的青少年是人类的未来,教育因而负有更多的责任,影响着青少年的成长,并通过对青少年的影响而决定着人类的未来。④ 这样看来,教育事业的艰难和伟大,都与教师的奉献分不开。也正因为如此,从事教育事业的一切机关和教师必须具有饱满的热情和坚定的教育信念。

第四,教师应该关怀爱护学生,这是教师成为教育的首要条件的又一重要因素。池田大作相信,教育者和青少年不是对立的关系,他们要共同地成长,一起走向未来。这样才能结出教育的果实。⑤池田大作上小学时,三、四年级的班主任对孩子们严厉而不乏慈爱,每天放学后老师都要检查值日生是否打扫教室,有时老师来检查,遇上他还在教室搓洗抹布,就帮他搓洗。⑥ 老师细微的关心、认真负责的精神,深深地影响了幼时的池田大作,也成为他以后创业活动中的重要精神支柱。为此,他特别强调,教师应该具有仁慈的热爱学生的品质和认真负责的精神,并将这样的精神与教育的真正旨趣联系起

---

①②③⑤ 池田大作著:《人生寄语——池田大作箴言集》(中译本),社会科学院出版社,1996年版,第123、107、108、107页。

④⑥ 池田大作著:《我的履历书》(中译本),吉林人民出版社,1984年版,第108、15页。

来。池田大作不仅明确指出教师是教育的首要条件，而且由此说明了教师应具有的品德和教师职业的意义。因而，在他那里，教师职业的意义和教师品德成为一种独特的理论结合。这样的结合不同于单纯地强调教师职业的意义的思路，也与凸显教师品德的主张相异。因此，他的理论的内涵更值得人们研究。在池田大作心目中，教师不仅应该具有丰富的学识，更主要的是具有高尚的品格；老师不仅是学问的导师，更是人生的恩师，不仅应该传道、授业、解惑，更应教育学生怎样成为一个真正的"人"。

在池田大作的教育主张中，教育环境影响着教育的效果。为此，池田大作对育人环境给予了高度的关注。池田大作认为，教育总是在特定环境中展开的，这个环境可以是任何意义上发生的环境。[①] 应该肯定，人们一生所受的学校教育是人们成长的主要环境。池田大作认为：学校或公共教育机构应当培养人们尊重个人自由判断的品质，给他们提供正确判断的素材，假如个人判断的结果是错误的，这证明学校没有很好地完成学校教育本应该完成的任务，若肆意干涉个人的自由，那只能表明学校教育环境的无能。[②] 尽管学校环境具有非常重要的意义，但是池田大作的关注重点并非学校场所，而是人们的家庭。

与许多教育思想家一样，池田大作相信，人一生所受的教育始于家庭，家庭教育是整个教育必不可少的一个组成部分，对人生的发展道路有着深远的影响。池田大作认为，家庭教育是各种教育中最完善的"育人教育"、"灵魂教育"，[③]其主要内容就是父母通过自己的生活态度、礼仪和风范，使孩子认识正确的人生态度，并使其贯穿于生活之中，且不断培育下去。[④]

池田大作认为，在家庭教育中，没有什么人能够胜过母亲，母亲是家庭教育中最好的老师。他说，举世闻名的著名物理学家居里夫人能为世人所熟知的不仅是她在物理、化学领域所作出的辉煌业绩。她作为一位女性、一位坚强的母亲的另一最美之处，还在于她成功地为两个女儿提供了理想的家庭环境，把两个女儿培育成人，大女儿继承母志成为著名物理学家并获诺贝尔物理奖，小女儿活跃在另一领域，成了杰出的社会活动家。池田大作确信，居里夫人这样一位既慈爱又严厉的母亲，对女儿的教育主要靠的是自己的表率行动。她具有坚强的人生信念，并为此信念奋斗不息，对两个孩子的教育充满母爱与周到的关怀，有几次机会可以给孩子留下大笔财产，但她都放弃了。

---

① 池田大作著：《人生寄语——池田大作箴言集》（中译本），社会科学院出版社，1996 年版，第 116 页。

② 阿·汤因比、池田大作，荀春生等译：《展望二十一世纪——汤因比与池田大作对话录》，国际文化出版公司，1985 年版，第 66 页。

③④ 池田大作著：《我的人学》，北京大学出版社，1990 年版，第 82、81 页。

她的这种不为儿孙留“美田”的做法并没有妨碍女儿的进步，相反，锻炼了两个女儿，使她们后来成长为出色的人才。①

池田大作还强调，家庭教育应有父亲的参与，父子之间良好的对话形式是最好的家庭教育途径。强调父子之间的教育对话形式，并不是让父亲屈尊、迁就孩子。在池田大作看来，父亲每天在外工作，视野开阔，与孩子进行教育对话交流所见所闻，可以在对话中以适当的方式启发孩子正待开化的智慧和心灵。在这里，池田大作同样为我们提供了典型的例证。他说，原英国驻日大使弗·吾纳一有时间总是把孩子当成大人一样来接近，即不管孩子懂不懂，他常给儿子讲些复杂的国际问题。② 这种家庭教育方式曾博得池田大作的赞誉。因为池田大作相信，父子之间的对话不仅使孩子获得了广阔的知识视野，更主要的是帮助孩子拓宽了自己的胸襟，学会关怀广泛的社会和人类问题。总之，在家庭教育中，最重要的是父母要有正确的生活态度、价值观念和行为方式，为孩子营造一个美好的、乐观开朗的生活氛围。他相信，做到这一点，并不需要父母具有高深的学识，而更重要的是在于他们作为父母的“灵魂”。③

池田大作对教育的论述远不止教育的性质、目的、内容、原则、方法、制度，教师、儿童、家庭和父母这些方面，他对学校的职责和学问的意义等都进行过分析，所有这些论述都十分独特，对教育理论研究具有深刻的启发意义。他强调教育的首要条件是教师，特别突出教师的人格培养，这对于市场经济条件下过度强调教师学历和知识传授的趋势无疑是一剂解毒药。他所呼唤的关注人的生存意义、人的生存方式和人的幸福的教育目的，能够激发人们重新思考知识性和功利性价值取向的教育目的的局限和缺陷。而他关注家庭教育意义的思想，则是在向人们昭示他努力实现普世幸福的胸臆。

作为一位虔诚的佛教徒，池田大作走出了自己的活动空间和既有框架，走出了远离尘嚣的宁静的宗教生活，超越了自我，投入纷繁的世俗生活，把深刻的思考和凝视的眼神从宗教关注的彼岸状态收回，转而投向人类的现实，摆脱了绝大多数宗教人士的思想格局，强调教育的宗旨在于人类的进步、人类的意义和人类的幸福。这样的思想，实际上是对与社会、经济、政治关系日益密切并深受其影响的教育提出了更高的要求。他甚至明确指出，教育的精神应在于对和平的追求，这不仅是在赋予教育新的职能，同时也集中表现了人道主义教育家的教育情怀。也许，人们在池田大作的教育主张和教育论述中无法看见庞大和深刻的体系、面貌全新的范畴和概念，然而这并没有削弱其思想的深刻性。如果当代世界各国的师范学校更多地关注未来教师的品

①②③ 池田大作著：《我的人学》，北京大学出版社，1990年版，第81、82、81页。

行与人格，而不仅仅关注学历和知识，如果我们的教育更多地关注人的幸福和人的发展，而不是囿于知识和技能的培训，如果每一个家庭都能够像池田大作描绘的那样，让年青一代在成长过程中接受合乎人性的陶冶，那么可以肯定，人类的教育和人类自身都将是一幅更为美好的图景。①

三、相通的和平思想

（一）牧口常三郎的和平思想

牧口常三郎的和平思想是其教育思想的重要支撑，充分体现了其教育价值取向，主要包括倡导建议世界和平，提倡个人、国家和社会幸福一体化，呼吁构建人道主义竞争的社会等三个方面。

一是倡导建设世界和平。牧口常三郎的世界和平观是同他的人生幸福观紧密联系的。牧口常三郎继承了日莲的"若要祈求自己的幸福，首先要祈祷周围的和平"的思想，他认为，如果没有世界的和平及稳定，也就不可能有个人的幸福，创价教育就是要培养致力于人类和平的"大善"之人。牧口常三郎一生致力于世界和平，同时为世界和平而殉难，不愧为世界和平的忠诚卫士。他总是把自己看成世界的一员，看做一名世界公民，而且强烈地渴望和平。1903年，正是日俄战争爆发的前一年，报纸上连篇累牍地歌颂战争，美化侵略。即使在这种疯狂的年代里，他始终保持清醒的头脑，坚决地反对战争、呼吁和平。牧口常三郎对帝国主义的侵略行为进行了大胆的谴责，他指出："今天，许多国家总是高度警惕，试图寻找机会去控制和制服邻国。为了满足他们的野心，他们毫不犹豫地实施侵略和暴行。他们甚至认为帝国主义模式是自然而可行的。具有讽刺意义的是，我们处于一个这样的时代：当一个人偷了某一个人的东西，他会被当做盗贼受到逮捕和惩罚；而当一个人掠夺整个国家的文化及其百姓时，却会受到英雄般的欢迎。"②他希望人们能超越狭隘的国家意识，自觉地、普遍地进行个人联合，共同创造一个美好的世界。

在狱中，牧口常三郎以笔为剑，对威胁人生命最大的"大恶"——战争的发动者，进行了大义凛然的进谏。不幸的是，他的这种期望，与当时军国主义政府全面推行战争、强调国家至上的想法水火不容。他从国家的职能入手，在《人生地理学》中对未来社会进行了勾勒。他指出，国家是一个享有主权的

① 李云芳、许庆豫：《池田大作教育观述论》，载《苏州大学学报》（哲学社会科学版），2002年第7卷第3期。

② 牧口常三郎著，陈莉等译：《人生地理学·绪论》，复旦大学出版社，2004年版，第4页。

社会,具有完全管理自己事务的能力,是人类生活的公共体。国家职能主要是四项:“保护自身不受内部干扰的活动,国家必须保护自身的存在,反对内部分裂的力量,同时,积极推动内部统一”;“国家必须保护自身的独立,反对外来干涉和进攻”;“确保个人自由和保护人权的活动”和“促进国民幸福安康的活动”。牧口常三郎对美好社会的分析是理智和冷静的,他认为当时的社会正处于帝国主义阶段,国家为打造他们的民族个性进行相互竞争。基于此,牧口常三郎警示人们,在达到理想社会前,人们还要走很长的路程。

二是提倡个人、国家和社会幸福一体化。在如何处理个人、国家和社会的关系方面,牧口常三郎认为,三者是一个利益共同体,互相联系、相互依存,而且是一损俱损、一荣俱荣。牧口常三郎的创价教育思想始终主张三者利益同时兼顾。牧口常三郎指出,并不是有了国家才有人民,而是有了人民才有国家,先有个人才有社会。牧口常三郎思想的焦点始终是“民众”,是单个的“人”。在日本当时那种强调“国权第一”的年代,牧口常三郎无所畏惧地坚决主张“个人的权力和自由神圣不可侵犯”。他的人权意识可谓极其强烈。换个角度来讲,牧口常三郎认为,国家很重要,但人类共同的人道却是更为重要的。在处理个人和集体、个人和社会的利益矛盾时,牧口常三郎主张个人必须服从于集体、服从于社会,这也是判别善与恶的标准之一。教育最终是为了令人获得幸福和安乐,它“必须改变人类原来那种不问世事,只顾自己存活的冷漠态度,使他们懂得如何贡献社会”。个人行为不过是社会的一个部分。为了说明这个问题,他给我们打了个比方:“如果国家准备修一条铁路而占用土地,一个农民不得不把他的土地捐献给国家,在这种情况下,修铁路对国家是有利的,但是对被迫献出土地的个人来说却有害。因此捐献一块土地的行为这个事实对个人来说是失,而它对国家则是善。这件事也就被国家认为是善而给予赞扬。”①因此,一个人损害他所属的社会的行为,即使这个行为对他个人有利也不能称为“善”。而一个社会所认可的“善”的行为有时也会被与它相对立的社会认为是“恶”。② 他说:“如果较小的善反对较大的善,它就被评价为恶;较小的利与较大的利相比,它也是失。比如,一个行为在东京被认为是善的,但它伤害了日本,所以也就被认为是恶。即使被一个民族认为是善的行为,如果它伤害了全世界,也被称为恶。”③当然,上文所说的服从并不是绝对强调问题的一个方面而忽视另一方面。而且,牧口常三郎主张在集体、国家和社会面前应该充分考虑个人利益、充分尊重和保障个人的利益,否则人们也就无法实现后者的利益。国家和社会的幸福是与个人的幸福统一

---

①②③　牧口常三郎著,马俊峰、江畅译:《价值哲学》,中国人民大学出版社,1989年版,第55-56、11、70页。

的，如果忽视个人幸福，就不会有社会幸福。所以，如果说有一种给社会带来幸福的可靠手段，个人首先必须利用那种手段。①

三是呼吁构建人道主义竞争的社会。牧口常三郎对创造价值的思考并没有停留于一般水平，而是将其外延扩展到整个地球和整个人类社会，与那些狭隘的个人本位、民族本位乃至国家主义形成了鲜明的对比。这也是牧口常三郎创价思想中的"价值"所在，也是他毕生用智慧浓缩的人生之精华。在牧口常三郎的价值观中，"善"是一个核心概念，处于中心位置。没有"善"，"利"和"美"就无从谈起。牧口常三郎还把"善"分为"小善"、"中善"和"大善"。与"大善"相对的"小善"和"中善"，毋宁说是"恶"。牧口常三郎所说的"大善"，是"惠泽全人类的善行"。他认为，只有大善行动才能创造出最高价值的人生。因为一个人只有心向"大善"，才能不断地创造出新的价值，使自己迈向幸福生活，才能构筑全人类的和平与繁荣。也正是因此，牧口常三郎认为，战争的发动者是威胁人生命的"大恶"。牧口常三郎认为，坚持"大善"行动的关键之一在于，即使是在遥远的国度里发生的事也要当成自己的事。"大善"是最高的价值，是我们把握事物本质的关键。牧口常三郎认为，要行"大善"，必须胸怀"人类"和"地球"。牧口常三郎始终以"人类"和"地球"的视角来审视自然环境和社会环境。这也是他提出构建人道主义竞争的社会的思想支撑。生存竞争是一切物种都共同具有的。生存竞争适用于各种社会现象。可是，竞争的形式随着时间的推移而发生改变。这种变化首先是竞争单位的变化。回顾人类历史，可发现竞争单位随着时间的变化而变化，如个人与个人的竞争和家庭与家庭的竞争，乡村与乡村的竞争，部落与部落的竞争(种族集团)，国家与国家的竞争(国家)。我们现在就处于国家之间竞争的年代。随着竞争单位的变化，竞争形式也会随着时间的流逝而变化。如军事竞争、政治竞争、经济竞争或人道主义的竞争。② 所谓人道主义竞争，就是通过无形的道德影响，而不是军事实力或者赤裸裸的经济实力，去实现个人和社会目标所做的努力。牧口常三郎认为，要达到作为竞争发展的最后阶段——人道主义的竞争阶段，我们还有很长的路要走。牧口常三郎提倡的人道主义竞争时代是一个人人创造"大善"的时代，也是一个充分理性和自由的时代。尽管这个时代的到来，"需要持续的努力，并花费相当多的时间"，但牧口常三郎认为，这是人类竞争的最高阶段，而创造价值教育在构建这种以理性和道德品质为基础的和谐社会中将起着不可替代的作用。

---

① 牧口常三郎著，马俊峰、江畅译：《价值哲学》，中国人民大学出版社，1989年版，第116-117页。

② 牧口常三郎著，陈莉等译：《人生地理学》，复旦大学出版社，2004年版，第254页。

(二) 池田大作的和平思想

池田大作是牧口常三郎和平思想的坚定继承者,但池田的和平思想也有其自身的特点,有自己的发展与创新。

池田大作几十年如一日,坚定不移地反对战争,维护世界和平,源于他基于佛法人道主义的独特的世界和平观。池田大作的世界和平观是以积极的"入世"哲学为基础的。他主张和平要"主动地去争取",反对"逃避现实"的"遁世"态度。在批评佛教净土宗消极遁世的和平观时,池田大作指出,"净土宗一心一意祈愿死后的极乐往生,而另一方面,却视现实社会为'秽土'。将现世的努力错解为次要部分,结果则使人在心中养成'逃避现实'的思想,忽视'和平是争取得来的成果','没有不断争取就没有和平'的观点"。[①]

池田大作把维护世界和平的希望寄托在创造历史的主角——世界各国人民群众的共同行动上。在他看来,"高举争取人类和平的旗帜、高呼'和平'的民众队伍愈是扩大,离和平就愈近,离战争就愈远"[②]。正是他这种积极的和平观使得他成为中日邦交正常化和中日友好事业的重要的杰出的"掘井人"。1968 年,池田大作在《亚洲月刊》12 号上发表了长篇文章《关于日中邦交正常化的提言》,其中心是建议实现中日邦交正常化。这个提言的内容非常丰富和深刻:首先,它全面、敏锐地提出了中日邦交正常化,恢复中国在联合国的合法席位,以及广泛推进中日经济和文化交流"三位一体"的问题,并把这个问题提到很高的高度,这在当时环境下是很不容易的;其次,它明确提出,解决中日邦交正常化和恢复中国在联合国中的合法席位的基本前提,是正式承认中华人民共和国;最后,它尖锐地指出,解决中日邦交正常化的唯一途径,是尽快举行中日首脑会谈。这种思想在中日两国从法律上说还没正式结束战争状态和恢复正常外交关系的情况下,是难能可贵和高瞻远瞩的。可以说,它吹响了实现中日邦交正常化的进军号,是向世界公开发布的中日友好的宣言书。当然,该提言还包含了很多其他深刻的观点,但仅从以上三点即可看出,它提出了当时重建中日友好关系的目标(三位一体)、前提(承认中国)和途径(首脑会谈),它是一个完整、深刻的思想和切实可行的方案。在当时还没有第二个人能像他这样作出如此完整的论述。随后的实践也完全证实了池田大作当年的预见。1971 年 10 月中国恢复了在联合国的合法席位;4 年后,两国首脑举行了会谈,发表了《中日联合声明》,这标志着中日邦交正常

---

① 池田大作、金庸:《探求一个灿烂的世纪》,香港明和社出版有限公司,1998 年版,第 343、29 页。

② 池田大作、相胜义、志村荣一:《佛法与宇宙》,经济日报出版社,1997 年版,第 345 页。

化的实现。

池田世界和平观的另一个突出特点是坚持佛法中道主义的观点，主张"非暴力的渐进和平"，反对"以暴易暴"、"以恶制恶"。池田大作认为，古今的伟大的政治家或哲学家，总之是有卓越成就的人物，毫不例外地都是乐观主义者。不过，其中像甘地那么正直地沿着自己的轨道生存下去的真是罕有。甘地曾这样说："我始终是个乐观主义者，这并不是我要证明正义是繁荣的，而是我抱着一个坚定的信念——最后正义一定是会繁荣的"，"我的乐观主义是基于发挥非暴力的、个人能力的无限可能性的信念上"。池田说："他告诉我们，在非暴力的世界里是没有失败者的，相反，暴力最后带来的却总是失败。"他认为，如果以短视的眼光来看，甘地所主张的"以非暴力来抵抗纳粹党"的主张确是不切实际的理想论，但是"从长远的角度和反观战后的历史来看，我想我们应认同这'荒野的呐喊'——他在战时一直主张的——只有以非暴力来实现自由和民主。在世纪末的今天，弥漫着人与人之间的不信任和悲观主义的情况下，我们更需要甘地这样崇高的乐观主义"。①

池田大作在1978年的《核裁军的建议》中就发出了"民族利己主义是一个恶魔，试图以邪恶控制邪恶必然造成一种恶性循环"②的警告。1999年，池田大作总结国际社会在解决纷争对立等国际问题的经验教训时进一步指出："以武力强硬解决问题，留下后遗症很多，'硬能'始终不是完善的解决办法。像黑格尔所指出，不管是多么正义，从对方看来就是侵害，就会招致复仇，陷入不可自拔的复仇的连锁之中。"③"9·11"恐怖事件之后，美国抛开国际社会，对阿富汗、伊拉克采取单边军事行动，池田大作对此非常反感和担忧。他在抨击恐怖活动的同时，强烈要求美国"自律"，不要搞"以暴易暴"、"以恶制恶"。"军事力量只是对付恐怖主义的一个部分。要镇压恐怖主义，必须与各国公民紧密合作，需要经历长时间坚忍不拔、脚踏实地的努力。"在他看来，"以暴易暴"、"以恶制恶"的办法是治标不治本，是政治家无能的表现。池田大作分析说，"确实，行使以军事力量为象征的硬能也许暂时可以解决问题，但这带有强烈的头痛治头的色彩。更而，在纠纷地区埋下了'憎恨的种子'，使事态陷于僵局。这正是许多有识之士所担忧的地方"。④

他认为热爱自己生长的土地和社会，这本身是一种美德，没有这样的热情和魄力，恐怕就不会有今天这样的社会发展。但是这种感情走向极端，"一旦被利用来卷入国家与国家之间的对立中，就会带上邪恶的色彩"就会导致人类野蛮地相互残杀。为了消除这一"憎恨的种子"，就必须把祖国爱化为人

---

①② 何劲松编选：《池田大作集》，上海远东出版社，2002年版，第301-302、33页。

③④ 杨君游、苏卫平、蔡德麟：《论池田大作的世界和平观》，载《江淮论坛》，2005年第2期。

类爱，通过对话交流，消除误解与隔阂。又由于国家利益的对立、民族利益的对立、意识形态的对立、宗教的对立等，导致很多国家与民族间互相猜疑与憎恨。要改变这种状况，必须加强各方面的交流。“尽管接触与交流的加深，也不一定每次都增加友好，但是相互了解的基础上的争论，不会发展成为无谓的恐怖和猜疑”，他认为这是维护和平最重要的条件。

池田大作把恐怖的暴力和用暴力反恐看做是同一层次的恶。他说：“我要重申，应当彻底声讨无差别恐怖活动的非人道性、残酷性。但是，若为对抗恐怖活动而向硬能一边倒，则就太没策略，太令人悲哀了。‘憎恶与报复连锁的反复’，归根到底令人与恐怖主义陷落到同样的层次，如果用加塞特的说法来形容，这是从‘文明’到‘野蛮’的历史倒退。恐怕连‘文明的冲突’这最恶劣的一幕也可能成为现实。”“我们诀别了受尽政治意识形态这个噩梦折磨的20世纪，我祈望不再被别种形态的恶魔重新缠绕。”池田先生强烈呼吁，在反恐斗争中，“如果没有关怀他人的‘自律’，那么，就不能产生说服力，就很难达到和平与安定”。“历史与现实均已证明，‘以暴制暴’、‘以恶制恶’，无法取得积极的和平，因为‘和平是不能以武力来取得的，也不能以经济和军事手段来取得。藏在武力后面的和平绝不是和平’。“暴力本是一种很软弱的行为，是人性的失败，相反，非暴力才是精神的强者，对此人们有必要加以重新认识。”

正是基于他的佛法人道主义观点，他终身致力于推进和实现世界和平，并提出了不计其数的“倡议”和“方案”。譬如：在他看来，我们当前所处的时代，是一个“共生共存”的时代、一个对话的时代，诸多全球性问题的出现需要全人类团结起来去共同面对。所以，需要用时代的眼光看和平；近现代战争频繁爆发的原因多数在于主权国家的利益诉求和权力争夺。事实上，也只有主权国家才具有发动战争的能力。为人从根本上杜绝战争，实现世界的持久和平，他倡言实现主权从国家到人类的思想转变，而为了实现主权从国家到人类的转变，“重要的是如何具体地对国家主权施加限制，如何把权限委托给超国家的机构”，因此，他主张以联合国为中心维护世界和平，等等。

我们也要看到，池田大作强调对生命的尊重和“以生命的眼光”看人，其落脚点同样以人为中心，以“爱人”为旨归。其“以生命的眼光”看人为核心的和平思想有如下三个特征。

第一，强调普遍的人类之爱。作为虔诚的佛教徒，池田认为佛法中所谓的“佛”，意味着生命的内在的尊严，而“生命的尊严是普遍的绝对的准则。生命的尊严是没有等价物的，是任何东西都不能代替的。”[①]虽然作为社会的存在的人会因时代、民族和国家的不同而有所不同，但“人要像人一样生活，首

---

① 卞立强：《池田大作选集》，北京大学出版社，1988年版，第312-331页。

先必须要承认自己的基点——生命的存在这一大前提，并把立脚点放在这里”。[①] 因此，他强调要“以生命的眼光”看人，即对人的认识要回到他的原点——人之所以为人的基点上，而不是“以国家的眼光看人”，因为“‘国家的眼光’只会企图利用生命来当权力的后盾，将生命当成数量和物品来计算。‘生命的眼光’则会视生命为无上的存在而加以珍惜”[②]，并从这里真正激发出普遍的人类之爱，这就是人之所以为人的本质所在（仁者，人也）。为此，池田高度赞扬“极为纯正”的女性的爱，他认为女性有着一种特有的强烈的爱，如果她能超越个人的局限，用开阔的视野去看待自己所爱的对象，这种“特有的强烈的爱”，就是推动社会前进的力量源泉。[③] 他说：“在女性身上有着保护和防卫生命的这个世界上存在的最宝贵的本能。因为女性产生生命，所以她有比男性更爱惜生命，更憎恶破坏生命的斗争和战争的特质。”“如果女性能从狭隘的、个人的爱中解放出来，扎根于面向世界的普遍的爱，虽然这种思想是质朴的，但一定会汇成规模极大的反对战争、争取和平的洪流。”[④]可以看出，正是在“人之所以为人”这一原点或基点上，池田的“以生命的眼光”看人与孔子的“仁者爱人”的思想是完全相通的，这也是他宣扬普遍的人类之爱而力主世界和平的思想基础所在。

第二，强调实践意义上的人类之爱。池田在与汤因比的对话中，特别谈到关于爱和慈悲的实践问题。他说：“现代社会最缺少什么？我想是深刻的‘人类之爱’。但是，不管怎样强调‘爱’的珍贵都是不够的。现实中，在其深处却往往隐藏着‘憎恨’，或者戴着‘爱’的假面具的利己主义，在那里徘徊着。”[⑤]那么，为什么会出现这种情况，又怎样去克服它呢？汤因比认为，由于现代社会是以极大的规模活动着的社会，为了应付现代社会巨大的“数量”和“规模”，一方面形成了非个人化的组织，另一方面也造成了人与人之间的非个人化，原本从个人生命的实践中产生的“给予的爱”，“正在变成一种不是扎根于个人感情，而是将被制度化了的东西”。[⑥] 原本以爱心为基础的慈善事业往往被扭曲成没有爱的施舍，从而造成人与人之间心理的分裂。“在慈善施受上，在伦理方面或者在经济方面，或者在这两方面，往往是接受的一方没有施舍的一方光彩。在这种心理状态下，慈善的施受，接受的一方往往产生对慈善的憎恨。”[⑦]对此，池田认为，慈善作为一种社会行为，本身是善的，但伴随它的心理上的问题则是复杂的。如果对爱也仅仅限于抽象的叫喊，而没有赋予实质性的东西，其结果就如同缺乏爱的慈善已失去其高尚的意义一样，也

---

① 卞立强：《池田大作选集》，北京大学出版社，1988 年版，第 90-91 页。

② 池田大作著：《法华经的智慧》，明报出版社有限公司，1997 年版。

③④⑤⑥⑦ 汤因比、池田大作，荀春生等译：《展望二十一世纪——汤因比与池田大作对话录》，国际文化出版公司，1985 年版，第 422-423、423-424、417、418、418 页。

将变成毫无意义的东西。在强调普遍的人类之爱的实践意义上，池田对于墨子的思想赞赏有加。他说："儒家的爱以父子、君臣关系为中心，有亲有疏，由近及远。相反，墨子的兼爱说则不承认这种差别，主张爱人如爱己，爱他人之父如爱自己之父，爱他人之国如爱自己之国"。① 他把墨子的兼爱学说看做是追求和平、反对战争的理论先导，但更注重墨子身体力行的实践精神。1986年6月5日，池田先生在北京大学以"通向和平的康庄大道"为题发表演讲时，指出："墨子的这种行动的和平主义现在仍然是打开突破口、通向和平道路的关键。……用言论和行动来争取和平——这种'动'的启发工作，看起来似乎是绕了远道，但它是变不信任、憎恨和恐怖为信任、慈爱和友谊的'通向和平的康庄大道'，我深信从这里一定会发现沟通心与心之间的渠道。"②他讲述了有关墨子"非攻"的典故，来表达身体力行致力于世界和平的决心。③

第三，在"同苦"的心理层次上激发人类之爱。作为一位佛法闳深的宗教思想家，池田在强调对爱赋予实践性意义就是佛法所说的慈悲的同时，进一步说明在佛法上"慈悲"就是"拔苦与乐"的意思；而"拔苦"是建立于"同苦"(使痛苦相同)的基础之上的，是"把对方的痛苦的呻吟，作为自己内心的痛苦去感受。在这样共同感受的基础上，来根除这种痛苦"④。池田认为，对其他个体的痛苦而感到强烈痛苦的"同苦"是人类共有的心理特质，这种心理特质能够激发出普遍的人类之爱。他认为，没有"同苦"，就不能产生对对方的关怀，也不可能有想除掉痛苦的实践。这种"同苦"的感情，即对其他个体的痛苦而感到强烈的痛苦，是人的一个特质，也是人与其他生物的根本区别所在。正是在这个意义上，"同苦"，无论对爱，还是对慈悲，都是最基本的前提。只有"有了这种'同苦'的根基，才可能建立起人类的集体连带关系"。⑤因此，作为人类，虽然每个人的自我意识都极为强烈，但有"同苦"这一最基本的心理前提，就能激发出普遍的人类之爱，而有意识地保持着集体的团结。⑥

从上述池田"以生命的眼光"看人的三个思想特征，我们能够明显地感受到其思想中所体现的对生命的尊重，对人的尊重及其与孔子学说仁爱精神相沟通的深刻内涵，这就是他一贯强调的把"人"当做一切事物的坐标轴的人学观。池田曾多次高度赞扬中国一脉相承的"尚文"的历史文化传统。他认为，这种"尚文"传统的历史背景在于中国是世界上最重视历史的国家。在它浩如烟海的史籍中，充满着强烈的伦理性和伦理感，而这种伦理性和伦理感就是中国具有"尚文"历史文化传统的原因所在。因为"中国总是把人当做看问

---

①④⑤⑥ 汤因比、池田大作，荀春生等译：《展望二十一世纪——汤因比与池田大作对话录》，国际文化出版公司，1985年版，第425、419、419、419页。

②③ 卞立强：《池田大作选集》，北京大学出版社，1988年版，第149、149页。

题和思考问题的出发点”[①]，一切都是以人为出发点，去关注人生，理解人生。他告诉人们说：“我国（指日本）一位熟悉中国思想的新进学者说：中国的哲学一向是探索人生的目的。哲学家的思索始终没有离开过对人的关心这一领域。……（中国的）哲学首先是人学”，“是为人的哲学、为人的宗教、为人的科学和为人的政治。在如同交织着祸与福的大河一般的中国历史中，人这个坐标轴恐怕始终都没有动摇过”。[②]

①② 卞立强：《池田大作选集》，北京大学出版社，1988年版，第146、146页。

牧口常三郎年表

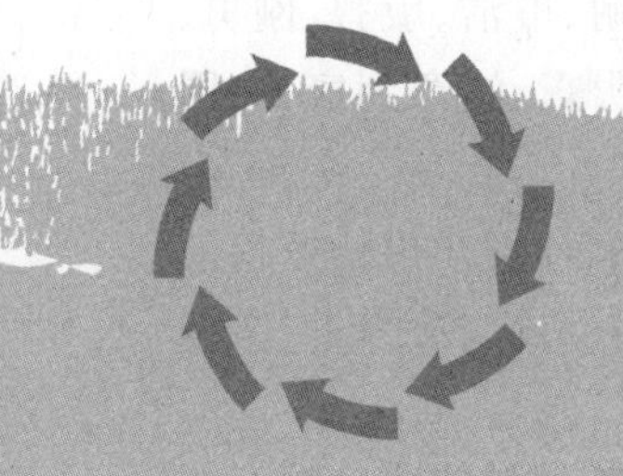

1871 年 农历六月初六,诞生于日本柏崎县查刈羽郡荒浜村(现新泻县柏崎市荒浜,位于柏崎市的北面,面对日本海,与佐渡岛遥遥相望)的一个船工家庭,父亲渡边长松给他取名为渡边长七。

1877 年 由于生活拮据,长七的父亲前往北海道打工挣钱,自此杳无音信。不久,母亲伊莱改嫁给本村的柴野右卫门,长七由姑姑托利抚养,成为牧口善太夫的养子,此时,长七年方 6 岁。善良的善太夫夫妇视长七为己出,在生活极为困难的情况下,咬紧牙关送长七读了 4 年初小。由于学习勤奋刻苦,长七念完 4 年初小后,深谙读写之妙,被同学们称作"优等生牧口"、"秀才牧口"。也正是因为长七的向学之心甚笃,所以当他初级小学(当时学制为 4 年)毕业后为生活所迫辍学在家帮养父干活时,周围的人颇为惋惜。

1885 年 为谋求出路,也是为了让成绩出众的长七的才华不至于被埋没,善太夫夫妇在村里的一些德高望重者的大力支持下,将年仅 14 岁的长七送到当时正进行大规模开发建设的北海道港口城市小樽,并拜托在北海道的叔父渡边四郎治给予照顾。在叔父的关照下,长七来到小樽警察署当杂役。长七只要有空闲,就抓紧时间埋头苦读。署员们亲切地称他为"学生杂役"。长七的勤奋、责任心和向学之志得到了由小樽郡郡长兼任的警察署署长森长保的赏识。

1889 年 3 月,森长保由小樽调往札幌,让长七作为署长家的寄食生一同前往。

1891 年 长七有幸考入北海道寻常师范学校学习。师范学校的学习经历在牧口常三郎的人生道路上占有极为重要的地位,这既是他终生从事教育的起点，也为他后来形成创价教育思想提供了重要契机。尽管在军队式的生活和国家主义的气氛中接受的师范学校教育无视人的个性，违反教育规律，可他不仅没有成为法西斯军国主义教育的牺牲品，反而注意吸取大和文化中的有益成分，从正面发扬光大了早年所学的《幼学纲要》中提倡的孝行、忠节、和顺、友爱、信义、勤学、立志、诚实、仁慈，礼让、俭朴、忍耐、廉洁、敏智、刚勇、公平等做人处世的优良品格，走出了狭隘的岛国主义的阴霾，注意到家乡、国家和世界共存共荣的关系，孕育了崇高的国际主义情感。

1892年 6月，牧口常三郎在本校附属小学实习(4个月)，并担任该校高小一年级女生班班主任。在实习中，牧口常三郎大胆改革创新，发明了"文型应用主义"作文指导法。

1893年 1月，长七改名为"常三郎"。同年3月，成绩优异的牧口常三郎师范毕业，被分配到附小当教师。师范毕业后，牧口常三郎一边兢兢业业地教书，一边对教育理论和现实问题进行深刻的思考，与此同时也开启了自己的教育职业生涯。在课程教学(地理科教师)的同时，他还在当地一个名为《北海道地区教育协会杂志》的教育出版刊物上频繁地发表文章。

1894年 受内村鉴三的《地理学考》(后更名《地人论》)和志贺重昂的《日本风景论》两部地理学专著影响，对地理学科教学中存在的有关问题进行了富有成效的探索，与此同时，其创价教育思想也得以孕育。

1895年 结婚。

1896年 通过文部省举行的中等教师地理科鉴定考试，获得地理教师资格许可证。

1898年 成为《北海道地区教育协会杂志》的编辑，并被同事们视为领袖人物。

1900年 通过文部省教育科考试。

1901年 春，辞去北海道寻常师范学校教谕及附属小学的职务，带着妻子和孩子到东京专心撰写《人生地理学》。

1903年 10月，出版处女作《人生地理学》。书中，对传统教育进行了大胆的批判，同时对教育的目的和真谛、教育方法、课程设置等一系列教育问题进行了独立的思考和大胆的探索，创造性地提出了许多有价值的见解。同时围绕"创造"，结合自身的实践对教育内容、教育方法和教育制度等方面的改革发表了许多独到的见地。《人生地理学》出版的两个多星期后，到东京高等师范学校同学会——茗溪会当书记员，工作之余，他还帮助编辑同学会出版的《教育》杂志，有时还被邀请作地理方面的演讲。不久，牧口常三郎计划开设女性教育的函授讲座，并亲自编写了教材和宣传杂志。于是，他辞去了茗溪会书记员的职务，致力于讲座的开展。

1904 年　2 月至 1907 年 4 月，在当时中国留学生较为集中的宏文学院担任地理课教师，讲授《人生地理学》。

1907 年　担任少女杂志《日本少女》主编。

1909 年　任东京都富士见寻常小学首席训导。

1910 年　8 月，受文部省委托编辑小学地理教科书。

1912 年　同柳田国男等参加“乡土会”，出版《作为教学统合中心的乡土科研究》。

1913 年　4 月，任东京都下谷区（现台东区）东盛寻常小学校长，兼下谷第一夜校校长。

1916 年　被新建的大正寻常小学聘请为第一任校长。在教学实践中积极推行在北海道寻常师范学校发明的“文型应用主义”教学方法，同时又在学生的习字课上提倡“骨书应用主义”。其在教学方法上的创新成为全校教师的楷模，得到当时日本教育教授研究会的赞赏。

1919 年　12 月，调任西町寻常小学校长。

1920 年　6 月，调任专为贫穷家庭孩童设立的三笠寻常小学校长（现墨田区）。在这里遇到了一生中最亲密的战友户田城圣。

1922 年　4 月，调任白金寻常小学校长。

1928 年　6 月，邂逅日莲正宗的在家信徒、住在白金寻常小学附近、时任目白学校校长的三谷素启。二人一见如故，通过三谷的讲解，很快同心仪已久的宗教——日莲佛法产生了共鸣，并成为日莲佛法坚定的信徒。从此，开始了充满艰难险阻的宗教实践。

1930 年　11 月 18 日，为使创价教育从教育改革的理论真正转化成为教育改革的实践，和户田城圣两人组织了“创价教育学会”（牧口常三郎任学会会长，户田城圣任理事长），学会的事务局设在户田城圣创办的时习学馆。同时，出版《创价教育学体系》第 1 卷。

1931 年　3 月，出版《创价教育学体系》第 2 卷。4 月，调任麻布新崛寻常小学校长，兼任该校夜校校长。

1932 年　7 月，出版《创价教育学体系》第 3 卷，同时因所任职的麻布新崛寻常小学宣告停校而退职。之后，全力投入到普及创价教育学理论和创价教育学会的宗教革命实践之中。为推动教育改革，牧口常三郎在各地作巡回演讲，同时，还积极编辑、宣传学会的机关刊物。为了更好地以宗祖日莲的法华精神解决现实社会中的各种问题，刻苦钻研日莲教义。在学习与实践中，他将自己的学说同宗祖日莲的教义结合起来，使日莲正宗在新的时代、新的历史条件下重新找到了出路。

1934 年　6 月，出版《创价教育学体系》第 4 卷。

1941 年　3 月，日本军国主义政府为了全面备战，禁锢进步思想，颁布了新的《治安维持法》，规定：政府可以以大不敬罪取缔合法的宗教团体、组织。同年 12 月，日本偷袭珍珠港，向美国宣战。为统一思想，政府强迫全体国民祭祀皇大神宫的大麻（神符），信仰其神道。牧口常三郎坚持自己的宗教信仰，对此表示公开对抗，并组织大家烧掉了皇大神宫的大麻，也禁止创价教育学会会员去参拜神社。7 月，创办创价教育学会机关报《价值创造》。

1941 年　11 月 2 日，在召开的创价教育学会第三次大会上呼吁人们，特别是学者和知识分子深入到社会实践中去，注意学问和生活的结合，避免那种生活与宗教相隔绝、学问与实践相脱节的现象。由于对军国主义做法的激烈反对，被反动当局视为眼中钉、肉中刺。

1942 年　5 月，创价教育学会机关报《价值创造》在创办 10 个月后被迫停刊。1943 年，宗教联合会召集牧口常三郎和户田城圣，向创价教育学会下达"接受神符令"，遭到他们斩钉截铁的拒绝。

1943 年　7 月 6 日清晨，72 岁的牧口常三郎在伊豆下田朋友家被逮捕，原因是违反《治安维持法》，罪名是"大不敬"。在监狱中，牧口常三郎始终洋溢着乐观向上的情绪，铮铮铁骨，睥睨反动当局，坚持日莲佛法提倡的永远和平的精神，为人类和平的美好愿景同当时的军国主义政府进行了无畏不屈的斗争。

1944 年　11 月 18 日，因衰老和极度营养失调在狱中病逝，时年 73 岁。

创价学会年表（从牧口常三郎到池田大作）[①]

1928 年（昭和三年）

6 月，第一代会长牧口常三郎加入日莲正宗，两个月之后户田城圣也开始信仰日莲正宗。

1930 年（昭和五年）

11 月 18 日，牧口常三郎、户田二人创立创价教育学会。《创价教育学体系》第 1 卷出版。户田经营的时习学馆成为创价教育学会开展活动的基地。

1931 年（昭和六年）

3 月 5 日，《创价教育学体系》第 2 卷出版。

1932 年（昭和七年）

7 月 15 日，《创价教育学体系》第 3 卷出版。

1933 年（昭和八年）

8 月，牧口常三郎携户田一起访问故乡新泻县荒浜，并从事折伏传教活动。

1934 年（昭和九年）

6 月 20 日，《创价教育学体系》第 4 卷出版。

1936 年（昭和十一年）

1 月 19 日，教育宗教革命正法研究会举办座谈会。

2 月，牧口常三郎率众至长野县进行折伏活动，得信徒 17 人。

---

① 1928—1990 年的内容来源于何劲松著：《创价学会的理念与实践》，中国社会科学出版社，1995 年版，第 241-255 页。

7月15日，机关杂志《新教》改名为《教育改造》。

8月13日至16日，在总本山大石寺举办第一次夏季讲习会。

10月，创价教育学会实行研究生制度。

1937年(昭和十二年)

7月于大石寺举办第二次夏季讲习会。

1938年(昭和十三年)

7月，于大石寺举办第三次夏季讲习会。

夏，牧口常三郎至鹿儿岛折伏传教。

1939年(昭和十四年)

8月，举办第四次夏季讲习会(大石寺)。

12月，创价教育学会第一次大会(东京麻布菊水亭，60多人参加)。

1940年(昭和十五年)

4月30日，创价教育学会在东京九段的军人会馆召开第二次大会。

8月，举办第五次夏季讲习会(大石寺)。学会本部移至东京神田锦町。

10月20日，召开创价教育学会临时总会。

11月，牧口会长等至九州指导，于福冈、久留米等地召开座谈会。

1941年(昭和十六年)

3月，牧口会长出席总本山大石寺的僧俗护法会议，反对宗门同身延派的合并。

7月20日，《价值创造》(创价教育学会机关报)第一号发行。

8月7日，举办第六次夏季讲习会(大石寺)。

11月2日，召开创价教育学会第三次大会(神田一桥的教育会馆，约400人参加)。

1942年(昭和十七年)

5月17日，召开创价教育学会第四次大会(东京神田教育会馆，约400人参加)。

11月22日，召开创价教育学会第五次大会。第四、五两次大会上，牧口常三郎的发言为《大善生活实证录》。

1943年(昭和十八年)

5月2日，召开创价教育学会第六次大会(神田教育会馆，约700人参加)。会上，牧口常三郎作了批判国家宗教政策和战争政策方面的演讲。

6月，牧口会长、户田理事长至总本山大石寺，坚决反对接受神札。

7月6日，牧口常三郎、户田等学会干部被逮捕，罪名为违反治安维持法和不敬罪。

1944 年(昭和十九年)

11 月 18 日,牧口会长于东京拘留所去世,享年 73 岁。

1945 年(昭和二十年)

7 月 3 日,户田从丰多摩监狱出狱,并将自己的名字由"城外"改为"城圣"。

8 月 20 日,户田于东京上大崎开设日本正学馆。

11 月 18 日,举行牧口会长逝世一周年法会,户田理事长等 20 余人参加。

1946(昭和二十一年)

1 月 1 日,户田登总本山大石寺,于理境坊开办第一期《法华经》讲座。

3 月,学会名称由"创价教育学会"改称"创价学会",本部设在日本正学馆。

5 月 1 日,召开第一次干部会(学会本部),户田等 30 多人参加。时东京设 10 个支部、地方设 5 个支部。

6 月 1 日,机关报《价值创造》复刊。

6 月 22 日,青年部成立。

8 月 7 日,召开重建后的第一次夏季讲习会。

11 月 17 日,举行牧口会长逝世三周年法会,同时召开创价学会第一次大会。

1947 年(昭和二十二年)

8 月 24 日,池田大作(第三代会长)入信日莲正宗。

1948 年(昭和二十三年)

7 月 3 日,新青年部结成。

1949 年(昭和二十四年)

1 月 3 日,池田大作入户田经营的出版社日本正学馆编辑少年杂志《冒险少年》(后改名为《少年日本》)。

7 月 10 日机关杂志《大白莲华》创刊。

1950 年(昭和二十五年)

8 月 22 日,户田经营的东京建设信用合作社停业(日本正学馆已于上一年 10 月停业)。

11 月 12 日,户田辞去理事长职务,推荐矢岛周平接任。

1951 年(昭和二十六年)

3 月 11 日,召开临时大会,户田谈及朝鲜战争与和平问题。

4 月 20 日,机关报《圣教新闻》创刊,户田率先执笔撰写小说《人间革命》。

5 月 3 日,户田就任第二任会长。

6 月 10 日,召开第一次本部妇女部委员会议,妇女部实际上由此结成。

7月11日，男子青年部成立。

7月19日，女子青年部成立。

11月18日，《折伏教典》(户田城圣监修，创价学会教学部编)出版。

1952年(昭和二十七年)

2月17日，召开第一次男女青年部研究发表会。当月，本尊流布量达836户，池田大作指挥的蒲田支部完成了201户的好成绩，在布教史上被称为“传统的二月”。

4月28日，《新编日莲大圣人御书全集》发刊，举办宗旨建立七百年纪念庆祝大法会(总本山大石寺，全国代表4000人参加)。

8月8日至25日，户田率众赴大阪、名古屋、九州等地折伏传教。

8月27日，创价学会作为宗教法人得到正式认可。

10月21日，女子部“华阳会”成立。

12月16日，男子部“水浒会”成立。

12月21日，第一次教学考试。

1953年(昭和二十八年)

1月2日，池田大作就任男子第一部队长。

4月19日，召开第一次男子青年部大会。

4月20日，池田第一部队长代理文京支部长。

8月5日至22日，夏季地方折伏开始，户田率众转战大阪、福冈、札幌等地。

11月13日，学会本部由西神田移往信浓町的新本部。

11月18日，牧口常三郎逝世十周年之际，所著《价值哲学》出版。

1954年(昭和二十九年)

3月30日，召开3月份本部干部会(东京丰岛公会堂)，将以往的男女各7支部队改编成各15支部队，向一支部一部队制过渡。设置参谋室，池田大作就任参谋室长。

5月9日，青年部发动登山活动，约5500人参加。

10月1日，户田会长同青年部员发表“国土训”。

10月31日，青年部举办10000多人参加的总登山活动。

11月7日，召开青年部第一次体育大会。

11月22日，设置文化部。

1955年(昭和三十年)

5月6日，学会实行新的区域制。

8月15日至25日，夏季折伏开始。

11月23日，举行奉安殿落成法会及大御本尊迁座法会(总本山大石寺)。

1956 年(昭和三十一年)

4 月 1 日,决定设置学生部。

5 月 31 日,召开 5 月份本部干部会。当月本尊流布量达 28973 户。其中池田室长指挥的大阪支部取得了 11111 户的好成绩。

7 月 8 日,文化部员有 3 人在参议院选举中当选。

8 月 26 日,全国新支部成立大会,新设 16 个支部,加上原来 16 个支部共为 32 个支部。

1957(昭和三十二年)

6 月 30 日,召开学生部成立大会。

7 月 3 日,池田大作在"大阪事件"中被逮捕,17 日获释,4 年半之后判决无罪。

9 月 8 日,青年部第四次东日本体育大会(横滨三泽竞技场,约 5 万人参加),户田会长发表了具有历史意义的《禁止原子弹氢弹宣言》。

12 月,学会会员总户数已达 765000 户。

1958 年(昭和三十三年)

3 月 1 日,举行法华本门大讲堂落成庆祝大法会(总本山大石寺),6000 人出席。

3 月 30 日,户田被任命为法华讲总讲头。

4 月 3 日,户田城圣逝世,享年 58 岁。

6 月 30 日,池田室长就任总务长,成为学会事实上最高负责人。

1959 年(昭和三十四年)

1 月 1 日,《圣教画报》创刊。

7 月 3 日,池田总务长在 7 月份男子部干部会上提出"第三文明"构想。

12 月 2 日,日莲正宗第六十六世法嗣日达升座。

1960 年(昭和三十五年)

5 月 3 日,第二十二次本部大会,池田大作就任第三任会长。

10 月 2 日,池田会长一行第一次出访南北美洲。

1961 年(昭和三十六年)

1 月 28 日,池田会长一行访问印度、缅甸、泰国等南亚五国。

3 月 27 日,召开 3 月份本部干部会。当月本尊流布量为 44800 户。学会会员总户数达 185 万户。新增设支部 15 个。支部数由池田就任会长时的 61 个扩展到 139 个。

5 月 3 日,第二十三次本部大会,原事务局提升为总局,编辑、出版、海外、文化各部也升格为局。

5 月 27 日,新设宣传局。

6月10日，教育部成立。

10月4日，池田会长一行初次出访法国、英国、西德等欧洲九国。

1962年(昭和三十七年)

1月27日，东洋学术研究所(东洋哲学研究所的前身)成立。

1月29日至2月12日，池田会长一行出访中东六国。

3月3日，池田会长任法华讲大讲头。

8月4日，富士吹奏乐团成立。

8月31日，池田会长开始对学生干部讲授《御义口传》。

10月24日，妇女部的富士合唱团成立。

11月20日，东洋学术研究所理论杂志《东洋学术研究》创刊。

1963年(昭和三十八年)

1月8日，池田会长一行出访欧美、中国香港11个国家和地区，组织欧洲总支部以及纽约、夏威夷、巴黎等支部。

9月1日，召开第二十六次本部大会，祝贺新本部落成。

9月15日，亚细亚文化研究所成立。

10月18日，民主音乐协会(简称“民音”)成立。

12月15日，召开第二十二次男子部大会，该部部员达到100万人。

1964年(昭和三十九年)

2月26日，亚细亚民族协会成立。

4月1日，大客殿落成庆祝大法会，池田会长就任法华讲总讲头。

4月2日，为庆祝大客殿落成而发动300万人总登山。

5月12日，池田会长一行出访澳大利亚等国。

10月2日，池田会长一行历访欧洲十国，激励当地信徒。

11月8日，举行东京文化节(东京国立竞技场)。

11月17日，召开公明党成立大会(东京日大讲堂)。

1965年(昭和四十年)

1月1日，池田会长执笔的小说《人间革命》开始在《圣教新闻》上连载。

7月15日，《圣教新闻》改为日刊。

8月28日，召开第六十四次8月份本部干部会，当时全国分为25个综合本部、114个本部、418个总支部、1672个支部。

9月23日，少年部成立。

10月19日，池田会长访问法国等欧洲四国。

1966年(昭和四十一年)

1月13日，池田会长赴夏威夷访问。

3月5日，壮年部成立。

3月6日,池田会长一行历访南美诸国。

5月5日,富士少年合唱团和希望少女合唱团成立。

7月26日,富士学生交响乐团成立。

1967年(昭和四十二年)

5月13日,池田会长一行历访欧美五国。

6月19日,创价学园设立,创价高等学校、中学的设置被认可。

9月1日,东京文化会馆落成。1975年(昭和五十年)9月该馆改称创价文化会馆。

9月10日,关西文化会馆落成。

10月15日,举办东京文化节。

1968年(昭和四十三年)

4月12日,名古屋文化会馆落成。

9月8日,在第十一次学生部大会上池田会长提出了同中国友好交往的设想。

10月12日,举行正本堂开工大法会。

11月21日,《日莲正宗教学小辞典》出版。

1969年(昭和四十四年)

6月25日,创价学会提出了"人的主义的创价学会"、"慈悲与哲理的创价学会"、"二十一世纪的思想·创价学会"等十项口号。

8月12日,举行第一次世界学生和平会议,14个国家的学生3000多人参加。

9月9日,举行第一次"第三文明展"。

10月12日,举行正本堂奠基典礼。

11月6日,九州文化会馆落成。

1970年(昭和四十五年)

1月5日,本部确立副会长制。

1月28日,会员达到750万户。

5月3日,举行第三十三次本部大会(东京日大讲堂,约15000人参加),池田会长对就任会长十周年的意义、言论出版问题、正本堂的本义、学会与公明党的关系、对共产党的态度、学会的体质、70年代及21世纪的展望等问题作了长篇演讲,为学会日后的道路指明了方向。

1971年(昭和四十六年)

10月7日,举行世界学生和平会议。

1972年(昭和四十七年)

4月29日,池田会长应法国日莲正宗和美国日莲正宗邀请,历访欧美各国。

5 月 5 日，池田会长开始同汤因比博士对话。

10 月 11 日，举行正本堂落成大法会。

1973 年(昭和四十八年)

1 月 14 日，创价女子中学高等学校落成。

5 月 8 日，池田会长应法国日莲正宗邀请访问欧洲，欧洲十三国会员成立“欧洲日莲正宗会议”。

8 月 5 日，广岛青年部主持召开禁止原子弹广岛和平集会。

8 月 11 日，池田会长应美国日莲正宗邀请访问夏威夷时北美、中南美 30 个国家的信徒组成“泛美日莲正宗联盟”。

1974 年(昭和四十九年)

1 月 26 日，池田会长应香港佛教日莲正宗以及东南亚佛教者会议的邀请访问香港。

3 月 7 日，池田会长应美国日莲正宗、秘鲁日莲正宗的邀请访问北美和中南美洲。

5 月 18 日，池田会长同法国马尔罗氏对话。

5 月 29 日，池田会长一行访中国，历访北京、西安、郑州、上海、杭州、广州 6 个城市。

9 月 7 日，青年部达成 1000 万人的禁止原子弹签名运动。

9 月 8 日，池田会长一行应莫斯科大学邀请访问苏联。

12 月 2 日，池田会长一行应北京大学邀请访问中国。

12 月 5 日，周恩来总理接见池田会长。

1975 年(昭和五十年)

1 月 6 日，池田会长应美国日莲正宗的邀请访问美国。

1 月 10 日，池田会长访问联合国本部，同瓦尔德海姆举行会谈，亲手将 1000 万人要求废除核武器的签名呈交给联合国。

1 月 3 日，池田会长同美国国务卿基辛格会谈。

1 月 26 日，举行第一次世界和平会议。国际佛教者联盟(LBL)开始活动。池田会长就任世界日莲正宗创价学会(SGI)会长。

4 月 14 日，池田会长一行应中日友好协会邀请访问中国。

5 月 16 日，池田会长同贝恰会谈，主题为“人与文明的本质”。

5 月 17 日，池田会长等出席欧洲友好节。

5 月 19 日，池田会长在巴黎郊外同马尔罗会谈。

5 月 20 日，池田会长同美术史家尤尹古氏对谈。

5 月 27 日，池田会长在莫斯科大学作题为“东西文化交流的新道路”演讲,并被授予名誉博士称号。

5月28日,池田会长同柯西金部长会议主席会谈。

7月12日,池田会长同日本共产党委员长宫本显治会谈。

7月22日,池田会长赴美访问。

1976年(昭和五十一年)

4月,札幌创价幼儿园创立。

8月,同法国作家马尔罗的对话《人的革命与人的条件》创刊。

1978年(昭和五十三年)

4月,东京创价小学创立。

5月,池田会长在第一次联合国裁军特别会议上提出十项建议。

9月,池田会长一行访中国。

1979年(昭和五十四年)

2月,池田会长出访中国香港、印度等地。

1980年(昭和五十五年)

4月21日至29日,池田会长访问中国。在北京大学作题为"寻求新的民众形象"的演讲。

9月30日至10月21日,池田会长访问美国。

1981年(昭和五十六年)

1月,池田会长访问美国。

2月,池田会长访问美国、巴拿马、墨西哥。

5月,池田会长访问苏联、联邦德国、保加利亚、澳大利亚、意大利、法国、美国、加拿大。

6月,举办第一次世界和平文化节。

7月,世界艺术文化会授予池田"桂冠诗人"称号。

8月,池田会长访美。

1982年(昭和五十七年)

4月,关西创价小学创立。

9月,召开第二次世界和平文化节。

1983年(昭和五十八年)

5月,池田会长出访美国、联邦德国、罗马尼亚、瑞士、西班牙、法国、比利时、荷兰。

8月,联合国授予池田会长"联合国和平奖"。召开第三次世界和平文化节。

12月,池田会长访问中国香港。

1984 年(昭和五十九年)

2 月,池田会长出访美国、巴西、秘鲁、墨西哥。

3 月,秘鲁授予池田会长“秘鲁太阳大十字勋章”。

6 月,池田会长访问中国。

9 月,召开第四次世界和平文化节。

1985 年(昭和六十年)

4 月,创价女子短期大学创立。

7 月,池田会长访美。

1986 年(昭和六十一年)

9 月,肯尼亚口传文学协会授予池田会长“肯尼亚口传文学奖”。

10 月,中国人民对外友好协会、中日友好协会授予池田会长“和平友好”杯。

1987 年(昭和六十二年)

2 月,池田会长访问美国、多米尼加共和国、巴拿马。

5 月,池田会长出访苏联、法国。

1988 年(昭和六十三年)

1 月,池田会长出访中国香港、泰国、马来西亚、新加坡。

6 月,池田会长在第三次联合国裁军特别会议上发言。并被授予“联合国荣誉表彰”奖。

12 月,印度国际和平非暴力研究所授予池田会长“国际和平奖”。

1989 年(平成元年)

5 月,池田会长出访英国、瑞典、法国、瑞士。

10 月,在联合国本部举办“战争与和平展”。联合国授予池田会长“和平贡献·联合国秘书长表彰”奖。

11 月,中国授予池田会长“中国艺术贡献奖”。

12 月,哥伦比亚授予池田会长“哥伦比亚共和国功劳大十字勋章”。

1990 年(平成二年)

2 月,池田会长访问美国。

3 月,阿根廷授予池田会长“大十字五月勋章”。

4 月,巴西授予池田会长“南十字国家勋章”。

5 月,池田会长访问中国。

7 月,池田会长访问苏联。

9 月,池田会长访问韩国。

1991 年(平成三年)

1 月,池田会长与苏联作家钦吉思·艾特马托夫、英国物理学家班森、罗马俱乐部会长霍赫莱特纳、联合国教科文组织事务局长马约尔与尼日利亚剧作家及诺贝尔文学奖得主沃尔·索因卡等联名共同对伊拉克萨达姆·侯赛因总统呼吁，希望他在1991年1月15日之前自科威特撤军。

1992年(平成四年)

9月，池田会长在香港创办香港创价幼儿园。

1993年(平成五年)

1月，池田会长在新加坡创办新加坡创价幼儿园。

9月，池田会长在美国马萨诸塞州的波士顿市成立波士顿21世纪研究中心(2009年，由池田会长更名为“池田和平、教育、对话中心”)。

1995年(平成七年)

4月，池田会长在马来西亚吉隆坡创办马来西亚创价幼儿园。

12月，池田会长在日本东京设立牧口纪念教育基金会。

1996年(平成八年)

2月，池田会长在日本东京创立户田纪念国际和平研究所。

2001年(平成十三年)

5月，池田会长在美国加利福尼亚州奥兰治郡亚里索维耶荷创办美国创价大学。

6月，池田会长于巴西圣保罗市创办巴西创价学校。

2005年(平成十七年)

2月，池田会长与2004年诺贝尔和平奖得主肯尼亚环保斗士旺加里·马塔伊在东京会面。

11，创价学会庆祝成立75周年。

2007年(平成十九年)

4月，中国总理温家宝访日时接见池田会长。

2008年(平成二十年)

3月，池田会长于韩国首尔创办创价幸福幼儿园。

5月，中国国家主席胡锦涛在访日时接见池田会长。

公明政治联盟的纲领政策(摘要)[①]

一、基本纲要 ▸▸▸

(一)现在日本的政界不论是保守派还是革新势力都已卷入派系斗争,只顾本党的利益,忘却日本国民的福利,完全脱离群众,令人颇为忧虑。

(二)公明政治联盟同上述势力有着本质的不同。它推行"把社会繁荣同个人幸福结为一体"的各种政策,不仅希望日本国民获得真正的幸福和繁荣,而且期望实现人类世界广泛的持久和平。

(三)我们的政治理想以日莲大圣人的"立正安国"的精神为本,以其最高的哲理和最大的慈悲为基调。我们保证要作为一个现代化的最民主的政治团体而进行活动,同时对于一切不良的行为采取严正的态度。

二、基本政策 ▸▸▸

(一)反对核武器

不管其理由为何,我们均反对制造、试验和使用核武器。对于在战争中使用核武器的国家的领导人,我们主张以全人类的名义作出决议,把他们当做否认人类生存权的恶魔而处以死刑。

---

① 达高一编著:《创价学会——日本新兴宗教性政治团体》,世界知识出版社,1963 年版,第 77-82 页。

为了世界和平和人类幸福要坚决推进反对核武器的运动。

(二)反对修改现行的日本宪法

拥护以主权属于人民为基本精神、规定放弃战争的《日本国宪法》。为了日本国民的和平,我们将以公正、独立、自主的态度反对修改宪法。

(三)举行正大光明的选举,净化政界

为了纠正以派系、金钱和权力为基础的腐败的现代政治,要确立真正的正大光明的选举,以净化政界。

(四)确立参议院的自主性

现在参议院犹如众议院的附属,已失去两院制的本质。本联盟主张排除参议院的政党化,以完成其作为有识之士的机构的本来使命,确立参议院的自主性。为达此目的,创价学会应尽力取得必要的议席。

三、具体政策▸▸▸

(一)促进日中贸易

地球上的各民族原为一整体,理应共享和平、繁荣和幸福,不应相互竞争。

特别是邻近的中国大陆,不论在地理上、历史上或在政治上、外交上、经济上,同我国都有着密切的关系,因此,我们主张必须迅速促进同共产党中国的贸易。

(二)(略)

(三)要求归还北方领土

1956年在莫斯科签订的《日苏共同宣言》规定把北方领土的归属问题留在日后交涉。但是现在苏联却声明"领土问题业已解决,不同日本进行任何交涉",撕毁了《日苏共同宣言》第九条关于"在日苏和约缔结后,应日本的要求将齿舞、色丹交还日本"的诺言,而且公开声明"若外国军队不从日本撤退,即使缔结日苏和约也不交还"。

苏联根据1945年缔结的雅尔塔协定,主张"北方领土是属于苏联的",但是日本与此协定并无关系,也没有接受。因此没有丝毫理由应受此协定的约束,北方领土显然是日本的领土。

根据上述理由,我们强烈要求归还北方领土。

(四)促进海外移民

我国国民的素质是优秀的,拥有世界水平的优秀的能力和技术。日本拥有一亿人口,为人口过剩感到苦恼。因此促进海外移民,让大量年轻而优秀的技术人员奔赴海外,既可以促进同其他国家的相互繁荣和经济、文化交流,又可以解决我国严重的人口问题。

1．设置移民省

2．制定移民基本法

3．援助移民

（五）设立文化省

建设一个崭新的强有力的文明国家是世界各民族的愿望。……

但是，日本政府并没有采取强有力的政策来充分发挥国民的高超的力量和为世界和平和繁荣作出贡献。本联盟为了提高和发展国民的文化水平和活跃与外国的文化交流，主张设置文化省。

（六）设立科学省

（七）设立经济联合总部

我们分析一下围绕经济高速度发展的争论的各种现象，就可以看出有许多用自由主义政策或社会主义政策都不能解决的悬而未决的问题。

我们相信苏、美两大国内部都存在着同样的难题。从现在起，为了找出一条能解决困难协调发展的道路，有必要建立一个不为政权交替所左右，而能够独自编制长期稳定计划，并负责为实现此计划而努力的机构。

因此，必须广泛集中各方面的人才及其后台力量，为我国的发展和世界经济的协调和繁荣作出贡献，本联盟提倡建立经济联合总部(暂称)。

（八）设立教育计划总部

（九）简化税制

（十）取消向劳动人民征收的所得税

（十一）减轻中小企业和农民渔民的赋税

（十二）使中小企业现代化

1．贯彻实行对中小企业的金融政策

2．减、免赋税，以用于经营的合理化

3．国家增加补助，以大量增设中小企业的共同设施

4．从根本上加强并完全实施“防止推迟支付承包费法”

（十三）振兴农、林、渔业

1．立即制定农业、林业、渔业的基本法和有关法律

2．制定稳定农产品价格的法律

3．发展农业的多种经营和农村加工工业

4．加强对林业的计划指导和补助

5．加强对中小渔业贷款和帮助

6．开发渔场和渔业资源

（十四）刷新教育计划

1．实行学校教育半日制

2. 制定高中学生剧增的对策

3. 实行免费的义务教育

(甲) 免费发给教科书

(乙) 完全取消"家长会"的负担

(丙) 学校免费供给伙食

4. 实行教科书地区性的统一

(十五) 充实社会保障制度

1. 生活保障费增加一倍

2. 充实福利设施,改善福利设施部门工作人员的待遇

(十六) 解决住宅问题

(十七) 根本改革对灾害的救济政策

1. 设置"国土省"

2. 灾害复兴费全部由国库负担

3. 由国家补助个人遭受灾害的损失

(十八) 解决交通问题

(十九) 解决劳动问题

1. 确立更好的劳资关系

2. 设置调整劳资关系的权威机构

3. 确立最低工资制

参考文献

References

[1] 北京大学日本研究中心. 日本学(第12辑)[M]. 北京:北京大学出版社,2003.

[2] 华中师范大学池田大作研究所,创价大学. 中外学者论池田大作:和谐社会与和谐世界[M]. 武汉:华中师范大学出版社,2007.

[3] 创价大学平和问题研究所. 平和·文化·教育[M]. 东京:株式会社,白帝社,2006.

[4] 日本国立教育研究所编. 日本教育系统基本概况[M]. 哈尔滨:哈尔滨工业大学出版社,1986.

[5] 蔡幸福. 陶行知与牧口常三郎教育思想比较研究[M]. 济南:山东教育出版社,2008.

[6] 达高一. 创价学会——日本新兴宗教性政治团体[M]. 北京:世界知识出版社,1963.

[7] 高洪. 日本当代佛教与政治[M]. 北京:东方出版社,1995.

[8] 高洪. 日本政党制度论纲[M]. 北京:中国社会科学出版社,2004.

[9] 郭元祥. 生活与教育[M]. 武汉:华中师范大学出版社,2002.

[10] 何劲松. 创价学会的理念与实践[M]. 北京:中国社会科学出版社,1995.

[11] 扈中平. 教育目的论[M]. 武汉:湖北教育出版社,1997.

[12] 黄济. 教育哲学通论[M]. 太原:山西教育出版社,2004.

[13] 金岳霖. 道·自然与人[M]. 桂林:广西师范大学出版社,2005.

[14] 净空法师. 认识佛教[M]. 香港:文化教育出版有限公司.

[15] 李德顺,马俊峰. 价值论原理[M]. 西安:陕西人民出版社,2002.

[16] 李德顺. 价值论:一种主体性的研究[M]. 北京:中国人民大学出版社,1987.

[17] 李连科. 世界的意义——价值论[M]. 北京:人民出版社,1985.

[18] 梁忠义.日本教育[M].长春:吉林教育出版社,2000.

[19] 刘北鲁.日本教育现状[M].长沙:湖南教育出版社,1986.

[20] 区应毓,张士充,等.教育理念与基督教教育观[M].成都:四川大学出版社,2005.

[21] 冉毅,曾建平.关爱人性 善待生命——池田大作思想研究[M].长沙:湖南师范大学出版社,2003.

[22] 宋先伟.法华经(上、下)[M].北京:大众文艺出版社,2004.

[23] 孙正聿.哲学通论[M].沈阳:辽宁人民出版社,1998.

[24] 陶愚川.中国教育史比较研究(古代部分)[M].济南:山东教育出版社,1985.

[25] 滕大春.外国教育史[M].济南:山东教育出版社,1993.

[26] 田正平.中外教育交流史[M].广州:广东教育出版社,2004.

[27] 汪高鑫,程仁桃.东亚三国古代关系史[M].北京:北京工业大学出版社,2006.

[28] 王桂.日本教育史[M].长春:吉林教育出版社,1987.

[29] 王天一,等.外国教育史(上、下)[M].北京:北京师范大学出版社,1985.

[30] 吴式颖,任钟印.外国教育思想通史(第五卷)[M].长沙:湖南教育出版社,2000.

[31] 吴文侃,杨汉清.比较教育学修订本[M].北京:人民教育出版社,1999.

[32] 杨曾文.日本近现代佛教史[M].杭州:浙江人民出版社,1996.

[33] 于洪波.日本教育的文化透视[M].石家庄:河北大学出版社,2003.

[34] 袁刚,孙家祥,任丙强.民治主义与现代社会:杜威在华讲演集[M].北京:北京大学出版社,2004.

[35] 张可喜,贾蕙萱.池田大作研究论文集[M].香港:香港社会科学出版社有限公司,2004.

[36] 张瑞璠,王承绪.中外教育比较史纲(古代卷、近代卷、现代卷)[M].济南:山东教育出版社,2001.

[37] 赵祥麟,王承绪.杜威教育论著选[M].上海:华东师范大学出版社,1981.

[38] 郑金洲.教育通论[M].上海:华东师范大学出版,2000.

[39] 周兴旺.日本人凭什么[M].北京:世界知识出版社,2006.

[40] [德]伊曼努尔·康德.实践理性批判[M].韩永法,译.北京:商务印书馆,2000.

[41] [德]伊曼努尔·康德.康德三大批判精粹[M].杨祖陶,邓晓芒,编译.

北京:人民出版社,2001.
[42] [德]伊曼努尔·康德.论教育学[M].赵鹏,何兆武,译.上海:世纪出版集团,上海人民出版社,2005.
[43] [加]许美德,巴斯蒂,等.中外比较教育史[M].上海:上海人民教育出版社,1990.
[44] [美]D.M.ベセル著,中内敏夫、谷口雅子訳.価値創造者:牧口常三郎の教育思想[M].东京:小学館,1974.
[45] [美]梯利.西方哲学史(增补修订版)[M].伍德,增补.葛力,译.北京:商务印书馆,2005.
[46] [美]约翰·杜威.民主主义与教育[M].王承绪,译.北京:人民教育出版社,1990.
[47] [日]池田大作.万里长空[M].香港:天地图书有限公司,2001.
[48] [日]村上重良.国家神道[M].聂长振,译.北京:商务印书馆,1990.
[49] [日]村上专精.日本佛教史纲[M].杨曾文,译.北京:商务印书馆,1981.
[50] [日]高桥俊乘.日本教育史[M].秦企贤,译.南京:中日文化协会,1950.
[51] [日]近代日本思想史研究会.近代日本思想史[M](第二卷).北京:商务印书馆,1991.
[52] [日]近代日本思想史研究会.近代日本思想史[M](第三卷).北京:商务印书馆,1992.
[53] [日]近代日本思想史研究会.近代日本思想史[M](第一卷).北京:商务印书馆,1983.
[54] [日]牧口常三郎.人生地理学[M].陈莉,等,译.上海:复旦大学出版社,2004.
[55] [日]牧口常三郎.创价教育学体系(第1卷)[M].刘焜辉,译.台北:正因文化事业有限公司,2004.
[56] [日]牧口常三郎.价值哲学[M].马俊峰,江畅,译.北京:中国人民大学出版社,1989.
[57] [日]牧口常三郎.創価教育学体系Ⅰ[M].東京:聖教新聞社,1972.
[58] [日]牧口常三郎.創価教育学体系Ⅱ[M].東京:聖教新聞社,1972.
[59] [日]牧口常三郎.創価教育学体系Ⅲ[M].東京:聖教新聞社,1979.
[60] [日]牧口常三郎.創価教育学体系Ⅳ[M].東京:聖教新聞社,1980.
[61] [日]牧口常三郎.地理教授の方法及内容の研究[M].東京:第三文明社,1978.

[62] [日]牧口常三郎. 牧口常三郎全集(第3卷)(教授の統合中心としての郷土科研究)[M]. 東京:第三文明社,1981.

[63] [日]牧口常三郎. 牧口常三郎全集(第10卷)(宗教論集・書簡集)[M]. 東京:第三文明社,1987.

[64] [日]大村浩二,馆野允男. 初代会长牧口常三郎[M]. 東京:聖教新聞社, 1977.

[65] 聖教新聞社. 牧口常三郎[M]. 東京:聖教新聞社,1972.

[66] [日]熊谷一乗. 牧口常三郎[M]. 東京:第三文明社,1978.

[67] 創価教育の源流牧口常三郎[M]. 東京:潮出版社,2001.

[68] [日]石上玄一郎. 牧口常三郎と新渡戸稲造[M]. 東京:第三文明社,1993.

[69] 村尾行一. 柳田国男と牧口常三郎[M]. 東京:潮出版社,2002.

[70] [日]日本国立教育研究所. 日本教育的现代化[M]. 北京:教育科学出版社,1980.

[71] [日]矢仓久泰. 学历社会[M]. 王振宇,译. 长春:吉林人民出版社,1982.

[72] [日]小原国芳. 日本教育史[M]. 吴家镇,戴景曦,译. 上海:商务印书馆,1935.

[73] [日]小原国芳. 小原国芳教育论著选(上、下)[M]. 北京:人民教育出版社,1993.

[74] [日]新渡户稻造. 武士道[M]. 张俊彦,译. 北京:商务印书馆,2005.

[75] [日]依田憙家. 近代日本与中国日本的近代化——与中国的比较[M]. 卞立强,等,译. 上海:上海远东出版社,2004.

[76] [日]斋藤秋男,土井正兴,本多公荣. 教育中的民族——日本和中国[M]. 明石:日本明石书店,1988.

[77] Barry Keenan. The Dewey Experiment in China[M]. Cambridge: Harvard University Press,1982.

[78] Dayle M. Bethel. Education for Creative Living:Ideas and Proposals of Tsunesaburo Makiguchi[M]. Iowa State University Press,1989.

[79] Dayle T. Hansen. Ethical Visions of Education: Philosophies in Practice[M]. New York and London: Teachers College Press, Columbia University,2007.

[80] Philip B. Yampolsky. Letters of Nichiren[M]. New York:Columbia University Press,1996.

[81] Dayle M. Bethel. Makiguchi. The Value Creator[M]. New York:

Weatherhill, Inc. ,1973.
[82] Dayle M. Bethel. Tsunesaburo Makiguchi: A Geography of Human Life[M]. California: Caddo Gap Press, 1982.
[83] 蔡幸福,周洪宇.陶行知和牧口常三郎教育思想之比较[J].华中师范大学研究生学报,2008(1).
[84] 蔡幸福.对待教育科学研究要有科学的心态[J].教育导刊,2006(4).
[85] 陈宏毅.实用主义教育与"生活教育"——杜威与陶行知教育理论之比较[J].求索,2003(4).
[86] 程良道.创造教育的过去与现状[J].湖北师范学院学报(教育科学版),2003(3).
[87] 关松林.杜威教育思想在日本[D].南京:南京师范大学,2004.
[88] 何劲松.创价学会与政治——以池田大作"中道政治"思想为中心[J].外国宗教研究,1996(2).
[89] 何劲松.论日莲后期的佛教思想[J].世界宗教研究,1994(3).
[90] 黄济.对"传统教育"和"现代教育"都应实事求是[J].教育理论与实践,1985(2).
[91] 黄济.试论传统教育与现代教育[J].北京师范大学学报(社会科学版),1986(5).
[92] 姜俊和.杜威的教育目的论及其启示[J].外国教育研究,2005(2).
[93] 李小融.也论传统教育与现代教育[J].教育理论与实践,1987(5).
[94] 鲁洁.创造性是人的一种基本德性[J].教育研究与实验,2007(5).
[95] 孙穗平,孙耀珠.价值与创造价值——牧口常三郎《价值论》的核心理论[J].河北大学成人教育学院学报,2002(4).
[96] 王玉樑.牧口常三郎与价值哲学[J].天府新论,2004(3).
[97] 韦朝烈."价值哲学"兴起的社会学和经济学背景[J].社会科学研究,2003(1).
[98] 文喆.努力实现由传统教育向现代教育的根本性转换[J].教育研究,2002(7).
[99] 肖垠.对传统教育思想和现代教育思想都应实事求是[J].教育理论与实践,1987(1).
[100] 徐海滨.浅析康德"人是目的"[J].太原大学学报,2005(3).
[101] 颜昌武.寻求哲学的合法性[J].现代哲学,2003(1).
[102] 杨汉清,蔡幸福.关于我国比较教育研究方法的思考[J].高教与人才,1991(1).
[103] 杨曾文.日莲心目中的《法华经》[J].世界宗教研究,1998(2).

[104] 张澄清. 自由·目的·价值——对康德真、善、美哲学体系的思考[J]. 厦门大学学报(哲社版),1995(1).

[105] 周洪宇,蔡幸福. 从船工之子到教育大师——牧口常三郎的人生历程[J]. 河北师范大学学报,2007(5).

[106] 周洪宇,蔡幸福. 牧口常三郎创价教育思想的三大基石[J]. 教育科学,2006(6).

[107] 周洪宇,蔡幸福. 牧口常三郎的"创价教育"思想研究[J]. 比较教育研究,2007(6).

[108] 周洪宇. 杜威教育思想在中国的传播及其影响[J]. 河北师范大学学报,2001(4).

[109] 渡边宝阳,杨曾文译. 日莲对《法华经》"一念三千"的继承[J]. 世界宗教研究,1998(2).

[110] 菅野博史.《法华经》的中心思想——以一佛乘思想为中心[J]. 世界宗教研究,1996(3).